“十三五”国家重点出版物出版规划项目
现代机械工程系列精品教材
新工科·普通高等教育汽车类系列教材

汽车电机及驱动技术

主编　史立伟　尹红彬　雷雨龙
参编　张学义　扈建龙　韩　震
　　　张秀才　臧利国

U0331511

机械工业出版社

本书是“十三五”国家重点出版物出版规划项目。

本书是作者在总结了汽车电机技术领域20多年的研究成果的基础上编写的。本书内容涉及电机控制电路、磁路、汽车用传统的直流电机、感应电机和新型的永磁同步电机、开关磁阻电机与双凸极电机等。书中还介绍了电力电子器件、典型功率变换器、磁性材料等专业知识，以适应车辆工程专业学生和大部分汽车行业从业人员的知识背景。本书按照汽车电机的不同分类进行介绍，在结合电动汽车的特殊应用背景介绍电动汽车驱动电机的同时，还深入浅出地介绍了起动发电机、混合励磁、轮毂电机、回馈制动等新型的电机技术。

本书适合车辆工程等机械大类培养学科平台下的专业作为教材使用，尤其是新能源或电动汽车培养方向。另外，本书也适合作为从事新能源汽车整车开发、电机及控制系统开发与制造的工程技术人员、生产管理人员和高校相关专业师生的参考用书。

本书配有PPT课件，免费赠送给采用本书作为教材的教师，可登录www.cmpedu.com注册下载。

图书在版编目（CIP）数据

汽车电机及驱动技术/史立伟，尹红彬，雷雨龙主编．—北京：机械工业出版社，2021.3（2025.3重印）
“十三五”国家重点出版物出版规划项目　现代机械工程系列精品教材　新工科·普通高等教育汽车类系列教材
ISBN 978-7-111-67591-4

Ⅰ.①汽…　Ⅱ.①史…②尹…③雷…　Ⅲ.①电动汽车-驱动机构-控制系统-高等学校-教材　Ⅳ.①U469.720.3

中国版本图书馆CIP数据核字（2021）第034209号

机械工业出版社（北京市百万庄大街22号　邮政编码100037）
策划编辑：宋学敏　责任编辑：宋学敏　韩　静
责任校对：李　杉　封面设计：张　静
责任印制：邓　博
北京盛通数码印刷有限公司印刷
2025年3月第1版第5次印刷
184mm×260mm·16.5印张·387千字
标准书号：ISBN 978-7-111-67591-4
定价：49.80元

电话服务	网络服务
客服电话：010-88361066	机　工　官　网：www.cmpbook.com
010-88379833	机　工　官　博：weibo.com/cmp1952
010-68326294	金　书　网：www.golden-book.com
封底无防伪标均为盗版	机工教育服务网：www.cmpedu.com

前言

近年来，受到源危机和环境问题的影响，电动汽车在各国的重视程度不断提升。在我国，从汽车行业节能减排趋势看，发展电动汽车是促进社会可持续发展、汽车技术进步与产业升级的必然选择，也是各级政府和汽车行业人员的共识。

随着电动汽车技术的快速发展，电气化驱动系统代替机械驱动系统成为提高汽车性能的重要手段，因而汽车电机系统也成了汽车尤其是电动汽车驱动系统的核心关键部件。由于电动汽车电机需要在宽转速、变负载工况下具备高效率、高功率密度、高可靠性的特点，因此不能直接应用传统的电机技术。与工业用传统电机领域相比较，驱动电机系统在电动汽车中应用工况极为严苛，对效率、功率密度、宽转速运行范围、动态响应等有着特殊的要求。目前传统的电机教材尚不能针对上述区别进行专门的编写。同时越来越多的车辆工程专业开始开设汽车电机课程，但这些专业没有系统地学习电力电子、电磁学等基础知识，因此迫切需要编写一本适合新能源汽车专业方向使用的汽车电机教材。本书就是为了电动汽车这一新兴产业的新工科教育而编写的。

本书的内容既有较深的理论性，又有较强的工程性，在学习的时候应当注意以下几点：

1）要清楚各种电机的基本结构，以及这些结构的主要作用。

2）注意磁场的分布，这是电机具体运行原理的根本。

3）要学会推导基本的公式，应当熟悉基本的电磁定律、运动方程和力学定律。

4）如果需要深入研究的话，需要认真分析绕组的绕法及其磁动势、等效电路、等效磁路、热场、损耗、力学以及电机的特性分析等。

5）本门学科来自于实践，最终也应用于实践，因此学习时应注重实践，理论联系实际。

本书由山东理工大学史立伟、尹红彬和吉林大学雷雨龙任主编，参加编写的还有张学义、扈建龙、韩震、张秀才、臧利国。山东理工大学一直十分重视汽车电机技术的研究。学校所在的淄博市从 1951 年开始研发生产汽车起动机和发电机，具有较为完整的汽车电机产业链。2011 年淄博市人民政府联合山东理工大学建立了新能源汽车研究院，2013 年由山东理工大学牵头成立了山东省高校新能源汽车协同创新中心，2018 年机械工程（含车辆工程）获批山东省重点建设“一流学科”，2019 年车辆工程专业被列为国家一流专业建设点，上述平台为汽车电机的研究提供了良好的基础。

汽车电机产业宽广如大海、汽车电机技术高深如夜空，编者只是助推汽车电机技术进步的普通分子，疏漏和错误在所难免，在此恳请读者批评指正。

本书能得以完成，首先要感谢全体作者的家庭成员，他们一直坚定地支持并默默地奉献；其次要感谢出版社和单位各级领导和老师的关心和支持；最后要感谢具名和没有具名的参考文献作者，以及山东理工大学汽车电气技术研究院所有工作人员。

由于编者水平有限，书中不足之处在所难免，恳请广大读者批评指正。

编　者

常用缩略语和基本符号表

一、常用缩略语及其名称

BLDC	永磁无刷直流电机
DC-DC	直流-直流
DSEG	电励磁双凸极发电机
DSEM	电励磁双凸极电机
DSPM	永磁双凸极电机
EV	电动汽车
FEV	燃烧电池电动汽车
FRPM	磁通反向永磁电机
FSPM	磁通切换永磁电机
HEV	混合动力电动汽车
IGBT	绝缘栅双极晶体管
IPM	智能功率模块
MOSFET	场效应管
PMSM	永磁同步电机
PWM	脉宽调制
SPWM	正弦波脉宽调制
SRM	开关磁阻电机
THD	总谐波含量

二、基本符号及其意义

B	磁通密度
D_0	气隙直径
e_P	P 相绕组感应电动势
F_f	励磁绕组产生的磁势
F_P	P 相电枢绕组产生的磁势
H	磁场强度
i_f	励磁绕组电流
i_P	P 相绕组电流
l	磁路长度
l_e	铁芯计算长度
L_f	励磁绕组自感
L_P	P 相绕组自感
L_{pf}	励磁绕组与 P 相电枢绕组的互感
m	相数
n	转速
N	个数
N_f	励磁绕组匝数
N_P	P 相绕组匝数
P_e	电机电磁功率
p_r	转子极数
p_s	定子极数
R_g	气隙磁阻
S	截面积
T_e	电机电磁转矩
T_L	负载转矩
T_P	P 相绕组转矩
W_m	磁场储能
δ	气隙长度
μ	磁导率
μ_0	真空磁导率
ϕ	气隙磁通
ψ_f	励磁绕组磁链
ψ_P	P 相绕组磁链
ω	角速度
$[I]$	电流矩阵
$[L]$	电感矩阵
$[r]$	内阻矩阵
$[\psi]$	磁链矩阵

目　录

第1章

绪　论

俗话说："机电不分家"，电机技术完整而准确地诠释了该思想。无论是电动机还是发电机，都实现了机械能和电能之间的相互转换，是我们生产生活中必不可少的设备。本章由电机在汽车上的应用引入，介绍了汽车电机的发展历史，总结了汽车电机的特点，最后根据汽车电机不同的分类介绍了汽车电机的现状。

1.1　电机在汽车中的应用

汽车电机是一种在汽车上进行机械能和电能的转换的电磁机械装置。电机只能转换或传递能量，它本身不是能源。电机在能量转换过程中，不能自行产生能量，必须遵守能量守恒原则。

电机技术的发展是和汽车的发展相辅相成的。一方面，电机是汽车必不可少的零部件之一，如果没有电机，汽车将不具备电源（发电机），也无法起动（起动机），甚至不能供给燃油（燃油泵电机）。汽车电机技术如此重要，以至于有人就通过比较汽车上的微特电机的数量来判断汽车的豪华性。更为重要和迫切的是，地球上的燃油储量是有限的，随着汽车的增加，燃油的消耗量越来越多，利用电机作为驱动汽车的动力源将是不可避免的。另一方面，大批量的汽车生产和较大的研发投入也反过来促进了电机技术的发展。因此，汽车电机技术受到了人们越来越多的关注，也逐渐发展为一个独立的研究方向。

汽车电机可分为传统汽车使用的汽车发电机，起动机，刮水器、车窗、座椅、风扇等微特电机和电动汽车驱动电机。传统的汽车电机主要在《汽车电器与电子技术》等教材中介绍，如图 1-1 所示。

随着环保和节能要求的逐渐提高，节能汽车和新能源汽车越来越多地采用电机进行驱动和控制。本书重点介绍上述节能汽车和新能源汽车电机。

我国将节能汽车定义为：以内燃机为主要动力系统，综合工况燃料消耗量提前达到下一阶段目标值标准的汽车。新能源汽车定义为：采用新型动力系统，完全或主要依靠新型能源驱动的汽车。新能源汽车主要包括纯电动汽车、插电式混合动力汽车及燃料电池汽车。无论是节能汽车还是新能源汽车，车用电机及其控制系统既是关键核心部件，又是共性部件。新能源汽车以电池为主要动力源，全部或部分由电机驱动，又称为电动汽车。现在，一般不将以燃油为主要动力源的弱混合动力和中混合动力汽车归入电动汽车的范畴。

在上述定义出台之前，我国经常使用国际电工委员会（IEC/TC69）对电动汽车的定义，电动汽车指以电能为全部或部分动力的汽车，一般采用高效率动力电池或燃料电池为动力源，以电驱动系统作为主要或辅助的能量变换和动力传输的途径。

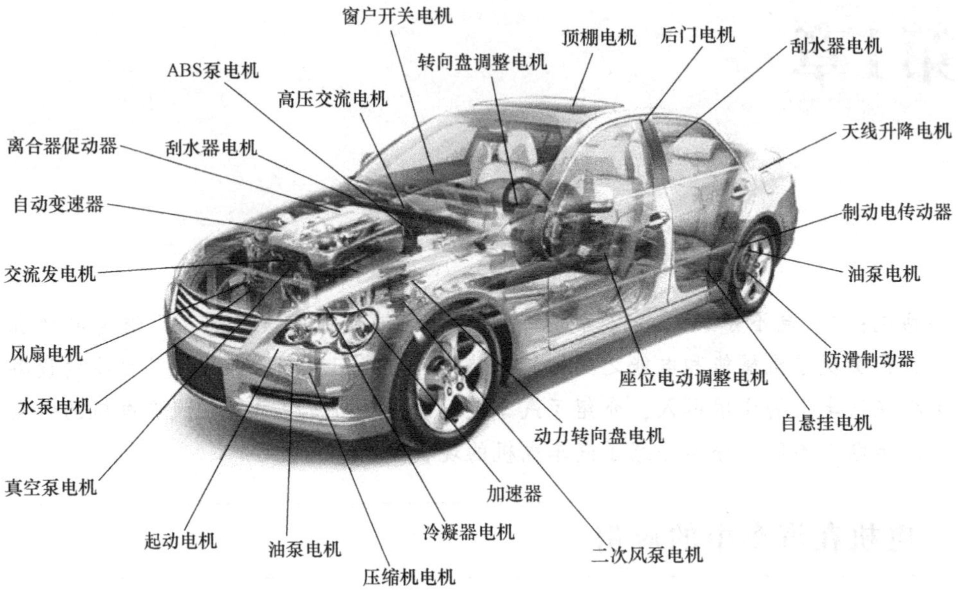

图 1-1　传统汽车电机

电动汽车驱动电机是将电能转换为机械能并为汽车行驶提供驱动力的电气装置，该装置也可具备机械能转换为电能的功能。驱动电机控制器是控制动力电源与驱动电机之间能量传输的装置，由控制信号接口电路、驱动控制电路和驱动电路组成。驱动电机、驱动电机控制器以及必需的辅助装置（如减速器、变速器等）的组合称为驱动电机系统。

1.2　汽车电机的发展

1.2.1　诞生期

1820 年，丹麦人奥斯特发现通电导体在磁场中会受到力的作用，并初步开创了电磁学。同年，法国人安培提出了安培定律。

1821 年，法拉第制造出了第一台原理性的电动机，实现了电能和机械能的转换。

在传统的内燃机汽车诞生之前，1828 年，匈牙利工程师阿纽什·耶德利克（Ányos Jedlik）在实验室制造出了世界上第一个电动车的电传装置。法拉第在 1831 年发现了电磁感应现象，并在随后的几年制造出了发电机和电动机。1835 年，Francis Watkins 在伦敦展出了一台小电动机。至此，电池、电机都有了，不过这时的电池是一次电池。

19 世纪 30 年代，苏格兰发明家 Robert Anderson 便成功将电动机装在一部马车上，并在后来的 1842 年与 Thomas Davenport 合作，打造出第一部以电池为动力的电动汽车，自此开创了电动车的历史。

实际制造并使用的电动车是由美国人安德森等人在 1832~1839 年之间发明的，他们首次使用了不可充电的一次电池。世界上的第一部内燃机汽车是本茨（奔驰）在 1886 年打造的 Patent Motorwagen。电动汽车的历史比内燃机汽车还长。

法国人 Gaston Plante 在 1859 年发明了铅酸电池，在 1865 年研发出性能更好的二次电池，其同乡 Gustave Trouve 又在 1881 年对电池进行了改进，提高了电池容量，为电动车的发展铺平了道路。

奥地利发明家 Franz Kravogl 在 1867 年的巴黎世界博览会推出了一款双轮驱动电动车。法国和英国成为第一批支持发展电动汽车的国家。

1.2.2 初步繁荣期

蒸汽机汽车在 1880~1920 年间改进也很大，它与电动汽车、内燃机汽车在 20 世纪初都取得了较大的发展，汽车市场进入三足鼎立阶段，但电动汽车开始逐渐展示出优势，它没有振动，没有难闻的废气，也没有汽油机巨大的噪声。汽油机汽车需要换档，令其操控起来比较繁杂，而电动车不需要切换档位。1912 年之前，电动车销量远远超过其他动力的汽车。

在内燃机汽车兴盛之前，电动车就创造了许多速度和行驶距离的记录。例如，Camille Jenatzy 在 1899 年 4 月 29 日用自行研发的电动车突破了 100 km/h，创造了 105. 88 km/h 的极速。1899 年，德国人波尔舍（Porsche，又译为保时捷）发明了第一台轮毂电机，以替代当时在汽车上普遍使用的链条传动。随后开发了 Lohner-Porsche 电动车，该车采用铅酸蓄电池作为动力源，前后轮由轮毂电机直接驱动，由此诞生了世界上第一辆四轮驱动的电动车，这也是第一部以保时捷命名的汽车，如图 1-2 所示。1900 年，波尔舍在 Lohner-Porsche 的后轮上开始安装内燃机驱动系统，支撑了世界上第一台混合动力汽车。

紧接着，1902 年德国人博世（Robert Bosch）发明了高压磁电机点火系统，包括分电器、点火线圈、火花塞等重要部件。1867 年，比利时的格拉姆发明了直流发电机。1905 年，汽车开始采用直流发电机，可以为蓄电池充电；1912 年，美国查尔斯・科特林发明了电起动系统。1913 年，美国福特汽车公司推动形成了比较完善的汽车电气系统，包括点火系统、起动机、发电机、蓄电池、照明系统等，这推动了 T 型车的流水线生产，如图 1-3 所示，汽车性能和产量得到了大幅度的提高。至此，电动汽车逐渐被内燃机汽车取代。

图 1-2 波尔舍 1899 年发明的轮毂电机电动汽车

图 1-3 福特 T 型车流水线

1.2.3 电动汽车再次复兴

20 世纪 60 年代，很多城市已经饱受汽车尾气造成的雾霾的困扰。比如，美国加州尤其是洛杉矶地区就受到了严重的雾霾影响，1959 年，加州公共健康部（Department of Public Health）出台首部州立空气质量标准。电动汽车再次受到关注。

1973 年的第一次石油危机让大家深切感受到了石油“断粮”的恐惧，因此低排量化、轻量化、电气化等方向开始影响汽车领域，而相关的电力电子、材料、二次电池、控制技术的发展也得到了更多的支持和重视。

1888 年，美国尼古拉·特斯拉发明了三相交流电驱动的感应电机，但是当时电力电子技术和控制技术不发达，使得该电机在汽车上应用较为缓慢。为了纪念他，2004 年埃隆·马斯克等人成立的汽车公司就命名为特斯拉，旗下大部分车型也采用感应电机驱动。

1983 年，日本住友特殊金属公司（后成为日立金属的子公司）首次发明了钕铁硼永磁材料，第二年就开始量产，它的诞生开创了新一代稀土永磁材料制造的先河。钕铁硼永磁材料的发展为新能源汽车驱动电机、汽车微电机等领域的快速增长提供了驱动力。

1989 年，日本松下和东芝开始大批量生产镍氢电池。镍氢电池的主要优点是功率、能量、寿命、安全等性能比较均衡。在 20 世纪末，镍氢电池用在了很多企业的纯电动车型上。镍氢电池应用最多的是丰田的混合动力汽车普锐斯。

日本吉野彰 1985 年提出了石墨/钴酸锂电池体系。锂电池近年来快速发展，尤其是在纯电动汽车领域，已经取得了垄断性的地位，这主要是因为锂电池能量密度更高、充放电寿命更长。

2019 年全年，全球电动车销量达到 220 万辆，且电动车在全球汽车市场占比份额达到 2.5%，同比增长 10%。特斯拉 Model 3 以 25 万辆的成绩夺得年度全球销量冠军车型，而北汽 EU 系列排名第二，约 11 万辆。日产聆风斩获季军。

2019 年中国电动汽车品牌销量 104 万辆，在全球电动汽车总销量中占据 47% 的份额。比亚迪新能源汽车销量居首位，占全国总销量的 21%。北汽新能源汽车 2019 年销售近 15 万辆，市场占比 14%。其余市场份额主要被宝骏、奇瑞、广汽、上汽、吉利等车企瓜分。

1.3 电动汽车对电机的要求及发展趋势

传统的工业电机和汽车电机外形照片如图 1-4 所示，性能要求对比见表 1-1。

a)

b)

图 1-4 典型的工业电机和汽车电机

a）工业电机 b）汽车电机

表 1-1 工业电机和汽车电机对比

项目	工业电机	汽车电机
封装尺寸	空间重量不受限制，可用标准封装配套各种应用	布置空间有限，必须根据具体产品进行特殊设计
工作环境	环境温度适中（-20~40℃）静止应用，振动较小	温度变化大（-40~105℃）振动剧烈
可靠性要求	较高，以保证生产效率	很高，以保障乘车者安全
冷却方式	通常为风冷（体积大）	通常为水冷（体积小）
控制性能	多为变频调速控制，动态性能较差	需要精确的转矩控制，动态性能较好
功率密度	较低（0.2kW/kg）	较高（1~1.5kW/kg）
总体性价比	一般	极高，既要性能好，又要价格便宜

汽车电机在汽车中工作，必须适应汽车的特殊要求，如体积小、重量轻、效率高、工作可靠等，此外还需要满足汽车在不同的地区、气候、季节、时间等条件下的工作要求，承受汽车振动和自身的机械应力、温度和流场等考验，这些要求直接决定了汽车电机具有以下特点，这也是汽车电机的主要发展趋势。

1. 较高的功率密度和瞬时功率

较高的功率密度和瞬时功率即体积小、重量轻、功率大。为了提升最高时速，电机应有较高的瞬时功率和功率密度（W/kg）。

1998 年日产公司开发的永磁同步电机最大效率可达 95%，功率密度达到 1.59kW/kg。“十三五”国家重点研发计划对于驱动电机的发展目标为：乘用车电机功率密度达到 4kW/kg，商用车电机转矩密度做到 20N · m/kg。2020 年，我国乘用车驱动电机产品功率密度已经达到 3.8~4.5kW/kg（峰值功率/有效质量），转矩密度为 7.1N · m/kg，最高转速提高至 13000r/min 以上；商用车驱动电机转矩密度达到 18N · m/kg 以上，最高转速达到 3500r/min 以上。在乘用车方面，宝马 i3 的驱动电机功率密度约为 3.8kW/kg，通用 Bolt 驱动电机功率密度约为 4.6kW/kg，转矩密度约为 12.7N · m/kg。

在控制器方面，“十三五”末期我国驱动电机控制器的体积功率密度已达到 20~23kW/L，正在探索使用碳化硅材料以在 2025 年达到 32~36kW/L。另外，驱动电机系统还应该有很强的过载能力、较快的转矩响应。电动汽车起动和爬坡时速度较低，但要求力矩较大；正常运行时需要的力矩较小，而速度很高。低速时为恒转矩特性，高速时为恒功率特性，且电动机的运行速度范围应该较宽。

鉴于电动汽车电机的功率密度、绕组电负荷都比普通电机高，易造成绕组发热严重，高速运行时铁损较大，因此电机对冷却性能的要求也更高。早期电动汽车采用强制风冷，现在大多数都采用了循环油冷方式，将冷却油依一定路径经过定子和转子。最新的技术有采用喷油冷却的，即将雾状冷却油直接喷在发热的导体上，冷却效果更好。

2. 宽转速范围内较高的效率

电机的效率直接决定了新能源汽车的能耗水平。为了增加一次充电行驶距离，电机应有较高的效率。

在电动汽车循环工况下，电机运行工况图谱在运行区内杂乱分布，应基于循环工况，考虑电动汽车是变速工作的，综合利用变速器和电机结构参数的优化手段，使电机在更多的运行工况下都具备较高的综合效率。

3. 系统实现集成化

电机和机械、控制系统的集成不仅是结构上的整合，还要求变速器特性和电机特性互相配合，加上适合两者的控制系统，实现真正的耦合集成。

电动汽车电机首先要和控制器实现集成，控制器作为控制电动汽车驱动电机的设备，通过接收整车控制器和控制机构（制动踏板、加速踏板、换档机构）传送的控制信息，对驱动电机转速、转矩和转向进行控制，并可同时对动力电池的输出进行相应控制。

电动汽车电机还可能需要和变速器集成，以提高运行效率，取得较宽的转速范围。在混合动力汽车中，电机还和机电耦合动力总成系统集成，使得电机和变速器之间的联系更加紧密。

电动汽车电机也可以和车轮轮毂、发动机飞轮等实现集成。以分布驱动的轮毂电机为例，这种全新设计的底盘系统将电机和动力传动装置进行一体集成，简化了其他部件的设计。

4. 较高的可靠性

我国幅员辽阔，气候和温度的差异很大，最冷的地方温度可达-50℃，最热的地方地表温度可达80℃。汽车可能会经常从-40~40℃的环境下往返行驶，这些温度变化容易使电机的各种材料受到负面影响，如低温可能使绝缘材料开裂、结构件产生变形和应力，密封和紧固件也可能受到影响。因此电机还应坚固、可靠，以及有一定的防尘防水能力，电机在大批量生产之前，应该进行相应的环境试验，包括高低温试验、三防（湿热、霉菌、盐雾）试验、机械过载（振动、冲击、加速度）试验等。

对于十分重要的应用场合的电机，还应当要求电机及控制系统具备一定的容错运行能力，使汽车能在故障下“跛行”运行。

5. 环境友好

电动汽车电机要求低噪声、低振动，产生的电磁辐射较小，同时也不容易受到其他电磁波的干扰。

降低稀土钕的消耗也是汽车的一个重要发展趋势，由于稀土资源较为匮乏并且不可再生，因此大批量生产的电动汽车应当尽量采用少钕或无钕的材料。

6. 批量大、成本低

汽车产业的特点决定了电动汽车电机未来每年产量应在几千万台以上，这就要求电机生产厂家大批量生产，并且提供最有竞争力的价格。

1.4 电动汽车电机的分类和发展现状

1.4.1 电动汽车电机的分类

按照功能不同，汽车电机可分为发电机、电动机、电能转换装置和控制电机。

发电机是将机械能转换为电能的电机；电动机是将电能转换为机械能的电机。

在电机学中，也把变压器、变频机、移相机等电能转换装置看作是特殊类型的电机，用于将一种形式的电能转换为另一种形式的电能。例如变压器是将一种电压等级的交流电能改变为另一种电压等级的交流电能的静止电气设备，汽车上的点火线圈可以看作是一种特殊的变压器。

控制电机不以功率转换为主要职能，主要起信号调节、放大和控制作用。

按照运动方式不同，电机分为旋转电机、直线电机、平面电机和球形电机。

按照供电电源来分，电机可分为直流电机和交流电机。

按照同步速度不同，电机可分为没有固定同步转速的电机（直流电机）、静止变压器（变压器）、转速等于同步转速的电机（同步电机）和转速低于或高于同步转速的电机（感应电动机或感应发电机）。

在电动汽车具体应用上，按照结构和供电方式不同，电机可以有两种分类方式：

1）根据其结构不同基本可以分为两大类：无换向器和有换向器电机，如图 1-5 所示。

2）根据其供电方式不同的分类如图 1-6 所示。

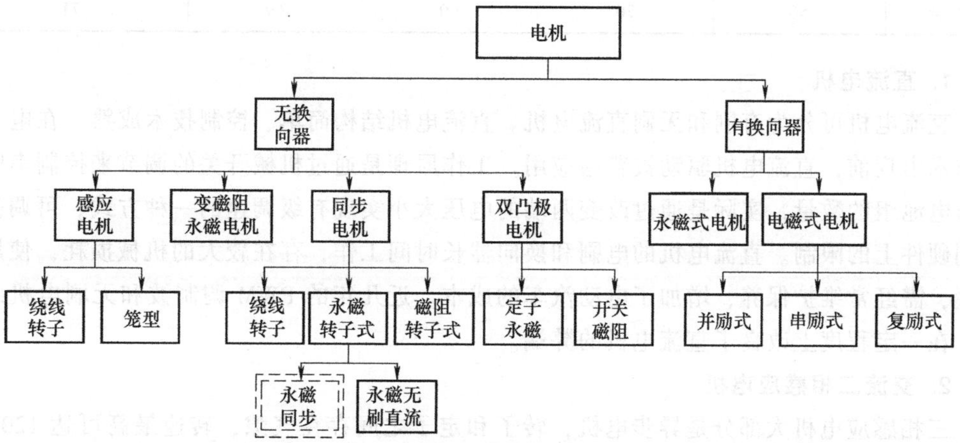

图1-5 按结构分类

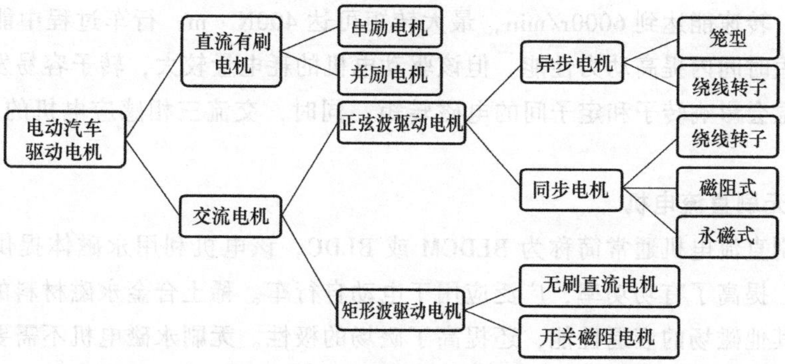

图 1-6 按供电方式分类

1.4.2 各类型汽车电机

在上述电机中，电动汽车应用最多的电机主要为直流电机、感应电机、开关磁阻电机和永磁电机。永磁电机又可以根据反电动势波形的不同分为永磁同步电机（正弦波）和永磁无刷直流电机（梯形波）。表1-2对比分析了各电机在功率密度、效率、可靠性、可控性以及技术成熟度等方面的优劣（1表示为最差，10表示为最优）。

表1-2　电动汽车用电机性能对比

项目	直流电机	感应电机	开关磁阻电机	永磁无刷直流电机	永磁同步电机
功率密度	4	6	7	8	10
效率	4	6	7	9	10
可控性	10	8	6	8	8
可靠性	6	10	10	8	8
成熟度	10	10	8	10	9
成本	8	10	8	6	6
噪声	6	10	4	10	10
维修	2	10	10	10	10
综合	50	70	60	69	71

1. 直流电机

直流电机可分为有刷和无刷直流电机。直流电机结构简单、控制技术成熟，在电力电子技术出现前，直流电机驱动被普遍应用。工作原理是通过机械开关的调节来控制串联的动力电池组的数量，实际是通过改变两端的电压大小实现有级调速的一种方式，可调范围受到硬件上的限制。直流电机的电刷和换向器长时间工作，存在较大的机械损耗，使用寿命短，需经常维护保养，增加了电动汽车的成本。近几年的PWM调制波和无刷电机的诞生，在一定程度上改良了直流电机的弊端。

2. 交流三相感应电机

三相感应电机大部分是异步电机，转子和定子之间存在气隙，转速最高可达12000~15000r/min，目前仍然是电动汽车的驱动电机的主要产品，比如特斯拉在使用该驱动技术上取得突破，转速能达到6000r/min，最大转矩可达400N·m，行车过程中能在爬坡、加速等状态下短时间内提高动力性能。但该驱动电机的耗电量较大，转子容易发热，冷却系统大幅度降温会影响转子和定子间的电磁转矩；同时，交流三相感应电机的控制成本高，功率因数低。

3. 永磁无刷直流电机

永磁无刷直流电机通常简称为BLDCM或BLDC，该电机利用永磁体提供励磁，消除了励磁损耗，提高了有功功率，广泛应用于电动自行车。稀土合金永磁材料的诞生，不仅提高了优于其他磁场的衰退性能，还提高了磁场的极性。无刷永磁电机不需要换向器和电刷，改善了有刷直流电机存在的机械磨损。永磁无刷直流电机通常采用表贴式永磁磁钢，这样可以取得近似为方波的反电动势，配合三相六拍的直流方波控制器，可以输出较大的转矩。因此相对于交流三相感应电机，永磁无刷直流电机转矩密度高。为了提高效率、简化制造工艺，通常使用分数槽集中绕组，但是该措施也会带来较大的谐波和转矩脉动。永磁无刷直流电机的磁场和反电动势谐波较大，这使得该电机不太适合高速运转，因此该电机在小型低速电动汽车上有着广泛的应用。

4. 永磁同步电机

永磁同步电机通常简称为PMSM，由于其具有构造简单、运行可靠、体积小、质量轻、损耗少、效率高、电机的形状和尺寸灵活多变等显著优点，转速范围可达4000~25000r/min，是电动汽车中具有较高功率密度和较广调速范围的一种强有力的驱动电机。但永磁同步电机在恒功率模式下，操纵复杂，需要一套复杂的控制系统，从而使得永磁同步电机的驱动系统造价稍高。目前主流的电动汽车驱动电机中除特斯拉采用感应电机作为驱动电机外，大部分电动汽车生产厂商如丰田 Prius、本田 Insight、雪佛兰 Volt 和尼桑 Leaf 等都采用稀土永磁同步电机作为驱动电机。由于稀土储量有限、供应和价格不稳定，越来越多的电动汽车生产商和电机研究者们将目光转向了非稀土电机。

5. 永磁辅助同步磁阻电机

永磁辅助同步磁阻电机简称永磁磁阻电机，这种电机直轴方向通常为多层永磁体结构，直轴磁阻很大，直轴电感很小。同时，这种电机的交轴方向能使磁场顺畅导通，交轴磁阻较小，电机凸极率很大，能产生磁阻转矩。2019年3月，美国加利福尼亚 Hawthorne 的特斯拉设计中心，特斯拉 CEO Elon Musk 面向全球发布了新一代智能电动 SUV 特斯拉 Model Y。Model Y 使用全新设计的永磁磁阻电机，兼具永磁电机和感应电机的优势，又巧妙地规避了两种电机的劣势。

6. 开关磁阻电机

开关磁阻电机是新一代无级调速牵引电机，可简称为SRM，基于磁通总是沿磁导最大路径闭合的原理产生转矩，具有交、直流两大类电机调速的优点。结构比以上几种电机都要简单，融合光、机、电一体化技术装置，采用现代微电子集成技术，转子组成结构中不需要集电环、绕组和永磁体等，定子上有端部短的集中绕组，转速可高于15000r/min，效率可达85%~93%，因此越来越得到各大汽车开发研究人员的认可并被广泛应用。例如，美国 Tridelta 工业公司开发的开关磁阻电机驱动的助力车，使用开关磁阻电机代替原动力的小型汽油发动机；国内首次成功使用该驱动系统是东风的混合动力客车。

优点：该驱动电机转子可承受较高的温度，只在定子上产生损耗，冷却效果好且方法简单；起动转矩大，起动电流小；调速性能好，能够满足不同应用场合转矩—速度的特性；具有较好的非线性特性，动态性能好，但一定程度上增加了控制系统的难度。

缺陷：SRM 固有的转矩脉动大，噪声大，这也与电机不合理设计和控制策略选择息息相关；其次，SRM 结构上需要安装位置传感器，使其结构复杂化，传感器的性能可靠性有待进一步提高。

孤立地看上述电机找不出具体的相似点，但是如果比较上述电机永磁转矩和磁阻转矩分量，如图1-7所示，可以看出，无刷直流电机（图1-7a）不使用磁阻转矩的分量，表面嵌入式永磁同步电机（图1-7b）可以使用极少的磁阻转矩，单层和多层内埋式永磁同步电机（图1-7c、d）可以利用的磁阻转矩较多，而永磁辅助同步磁阻电机（图1-7e）的永磁转矩只占一小部分。只有磁阻转矩输出的电机称为同步磁阻电机（图1-7f），这种电机改为集中绕组之后即为开关磁阻电机。

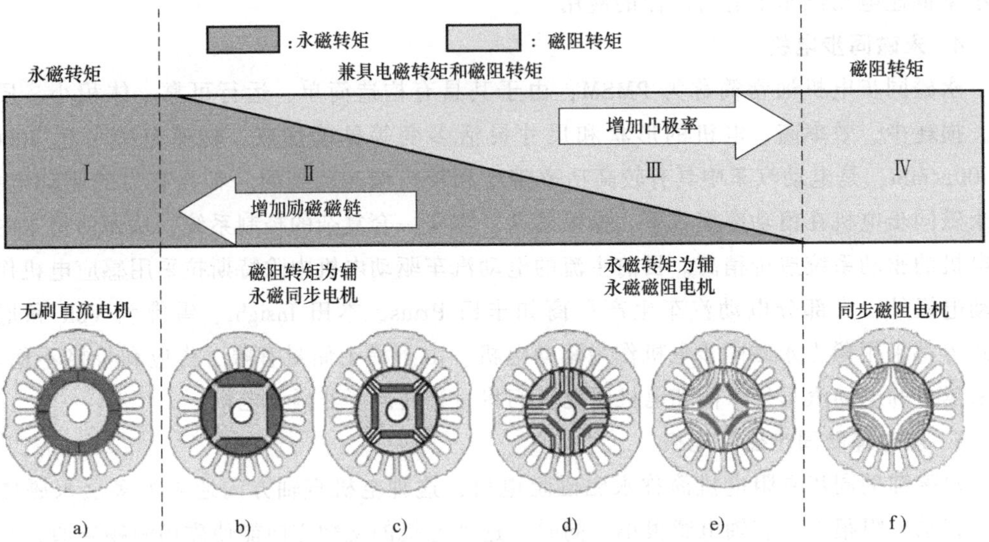

图 1-7　各类电机磁阻转矩占比对比

1.4.3　电动汽车电机的技术条件

GB/T 18488.1—2015《电动汽车用驱动电机系统　第 1 部分：技术条件》给出了电动汽车驱动电机的技术条件。

电机的型号由尺寸规格代号、驱动电机类型代号、信号反馈元件代号、冷却方式代号、预留代号五部分组成。例如：

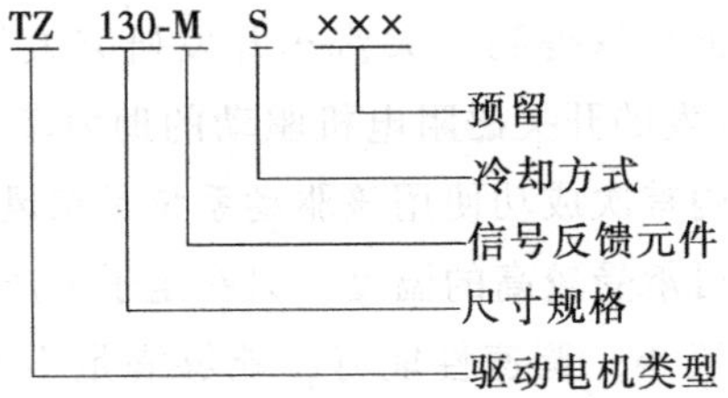

其中，尺寸规格为内转子电机的定子铁心外径，或者外转子电机的转子铁心外径。

电机类型代号分别是：KC—开关磁阻电机，TF—永磁无刷直流电机（方波控制型永磁同步电机），TZ—永磁同步电机（正弦波控制型永磁同步电机），YR—绕线转子感应电机，YS—笼型感应电机，ZL—直流电机。

信号反馈元件代号分别是：M—光电编码器，X—旋转变压器，H—霍尔元件，W—无位置传感器。

冷却方式分别是：S—水冷，Y—油冷，F—强制风冷。

预留代号为厂家自定义。

控制器型号由控制器类型代号、输入电压规格代号、信号反馈元件代号、输出电流规格代号、冷却方式代号和预留代号六部分组成。例如：

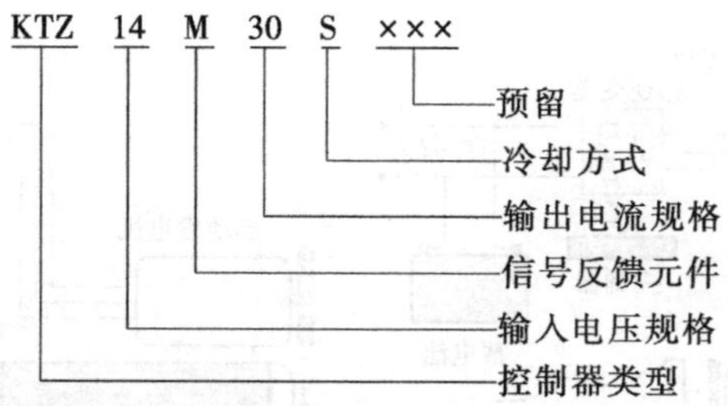

其中，控制器类型为电机类型代号前加字母 K 表示。

输入电压规格代号是标称直流电压除以 10 再取整后的数值。不足两位数的在十位数上标 0。在电压级别上，此版国家标准新增加了 60V、72V、80V、650V、700V、750V 电压，并将 144V、288V、312V、336V、384V、600V 定为优选电压。

信号反馈元件和冷却方式代号同电机。

预留代号为厂家自定义。

1.5　起动发电机的分类和研究现状

1.5.1　起动发电机的分类

传统汽车发动机的起动机和发电机是独立安装、分时工作的。现在应用最广泛的电起动系统在起动时由起动机拖动发动机加速至点火转速并维持一定时间，以确保发动机可靠发动。起动后起动机脱离发动机，发动机带动发电机工作为电气设备供电。在发动机起动任务完成之后，该起动装置就不再工作，利用率低，并且占用了汽车的有限空间和重量。将起动机与发电机合二为一的想法由来已久，这种装置可减少一台电机、减轻重量、节省宝贵空间并降低成本，大大提高汽车的燃油经济性。

以汽车为例，起动发电一体化电机具有以下优点：

1）起动发电二合一，体积、重量小。

2）无空转系统。

3）辅助驱动（轻混合动力）。

4）制动能量回收（轻混合动力）。

5）主动抑制发动机转矩脉动。

在汽车起动发电机的安装方式上，目前主要有飞轮式和带驱动式起动发电机两种。

1. 飞轮式起动发电机

一种称为“发电机-起动机”的集成型起动机在 1930~1960 年已在许多汽车上得到应用。这个设备是起动机和发电机的结合物，它直接安装在曲轴上，性能上是起动机和发电机的折中，效率很低，后来被性能更好的交流发电机和起动机取代。随着电力电子技术的发展，起动发电机又成了近年来国内外研究的热点。

上述这种直接安装在曲轴上的起动发电机通常被称为飞轮式起动发电机，也有的称为集成型起动机交流发电机减振器（ISAD），如图 1-8a 所示。它包括一台电动机，功能是

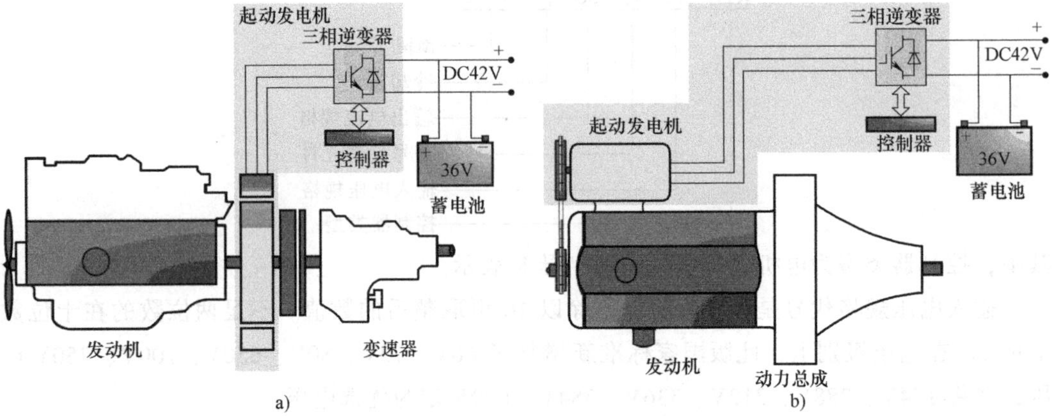

图 1-8　飞轮式和带驱动式起动发电机

a）飞轮式　b）带驱动式

充当发动机和变速器间的控制元件，也可用来起动发动机，传送电功率给蓄电池和汽车中的其他系统，此电动机取代了飞轮重块。电动机从发动机处传送动力，也可作为减振器/吸振单元。减振作用是通过一个旋转的电容器实现的。由于振动，转子与发动机间相对速度的变化使得电容器的一极充电，此作用是从振动中提取能量。

使用 ISAD 来起动发动机噪声较小且曲轴旋转速度可达到 700r/min。甚至在-25℃时，曲轴转速也可达 400r/min 左右。用这种方式起动的一个优点是，停止/起动作为提高经济性和减少污染物排放的功能是可行的。由于曲轴的高速旋转，发动机将在 0.1~0.5s 内点燃起动。电动机也可用于对汽车的加速进行增援，利用这个特性可以使小型发动机的性能提高到一个更高的水平。

当使用交流发电机模式时，ISAD 可以在空载转速下产生 2kW 的功率，它可以在直流和交流电压下供给电能。通过电子智能控制，ISAD 能够达到 80%的效率。法国雪铁龙（Citroen）汽车公司在 Xsara 汽车原型中使用了 ISAD 系统，使该车能够持续 30s 产生 150N · m 的转矩，这比 1580mL、65kW 电控燃油喷射型发动机的转矩峰值 135N · m 还要大得多。

丰田公司开发的应用于混合动力系统的起动/发电系统，由发电机与电动机两台电机及动力分离装置组成一体化装置。该系统的运行原理为：发动机与行星齿轮的行星架相连，传递过来的动力经过行星轮系，一部分通过中心轮传给发电机，一部分通过外齿圈传给电动机以驱动车轮。采用复杂的控制策略分配动力，实现了发电与驱动功能兼得。丰田汽车公司还专门开发了直流变压器，以便实现高电压和 14V 的转换。

2. 带驱动式起动发电机

另一种起停系统采用带驱动式起动发电机，如图 1-8b 所示，国内外也有学者利用电励磁同步电机构成了起动发电系统。

图 1-8a 所示的飞轮式起动发电机多用于混合动力汽车，而图 1-8b 所示的带驱动式起动发电机，其轴向长度较长，可以充分利用现有发动机的起动机和发电机的安装空间，作为带驱动式起动发电机使用，对系统改造较小。

1.5.2 起动发电机的研究现状

目前用作航空和汽车用的起动发电系统的电机可以有以下几种：有刷直流电机、感应电机、电励磁同步电机、永磁同步电机、开关磁阻电机和双凸极电机。

1. 有刷直流电机

有刷直流电机当作起动发电机使用时，与一般的直流电动机和直流发电机略有不同。起动时，以复励（串励为主）直流电动机方式工作，要求有足够的起动转矩和起动电流；起动结束后，电机的串励绕组停用，改为并励方式，作为发电机运行。其优点是起动性能良好、控制电路简单。但由于存在电刷和换向器，需要经常维护，使用寿命短，发电功率和起动功率也受到很大限制。

2. 感应电机

目前在欧美国家研究和投入使用的电动汽车电机主要为感应电机。这种电机的设计制造已较为成熟，结构简单、可靠性高且坚固耐用。感应电机的数学模型精确可靠，作为起动发电系统电机在建模时有较大优势，便于进行控制策略的深入研究。但是感应电机的控制较为复杂，控制成本高，异步感应电机低速及低负载运行时的效率低，高速时需要减速机构，且容易发热。典型的感应式起动发电机系统模型如图 1-9 所示。

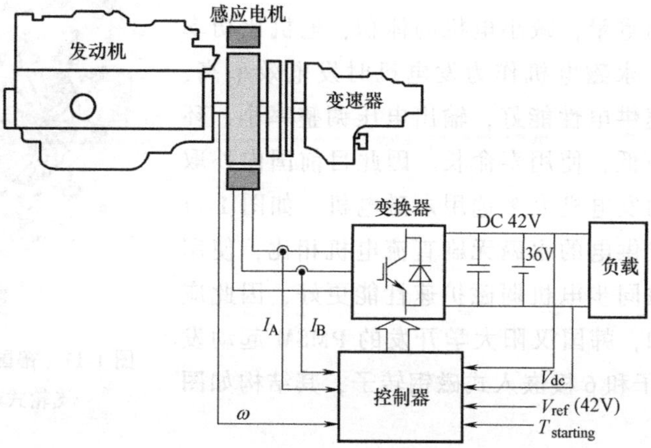

图 1-9 典型的感应式起动发电机系统模型

3. 电励磁同步电机

目前，在交流发电机的基础上升级改造的带驱动式起动发电机已经在智能起停系统中得到了应用。以法雷奥公司生产的起动发电机为例，该电机安装在标志雪铁龙集团的 I-start 系统中，电控装置集成在起动发电机内部，当遇到红灯停车时发动机停转，挂一档并松开制动踏板时会立即起动发动机。由于两种状态的主动带轮不同，因此需要一个变向张紧轮来实现两种状态的张紧。同时，由于起动机频繁使用，蓄电池容量、起动发电机的功率都比传统电机大得多。

为了实现上述交流电机的无刷化，有研究者提出采用多级式结构的电励磁同步发电机。以应用于飞机上的电励磁起动发电机为例，该电机采用三级式电机结构，通常称为三级式同步电机，如图 1-10 所示。美国 Honeywell International 公司、Rockwell 公司、Hamilton Sundstrand 公司等公开了有关基于三级式同步起动发电机的变频交流系统的有关专利，通过改变三级式同步电机结构，促使起动、发电能够进行平稳切换，起动、发电阶段系统均能够高效运行，满足现代先进飞机电源的需求。B787 选用 Hamilton Sundstrand 公司设计的变频电源系统，采用的电机正是三级式同步电机，并已完全实现起动/发电功能；A380 也采用 4 台 150kVA 的三级式同步电机构成变频交流发电机系统。由于三级式电励磁同步电机作起动机用时存在无法励磁的缺点，所以必须采用特殊的交流励磁方案或在励磁机定子上增加一套三相绕组，这将导致电机结构较为复杂。

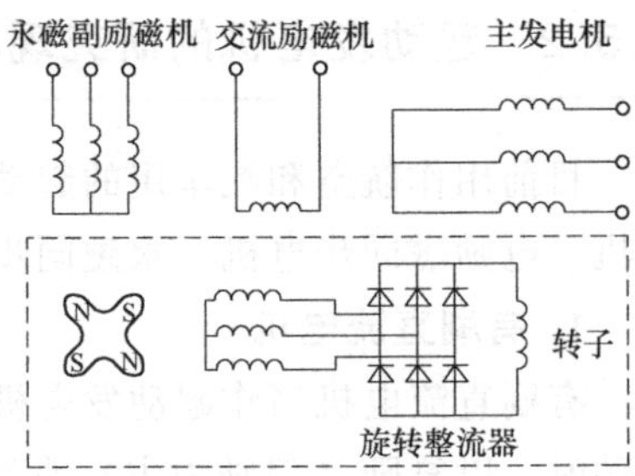

图 1-10　电励磁同步电机组成框图

4. 永磁同步电机

永磁同步电机（PMSM）作为发电机已经得到了广泛的应用，既可以用于变频恒速电源，也可以用于直流供电。只要在现有基础上研究其起动方案，就可以将其改造成起动发电系统。稀土永磁电机具有以下特点：稀土永磁材料具有很高的磁能积，可以明显降低电机的重量，减小电机的体积；电机比功率大，能量密度大；永磁电机作为发电机时发电效率高，电能消耗少，低速供电性能好，输出电压调整率小，环境适应性强，噪声低，使用寿命长。因此目前国内外取得应用的汽车起动发电机大多选用永磁电机，如图 1-11 所示。与使用方波供电的永磁无刷直流电机相比，使用正弦波供电的永磁同步电机弱磁扩速性能更好，因此应用也更广泛。例如，韩国汉阳大学开发的 PMSM 起动发电机采用 36 槽定子和 6 极嵌入式磁钢转子，其结构如图 1-12 所示。

图 1-11　德国博世公司开发的飞轮式起动发电机

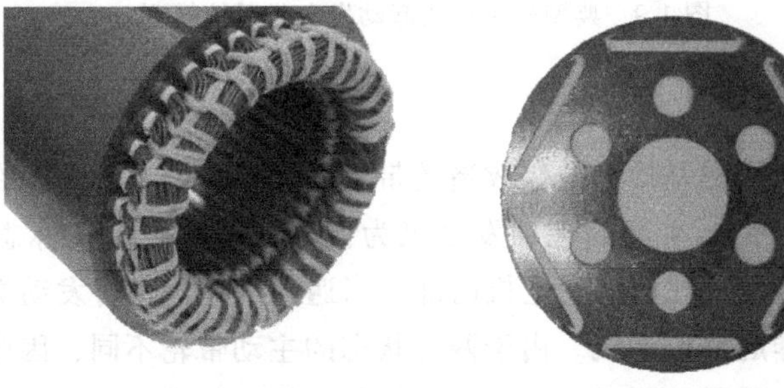
图 1-12　韩国汉阳大学开发的 PMSM 起动发电机

虽然永磁同步起动发电机在汽车上应用较多，但却很少作为航空起动发电机来使用。20 世纪 70 年代，美国 GE 公司就开始研究采用永磁同步电机构成无刷起动发电机，但由于永磁电机在系统故障时不能用灭磁的方法保护电机，而且不适应高温工作环境，还存在电压调节困难与高速弱磁困难等问题，因此，永磁发电机在航空上主要作为备用发电机或者应急发电机使用。

5. 开关磁阻电机

开关磁阻电机作为20世纪70年代兴起的新型电机，与其他各种调速电机相比有较大结构优势。首先，开关磁阻电机的转子是简单的叠片结构，结构坚固且经济；其次，开关磁阻电机转子没有电励磁绕组或永磁体，转子结构对温度不敏感，电机的最高运行温度取决于绝缘系统，因此可在高速下运行，而且高温环境的运行能力良好；另外，开关磁阻电机定子集中绕组可以预先绕制好再嵌入定子槽，定子装配工艺简单，制造成本低，冷却方便。开关磁阻电机既可以作电动机，又可以作发电机，在不改变硬件拓扑结构的情况下可以自如地实现起动、发电、助力等状态的切换。如罗马尼亚理工大学和德国西门子公司的设计人员设计的飞轮式的16/12极开关磁阻电机，并进行了实验演示。

开关磁阻电机作为发电机运行时电压控制比较复杂，而且发电时是脉冲输出，对电源系统冲击较大，需要较复杂的滤波电路。

6. 双凸极电机

20世纪90年代，美国科学院院士 T. A. Lipo 教授带领的团队提出了与开关磁阻电机相似的永磁双凸极电机。虽然混合励磁电机可以在一定范围内调节永磁电机的磁场，但这种电机结构复杂、成本较高，应用较少。鉴于永磁电机作为发电机运行时其输出电压难以控制，近几年来，在永磁双凸极电机的基础上提出的电励磁双凸极电机成为用于起动发电系统的研究重点。电励磁双凸极电机具有开关磁阻电机的优点，且发电控制更为简单方便，无需位置传感器，直接控制励磁电流即可控制输出电压，发电性能优良。

1.6 电动汽车驱动方式的选择

汽车发动机的输出转矩在低转速时较小，且随转速的升高变化不大。永磁驱动机的输出特性与内燃发动机有较大区别，其特点是低速高转矩、高速低转矩。对电动汽车而言，不同输出特性的动力源需要不同的传动机构，因此传统汽车的离合器、变速器和主减速器的传动形式已经不适合作为纯电动汽车的驱动方式。合理地选择纯电动汽车驱动系统布置方式能够最大限度地发挥驱动电机的优势，提高电动汽车驾驶性能。现在使用的纯电动汽车的驱动系统布置形式主要有以下五种，如图1-13所示。

1. 传统驱动系统

电动汽车传统驱动模式由传统内燃机汽车简单改装而来，仅以驱动电机替换发动机，传动系统仍然包括离合器、变速器等传动机构。传统驱动模式可以使用高转速的紧凑型驱动电机，通过变速器减速增扭来获得较大的驱动转矩，能有效增加纯电动汽车的后备功率，有利于提高电动汽车的动力性。但是，这种驱动系统布置形式结构复杂、维护成本高，动力经过多次传递导致传动效率低。传统驱动模式主要用于早期改装而来的电动汽车，但是由于动力系统过于复杂、沉重，不适合用于量产车型。

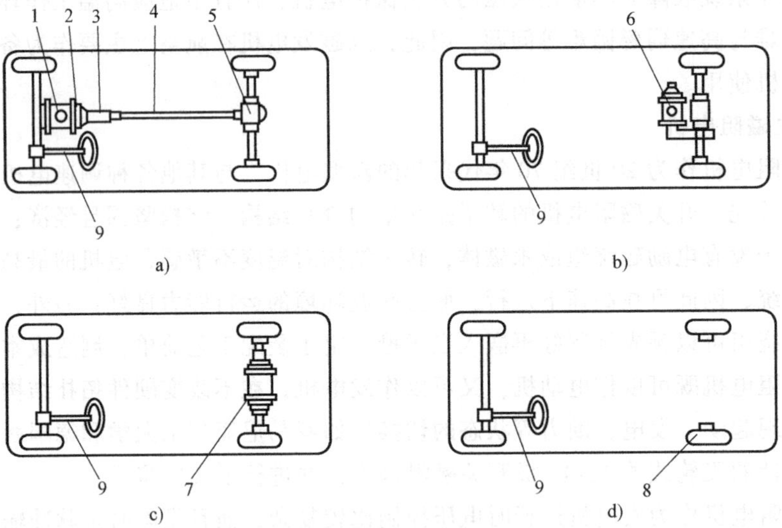

图 1-13　纯电动汽车驱动系统布置形式

a）传统驱动系统　b）组合式驱动系统　c）整体式驱动系统　d）轮边或轮毂电机驱动系统

1—驱动电机　2—离合器　3—变速器　4—传动轴　5—驱动桥　6—电动机-驱动桥组合式　7—整体式驱动桥　8—轮毂驱动电机　9—电动转向器

2. 组合式驱动系统

电动汽车组合式驱动系统由驱动电机、减速器和机械差速器组成，驱动电机一般使用中、高转速的电动机，因此需要利用减速器降低转速增大扭矩，这种减速器一般档位不可调或只有两个档位，这种布置方式的电动汽车动力系统既可以前置前驱，也可以后置后驱，目前各厂商在销售的纯电动汽车多为组合式驱动系统。这种组合式驱动系统全部机械部件都要安装在驱动桥上，在电动汽车空间利用方面并不占据很大优势。

3. 整体式驱动系统

电动汽车整体式驱动系统把驱动电机、齿轮减速器和差速器集成为一个整体，驱动电机轴与驱动桥两半轴布置在同一轴线上。其中驱动电机轴是特殊加工的空心轴，一根驱动桥的半轴从该空心轴中通过，减速器和差速器安装在驱动电机输出端。该驱动系统布置形式结构紧凑，传动效率高，在一部分客车上得到应用，但是复杂的结构和高昂的成本使这种布置方式无法应用到轻型电动载货汽车上。

4. 轮边电机驱动系统

轮边电机驱动系统和轮毂电机驱动系统都属于分布式驱动系统，驱动电机与驱动轮个数相等且放置在驱动轮内侧。两者的区别是：轮边电机驱动系统的电机、减速器与桥集成在一起，电机一般为内转子高速电机，动力经过一套行星齿轮传动系统传递至轮毂；而轮毂电机驱动系统的电机直接与车轮毂集成为一体，电机一般为外转子的低速电机。

长江纯电动商务车采用的就是轮边电机驱动系统，目前除长江外，比亚迪部分大巴也采用这种结构。

5. 轮毂电机驱动系统

该系统采用轮毂电机直接驱动电动汽车，驱动电机安装或集成在车轮的轮毂内，一般使用与轮毂集成为一体的外转子驱动电机。

采用轮毂电机驱动电动汽车克服了传动系统过于复杂、沉重的缺点，不仅能节省大量的车内空间，便于总体布局，而且能有效控制整车质量，有利于提高电动汽车的能源利用率和动力性能。各个车轮内的驱动电机转速、扭矩由管理系统综合协调控制，既省去了机械差速器，又可以通过单独控制两侧车轮来提高电动汽车不同工况下的操控稳定性。

思 考 题

1. 对比思考起动机和发电机工作状态和性能要求的不同。

2. 对比工业电机和汽车电机的主要不同点。

3. 结合汽车发展历史、电机发展历史，探讨未来汽车电机的性能要求和发展趋势。

4. 试论述如何提高汽车电机功率，可以从转速、电压、冷却、内阻、磁路等方面考虑。

5. 分组调研目前市场上的乘用车和商用车的驱动电机类型，并分析为什么选用该型电机。

6. 总结汽车电机的特点，并尝试用开题报告的方式撰写一个拟开展的研究项目，重点说明从哪些角度上做改进以提升汽车电机的某项特殊性能。

7. 调研去年汽车电机及控制器的各大生产公司市场现状和配套情况。

第2章 电力电子器件与能量转换电路

目前电动汽车有三个发展方向：纯电动汽车、混合动力电动汽车和燃料电池电动汽车。但是，无论未来汽车朝哪个方向发展，都离不开“电”这个关键，而电力电子技术又是这个关键里最核心的技术。随着越来越多的汽车电器与电子设备应用到汽车上，以及越来越多的新式电动汽车的产生，汽车电力电子技术这门学科也应运而生。横向来看，轨道车辆已经在电力电子技术的推动下完成了由内燃机驱动到电机驱动的转变，这使得我们更有理由看好电力电子技术在汽车上的应用前景。

本章在引入汽车电力电子技术的基础上，给出了常用的电力电子器件，然后介绍这些器件组成的DC-DC、DC-AC等功率变换器。本章介绍的汽车电力电子技术知识，是电机控制的基础。

2.1 汽车电力电子技术

2.1.1 汽车电力电子技术的由来

从1886年汽车诞生到1950年，汽车上的用电量增长比较缓慢。随着人们对汽车舒适性和安全性等性能的要求不断提高，应用12V电源系统所需的用电量也越来越大。为了提高汽车的舒适性和安全性，并减少汽车的燃油消耗量，未来汽车电气系统必须满足以下三个基本要求：

1）能高效率地完成机械能与电能之间的转化。

2）能高效率地变换并分配电能。

3）能可靠地提供电能。

很显然，要达到这三个基本要求，必须开发新的汽车电力电子部件。

20世纪90年代以前，在汽车领域中的电力传动主要是直流电力传动，只用于重型矿用自卸汽车。1990年美国加利福尼亚州为严格控制大气污染，颁布零排放汽车ZEV（Zero Emission Vehicle）法规，并规定了7家主要汽车制造公司（都是在加州有汽车销售的公司）从1998年起的销售义务：1998年所销售的汽车中，ZEV车必须占2%。从此美、日汽车制造公司便掀起了一场制造纯电动汽车的竞争热潮，并很快在开发高性能铅酸蓄电池、交流电动机、交流传动和逆变器等方面取得了进展。

1997年，丰田公司率先批量生产了第一代普锐斯（Prius）混合动力汽车。从此，交流电力传动被正式引入到乘用汽车传动中，于是电力技术领域中有关电能的产生、变换、传输、存储等过程的技术以及控制这些过程的技术与装置也就随之进入汽车技术领域。与传统的往复式内燃机汽车不同，电动汽车电路已不再是只含有几个功率为1kW左右直流电机的12/14V单一电压的“弱电”电路，而是发展为含有由2~6个电压为500~650V、功率高达20~60kW、转速高达15000r/min的永磁式交流同步伺服电机的电动轮或驱动电机，高压动力蓄电池组（201.6V）以及逆变器组成的（500~650）/201.6V两种电压的“强电”电力电路，再加上各自的控制系统。

控制系统和功率变换器实现了12/14V单一电压的“弱电”控制“强电”，于是一门跨汽车、电力、电子和自动控制四个学科的新兴技术——汽车电力电子技术便应运而生。

汽车电力电子技术是以混合动力汽车HEV、燃料电池汽车FEV和纯电动汽车EV为对象，运用电力电子学理论，通过对车载电力传动系统的交流化、高压化和对车载电力系统的精细控制，研究如何对它们进行特有的高效控制；如何使整车的起动力矩加大，而又不使能耗和排放变坏；遇到障碍物时，如何加大制动力矩；如何控制电动机/电动轮的再生制动，使其与液压机械盘式制动器匹配；如何进行高比率的急加、减速；当转矩频繁变动时，如何控制扭转振动；又如何控制蓄电池组的充放电等。

2.1.2 电力电子器件的定义

电力电子器件（Power Electronic Device），又称功率半导体器件，主要用于电力设备的电能变换和控制电路方面的电子器件。图2-1所示为电力电子装置的示意图，输入电功率经功率变换器变换后输出至负载。功率变换器即为通常所说的电力电子电路（也称主电路），它由电力电子器件构成。

最早使用的电力电子器件是电真空器件（electron device），而自20世纪50年代以来，电力半导体器件已取代了绝大部分的电真空器件。因此，电力电子器件目前也往往专指电力半导体器件。

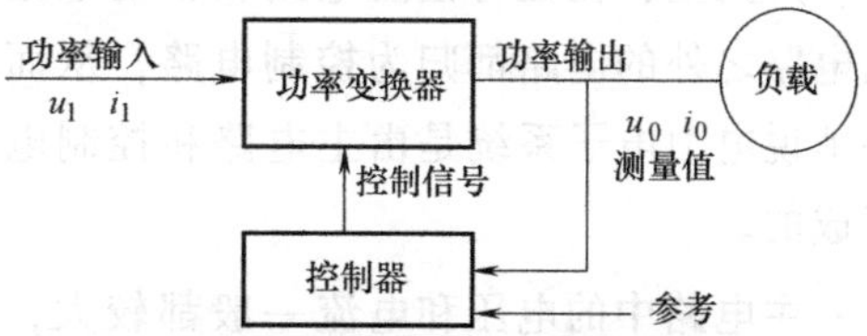

图2-1 电力电子装置示意图

同处理信息的电子器件相比，电力电子器件的一般特征是：

1）能处理电功率的大小不同，即承受电压和电流不同。

电力电子器件处理电功率的能力小至毫瓦级，大至兆瓦级，大多都远大于处理信息的电子器件。

2）电力电子器件一般都工作在开关状态。

导通时“通态”阻抗很小，接近于短路，管压降接近于零，而电流由外电路决定。

阻断时“断态”阻抗很大，接近于断路，电流几乎为零，而管子两端电压由外电路决定。

电力电子器件的动态特性（开关特性）和参数，也是电力电子器件很重要的方面，有些时候甚至上升为第一位的重要问题。

作电路分析时，为简单起见往往用理想开关来代替。一个理想的功率半导体器件，应该具有好的静态和动态特性，在截止状态时，能承受高电压且漏电流要小；在导通状态时，能流过大电流和很低的管压降；在开关转换时，具有短的开、关时间；通态损耗、断态损耗和开关损耗均要小，同时能承受高的di/dt和du/dt以及具有全控功能。

3）电力电子器件往往需要由信息电子电路来控制。

在主电路和控制电路之间，需要一定的中间电路对控制电路的信号进行放大，这就是电力电子器件的驱动电路。

4）为保证不至于因损耗散发的热量导致器件温度过高而损坏，不仅在器件封装上讲究散热设计，在其工作时一般都要安装散热器。

电力电子器件导通时有一定的通态压降，形成通态损耗；阻断时器件上有微小的断态漏电流流过，形成断态损耗。

在器件开通或关断的转换过程中产生开通损耗和关断损耗，总称开关损耗。

对某些器件来讲，驱动电路向其注入的功率也是造成器件发热的原因之一。

通常电力电子器件的断态漏电流极小，因而通态损耗是器件功率损耗的主要成因。

器件开关频率较高时，开关损耗会随之增大而可能成为器件功率损耗的主要因素。

2.1.3 电力电子系统的组成

电力电子系统由控制电路、驱动电路和以电力电子器件为核心的主电路组成，如图 2-2 所示。

控制电路按系统的工作要求形成控制信号，通过驱动电路去控制主电路中电力电子器件的通或断，来完成整个系统的功能。

有的电力电子系统中，还需要有检测电路。广义上，往往将检测电路和驱动电路等主电路之外的电路都归为控制电路，从而粗略地说电力电子系统是由主电路和控制电路组成的。

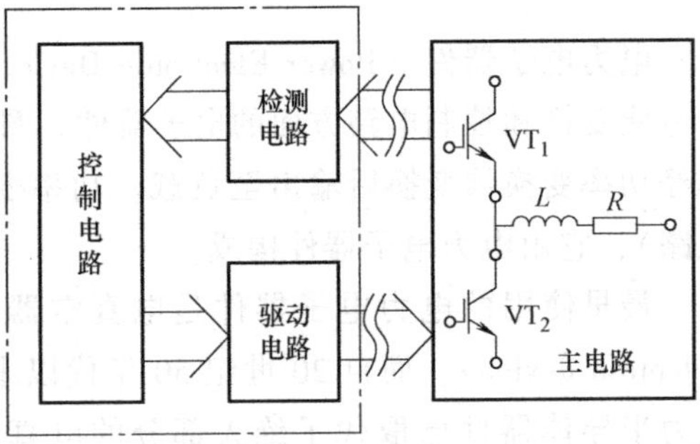

图 2-2 电力电子器件在实际应用中的系统组成

主电路中的电压和电流一般都较大，而控制电路的元器件只能承受较小的电压和电流，因此在主电路和控制电路连接的路径上，如驱动电路与主电路的连接处，或者驱动电路与控制信号的连接处，以及主电路与检测电路的连接处，一般需要进行电气隔离，通过其他手段如光、磁等来传递信号。

由于主电路中往往有电压和电流的脉冲冲击，而电力电子器件一般比主电路中普通的元器件要昂贵，但承受过电压和过电流的能力却要差一些，因此，在主电路和控制电路中附加一些保护电路，以保证电力电子器件和整个电力电子系统正常可靠运行，也往往是非常必要的。

器件一般有三个端子（又称极或管脚），其中两个连接在主电路中，而第三端被称为控制端（或门极）。器件通断是通过在其控制端和一个主电路端子之间加一定的信号来控制的，这个主电路端子是驱动电路和主电路的公共端，一般是主电路电流流出器件的端子。

2.1.4 功率半导体器件的分类

功率半导体器件可按可控性、驱动信号类型、器件内部电子和空穴两种载流子参与导电的情况进行分类。

1. 按可控性分类

根据能被驱动（触发）电路输出控制信号所控制的程度，可将功率半导体器件分为不可控型器件、半控型器件和全控型器件三种。

（1）不可控型器件（uncontrolled device） 不能用控制信号来控制其通断，因此也就不需要驱动电路。例如，功率二极管（power diode），它只有两个端子，器件的通和断是由其在主电路中承受的电压和电流决定的。

功率二极管产生于20世纪40年代，是功率半导体器件中结构最简单、使用最广泛的一种器件。目前已形成整流二极管（rectifier diode）、快恢复二极管（fast recovery diode，FRD）和肖特基二极管（schottky barrier diode，SBD）等三种主要类型。

（2）半控型器件（semi-controlled device） 通过控制信号可以控制其导通而不能控制其关断。例如，晶闸管（thyristor；silicon controlled rectifier，SCR）及其大部分派生器件，器件的关断由其在主电路中承受的电压和电流决定。

晶闸管可以算作是第一代电力电子器件，它的出现使电力电子技术发生了根本性的变化。但它是一种无自关断能力的半控型器件，应用中必须考虑关断方式问题，电路结构上必须设置关断（换流）电路，大大复杂化了电路结构、增加了成本、限制了在频率较高的电力电子电路中的应用。

（3）全控型器件（full-controlled device） 通过控制信号既可控制其导通又可控制其关断，又称自关断器件。例如，绝缘栅双极型晶体管（insulated gate bipolar transistor，IGBT）、电力场效应晶体管（power MOSFET，简称为电力 MOSFET）、门极关断晶闸管（gate turn-off thyristor，GTO）。

20世纪70年代出现了第二代自关断器件，如门极关断晶闸管（GTO）、大功率双极型晶体管（bipolar junction transistor，BJT；giant transistor，GTR）、功率场效应晶体管（power metal oxide semiconductor field effect transistor，Power MOSFET）等。GTR的原理与《电工学》中介绍的晶体管原理一致，且汽车中使用较少，本书不做专门介绍。

20世纪80年代出现了以绝缘栅双极型晶体管（insulated-gate bipolar transistor，IGBT；IGT）为代表的第三代复合导电的场控半导体器件。

20世纪80年代后期，功率半导体器件的发展趋势为模块化、集成化，按照电力电子电路的各种拓扑结构，将多个相同的功率半导体器件或不同的功率半导体器件封装在一个模块中，这样可缩小器件体积、降低成本、提高可靠性。

值得指出的是，新的一代器件的出现并不意味着老的器件被淘汰，世界上SCR产量仍占全部功率半导体器件总数的一半，是目前高压、大电流装置中不可替代的器件。

2. 按驱动信号类型分类

（1）电流驱动型（current driving type） 通过从控制端注入或者抽出电流来实现导通或者关断的控制。

（2）电压驱动型（voltage driving type） 仅通过在控制端和公共端之间施加一定的电压信号就可实现导通或者关断的控制。

电压驱动型器件实际上是通过加在控制端上的电压在器件的两个主电路端子之间产生可控的电场，来改变流过器件的电流大小和通断状态，所以又称为场控器件（field controlled device)，或场效应器件。

3. 按器件内部电子和空穴两种载流子参与导电的情况分类

如图 2-3 给出的电力电子器件分类树所示，电力电子器件可分为三类：

(1) 单极型器件 (unipolar device) 由一种载流子参与导电的器件。

(2) 双极型器件 (bipolar device) 由电子和空穴两种载流子参与导电的器件。

(3) 复合型器件 (complex device) 由单极型器件和双极型器件集成混合而成的器件。

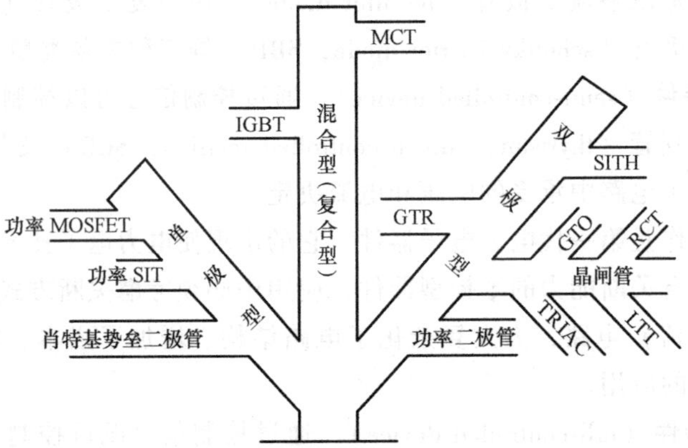

图 2-3 电力电子器件分类树

2.2 功率二极管

2.2.1 功率二极管的结构

功率二极管又称为电力二极管或大功率二极管，自 20 世纪 50 年代初期就获得应用，当时也被称为半导体整流器。由于功率二极管结构和原理简单、工作可靠，所以，直到现在仍然大量应用于汽车当中。尤其是快恢复二极管和肖特基二极管，分别在中、高频整流和逆变，以及低压高频整流的场合，具有不可替代的地位。

功率二极管的内部结构是一个具有 P 型及 N 型两层半导体、一个 PN 结和阳极 A、阴极 K 的两层两端半导体器件，其符号表示如图 2-4a 所示。

从外部构成看，也分成管芯和散热器两部分。这是由于二极管工作时管芯中要通过较大的电流，而 PN 结又有一定的正向电阻，管芯要因损耗而发热。为了管芯的冷却，必须配备散热器。一般情况下，200A 以下的管芯采用螺旋式（图 2-4b），200A 以上则采用平板式（图 2-4c）。

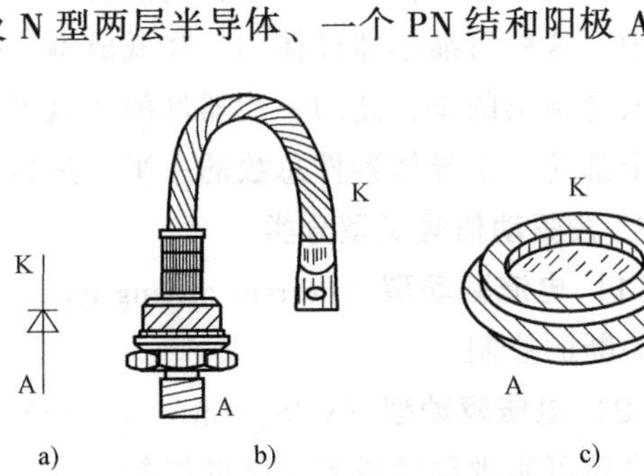

图 2-4 功率二极管

a) 符号 b) 螺旋式 c) 平板式

2.2.2 功率二极管的特性

1. 功率二极管的伏安特性

二极管阳极和阴极间的电压与阳极电流间的关系称为伏安特性，如图 2-5 所示，正向电流开始明显增加所对应的电压为门槛电压 U_{TO}，与 I_F 对应的功率二极管两端的电压即为其正向电压降 U_F。第Ⅰ象限为正向特性区，表现为正向导通状态。第Ⅲ象限为反向特性区，表现为反向阻断状态。

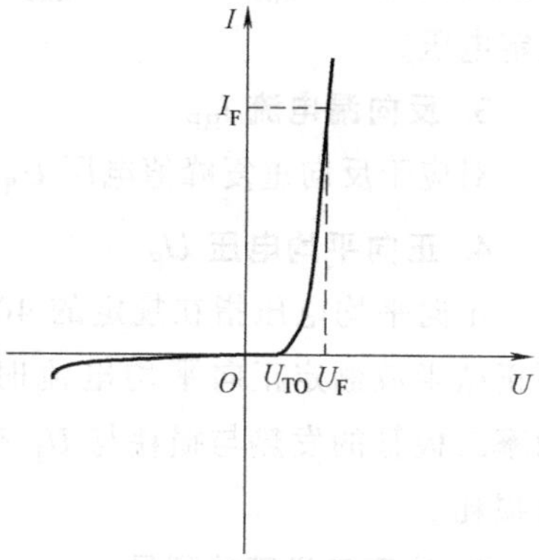

图 2-5 功率二极管的伏安特性

2. 功率二极管的开通、关断特性

功率二极管具有延迟导通和延迟关断的特征，关断时会出现瞬时反向电流和瞬时反向过电压。

(1) 功率二极管的开通过程 功率二极管的开通需一定的过程，初期出现较高的瞬态压降，过一段时间后才达到稳定，且导通压降很小。图 2-6 为功率二极管开通过程中的管压降 U_D 和正向电流 I_D 的变化曲线。由图可见，在正向恢复时间 t_{fr} 内，正在开通的功率二极管上承受的峰值电压 U_{FP} 比稳态管压降高得多，在有些二极管中的峰值电压可达几十伏。

(2) 功率二极管的关断过程 图 2-7 所示为功率二极管关断过程电压、电流波形。U_{RP} 和 I_{RP} 分别为反向峰值电压和反向峰值电流，U_R 为反向电压降。

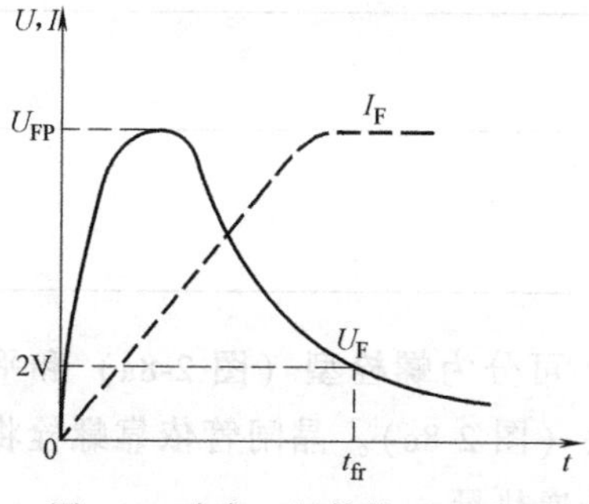

图 2-6 功率二极管的开通过程

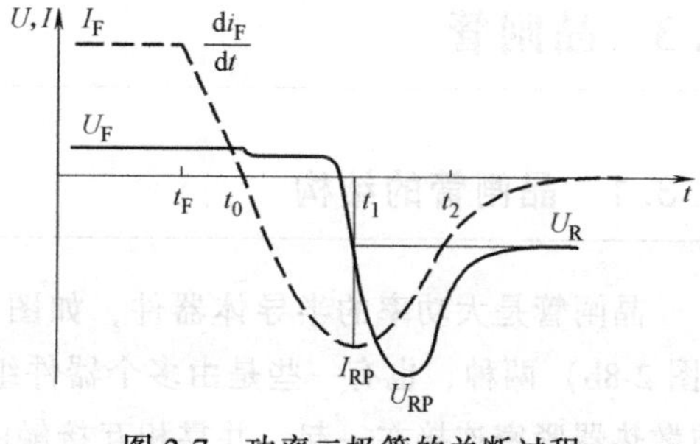

图 2-7 功率二极管的关断过程

功率二极管应用在低频整流电路时可不考虑其动态过程，但在高频逆变器、高频整流器、缓冲电路等频率较高的电力电子电路中就要考虑功率二极管的开通、关断等动态过程。

2.2.3 功率二极管的主要参数

1. 额定正向平均电流（额定电流）I_F

额定正向平均电流指在规定 40℃ 的环境温度和标准散热条件下，功率二极管结温达到额定且稳定时，容许长时间连续流过工频正弦半波电流的平均值。将此电流整化到等于或小于规定的电流等级，则为该二极管的额定电流。在选用功率二极管时，应按其允许通过的电流有效值来选取。对应额定电流 I_F 的有效值为 $1.57I_F$。

2. 反向重复峰值电压（额定电压）U_{RRM}

在额定结温条件下，功率二极管反向伏安特性曲线（第Ⅲ象限）急剧拐弯处所对应的反向峰值电压称为反向不重复峰值电压 U_{RSM}。反向不重复峰值电压值的 80%称为反向重复峰值电压 U_{RRM}。再将 U_{RRM} 整化到等于或小于该值的电压等级，即为功率二极管的额定电压。

3. 反向漏电流 I_{RR}

对应于反向重复峰值电压 U_{RRM} 下的平均漏电流称为反向重复平均电流 I_{RR}。

4. 正向平均电压 U_F

正向平均电压指在规定的 40℃环境温度和标准的散热条件下，功率二极管通以工频正弦半波额定正向平均电流时，其阳、阴极间电压的平均值，有时亦称为管压降。功率二极管的发热与损耗与 U_F 有关，一般应选用管压降小的功率二极管，以降低其导通损耗。

5. 功率二极管的型号

普通型功率二极管型号用 ZP 表示，其中 Z 代表整流特性，P 为普通型。普通型功率二极管型号可表示如下：

ZP[电流等级]—[电压等级/100][通态平均电压组别]

如型号为 ZP50—16 的功率二极管表示：普通型功率二极管，额定电流为 50A，额定电压为 1600V。

2.3 晶闸管

2.3.1 晶闸管的结构

晶闸管是大功率的半导体器件，如图 2-8 所示。可分为螺栓型（图 2-8a）和平板型（图 2-8b）两种，也有一些是由多个器件组成的模块（图 2-8c）。晶闸管依靠螺栓将管芯与散热器紧密连接在一起，并靠相互接触的一个面传递热量。

管芯是晶闸管的本体部分，由半导体材料构成，具有三个可以与外电路连接的电极：阳极 A、阴极 K 和门极 G，其电路符号如图 2-8d 所示。

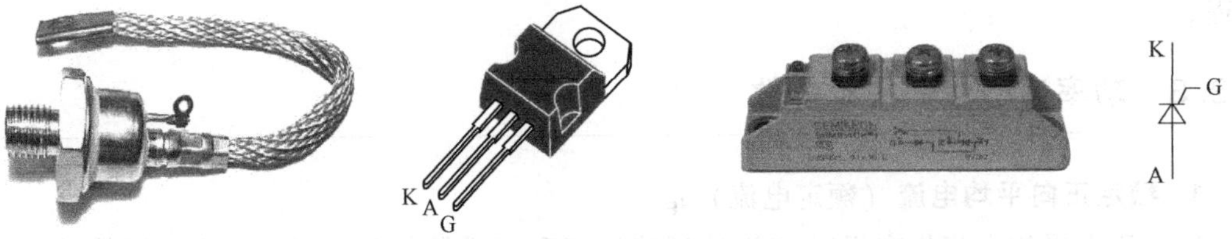

a)　　b)　　c)　　d)

图 2-8　晶闸管管芯及电路符号表示

a）螺栓型　b）平板型　c）晶闸管模块　d）符号

2.3.2 晶闸管的工作原理

晶闸管是一个具有 P_1—N_1—P_2—N_2 四层半导体的器件，内部形成有三个 PN 结 J_1、J_2、J_3，晶闸管承受正向阳极电压时，其中 J_1、J_3 承受反向阻断电压，J_2 承受正向阻断电压。这三个 PN 结的功能可以看作是一个 PNP 型晶体管 VT_1（P_1—N_1—P_2）和一个 NPN 型晶体管 VT_2（N_1—P_2—N_2）构成的复合作用，如图 2-9 所示。

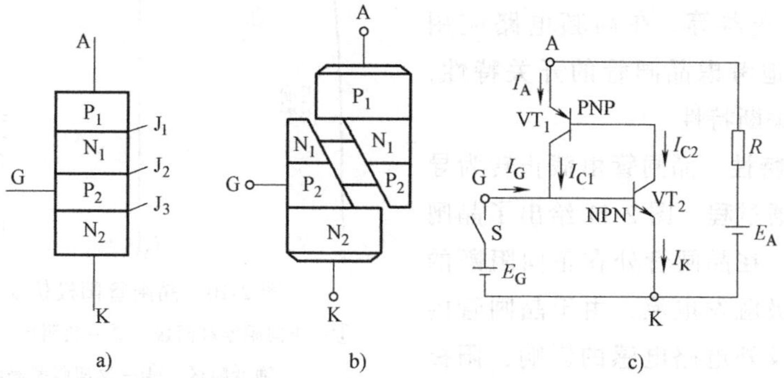

图 2-9 晶闸管的等效复合晶体管效应

a) PN 结组成 b) 等效 PN 结 c) 等效复合晶体管

可以看出，两个晶体管连接的特点是一个晶体管的集电极电流就是另一个晶体管的基极电流，当有足够的门极电流 I_G 流入时，两个相互复合的晶体管电路就会形成强烈的正反馈，导致两个晶体管饱和导通，也即晶闸管的导通。

如果晶闸管承受的是反向阳极电压，由于等效晶体管 VT_1、VT_2 均处于反压状态，无论有无门极电流 I_G，晶闸管都不能导通。

通过理论分析和实验验证表明：

1）只有当晶闸管同时承受正向阳极电压和正向门极电压时晶闸管才能导通，两者缺一不可。

2）晶闸管一旦导通后，门极将失去控制作用，门极电压对管子随后的导通或关断均不起作用，故使晶闸管导通的门极电压不必是一个持续的直流电压，只要是一个具有一定宽度的正向脉冲电压即可，脉冲的宽度与晶闸管的开通特性及负载性质有关。这个脉冲常称之为触发脉冲。

3）要使已导通的晶闸管关断，必须使阳极电流降低到某一数值之下（约几十毫安）。这可以通过增大负载电阻、降低阳极电压至接近于零或施加反向阳极电压来实现。这个能保持晶闸管导通的最小电流称为维持电流，是晶闸管的一个重要参数。

2.3.3 晶闸管的基本特性

1. 静态特性

静态特性又称伏安特性，指的是器件端电压与电流的关系。晶闸管的伏安特性表示晶闸管阳极与阴极之间的电压 U_A 与阳极电流 I_A 之间的关系曲线，如图 2-10 所示。

伏安特性可以划分为两个区域：第Ⅰ象限为正向特性区，第Ⅲ象限为反向特性区。第Ⅰ象限的正向特性又可分为正向阻断状态及正向导通状态。

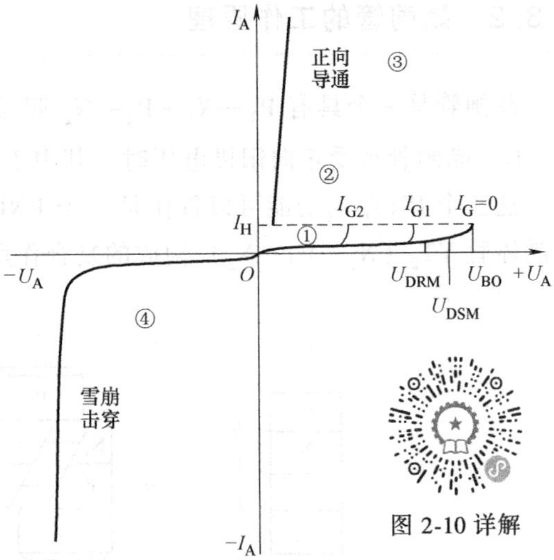

图 2-10 详解

图 2-10 晶闸管阳极伏安特性

①—正向阻断高阻区 ②—负阻区 ③—正向导通低阻区 ④—反向阻断高阻区

2. 动态特性

晶闸管常应用于低频的相控电力电子电路时，有时也在高频电力电子电路中得到应用，如逆变器等。在高频电路应用时，需要严格地考虑晶闸管的开关特性，即开通特性和关断特性。

(1) 开通特性 晶闸管由截止转为导通的过程为开通过程。图 2-11 给出了晶闸管的开关特性。在晶闸管处在正向阻断的条件下突加门极触发电流，由于晶闸管内部正反馈过程及外电路电感的影响，阳极电流的增长需要一定的时间。从突加门极电流时刻到阳极电流上升到稳定值 I_T 的 10%所需的时间称为延迟时间 t_d，而阳极电流从 $10\% I_T$ 上升到 $90\% I_T$ 所需的时间称为上升时间 t_r，延迟时间与上升时间之和为晶闸管的开通时间 $t_{gt}=t_d+t_r$，普通晶闸管的延迟时间为 0.5~1.5μs，上升时间为 0.5~3μs。延迟时间随门极电流的增大而减少，延迟时间和上升时间随阳极电压上升而下降。

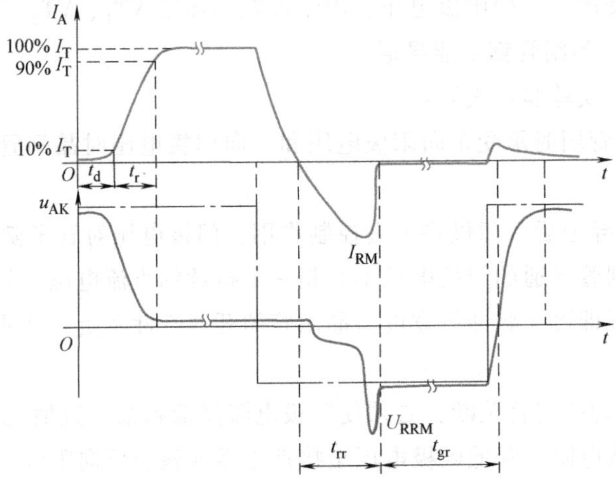

图 2-11 晶闸管的开关特性

图 2-11 中 t_{rr}、t_{gr} 释义

(2) 关断特性 通常采用外加反压的方法将已导通的晶闸管关断。反压可利用电源、负载和辅助换流电路来提供。

要关断已导通的晶闸管，通常给晶闸管加反向阳极电压。晶闸管的关断，就是要使各层区内载流子消失，使晶闸管对正向阳极电压恢复阻断能力。突加反向阳极电压后，由于外电路电感的存在，晶闸管阳极电流的下降会有一个过程，当阳极电流过零时，也会出现反向恢复电流，反向电流达最大值 I_{RM} 后，再朝反方向快速衰减接近于零，此时晶闸管恢复对反向电压的阻断能力。

2.4　电力场效应晶体管（MOSFET）

2.4.1　结构与工作原理

1. 结构

电力场效应晶体管（MOSFET）是一种利用栅极电压来控制漏极电流的单极型晶体管。在汽车应用中，MOSFET 具有以下特点：

1）驱动电路简单，需要的驱动功率小。

2）开关速度快，工作频率高。

3）热稳定性优于 GTR。

4）电流容量小，耐压低，一般只适用于功率不超过 10kW 的电力电子装置。

MOSFET 的类型很多，按导电沟道可分为 P 沟道和 N 沟道；根据栅极电压与导电沟道出现的关系可分为耗尽型和增强型。功率场效应晶体管主要是 N 沟道增强型。从结构上看，功率场效应晶体管与小功率的 MOS 管有比较大的差别。小功率 MOS 管的导电沟道平行于芯片表面，是横向导电器件。而 P-MOSFET 常采用垂直导电结构，称为 VMOSFET（vertical MOSFET），这种结构可提高 MOSFET 器件的耐电压、耐电流的能力。图 2-12 给出了具有垂直导电双扩散 MOS 结构的 VD-MOSFET（vertical double-diffused MOSFET）单元的结构图及电路符号。一个 MOSFET 器件实际上是由许多小单元并联组成。

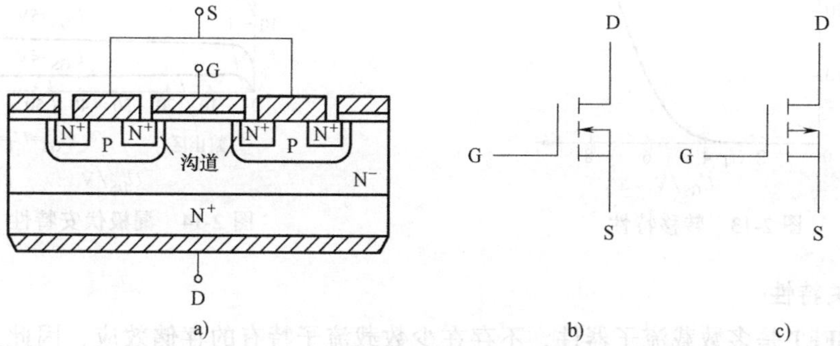

图 2-12　MOSFET 的结构图及电路符号
a）结构图　b）符号（N 沟道）　c）符号（P 沟道）

2. 工作原理

如图 2-12 所示，MOSFET 的三个极分别为栅极 G、漏极 D 和源极 S。当漏极接正电源、源极接负电源、栅源极间的电压为零时，P 基区与 N 区之间的 PN 结反偏，漏源极之间无电流通过。若在栅源极间加一正电压 U_{GS}，则栅极上的正电压将其下面的 P 基区中的空穴推开，而将电子吸引到栅极下的 P 基区的表面，当 U_{GS} 大于开启电压 U_T 时，栅极下 P 基区表面的电子浓度将超过空穴浓度，从而使 P 型半导体反型成 N 型半导体，成为反型层，由反型层构成的 N 沟道使 PN 结消失，漏极和源极间开始导电。U_{GS} 数值越大，P-MOSFET 导电能力越强，I_D 也就越大。

2.4.2 工作特性

1. 静态特性

(1) 转移特性 栅源极电压 U_{GS} 与漏极电流 I_D 反映了输入电压和输出电流的关系，称为转移特性，如图 2-13 所示。当 I_D 较大时，该特性基本上为线性。曲线的斜率 $g_m=\Delta I_D/\Delta U_{GS}$ 称为跨导，表示 P-MOSFET 栅源电压对漏极电流的控制能力，与 GTR 的电流增益 β 含义相似。图中所示的 U_T 为开启电压，只有 $U_{GS}>U_T$ 时才会出现导电沟道，产生漏极电流 I_D。

(2) 漏极伏安特性 漏极伏安特性也称输出特性，如图 2-14 所示，可以分为三个区：可调电阻区Ⅰ、饱和区Ⅱ、击穿区Ⅲ。在Ⅰ区内，固定栅极电压 U_{GS}，漏源电压 U_{DS} 从零上升过程中，漏极电流 I_D 首先线性增长，接近饱和区时，I_D 变化减缓，而后开始进入饱和。达到饱和区Ⅱ后，此后 U_{DS} 增大，但 I_D 维持恒定。从这个区域中的曲线可以看出，在同样的漏源电压 U_{DS} 下，U_{GS} 越高，漏极电流 I_D 也越大。当 U_{DS} 过大时，器件会出现击穿现象，进入击穿区Ⅲ。

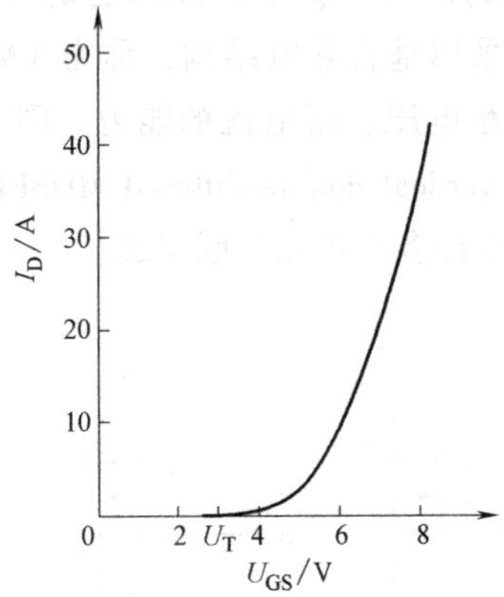

图 2-13 转移特性

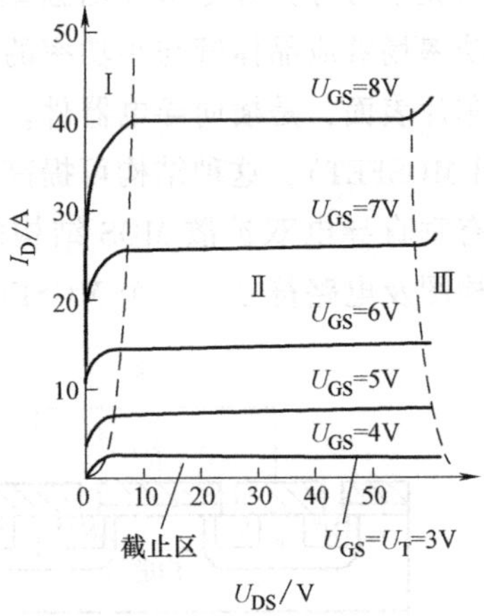

图 2-14 漏极伏安特性

2. 开关特性

P-MOSFET 是多数载流子器件，不存在少数载流子特有的存储效应，因此开关时间很短，典型值为 20ns，而影响开关速度的主要是器件极间电容。图 2-15 所示为器件极间电容的等效电路，从中可以求得器件输入电容为 $C_{in}=C_{GS}+C_{GD}$。正是 C_{in} 在开关过程中需要进行充、放电，影响了开关速度。同时也可看出，静态时虽栅极电流很小，驱动功率小，但动态时由于电容充放电电流有一定强度，故动态驱动仍需一定的栅极功率。开关频率越高，栅极驱动功率也越大。

P-MOSFET 的开关过程如图 2-16 所示，其中 U_P 为驱动电源信号，U_{GS} 为栅极电压，I_D 为漏极电流。当 U_P 信号到来时，输入电容 C_{in} 有一充电过程，使栅极电压 U_{GS} 只能按指数规律上升。P-MOSFET 的开通时间为 $t_{on}=t_{d(on)}+t_r$。当 U_P 信号下降为零后，栅极输入

电容 C_{in} 上储存的电荷将通过信号源进行放电，使栅极电压 U_{GS} 按指数规律下降，到 U_P 结束后的 $t_{d(off)}$ 时刻，I_D 电流才开始减小，故 $t_{d(off)}$ 称为关断延迟时间。P-MOSFET 的关断时间应为 $t_{off}=t_{d(off)}+t_f$。

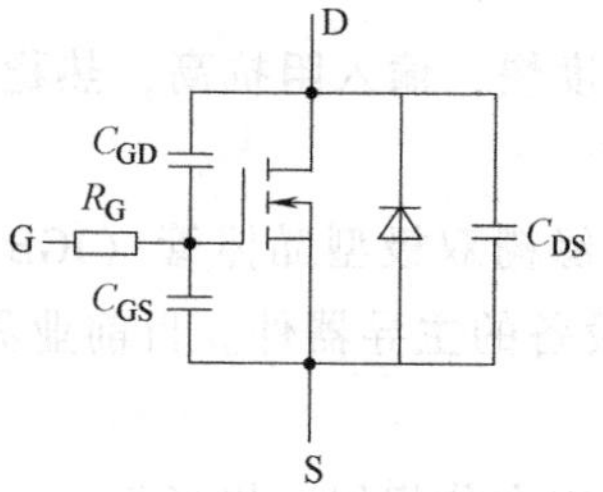

图 2-15　输入电容等效电路

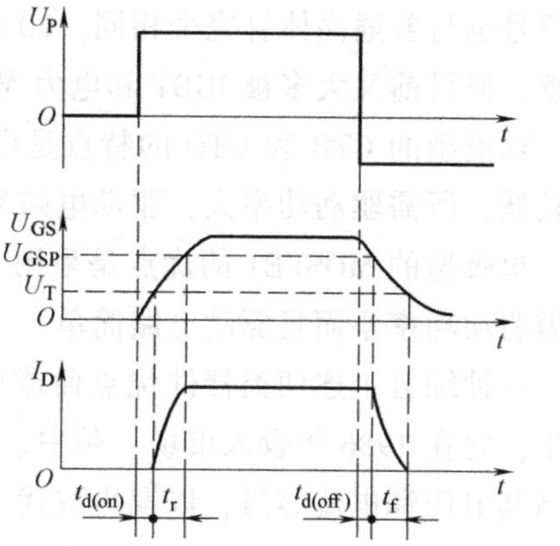

图 2-16　开关特性

2.4.3　主要参数与安全工作区

1. 主要参数

（1）漏极电压 U_{DS}　漏极电压 U_{DS} 为 P-MOSFET 的电压定额，U_{DSM} 为漏极电压幅值。

（2）电流定额 I_D　电流定额 I_D 为漏极直流电流，I_{DM} 为漏极脉冲电流幅值。

（3）栅源电压 U_{GS}　栅源极间加的电压不能大于此电压，否则将击穿器件。

2. 安全工作区

P-MOSFET 是多数载流子工作的器件，器件的通态电阻具有正的温度系数，即温度升高通态电阻增大，使漏极电流能随温度升高而下降，因而不存在电流集中和二次击穿的限制，有较宽的安全工作区。P-MOSFET 的正向偏置安全工作区由四条边界包围框成，如图 2-17 所示，图中示出了四种情况：直流 DC 和脉宽（PW）100ms、1ms、1μs。其中Ⅰ为漏源通态电阻限制线；Ⅱ为最大漏极电流 I_{DM} 限制线；Ⅲ为最大功耗限制线；Ⅳ为最大漏源电压限制线。

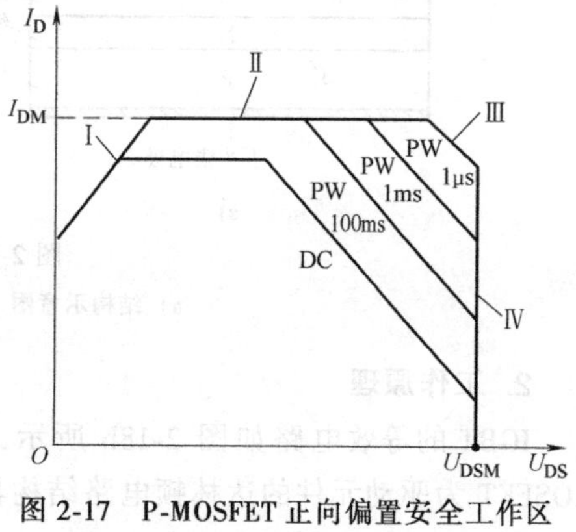

图 2-17　P-MOSFET 正向偏置安全工作区

2.5　绝缘栅双极型晶体管（IGBT）

2.5.1　结构与工作原理

1. 结构

在介绍 IGBT 之前，先介绍一下电力晶体管（GTR），这种大功率晶体管与普通晶体管并无本质上的差别，但击穿电压、最大允许功耗、开关速度等参数更为突出。一个GTR芯片包含大量的并联晶体管单元，这些晶体管单元共用一个大面积集电极，而发射极和基极则被化整为零。这种结构可以有效解决所谓的发射极电流聚边现象。GTR的标识符号也与普通晶体管完全相同。20世纪80年代以来，GTR在中、小功率范围内取代晶闸管，但目前又大多被IGBT和电力MOSFET取代。

双极型的GTR和GTO的特点是电流驱动，有电导调制效应，通流能力很强，开关速度较低，所需驱动功率大，驱动电路复杂。

单极型的MOSFET的优点是采用电压驱动，开关速度快，输入阻抗高，热稳定性好，所需驱动功率小而且驱动电路简单。

一种综合上述两类器件优点而成的复合器件——绝缘栅双极型晶体管（IGBT）应运而生，它在1986年投入市场，是中、小功率电力电子设备的主导器件。目前业界正继续提高其电压和电流容量，以期再取代GTO的地位。

IGBT的基本结构如图2-18a所示，与P-MOSFET结构十分相似，相当于一个用MOSFET驱动的厚基区PNP型晶体管。其内部实际上包含了两个双极型晶体管P^+NP及N^+PN，它们又组合成了一个等效的晶闸管。这个等效晶闸管将在IGBT器件使用中引起一种“擎住效应”，影响IGBT的安全使用。

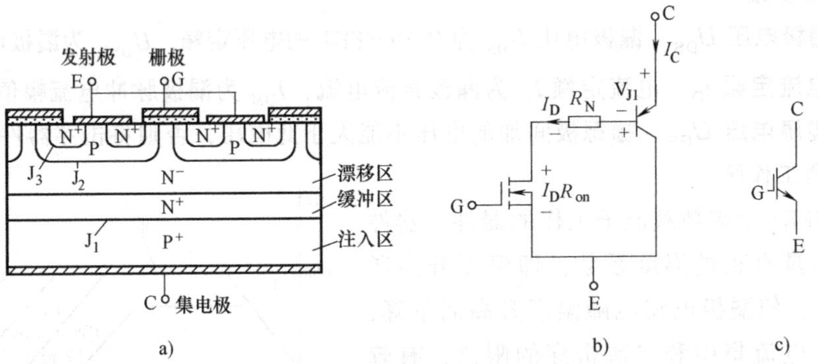

图2-18 IGBT示意图

a）结构示意图 b）等效电路 c）电路符号

2. 工作原理

IGBT的等效电路如图2-18b所示，是以PNP型厚基区GTR为主导元件、N沟道MOSFET为驱动元件的达林顿电路结构器件，R_N为GTR基区内的调制电阻。图2-18c所示为是IGBT的电路符号。

IGBT的开通与关断由栅极电压控制。栅极上加正向电压时，MOSFET内部形成沟道，使IGBT高阻断态转入低阻通态。在栅极加上反向电压后，MOSFET中的导电沟道消除，PNP型晶体管的基极电流被切断，IGBT关断。

2.5.2 工作特性

1. 静态特性

IGBT的静态特性主要有输出特性及转移特性，如图2-19所示。输出特性表达了集电极

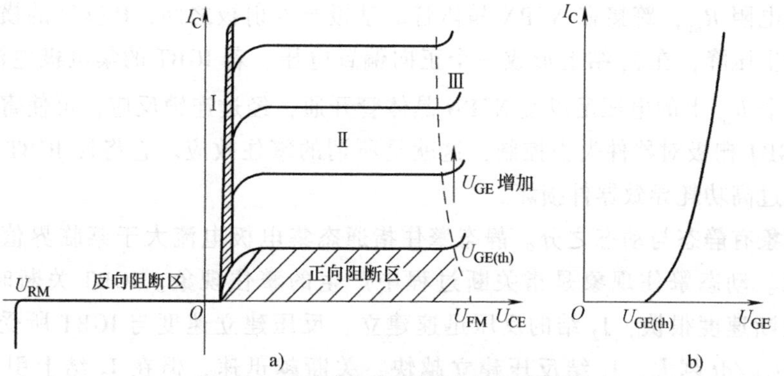

图 2-19 IGBT 的输出特性和转移特性

a）输出特性 b）转移特性

电流 I_C 与集电极-发射极间电压 U_{CE} 之间的关系，分为饱和区Ⅰ、放大区Ⅱ及击穿区Ⅲ。

IGBT 的转移特性表示了栅极电压 U_{GE} 对集电极电流 I_C 的控制关系。在大部分范围内，I_C 与 U_{GE} 呈线性关系。

2. 动态特性

IGBT 的动态特性即开关特性，如图 2-20 所示，其开通过程主要由其 MOSFET 结构决定。当栅极电压 U_{GE} 达到开启电压 $U_{GE(th)}$ 后，集电极电流 I_C 迅速增长，其中栅极电压从负偏置值增大至开启电压所需时间 $t_{d(on)}$ 为开通延迟时间；集电极电流由 10%额定增长至 90%额定所需时间为电流上升时间 t_{ri}，故总的开通时间为 $t_{on}=t_{d(on)}+t_{ri}$。

IGBT 的关断过程较为复杂，其中 U_{GE} 由正常 15V 降至开启电压 U_T 所需时间为关断延迟时间 $t_{d(off)}$，自此 I_C 开始衰减。集电极电流由 90%额定值下降至 10%额定值所需时间为下降时间 $t_{fi}=t_{fi1}+t_{fi2}$，其中 t_{fi1} 对应器件中 MOSFET 部分的关断过程，t_{fi2} 对应器件中 PNP 型晶体管中存储电荷的消失过程。由于经 t_{fi1} 时间后 MOSFET 结构已关断，IGBT 又未承受反压，器件内存储电荷难以被迅速消除，所以集电极电流需较长时间下降，形成电流拖尾现象。由于此时集射极电压 U_{CE} 已建立，电流的过长拖尾将形成较大功耗，使结温升高。总的关断时间则为 $t_{off}=t_{d(off)}+t_{fi}$。

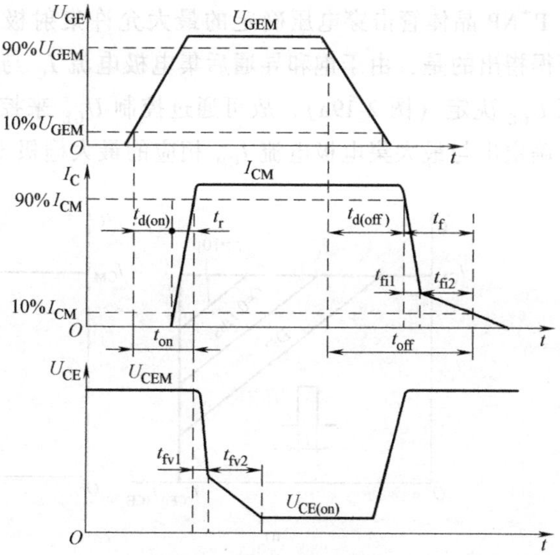

图 2-20 IGBT 的开关特性

2.5.3 擎住效应和安全工作区

1. 擎住效应

如前所述，在 IGBT 管内存在一个由两个晶体管构成的寄生晶闸管，同时 P 基区内存

在一个体区电阻 R_{br}，跨接在 N^+PN 晶体管的基极与发射极之间，P 基区的横向空穴电流会在其上产生压降，在 J_3 结上形成一个正向偏置电压。若 IGBT 的集电极电流 I_C 大到一定程度，这个 R_{br} 上的电压足以使 N^+PN 晶体管开通，经过连锁反应，可使寄生晶闸管导通，从而 IGBT 栅极对器件失去控制，这就是所谓的擎住效应。它将使 IGBT 集电极电流增大，产生过高功耗导致器件损坏。

擎住现象有静态与动态之分。静态擎住指通态集电极电流大于某临界值 I_{CM} 后产生的擎住现象。动态擎住现象是指关断过程中产生的擎住现象。IGBT 关断时，MOSFET 结构部分关断速度很快，J_2 结的反压迅速建立，反压建立速度与 IGBT 所受 dU_{CE}/dt 大小有关。dU_{CE}/dt 越大，J_2 结反压建立越快，关断越迅速，但在 J_2 结上引起的位移电流 $I_{J2}\cdot(dU_{CE}/dt)$ 也越大。此位移电流流过体区电阻 R_{br} 时可产生足以使 N^+PN 晶体管导通的正向偏置电压，使寄生晶闸管开通，即发生动态擎住现象。由于动态擎住时所允许的集电极电流比静态擎住时小，故器件的 I_{CM} 应按动态擎住所允许的数值来决定。为了避免发生擎住现象，使用中应保证集电极电流不超过 I_{CM}，或者增大栅极电阻 R_G 以减缓 IGBT 的关断速度，减小 dU_{CE}/dt 值。总之，使用中必须避免发生擎住效应，以确保器件的安全。

2. 安全工作区

IGBT 开通与关断时，均具有较宽的安全工作区。IGBT 开通时对应正向偏置安全工作区（FBSOA），如图 2-21a 所示。它是由避免动态擎住而确定的最大集电极电流 I_{CM}、器件内 P^+NP 晶体管击穿电压确定的最大允许集射极电压 U_{CE0} 以及最大允许功耗线所框成。值得指出的是，由于饱和导通后集电极电流 I_C 与集射极电压 U_{CE} 无关，其大小由栅极电压 U_{GE} 决定（图 2-19a），故可通过控制 U_{GE} 来控制 I_C，进而避免擎住效应发生，因此还可确定出与最大集电极电流 I_{CM} 相应的最大栅极电压 U_{GM} 这个参数。

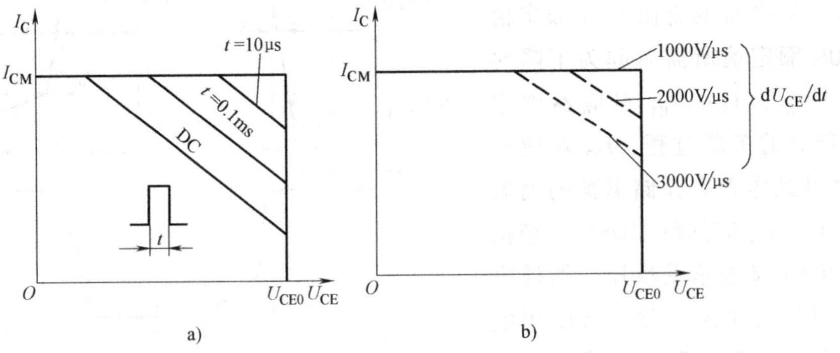

图 2-21　IGBT 的安全工作区

a）FBSOA　b）RBSOA

IGBT 关断时所对应的为反向偏置安全工作区（RBSOA），如图 2-21b 所示。它是随着关断时的电压上升率 dU_{CE}/dt 变化，dU_{CE}/dt 越大，越易产生动态擎住效应，安全工作区越小。一般可以通过选择适当的栅极电压 U_{GE} 和栅极驱动电阻 R_G 来控制 dU_{CE}/dt，避免擎住效应，扩大安全工作区。

2.5.4　IGBT 驱动电路

理论上 IGBT 是以 MOSFET 为输入极的，因此，MOSFET 驱动电路原则上都可适用于 IGBT。但由于 IGBT 较为昂贵，通常使用专业驱动芯片进行控制。

以 EXB 系列集成模块驱动 IGBT 为例，该专用模块比分立元件组成的驱动电路工作更可靠，效率更高。图 2-22 所示是这种模块的内部框图，表 2-1 是其引脚说明。它具有过电流检测、保护及软关断功能。当 IGBT 出现过电流时，引脚 5 出现低电平，光电耦合器（简称光耦）SOI 有输出，从而提供一个封锁信号。该信号使 PWM 驱动脉冲输出转化成一系列窄脉冲，对 EXB 实行软关断。

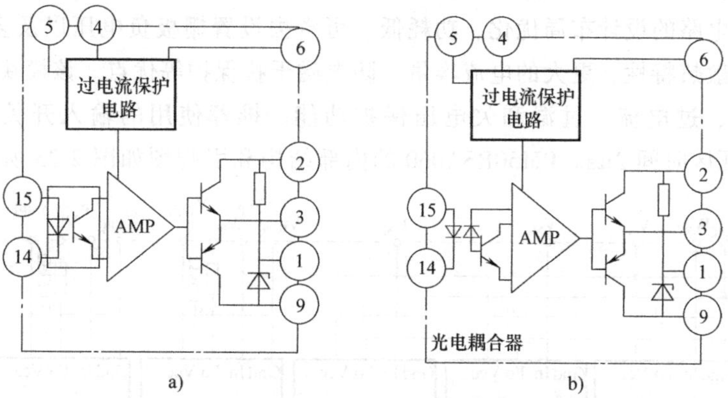

图 2-22　EXB 系列集成驱动模块内部框图
a）EXB850/851（标准型）　b）EXB840/841（高速型）

表 2-1　EXB840 引脚说明

引脚号	功能说明	引脚号	功能说明
1	与 IGBT 的发射极相接；连接用于反向偏置电源的滤波电容	7、8	不接
2	电源端，一般为 20V	9	电源地端
3	驱动输出，经栅极电阻 R_G 与 IGBT 相连	10、11	不接
4	外接电容器，防止过电流保护环节误动作	12、13	不接
5	内设的过电流保护电路输出端	14	驱动信号输入（−）
6	经快速二极管连到 IGBT 集电极。监视集电极电平，作为过电流信号之一	15	驱动信号输入（+）

2.6　功率集成电路

20 世纪 80 年代中后期开始，电力电子行业出现模块化发展趋势，即将多个器件、设置其保护驱动电路等封装在一个模块中，称为功率模块。这种模式可以缩小装置体积，降低成本，提高可靠性。对工作频率高的电路，也可大大减小线路电感，从而简化对保护和缓冲电路的要求。另外，还可以将器件与逻辑、控制、保护、传感、检测、自诊断等信息电子电路制作在同一芯片上，称为功率集成电路（power integrated circuit，PIC）。

功率集成电路分为以下三类：

(1) 高压集成电路（high voltage IC，HVIC） 一般指横向高压器件与逻辑或模拟控制电路的单片集成。

(2) 智能功率集成电路（smart power IC，SPIC） 一般指纵向功率器件与逻辑或模拟控制电路的单片集成。

(3) 智能功率模块（intelligent power module，IPM） 专指IGBT及其辅助器件与其保护和驱动电路的单片集成，也称智能IGBT（intelligent IGBT）。

电动汽车和电梯上经常使用三菱公司生产的智能功率模块，以型号为PM50RSA060为例进行说明。该模块属于中功率的三相电压源型逆变电路，具有结构紧凑、安装方便、模块内部驱动电路的设计布局优化、功耗低、可省去设置栅极负电压以及多种保护功能，还具有更好的散热特性、更大的电流容量、防电磁干扰保护等优点。该模块为宽体型绝缘封装，有短路、过电流、过温和欠电压保护功能。推荐使用的输入开关频率范围5~20kHz，最小死区时间2μs。PM50RSA060的内部结构和引脚图如图2-23所示，其引脚符

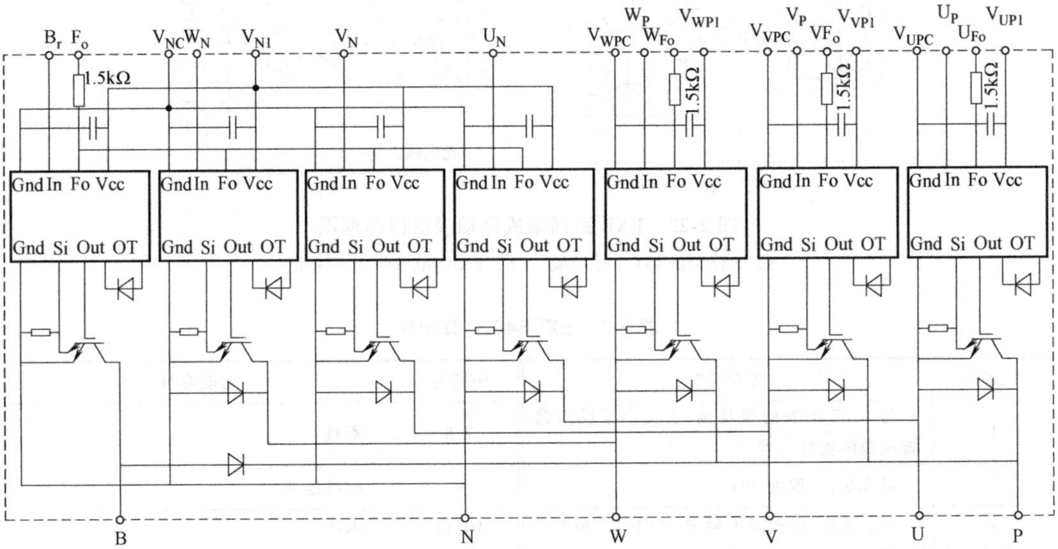

a)

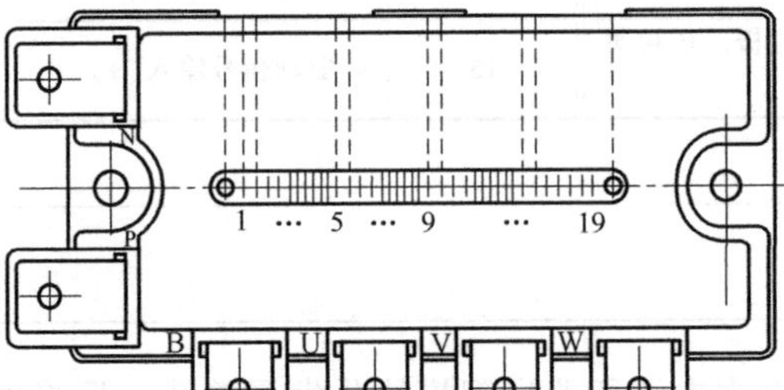

引脚代码

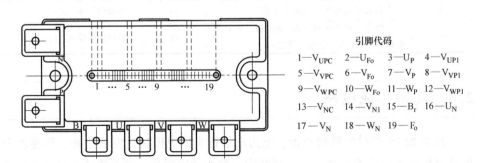

1—V_{UPC} 2—U_{Fo} 3—U_P 4—V_{UP1}
5—V_{VPC} 6—V_{Fo} 7—V_P 8—V_{VP1}
9—V_{WPC} 10—W_{Fo} 11—W_P 12—V_{WP1}
13—V_{NC} 14—V_{N1} 15—B_r 16—U_N
17—V_N 18—W_N 19—F_o

b)

图2-23 PM50RSA060的内部结构和引脚图

a）内部原理图 b）引脚图

号说明见表 2-2。

表 2-2　引脚符号说明

序号	端子符号	含义
	P　N	变频装置主电源输入端，P：+端，N：-端
	B	制动输出端子，减速时用以释放再生电能的端子
	U　V　W	变频器三相输出端
1	V_{UPC}	U 相上桥臂驱动电源（V_{cc}）输入端（-端）
2	U_{Fo}	U 相上桥臂保护电路动作异常信号输出端
3	U_P	U 相上桥臂控制信号输入端
4	V_{UP1}	U 相上桥臂驱动电源（V_{cc}）输入端（+端）
5	V_{VPC}	V 相上桥臂驱动电源（V_{cc}）输入端（-端）
6	V_{Fo}	V 相上桥臂保护电路动作异常信号输出端
7	V_P	V 相上桥臂控制信号输入端
8	V_{VP1}	V 相上桥臂驱动电源（V_{cc}）输入端（+端）
9	V_{WPC}	W 相上桥臂驱动电源（V_{cc}）输入端（-端）
10	W_{Fo}	W 相上桥臂保护电路动作异常信号输出端
11	W_P	W 相上桥臂控制信号输入端
12	V_{WP1}	W 相上桥臂驱动电源（V_{cc}）输入端（+端）
13	V_{NC}	下桥臂共用驱动电源（V_{cc}）输入端（-端）
14	V_{N1}	下桥臂共用驱动电源（V_{cc}）输入端（+端）
15	B_r	制动单元控制信号输入端
16	U_N	U 相下桥臂控制信号输入端
17	V_N	V 相下桥臂控制信号输入端
18	W_N	W 相下桥臂控制信号输入端
19	F_o	下桥臂和制动单元保护电路动作异常信号输出端

三菱公司的 2 单元封装智能功率模块原理框图如图 2-24 所示。

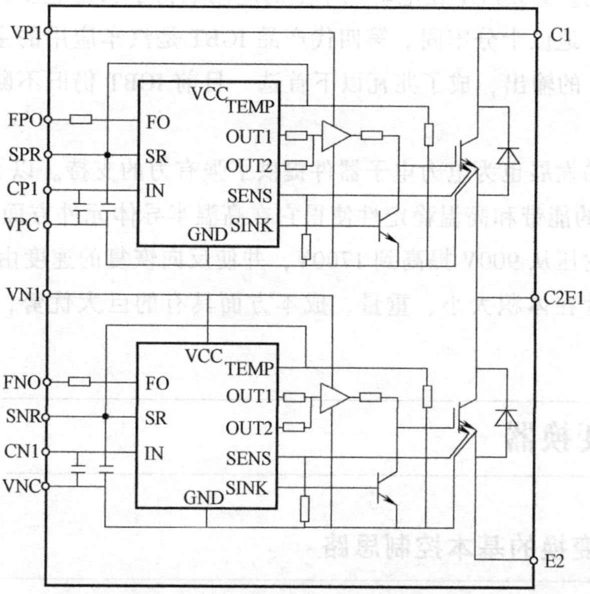

图 2-24　2 单元封装 IPM 原理框图

最初的功率集成电路研究主要集中在高低压电路之间的绝缘问题、温升和散热的处理。近几年功率集成电路获得了迅速发展，已经不仅仅局限于中小功率应用场合，还朝着高压化（10~1200V）、智能化、大功率、高电流密度、器件模块化、集成化方向发展，例如将传感器、自诊断、保护及控制电路集成在一起，将单个的器件组装成一个模块，形成完整的系统，并成为机电一体化的理想接口。

由于 IPM 内部集成驱动电路，其功率管的控制信号可由主控板经隔离电路直接输入，驱动隔离电路由高速光耦 HCPL4504 和低速光耦 PC817 构成。其中，HCPL4504 用于隔离和传输驱动信号，而低速光耦 PC817 用于隔离和传输故障保护信号。图 2-25 所示为 2 单元封装 IPM 上管的外围电路，其中光耦 PC817 用于保护信号的隔离输出，光耦 HCPL4504 用于功率管驱动信号的隔离，VP1、FPO、SPR、CP1、VPC 与图 2-24 所示的 2 单元封装 IPM 原理图中的符号对应，VP1 接 15V 电源，VPC 接 5V 电源，FPO 为故障诊断信号，SPR、CP1 接控制信号，error 表示传送至上级电路的故障信号。

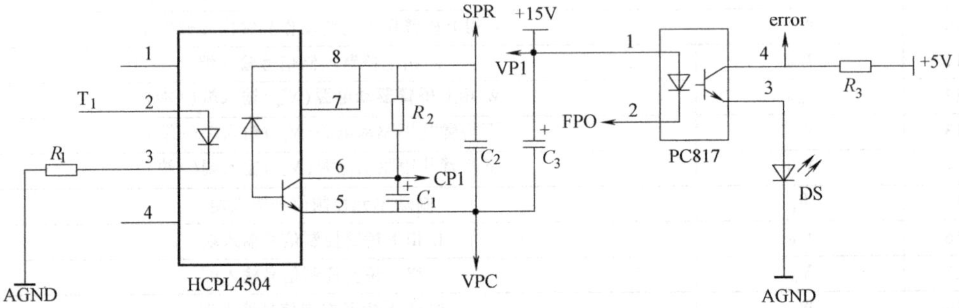

图 2-25　IPM 上管外围电路

电力电子技术发展十分迅速。目前，GTO 是兆瓦以上功率的首选，可以实现单个芯片 6kV / 6kA 的控制。MOSFET 在电动汽车上的应用取得了长足进步，在中、小功率领域特别是低压应用中，地位十分牢固。第四代产品 IGBT 是汽车应用的主体，可以实现单个芯片 2.5kV / 1.8kA 的输出，成了兆瓦以下首选。目前 IGBT 仍旧不断发展，试图在兆瓦以上取代 GTO。

另外，新材料的发展也为电力电子器件提供了强有力的支持。以 SiC 芯片为例，采用 SiC 以后，SiC 材料的能带和高温稳定性使得它在高温半导体元件方面有无可比拟的优势，可以将功率器件的耐压从 900V 提高到 1700V，并使反向恢复的速度由 300ns 减小到 20ns。另外，GaN 功率芯片在体积大小、重量、成本方面具有的巨大优势，可以将节能水平提升 5 倍。

2.7　DC-DC 变换器

2.7.1　DC-DC 变换的基本控制思路

DC-DC 变换又称直流斩波，它将大小固定的直流电压变换成另一种直流电压。直流斩波技术可以用来降压、升压和变阻，已被广泛应用于直流电动机调速、蓄电池充电、开关电源等方面，特别是在车辆驱动上，如电动汽车、地铁、电气机车、无轨电车、电叉车等。在直流斩波技术诞生之前，这类电动车辆一般均采用变阻器来实现电动车的起动、调速和制动，但耗电多、效率低、有级调速、运行平稳性差等。直流斩波器在电动汽车上应用之后，方便地实现了无级调速、平稳运行，更重要的是比变阻器方式节电 20%~30%，节能效果巨大。

开关型 DC-DC 变换器原理电路及工作波形如图 2-26 所示。如果开关 S 导通时间为 t_{on}，关断时间为 t_{off}，则在输入电压 E 恒定条件下，控制开关的通、断时间 t_{on}、t_{off} 的相对长短，便可控制输出平均电压 U_o 的大小，实现了无损耗直流调压。从工作波形来看，相当于是一个将恒定直流进行“斩切”输出的过程，故称斩波器。

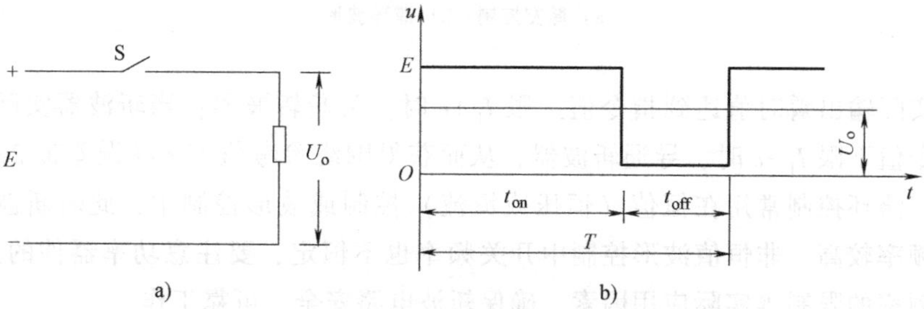

图 2-26 开关型 DC-DC 变换器原理电路及工作波形

a）原理电路 b）工作波形

斩波器有两种基本控制方式：时间比控制和瞬时值控制。

DC-DC 变换中采用最多的控制方式是时间比控制，它是通过改变斩波器的通、断时间而连续控制输出电压的大小，即

$$U_o = \frac{1}{T}\int_0^T u \, dt = \frac{t_{on}}{T}E = \alpha E \tag{2-1}$$

式中，T 为斩波周期，$T=t_{on}+t_{off}=1/f$；f 为斩波频率；α 为导通比，$\alpha=t_{on}/T$。

可以看出，改变导通比 α 即可改变输出电压平均值 U_o，而 α 的变化又是通过对 T、t_{on} 控制实现的。

时间比控制又有脉宽控制和滞环控制两种。

1. 脉宽控制

斩波频率固定（即 T 不变），改变导通时间 t_{on} 实现 α 变化、控制输出电压 U_o 大小的方法称为脉宽调制（直流 PWM），又称定频调宽。

实现脉宽控制的原理性电路及斩波器开关控制信号波形如图 2-27 所示。图 2-27a 为一电压比较器，U_T 为频率固定的锯齿波或三角波电压，U_c 为直流电平控制信号，其大小代表期望的斩波器输出电压平均值 U_o。当 $U_c>U_T$ 时，比较器输出 U_{PWM}=“1”(高)；当 $U_c<U_T$ 时，U_{PWM}=“0”(低)，从而获得斩波器功率开关控制信号 U_{PWM}。改变 U_c 大小，改变斩波器开关导通时间，在 U_T 固定的条件下，斩波器开关频率固定，实现了定频调宽。

2. 滞环控制

滞环控制又称瞬时值控制，是将期望值或波形作为参考值 I_L，规定一个控制误差 e，

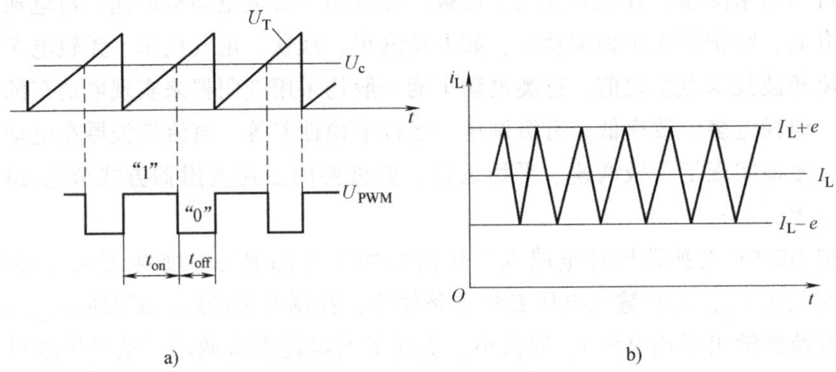

图 2-27　斩波控制方式

a) 脉宽控制　b) 滞环波形

当斩波器实际输出瞬时值达到指令值上限 I_L+e 时，关断斩波器；当斩波器实际输出瞬时值达到指令值下限 I_L-e 时，导通斩波器，从而获得围绕参考值 $U*$ 在误差带 $2e$ 范围内的斩波输出。滞环控制常用在恒值（恒压或恒流）控制或波形控制中，此时斩波器功率器件的开关频率较高，非恒值波形控制中开关频率也不恒定，要注意功率器件的开关损耗、最大开关频率的限制等实际应用因素，确保斩波电路安全、可靠工作。

DC-DC 变换器主要有以下几种形式：①Buck（降压型）变换器；②Boost（升压型）变换器；③Boost-Buck（升-降压型）变换器；④Cuk 变换器；⑤桥式可逆斩波器；⑥复合斩波等。限于篇幅，本章仅介绍前三种典型的变换器。

2.7.2　Buck 变换器

Buck 变换器电路如图 2-28 所示，它是一种降压型 DC-DC 变换器，即其输出电压平均值 U_o 恒小于输入电压 E，主要应用于开关稳压电源、直流电机速度控制，以及需要直流降压变换的环节。为获得平直的输出直流电压，输出端采用了 L-C 形式的低通滤波电路。根据功率器件 VT 的开关频率及 L、C 的数值，电感电流 i_L 可能连续或断续，影响变换器的输出特性。

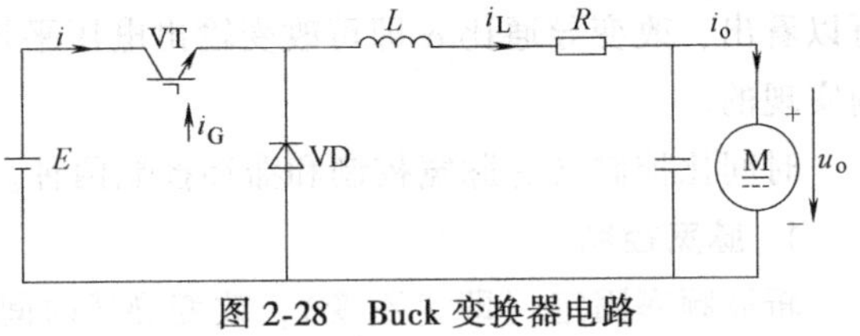

图 2-28　Buck 变换器电路

1. 电流连续时

图 2-29 给出了电感电流 i_L 连续时的有关波形及 VT 导通 t_{on}、关断 t_{off} 两种工作模式下的波形。

$t=0$ 时驱动 VT 导通，电源 E 向负载供电，负载电压 $u_o=E$，负载电流 i_o 按指数曲线上升。

$t=t_1$ 时控制 VT 关断，二极管 VD 续流，负载电压 u_o 近似为零，负载电流呈指数曲线下降。

由图 2-29b 中电压波形面积 A 和 B 相等，可以求出 Buck 变换器的输入、输出电压关

系为

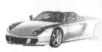

$$U_o = \frac{t_{on}}{t_{on}+t_{off}}E = \frac{t_{on}}{T}E = \alpha E \qquad (2\text{-}2)$$

式中，t_{on} 为 VT 导通的时间；t_{off} 为 VT 关断的时间；α 为导通占空比（$\alpha<1$）。

因 $\alpha \leqslant 1$，故为降压变换关系。

变换器的输入、输出电流关系为

$$\frac{I_o}{I} = \frac{E}{U_o} = \frac{1}{\alpha} \qquad (2\text{-}3)$$

式中，I_o 为变换器输出电流，U_o 为变速器输出电压。

因此电流连续时 Buck 变换器完全相当于一个"直流"变压器。通常串接较大电感 L 使负载电流连续且脉动小。

斩波电路有三种控制方式：当周期 T 不变时，改变 t_{on}，即为脉冲宽度调制（PWM）方式；当 t_{on} 不变时，改变 T，即为频率调制方式；当 t_{on} 和 T 都改变时，即为混合型方式。

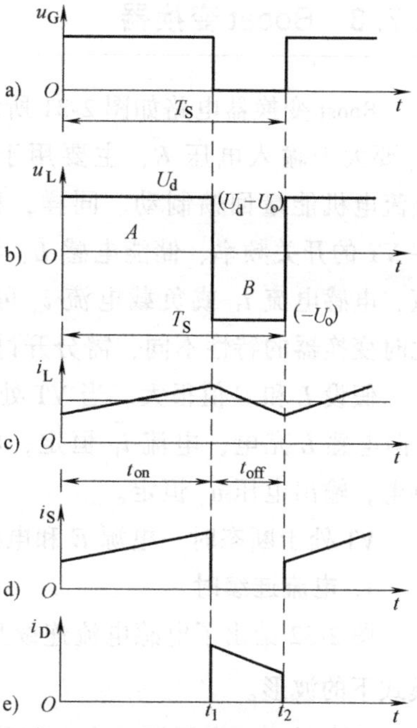

图 2-29 电感电流连续时 Buck 电路的波形

a）VT 控制极电压 u_G b）u_L c）i_L d）VT 导通时电感电流 i_S e）VT 关断时电感电流 i_D

2. 电流断续时

电流连续与否的临界状态是 VT 关断结束时（或导通开始时）电感电流 $i_L=0$，如图 2-30a 所示，其中，I_{10} 和 I_{20} 分别为 VT 导通开始和导通结束时变换器的瞬时输出电流；i_1 和 i_2 分别为 VT 处于导通状态和关断状态时变换器的输出电流；t_1 为 VT 导通时间，t_x 为 VT 关断时间，t_2 为输出电流断续时间。

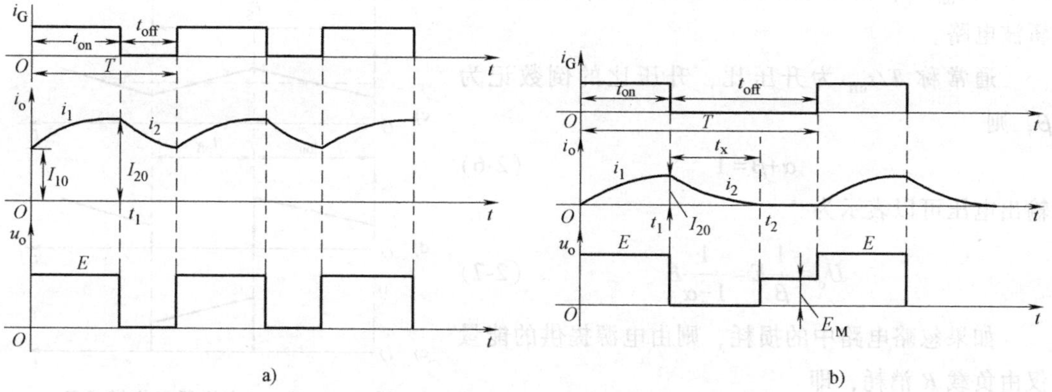

图 2-30 Buck 变换器临界和连续工作模式波形

a）电流连续时的波形 b）电流断续时的波形

Buck 变换器电流断续运行状态时的波形如图 2-30b 所示。

电流断续时，U_o 被抬高，一般不希望出现这种情况。

2.7.3 Boost 变换器

Boost 变换器电路如图 2-31 所示，它是一种升压型 DC-DC 变换器，其输出电压平均值 U_o 要大于输入电压 E，主要用于开关稳压电源、直流电机能量回馈制动。同样，根据功率开关器件 VT 的开关频率、储能电感 L、滤波电容 C 的数值，电感电流 i_L 或负载电流 i_o 可能连续或断续，此时变换器的特性不同，需分开讨论。

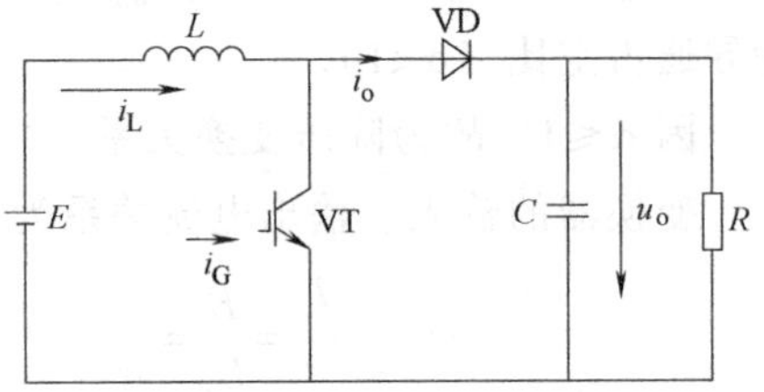

图 2-31 Boost 变换器电路

假设 L 和 C 值很大。当 VT 处于通态时，电源 E 向电感 L 充电，电流 i_L 恒定，电容 C 向负载 R 供电，输出电压 u_o 恒定。

VT 处于断态时，电源 E 和电感 L 同时向电容 C 充电，并向负载提供能量。

1. 电流连续时

图 2-32 给出了电感电流连续且 $i_L>0$ 时，有关波形及 VT 导通 t_{on}、关断 t_{off} 两种工作模式下的波形。

稳态时，一个周期 T 中 L 积蓄的能量与释放的能量相等，即

$$EI_1t_{on}=(U_o-E)I_1t_{off} \tag{2-4}$$

式中，I_1 为 VT 处于通态时电感的充电电流 i_L。

化简可得 Boost 变换器的输入、输出电压关系为

$$\frac{U_o}{E}=\frac{t_{on}+t_{off}}{t_{off}}=\frac{T}{T-t_{on}}=\frac{1}{1-\alpha} \tag{2-5}$$

由于 $T/t_{off}>1$，输出电压高于电源电压，故为升压斩波电路。

通常称 T/t_{off} 为升压比，升压比的倒数记为 β，则

$$\alpha+\beta=1 \tag{2-6}$$

输出电压可以表示为

$$U_o=\frac{1}{\beta}E=\frac{1}{1-\alpha}E \tag{2-7}$$

如果忽略电路中的损耗，则由电源提供的能量仅由负载 R 消耗，即

$$EI_1=U_oI_o \tag{2-8}$$

其中，输出电流的平均值 I_o 为

$$I_o=\frac{U_o}{R}=\frac{1}{\beta}\frac{E}{R} \tag{2-9}$$

变换器的输入、输出电流关系为

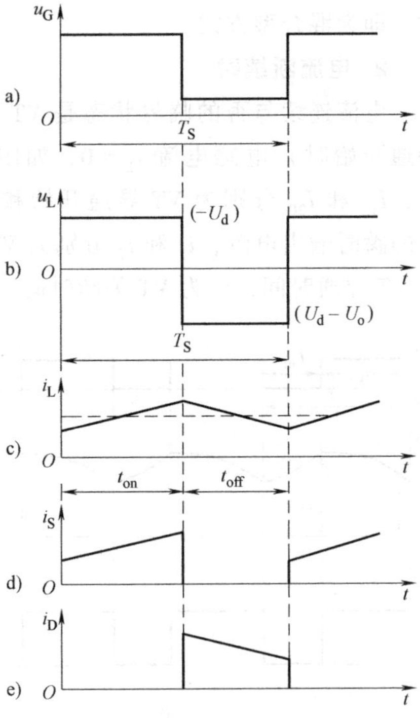

图 2-32 Boost 变换器工作模式及电流连续时各点波形

a) VT 控制极电压 u_G b) u_L c) i_L d) VT 导通时电感电流 i_S e) VT 关断时电感电流 i_D

$$\frac{I_o}{I_1}=\frac{E}{U_o}=1-\alpha \tag{2-10}$$

因此电流连续时 Boost 变换器相当于一个升压的“直流”变压器。

2. 电流断续时

随着负载的减小，电感电流 i_L 将减小。当 VT 关断结束时（或导通开始时），$i_L=0$，则进入电流连续与否的临界状态，其电感电压 u_L、电感电流 i_L 波形如图 2-33b 所示。

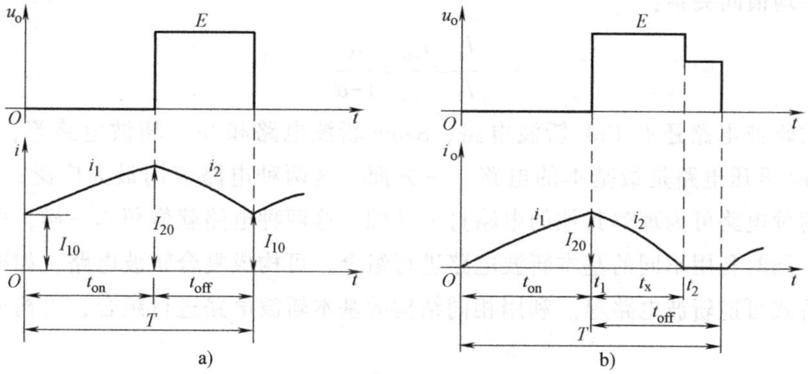

图 2-33 电流临界连续及连续时的波形

a）电流临界连续 b）电流断续

2.7.4 Boost-Buck 变换器

Boost -Buck 变换器电路如图 2-34 所示，其特点是：

1）输出电压 U_o 可以小于（降压）也可以大于（升压）输入电压 E。

2）输出电压与输入电压反极性。

Boost -Buck 变换工作原理如下：

1）当开关 VT 导通，二极管反偏截止时，输入电压 E 加在 L 上，电感从电源获取能量，此时靠滤波电容 C 维持输出电压 U_o 不变，其极性为下正上负。

2）当开关 VT 断开时，电感 L 中储能经二极管 VD 向电容及负载传输。

由于开关断开时电感电流方向如图 2-34 所示，造成负载 R 电压的实际极性与输入电压极性相反，因而这类变换器也称反极性变换器。这类电路中，输出端滤波电容 C 足够大，可认为输出电压恒定，即 $u_o=U_o$。图 2-35 给出了 Boost-Buck 变换器电流波形。

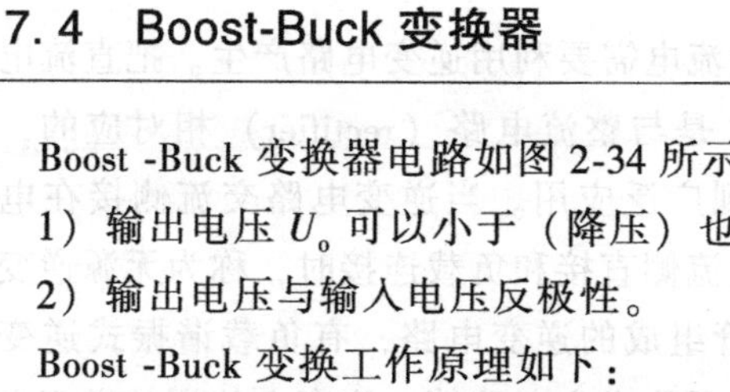

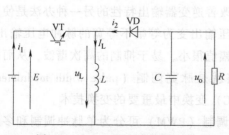

图 2-34 Boost-Buck 变换器电路

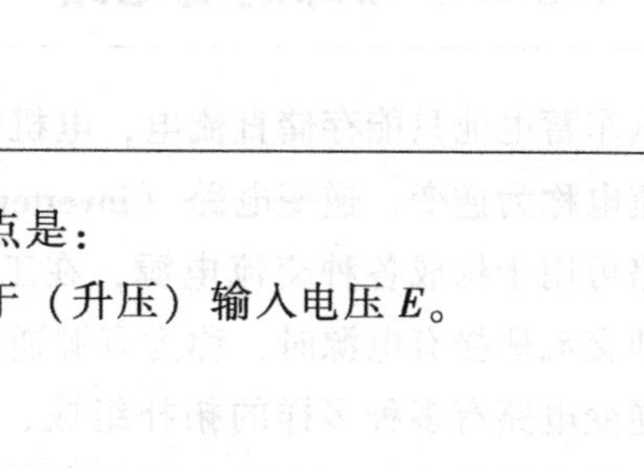

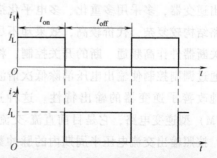

图 2-35 Boost -Buck 变换器电流波形

Boost-Buck 变换器的输入、输出电压关系为

$$U_o=\frac{t_{on}}{t_{off}}E=\frac{t_{on}}{T-t_{on}}E=\frac{\alpha}{1-\alpha}E \tag{2-11}$$

此式说明，当导通比 $\alpha\leqslant0.5$ 时，$|U_o|<|E|$，为降压状态；当 $\alpha>0.5$ 时，$|U_o|>|E|$，为升压状态，且输出电压与输入电压反极性。

同样在忽略变换损耗条件下，根据输入、输出功率相等关系，可导出变换器的输入、输出电流平均值间关系：

$$\frac{I_1}{I_2}=\frac{t_{on}}{t_{off}}=\frac{\alpha}{1-\alpha} \tag{2-12}$$

常用的斩波电路还有 Cuk 斩波电路、Sepic 斩波电路和 beta 斩波电路等，但是 Buck 降压和 Boost 升压电路是最基本的电路。一方面，这两种电路应用最为广泛；另一方面，理解了这两种电路可为理解其他的电路打下基础。这两种电路就像积木一样，可以拓展为多种拓扑。同时利用不同的基本斩波电路进行组合，可构成复合斩波电路，如电流可逆斩波电路、桥式可逆斩波电路等。利用相同结构的基本斩波电路进行组合，可构成多相多重斩波电路。

2.8 DC-AC 无源逆变电路

汽车蓄电池只能存储直流电，电机需用的交流电需要利用逆变电路产生。把直流电变成交流电称为逆变。逆变电路（inverter circuit）是与整流电路（rectifier）相对应的，逆变电路可用于构成各种交流电源，在工业中得到广泛应用。当逆变电路交流侧接在电网上，即交流侧接有电源时，称为有源逆变；当交流侧直接和负载连接时，称为无源逆变。

逆变电路有多种多样的拓扑组成，有晶闸管组成的逆变电路，有负载谐振式逆变电路，有强迫换流式逆变电路，还有多重化及多电平化逆变电路等。汽车上使用的逆变电路与上述原理不同，是一种脉宽调制型逆变电路。本节将主要介绍脉宽调制型逆变电路。

2.8.1 脉宽调制（PWM）型逆变电路基本原理

电动汽车电机对逆变器的输出特性有严格要求，除频率可变、电压大小可调外，还要求输出电压基波尽可能大、谐波含量尽可能小。对于采用无自关断能力晶闸管器件的方波输出逆变器，多采用多重化、多电平化措施使输出波形多台阶化来接近正弦波。这种措施电路结构较复杂，代价较高，效果却不尽人意。改善逆变器输出特性的另一种办法是使用自关断器件作高频通、断的开关控制，将方波电压输出变为等幅不等宽的脉冲电压输出，并通过调制控制使输出电压消除低次谐波，只剩幅值很小、易于抑制的高次谐波，从而极大地改善了逆变器的输出特性。这种逆变电路就是脉宽调制（pulse width modulated，PWM）型逆变电路，它是目前直流-交流（DC-AC）变换中最重要的变换技术。

按照输出交流电压半周期内的脉冲数，脉宽调制（PWM）可分为单脉冲调制和多脉冲调制；按照输出电压脉冲宽度变化规律，PWM 可分为等脉宽调制和正弦脉宽调制

(SPWM)。按照输出半周期内脉冲电压极性单一还是变化，PWM 可分为单极性调制和双极性调制。在输出电压频率变化中，按输出电压半周期内的脉冲数固定还是变化，PWM 又可分为同步调制、异步调制和分段同步调制等。对于这些有关调制技术的基本原理和概念，本书通过单相脉宽调制电路来说明。

1. 单脉冲与多脉冲调制

图 2-36a 所示为一单相桥式逆变电路。功率开关器件 VT_1、VT_2 之间及 VT_3、VT_4 之间作互补通、断，则负载两端 A、B 点对电源 E 负端的电压波形 u_A、u_B 均为 180°的方波。若 VT_1、VT_2 通断切换时间与 VT_3、VT_4 通断切换时间错开 λ 角，则负载上的输出电压 u_{AB} 得到调制，输出脉宽为 λ 的单脉冲方波电压，如图 2-36b 所示。λ 调节范围为 0~180°，从而使交流输出电压 u_{AB} 的大小可从零调至最大值，这就是电压的单脉冲脉宽调制控制。

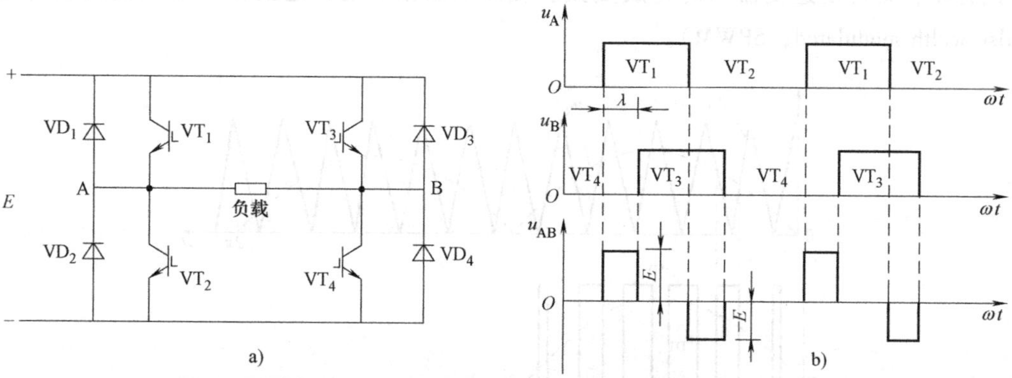

图 2-36 单相逆变电路及单脉冲调制

a) 单相逆变电路 b) 单脉冲 PWM 波形

如果对逆变电路各功率开关元件通断作适当控制，使半周期内的脉冲数增加，就可实现多脉冲调制。图 2-37a 所示为多脉冲调制原理图，图 2-37b 所示为输出的多脉冲 PWM 波形，图中，u_T 为三角波的载波信号电压，u_R 为输出脉宽控制用调制信号，u_D 为调制后输出 PWM 信号。当 $u_R>u_T$ 时，比较器输出 u_D 为高电平；当 $u_R<u_T$ 时，比较器输出 u_D 为

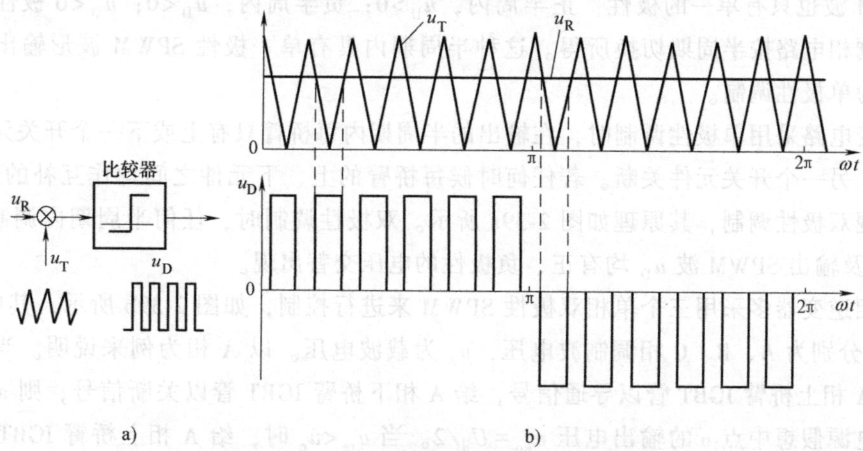

图 2-37 多脉冲调制原理图及 PWM 波形

a) 多脉冲调制原理图 b) 多脉冲 PWM 波形

低电平。由于 u_R 为直流电压，输出 u_D 为等脉宽 PWM；改变三角载波频率，就可改变半周期内脉冲数。

2. 正弦脉宽调制（SPWM）

等脉宽调制产生的电压波形中谐波含量仍然很高，为使输出电压波形中基波含量增大，应选用正弦波作为调制信号 u_R。这是因为等腰三角形的载波 u_T 上、下宽度线性变化，任何一条光滑曲线与三角波相交时，都会得到一组脉冲宽度正比于该函数值的矩形脉冲。所以用三角波与正弦波相交，就可获得一组宽度按正弦规律变化的脉冲波形，如图 2-38 所示。而且在三角载波 u_T 不变的条件下，改变正弦调制波 u_R 的周期就可以改变输出脉冲宽度变化的周期；改变正弦调制波 u_R 的幅值，就可改变输出脉冲的宽度，进而改变 u_D 中基波 u_{D1} 的大小。因此在直流电源电压 E 不变的条件下，通过对调制波频率、幅值的控制，就可使逆变器同时完成变频和变压的双重功能，这就是正弦脉宽调制（sine pulse width modulated，SPWM）。

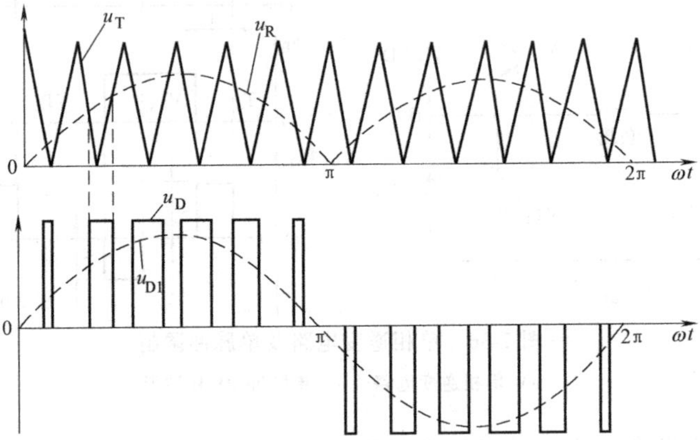

图 2-38　正弦脉宽调制（单极性）

3. 单极性与双极性调制

从图 2-38 中可以看出，半周期内调制波与载波均只有单一的极性：$u_T>0$，$u_R>0$；输出 SPWM 波也只有单一的极性：正半周内，$u_D>0$；负半周内，$u_D<0$；$u_D<0$ 极性的变化是通过倒相电路按半周期切换所得。这种半周期内具有单一极性 SPWM 波形输出的调制方式称为单极性调制。

逆变电路采用单极性调制时，在输出的半周期内每桥臂只有上或下一个开关元件作通断控制，另一个开关元件关断。若任何时候每桥臂的上、下元件之间均作互补的通、断，则可实现双极性调制，其原理如图 2-39a 所示。双极性调制时，任何半周期内调制波 u_R、载波 u_T 及输出 SPWM 波 u_D 均有正、负极性的电压交替出现。

三相逆变器多采用三个单相双极性 SPWM 来进行控制，如图 2-39b 所示，其中，u_{ra}、u_{rb}、u_{rc} 分别为 A、B、C 相调制波电压，u_c 为载波电压。以 A 相为例来说明。当 $u_{ra}>u_c$ 时，给 A 相上桥臂 IGBT 管以导通信号，给 A 相下桥臂 IGBT 管以关断信号，则 a 相相对于直流电源假想中点 o 的输出电压 $u_{ao}=U_d/2$。当 $u_{ra}<u_c$ 时，给 A 相上桥臂 IGBT 管以关断信号，给 A 相下桥臂 IGBT 管以导通信号，则输出电压 $u_{ao}=-U_d/2$。

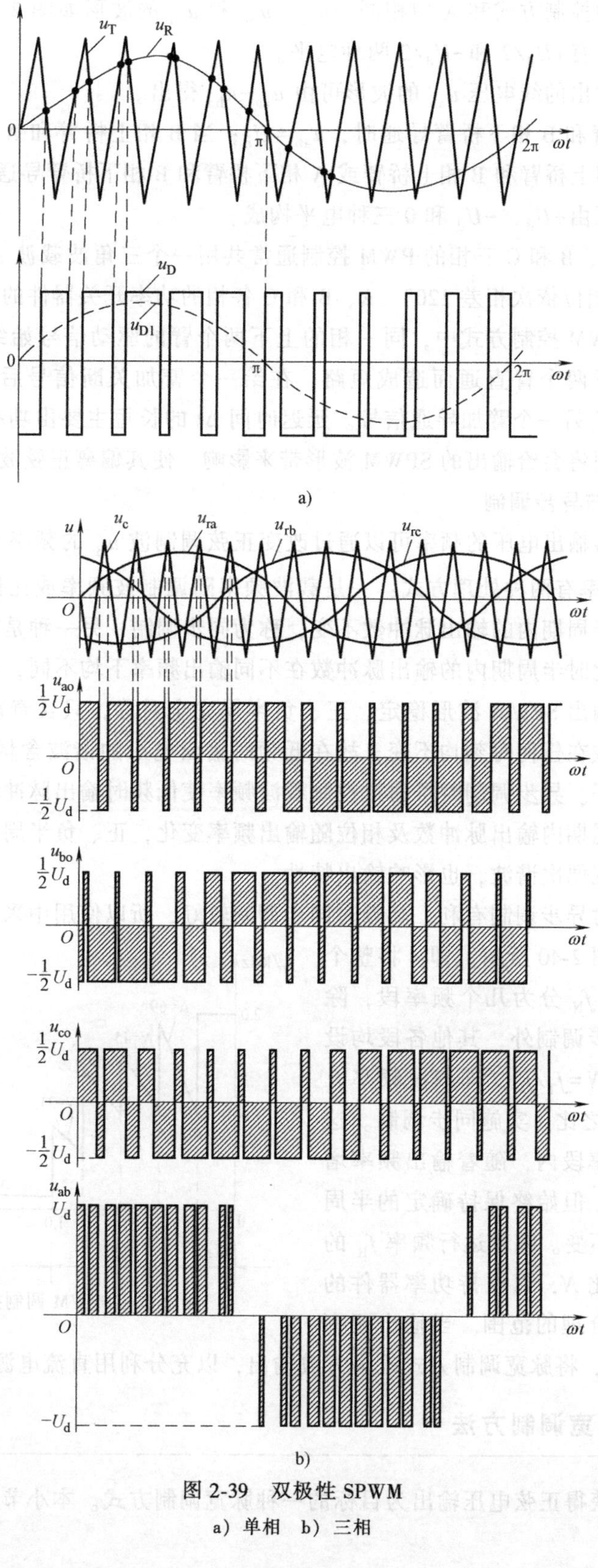

图 2-39 双极性 SPWM

a) 单相 b) 三相

B 相和 C 相的控制方式和 A 相相同。u_{ao}、u_{bo} 和 u_{co} 的波形如图 2-39b 所示。可以看出，这些波形都只有$+U_d/2$ 和$-U_d/2$ 两种电平。

该逆变电路输出的线电压 u_{ab} 的波形可由 $u_{ao}-u_{bo}$ 得出。

当 A 相上桥臂和 B 相下桥臂导通时，$u_{ab}=U_d$；当 B 相上桥臂和 A 相下桥臂导通时，$u_{ab}=-U_d$；当 A 相上桥臂和 B 相上桥臂或 A 相下桥臂和 B 相下桥臂导通时，$u_{ab}=0$；因此逆变器输出线电压由$+U_d$、$-U_d$ 和 0 三种电平构成。

可以看出，A、B 和 C 三相的 PWM 控制通常共用一个三角波载波 u_c，三相调制信号 u_{ra}、u_{rb} 和 u_{rc} 的相位依次相差 120°。A、B 和 C 各相的功率开关器件的控制规律相同。

在双极性 SPWM 控制方式中，同一相的上下两个臂的驱动信号始终是互补的。但实际上为了防止上下两个臂直通而造成短路，在给一个臂加关断信号后，再延迟 Δt 时间(死区时间)，才给另一个臂加导通信号。延迟时间 Δt 的长短主要由功率开关器件的关断时间决定，该时间将会给输出的 SPWM 波形带来影响，使其偏离正弦波。

4. 同步调制与异步调制

SPWM 逆变器输出电压的频率可以通过改变正弦调制波 u_R 的频率来调节，此时对三角形载波 u_T 的频率有两种处理方式：一是载波频率随调制波频率成比例变化，在任何输出频率下保持每半周期内的输出脉冲数不变，称为同步调制；另一种是在任何时候均保持载波频率不变，此时半周期内的输出脉冲数在不同输出频率下均不同，称为异步调制。

同步调制时输出 SPWM 波形稳定，正、负半周完全对称，只含奇次谐波。但由于每半周的输出脉冲数在任何时刻均不变，故在低频时输出电压的谐波含量比高频时大得多，低频输出特性不好。异步调制时可通过控制载波频率使低频时输出脉冲增加，以改善输出特性，但由于半周期内输出脉冲数及相位随输出频率变化，正、负半周的输出波形都不能完全对称，会出现偶次谐波，也影响输出特性。

考虑到低频时异步调制有利、高频时同步调制较好，所以使用中采取了分段同步调制的折中方案，如图 2-40 所示。即：将整个输出频率范围 $0\sim f_N$ 分为几个频率段，除在低频段采用异步调制外，其他各段均设置一适当载波比 $N=f_T/f_R$，即载波频率 f_T 与调制波频率 f_R 之比，实施同步调制。这样在某一确定频率段内，随着输出频率增大载波频率增加，但始终保持确定的半周期输出脉冲数目不变。随着运行频率 f_R 的提高，减小载波比 N，以保持功率器件的开关频率在一个合理的范围。当输出频率达到额定值 f_N 后，将脉宽调制方式改为方波输出，以充分利用直流电源电压 E。

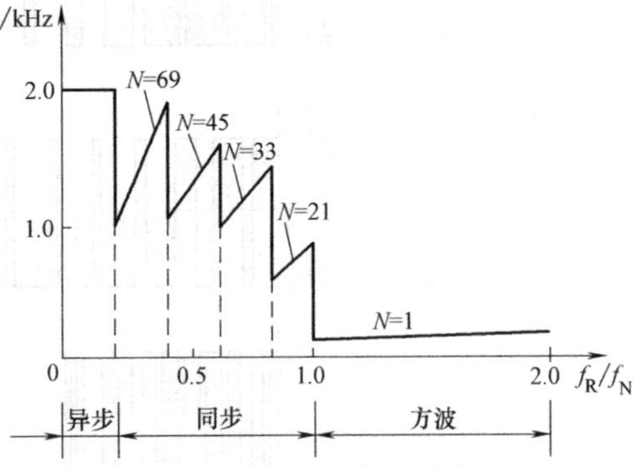

图 2-40　SPWM 调制控制曲线

2.8.2　正弦脉宽调制方法

SPWM 是以获得正弦电压输出为目标的一种脉宽调制方式。本小节将以应用最普遍的三相电压源型逆变电路来讨论 SPWM 的具体实现方法，主要是采样法和指定谐波消去法。

1. 采样法

图 2-41 为一三相电压源型 PWM 逆变器，$VT_1 \sim VT_6$ 为高频自关断器件，$VD_1 \sim VD_6$ 为与之反并联的快速恢复二极管，为负载感性的无功电流提供通路。两个直流滤波电容 C 串联接地，中点 O′可以认为与三相Y接负载中点 O 等电位。逆变器输出 A、B、C 三相 PWM 电压波形取决于开关器件 $VT_1 \sim VT_6$ 上的驱动信号波形，即 PWM 的调制方式。

假设逆变电路采用双极性 SPWM 控制，三相共用一个三角形载波 u_T，三相正弦调制信号 u_{RA}、u_{RB}、u_{RC} 互差 120°。这种由正弦调制波与三角载波相交、交点决定开关器件导通时刻而形成 SPWM 波形的方法称为采样法。

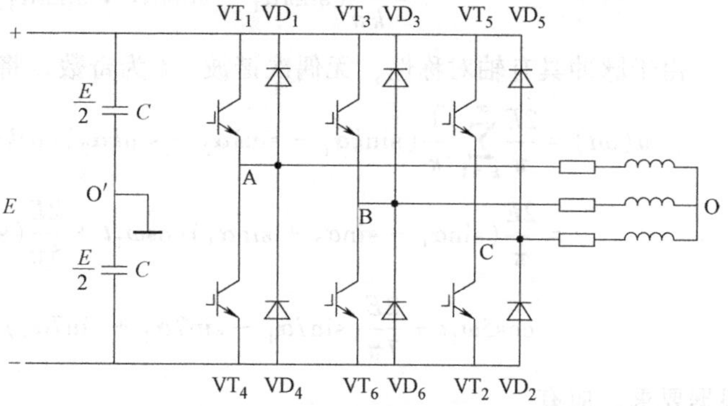

图 2-41　三相电压源型 PWM 逆变器主电路结构

2. 指定谐波消去法

指定谐波消去法是将逆变电路与负载作为一个整体进行分析，从消去对系统有害的某些指定次数谐波出发来确定 SPWM 波形的开关时刻，使逆变器输出电压接近正弦。这对采用低开关频率器件的逆变器更具意义。

图 2-42 为 1/4 周期内仅有三个开关角 α_1、α_2、α_3 的三脉冲、单极性 SPWM 波形，要求调制时控制输出电压基波幅值为 U_{1m}，消除其中危害最大的 5、7 次谐波（由于负载Y接、无中性线，无 3 及其倍数次谐波）。为了确定开关时刻，将时间坐标原点取在波形的 1/4 周期处，则该 PWM 波形的傅里叶级数展开为

$$u(\omega t) = \sum_{k-1}^{\infty} U_{km} \cos k\omega_1 t \tag{2-13}$$

式中，第 k 次谐波电压幅值 U_{km} 可展开成

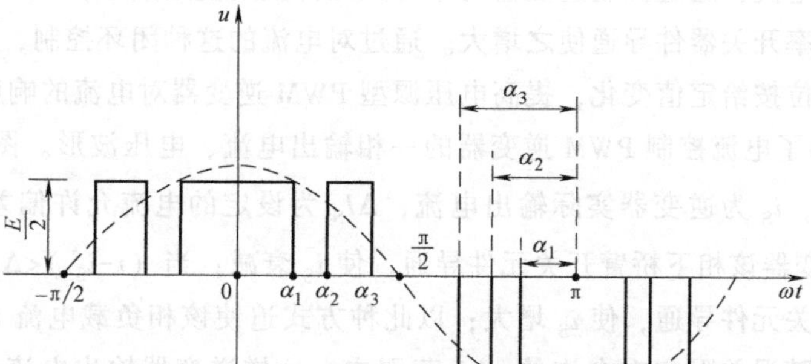

图 2-42　可以消除 5、7 次谐波的三脉冲 SPWM

$$U_{km}=\frac{2}{\pi}\int_{0}^{\pi}u(\omega t)\cos k\omega_1 t\mathrm{d}(\omega_1 t)$$

$$=\frac{E}{\pi}\left[\int_{0}^{\alpha_1}\cos k\omega_1 t\mathrm{d}(\omega_1 t)+\int_{\alpha_2}^{\alpha_3}\cos k\omega_1 t\mathrm{d}(\omega_1 t)-\right.$$

$$\left.\int_{\pi-\alpha_3}^{\pi-\alpha_2}\cos k\omega_1 t\mathrm{d}(\omega_1 t)-\int_{\pi-\alpha_1}^{\pi}\cos k\omega_1 t\mathrm{d}(\omega_1 t)\right]$$

$$=\frac{2E}{k\pi}(\sin k\alpha_1-\sin k\alpha_2+\sin k\alpha_3) \tag{2-14}$$

由于脉冲具有轴对称性，无偶次谐波，k 为奇数。将上式代入式（2-13），得

$$u(\omega t)=\frac{2E}{\pi}\sum_{k=1}^{\infty}\frac{1}{k}(\sin k\alpha_1-\sin k\alpha_2+\sin k\alpha_3)\cos k\omega_1 t$$

$$=\frac{2E}{\pi}(\sin\alpha_1-\sin\alpha_2+\sin\alpha_3)\cos\omega_1 t+\frac{2E}{5\pi}(\sin5\alpha_1-\sin5\alpha_2+\sin5\alpha_3)\times$$

$$\cos5\omega_1 t+\frac{2E}{7\pi}(\sin7\alpha_1-\sin7\alpha_2+\sin7\alpha_3)\cos7\omega_1 t+\cdots \tag{2-15}$$

根据要求，应有

$$U_{1m}=\frac{2E}{\pi}(\sin\alpha_1-\sin\alpha_2+\sin\alpha_3)$$

$$U_{5m}=\frac{2E}{5\pi}(\sin5\alpha_1-\sin5\alpha_2+\sin5\alpha_3)=0$$

$$U_{7m}=\frac{2E}{7\pi}(\sin7\alpha_1-\sin7\alpha_2+\sin7\alpha_3)=0 \tag{2-16}$$

求解以上谐波幅值方程，即可求得为消除 5、7 次谐波所必须满足的开关角 α_1、α_2、α_3。这样，就可以以较少的开关次数，获得期望的 SPWM 输出电压。当然，如若希望消除更多的谐波含量，则需用更多谐波幅值方程求解更多的开关时刻。

2.8.3 电流滞环控制 PWM

电流滞环控制 PWM 是将负载三相电流与三相正弦参考电流相比较，如果实际负载电流大于给定参考电流，通过控制逆变器功率开关元件关断使之减小；如果实际电流小于参考电流，控制功率开关器件导通使之增大。通过对电流的这种闭环控制，强制负载电流的频率、幅值、相位按给定值变化，提高电压源型 PWM 逆变器对电流的响应速度。

图 2-43 给出了电流控制 PWM 逆变器的一相输出电流、电压波形。图中 i_S^* 为给定正弦电流参考信号，i_S 为逆变器实际输出电流，ΔI_S 为设定的电流允许偏差。当（$i-i_S^*$）>ΔI_S 时，控制逆变器该相下桥臂开关元件导通，使 i_S 衰减；当（$i-i_S^*$）<ΔI_S 时，控制逆变器该相上桥臂开关元件导通，使 i_S 增大；以此种方式迫使该相负载电流 i_S 跟随控制指令电流变化并将跟随误差限定在允许的 $\pm\Delta I_S$ 范围内。这样逆变器输出电流呈锯齿波，其包络线按控制指令规律变化；输出电压为双极性 PWM 波形。逆变器功率开关元件工作在高频开关状态，允许偏差 ΔI_S 越小，电流跟踪精度越高，但功率器件的开关频率也越高，必

须注意所用器件的最高开关频率限制。

在电流滞环控制中，实际电流跟踪参考电流，并将误差限制在滞环中，开关频率和峰-峰电流毛刺取决于滞环宽度，当滞环宽度增加时，开关频率下降而电流毛刺增加；另一方面，当滞环宽度下降时，开关频率增加而电流毛刺下降，从而使得电流波形更接近正弦，但是开关损耗却增加了。因此，滞环宽度要在电流谐波和开关损耗之间折中。因为电流滞环控制具有执行简单、瞬态响应快、器件电流直接约束和电机参数不敏感等优点，所以在电动汽车永磁同步电机驱动中被广泛采用。然而，该控制方法的主要缺点是开关频率相对较高且开关损耗较大，另外，不固定的开关频率可能导致预料之外的谐波电流。

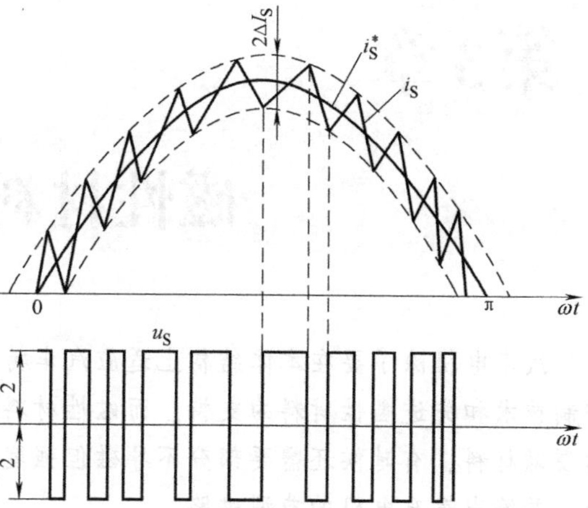

图 2-43　电流滞环控制 PWM 输出一相电流 i_S 及电压 u_S 波形

逆变电路波形的改善可扫二维码进行学习。

思　考　题

1. 如何使晶闸管导通？如何使晶闸管由导通变为关断？

2. 将一个峰值为 10A 的正弦馒头波斩去一半，试计算电流的平均值、有效值。

3. 列表对比说明 MOSFET、GTR、IGBT 各自的优缺点和应用场合。

4. 利用电路仿真软件 Multisim 或 Ltspice 对 MOSFET、GTR、IGBT 驱动电路进行仿真。

5. 绘制 Buck 降压、Boost 升压电路各器件波形并简述工作原理。

6. 简述 SPWM 工作原理。

7. 利用 MATLAB 等仿真软件，建立一个 Buck 降压、Boost 升压电路，并对比分析理论计算的电压平均值、电流平均值和仿真计算的电压平均值、电流平均值。

8. 利用参考资料建立 Sepic、Zeta 斩波电路的仿真模型，并给出各器件电压、电流波形。

9. 如果将电机绕组视为 Boost 电路中的电感，能否匹配其他器件实现电机回馈制动时的电压调制？

第3章

磁性材料与磁路

汽车电机除了要在本体结构上适应汽车特性之外，还离不开现代电力电子技术、数字控制技术和先进磁性材料的支持。而磁性材料又包括铁心导磁的软磁材料和提供永久磁场的硬磁材料，有时候还需要部分不导磁但强度较高的非导磁材料。本章将介绍上述基本知识，并给出汽车电机的典型磁路。

本章将介绍上述基础知识，并给出汽车电机的典型磁路。本章将磁性材料和磁路这些内容耦合在一起，仅仅能给电机学的学习奠定一些基础知识，也没有涉及永磁体工作点、机电能量转换运动方程、电机动力学等复杂知识，需要的读者可以另行阅读。

3.1 磁性材料基本概念

3.1.1 电磁基本概念

1. 磁感应强度、磁场强度和磁导率

磁场是由电流（运动电荷）或永磁体在其周围空间产生的一种特殊形态的物质，可用磁感应强度和磁场强度来表征其大小和方向。

磁感应强度定义为通以单位电流的单位长度导体在磁场中所受的力，是一个矢量，用 $\boldsymbol{B}$ 表示，单位为 T（特斯拉），也称为磁通密度，或简称磁密。

磁场强度也是一个矢量，用 $\boldsymbol{H}$ 表示，单位为 A/m，与磁感应强度之间满足

$$\boldsymbol{B}=\mu\boldsymbol{H}$$

式中，μ 为磁导率，决定于磁场所在点的材料特性，单位为 H/m。

根据材料的导磁性能，可将其分为铁磁材料和非铁磁材料。非铁磁材料的磁导率可认为与真空的磁导率 μ_0 相同，为 $4\pi\times10^{-7}$H/m。铁磁材料主要是铁、镍、钴以及它们的合金，其磁导率是非铁磁材料磁导率的几十倍至数千倍。由于材料的磁导率变化范围很大，常采用相对磁导率 μ_r 来表征材料的导磁性能，μ_r 为材料的磁导率与真空磁导率的比值，即

$$\mu_r=\frac{\mu}{\mu_0} \tag{3-1}$$

2. 磁通与磁通连续性定理

磁通是通过磁场中某一面积 A 的磁力线数，用 Φ 表示，定义为

$$\Phi=\int_A B\mathrm{d}A \tag{3-2}$$

磁通的单位为Wb（韦伯）。

在图3-1所示的均匀磁场中，穿过面积A的磁通为

$$\Phi = BA\cos\theta \tag{3-3}$$

式中，θ为面积A的法线方向与磁感应强度$\boldsymbol{B}$之间的夹角。

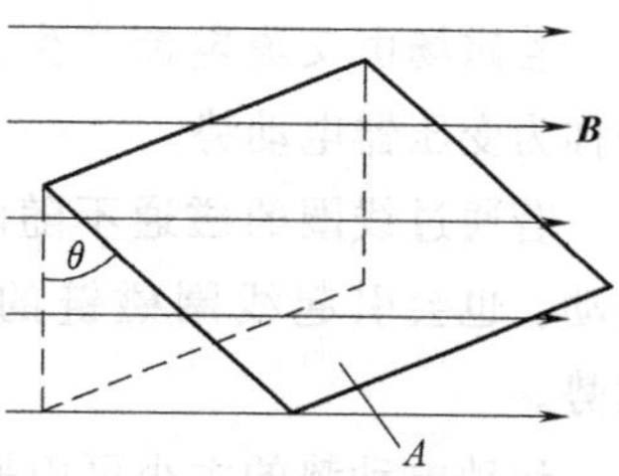

图3-1　磁通

磁通连续性定理：由于磁力线是闭合的，对于任何一个闭合曲面，进入该闭合曲面的磁力线数应等于穿出该闭合曲面的磁力线数。若规定磁力线从曲面穿出为正、进入为负，则通过闭合曲面的磁通恒为零。

3. 磁动势和安培环路定律

磁场强度沿一路径l的线积分定义为该路径上的磁压降，也称为磁压，用符号F表示，单位为A。

$$F = \int_l H\mathrm{d}l \tag{3-4}$$

安培环路定律（图3-2）：磁场强度沿任一闭合路径的线积分等于该路径所包围的电流的代数和，即

$$\oint_l H\mathrm{d}l = \sum_{i=1}^{k} I_i \tag{3-5}$$

电流的正方向与积分路径的方向之间符合右手螺旋关系。

由于磁场为电流所激发，式（3-5）中闭合路径所包围的电流的量值称为磁动势，用F表示，单位为A。

通常称磁路的磁压为该磁路所需的磁动势，较少用到磁压这一概念。

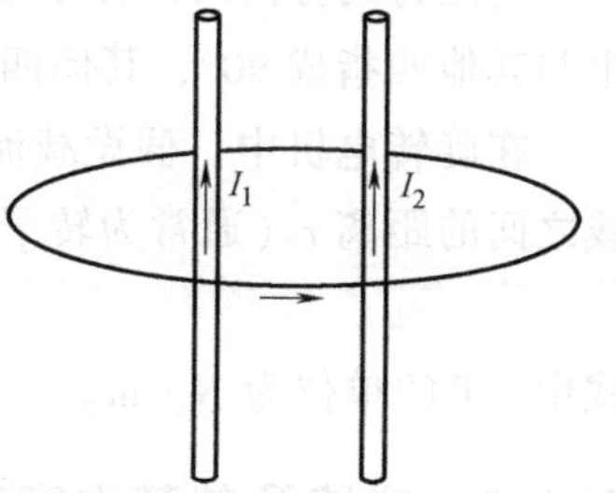

图3-2　安培环路定律

4. 磁链与电磁感应定律

处于磁场中的一个N匝线圈，若其各匝通过的磁通Φ都相同，则经过该线圈的磁链Ψ为

$$\Psi = N\Phi \tag{3-6}$$

当线圈中的磁链发生变化时，线圈中将产生电动势，称为感应电动势。

感应电动势的大小与磁链的变化率成正比。

感应电动势的方向倾向于产生一电流，若该电流能流通，所产生的磁场将阻止线圈磁链的变化。

电磁感应定律：若电动势、电流和磁通的正方向如图3-3所示，即电流正方向与磁通正方向符合右手螺旋关系，正电动势产生正电流，则感应电动势可表示为

$$e = -\frac{\mathrm{d}\Psi}{\mathrm{d}t} \tag{3-7}$$

式中，e的单位为V。

若磁场由交流电流产生，则磁通随时间变化，所产生的电动势称为变压器电动势。

若通过线圈的磁通不随时间变化，但线圈与磁场之间有相对运动，也会引起线圈磁链的变化，所产生的电动势称为运动电动势。

运动电动势的大小可用另一种形式表示

$$e=Blv \tag{3-8}$$

式中，l 为导体在磁场中的长度，单位为 m；v 为导体与磁场之间的运动速度，单位为 m/s；e 的单位为 V。

三者之间互相垂直，电动势的方向用右手定则确定。

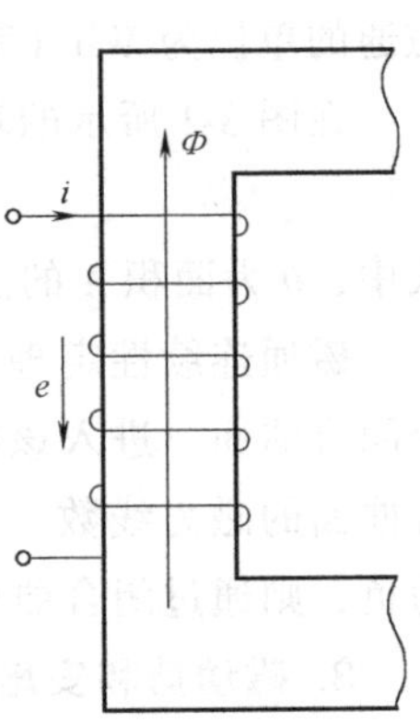

图 3-3　电动势、电流和磁通的正方向

5. 电磁力与电磁转矩

若将一导体置于磁场中，导体中通以电流 i，则其将受到电磁力作用，电磁力的大小可表示为

$$F=Bil \tag{3-9}$$

式中，电磁力 F 的单位为 N。

电磁力的方向可用左手定则确定。将左手伸开，使磁力线指向手心，拇指在手掌平面中与其他四指成90°，其他四指指向电流的方向，则拇指所指方向就是电磁力的方向。

在旋转电机中，假设载流导体位于转子上，则其所受的电磁力乘以导体与旋转轴中心线之间的距离 r（通常为转子半径），就是电磁转矩，即

$$T=Bilr \tag{3-10}$$

式中，T 的单位为 N · m。

3.1.2　磁路及其基本定理

1. 磁路

所谓磁路，就是磁通流过的路径。

本质上讲，各类电磁装置中物理现象的研究都应归结为物理场问题的求解，如温度场、流场、力场、电场、磁场等。场的计算需要用有限元分析方法，这样过于复杂，无法找出关键的影响参数，也难得出一般性的分析设计规律。为了简化，工程上常将场问题化简为路问题求解，并由此形成了诸如关于磁路、电路等分析设计的理论。

引进磁路概念后，可以大量沿用电路分析的基本原理和方法。其物理背景是，电、磁两种现象本来就统一由麦克斯韦方程组描述，皆为势（位）场，而数学背景则归结为同类型偏微分方程的定解问题，如椭圆型、抛物线型、双曲线型等。与电路相仿，将磁通比拟为电流，则磁路是电机、电器中磁通行经的路径。磁路一般由铁磁材料制成，磁通也有主磁通（又称工作磁通）和漏磁通之分。习惯上，主磁通行经的路径称为主磁路，漏磁通行经的路径称为漏磁路。在电机中，主磁通即实现机电能量转换所需要的磁通，而主磁路亦多由软磁材料（永磁电机例外）构成，因此，磁路所研究的对象主要是主磁通行经的以铁磁材料为主的路径。

磁路的基本组成部分是磁动势源和磁通流过的物体，磁动势源为永磁体或通电线圈。

由于铁磁材料的导磁性能远优于空气，因此绝大部分磁通在铁磁材料内部流通。

图 3-4a 所示为带铁心的电感，由通电线圈和铁心组成，铁心的截面积均匀（为 A），磁路的平均长度为 L。

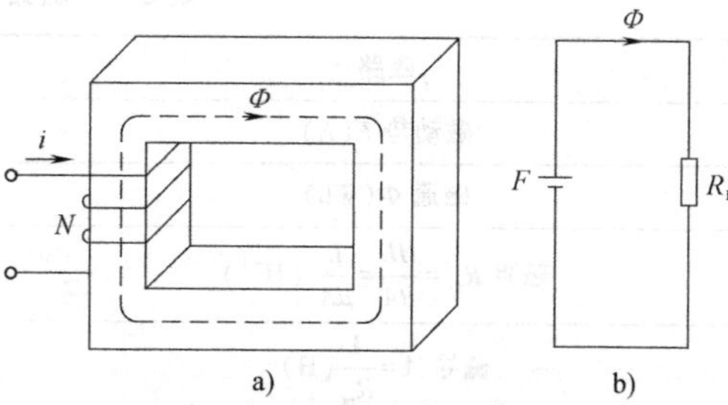

图 3-4　电抗器及其等效磁路

a）电感　b）等效磁路

假设磁通经过该磁路的所有截面且在截面上均匀分布，则可得到图 3-4b 所示的等效磁路。

该磁路上的磁通 Φ 和磁动势 F 分别为

$$\begin{cases} \Phi = BA \\ F = Ni = HL \end{cases} \tag{3-11}$$

式中，N 为线圈匝数；B 为磁感应强度；H 为磁场强度。

将磁通和磁动势的关系与电路中电流和电压的关系类比，定义

$$R_m = \frac{F}{\Phi} \tag{3-12}$$

为该段磁路的磁阻，单位为 A/Wb。

式（3-12）表征了磁通、磁动势和磁阻之间的关系，称为磁路的欧姆定律。磁阻可用磁路的材料特性和尺寸表示为

$$R_m = \frac{HL}{BA} = \frac{L}{\mu A} \tag{3-13}$$

式中，μ 为磁导率。

若磁路中有 n 个磁阻 R_{m1}、R_{m2}、…、R_{mn} 串联，则等效磁阻为

$$R_{eq} = R_{m1} + R_{m2} + \cdots + R_{mn} \tag{3-14}$$

若磁路中有 n 个磁阻 R_{m1}、R_{m2}、…、R_{mn} 并联，则等效磁阻为

$$R_{eq} = \frac{1}{\frac{1}{R_{m1}} + \frac{1}{R_{m2}} + \cdots + \frac{1}{R_{mn}}} \tag{3-15}$$

磁阻的倒数称为磁导，用 Λ 表示

$$\Lambda = \frac{\mu A}{L} \tag{3-16}$$

其单位为 Wb/A。

可以看出，磁路方程与电路方程在形式上非常相似，其类比关系见表 3-1。

表 3-1　磁路与电路的对比

磁路	电路
磁动势 F(A)	电压 U(V)
磁通 Φ(Wb)	电流 I(A)
磁阻 $R_m=\frac{HL}{BA}=\frac{L}{\mu A}$ (H^{-1})	电阻 $R=\rho\frac{L}{A}$(Ω)
磁导 $\Lambda=\frac{1}{R_m}$(H)	电导 $G=\frac{1}{R}$(S)
磁路方程 $F=\varphi R_m$	电路方程 $U=IR$
磁通密度 $B=\frac{\Phi}{A}$(T)	电流密度 $J=\frac{I}{A}$(A/m^2)

虽然电路和磁路在形式上类似，但在物理上有本质的区别：

1）电路中的电流是运动电荷产生的，是实际存在的，是有始有终的，而磁路中的磁通仅仅是描述磁现象的一种手段，闭合磁路是无头无尾的。

2）电路中通过电流要产生损耗，但当铁心中的磁通不变时不产生损耗。

3）在温度一定的前提下，导体的电阻率是恒定的，而导磁材料的磁导率随其中磁场的变化而变化。

4）导体和非导体的导电率之比可达 10^{16}，电流沿导体流动；而常用铁磁材料的相对磁导率通常为 $10^3\sim10^5$，磁场不只在铁磁材料中存在，在非铁磁材料中也存在。

2. 磁路的基本定理

在进行磁路的分析与计算时，除了上面提到的磁路的欧姆定律、安培环路定律和磁通连续性定理外，还要用到以下定理。

(1) 磁路的基尔霍夫第一定律　对于图 3-5 中的节点 a，在其周围取一闭合面，根据磁通连续性定理，流入该闭合面的磁通的代数和恒等于零，即

$$\sum\Phi=\Phi_1-\Phi_2-\Phi_3=0 \tag{3-17}$$

式 (3-17) 称为磁路的基尔霍夫第一定律，是磁通连续性定理在等效磁路中的具体体现。

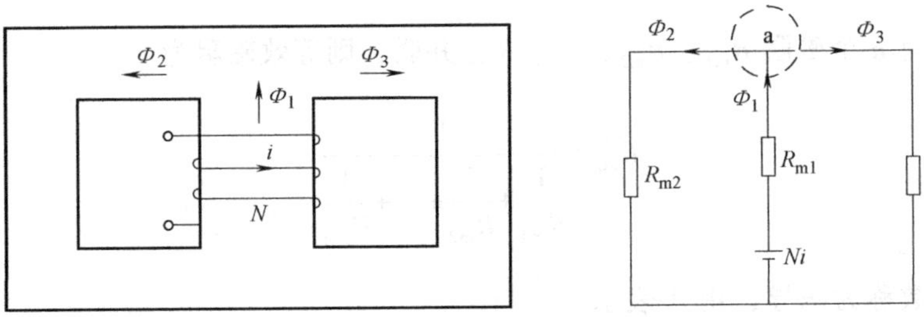

图 3-5　基尔霍夫第一定律

(2) 磁路的基尔霍夫第二定律　图 3-6a 为一带开口铁心的电抗器，磁路中含有通电线圈、铁心和气隙。线圈匝数为 N，流过的电流为 i，取一条通过电抗器铁心和气隙中心线的闭合路径，根据安培环路定律，有

$$Ni = H_1 l_1 + H_\delta \delta \qquad (3\text{-}18)$$

式中，H_1 和 H_δ 分别为铁心和气隙中的磁场强度；l_1 为铁心部分的长度；δ 为气隙长度。

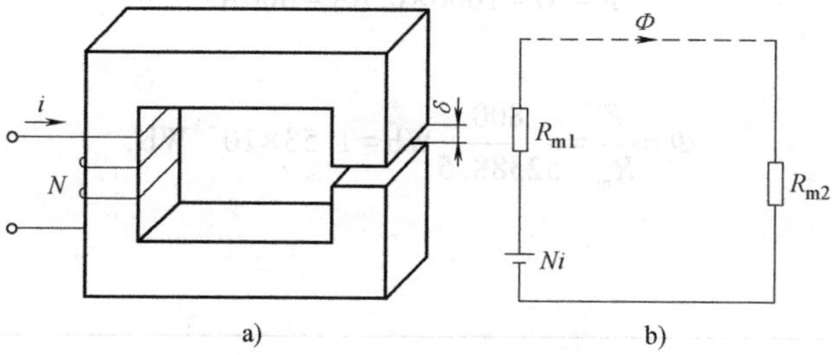

图 3-6 基尔霍夫第二定律

a）铁心磁路 b）等效磁路

铁心和气隙分别用等效磁阻 R_{m1} 和 R_{m2} 等效，F 为励磁线圈的磁动势，$F=Ni$，则其等效磁路如图 3-6b 所示。整理上式，有

$$F = \Phi R_{m1} + \Phi R_{m2} \qquad (3\text{-}19)$$

任何闭合磁路上的总磁动势等于组成该磁路的各磁阻上的磁压降之和，称为磁路的基尔霍夫第二定律，是安培环路定律在等效磁路中的具体体现。

【例 3-1】 有一铁心，其尺寸如图 3-7 所示，铁心的厚度为 0.1m，相对磁导率为 2000（真空磁导率为 $4\pi\times10^{-7}$N/A^2），上面绕有 1000 匝的线圈，当线圈内通以 0.8A 的电流时，能产生多大磁通？

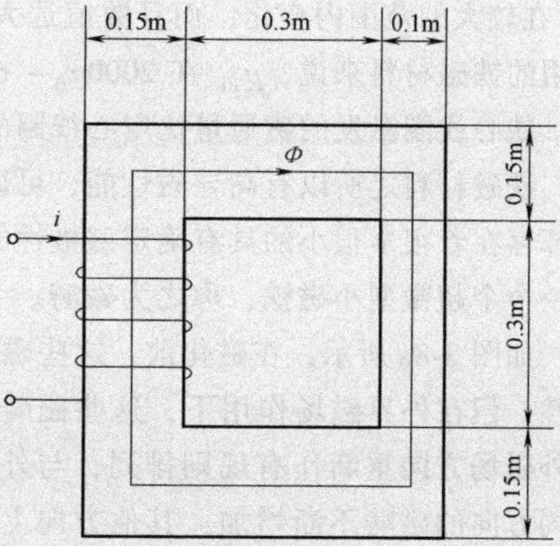

图 3-7 铁心

解 用磁路的欧姆定律求解。

取通过铁心中心线的路径为平均磁路。铁心的上、下、左三边宽度相同，可取为磁路 1，右边取为磁路 2。

磁路 1 的平均长度为 $l_1=1.3$m，截面积为 $A_1=0.15\times0.1\text{m}^2=0.015\text{m}^2$，则磁路 1 的磁阻为

$$R_{m1}=\frac{l_1}{\mu A_1}=\frac{1.3}{2000\times4\pi\times10^{-7}\times0.015}\text{A/Wb}=34483.6\text{A/Wb}$$

磁路 2 的平均长度为 $l_2=0.45$m，截面积为 $A_2=0.1\times0.1\text{m}^2=0.01\text{m}^2$，则磁路 2 的磁阻为

$$R_{m2}=\frac{l_2}{\mu A_2}=\frac{0.45}{2000\times4\pi\times10^{-7}\times0.01}\text{A/Wb}=17904.9\text{A/Wb}$$

磁路的总磁阻为

$$R_m=R_{m1}+R_{m2}=(34483.6+17904.9)\text{A/Wb}=52388.5\text{A/Wb}$$

线圈的磁动势为

$$F=Ni=1000\times0.8\text{A}=800\text{A}$$

则产生的磁通为

$$\Phi=\frac{F}{R_m}=\frac{800}{52388.5}\text{Wb}=1.53\times10^{-2}\text{Wb}$$

3.2 常用铁磁材料

3.2.1 磁化及磁滞

1. 磁化

铁磁材料包括铁、镍、钴及它们的合金、某些稀土元素的合金和化合物、铬和锰的一些合金等。实验表明，所有非导磁材料的磁导率都是常数，并且都接近于真空磁导率 μ_0（$\mu_0=4\pi\times10^{-7}\text{H/m}$）。但铁磁材料却是非线性的，即其中 B 与 H 的比值不是常数，磁导率 μ_{Fe} 在较大的范围内变化，而且数值远大于 μ_0，一般为 μ_0 的数百乃至数千倍。对电机中常用的铁磁材料来说，μ_{Fe} 在 $2000\mu_0$ ~ $6000\mu_0$ 之间。因此，当线圈匝数和励磁电流相同时，铁心线圈激发的磁通量比空心线圈的大得多，从而电机的体积也就可以减小。

铁磁材料之所以有高导磁性能，可以用磁畴来解释。从微观角度看，就在于铁磁材料内部存在着很多很小的具有确定磁极性的自发磁化区域，并且有很强的磁化强度，就相当于一个个超微型小磁铁，称之为磁畴。

如图 3-8a 所示，在磁化前，这些磁畴随机排列，磁效应相互抵消，宏观上对外不显磁性。但在外界磁场作用下，这些磁畴将沿外磁场方向重新作有规则排列，与外磁场同方向的磁畴不断增加，其他方向上的磁畴不断减少，甚至在外磁场足够强时全部消失，被完全磁化，如图 3-8b 所示。结果内部磁效应不能相互抵消，宏观上对外显示磁性，也就相当于形成了一个附加磁场叠加在外磁场上，从而使实际产生的磁场要比非铁磁材料中的磁场大很多，用特性参数磁导率来表示，即 $\mu_{Fe}>>\mu_0$。

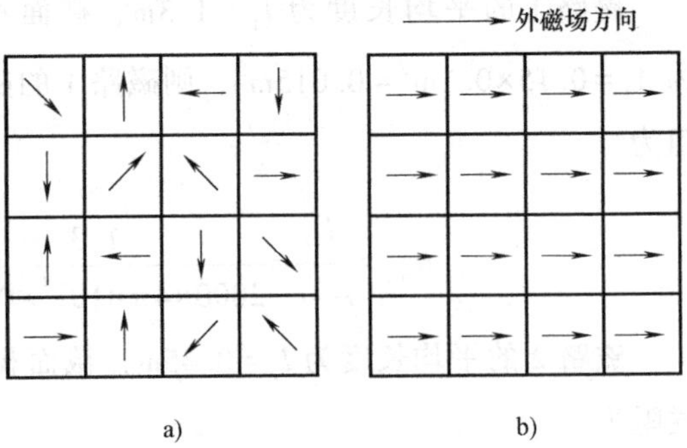

图 3-8 铁磁材料的磁化

a）未经磁化的材料 b）完全磁化后的材料

铁磁材料的磁化过程可以用磁化特性来描述。铁磁材料在外磁场 H 的作用下，磁感应强度 B 将发生变化，二者之间的关系曲线称为磁化曲线，记为 $B=f(H)$。相应地，还可以描绘磁导率与磁场强度的关系曲线，记为 $\mu=f(H)$，作出磁导率曲线。

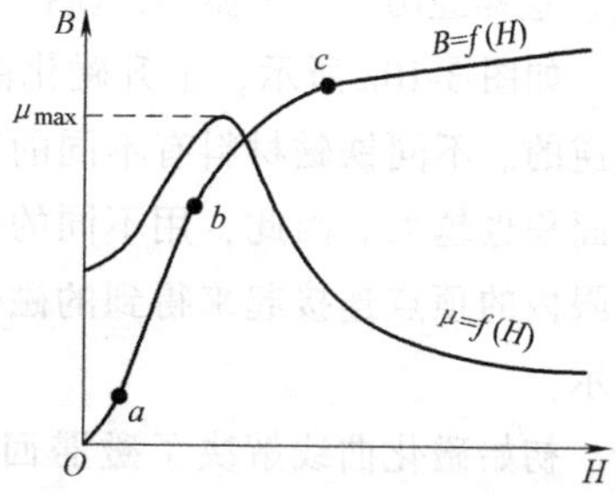

图 3-9　铁磁材料的初始磁化曲线

铁磁材料的初始磁化曲线如图 3-9 所示，该曲线一般由材料生产厂家的型式试验结果提供。

磁化曲线大体上可分为四段。在 Oa 段，外磁场 H 较弱，与外磁场方向接近的磁畴发生偏转，顺外磁场方向的磁畴缓缓增加，磁感应强度 B 增长缓慢。在 ab 段，H 不断增加，绝大部分非顺磁方向的磁畴开始转动，甚至少量逆外磁场方向的磁畴也发生倒转，B 迅速增加。在 bc 段，外磁场进一步加强，非顺磁或逆磁方向磁畴的转动不断减少，B 的增加逐渐缓慢下来，开始出现了所谓磁饱和现象。至 c 点以后，所有磁畴都转到与外磁场一致的方向 H 再增加，B 的增加也很有限，出现了深度饱和，最终 B 和 H 的关系与真空中的情况相似。

图 3-9 中还给出了磁导率曲线。由于饱和现象在 bc 段开始出现，其标志就是磁导率随 H 的增加反而变小，因此存在最大值 μ_{max}。

2. 磁滞

图 3-9 仅仅说明了铁磁材料的单向磁化过程。事实上，电机中的铁磁材料会进行周期性的交变磁化。在外磁场撤除后，磁畴的排列将不可能完全恢复到原始状态，即初始随机排列不复存在，对外也就会显示出磁性。铁磁材料中这种磁感应强度的变化滞后于外磁场的变化的现象被称为磁滞。铁磁材料磁滞现象的完整描述需要考察铁磁材料的交变（循环）磁化过程。

图 3-10a 所示为铁磁材料交变（循环）磁化过程的磁滞回线，由试验测定。测取过程为 H 由 0 上升至最大值 H_m，B 沿 Oa 上升至最大值 B_m。接下来 H 由 H_m 下降至0，但 B 不是沿 aO 下降到 0，而是沿 ab 下降到 B_r，B_r 称为剩余磁感应强度，简称剩磁密度。要使 B 进一步从 B_r 下降至 0，就要求 H 继续往反方向变化，直至 $-H_c$（曲线中的 c 点），H_c 称为矫顽力。这种 B 滞后于 H 过 0 的磁化过程称为磁滞。H 继续反向增加至 $-H_r$，B 沿 cd 至 $-B_m$；然后，H 再从 $-H_m$ 上升至 0，B 沿 de 变化至 $-B_r$，进而 H 从 0 经 H_c 到 H_m，B 沿 efa 从 $-B_r$ 经 0 到

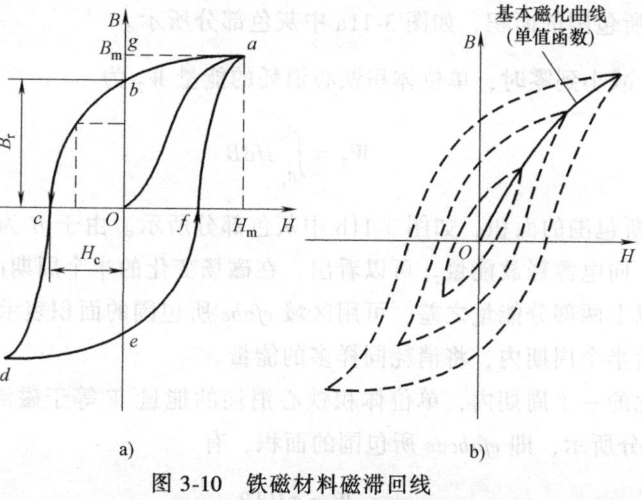

图 3-10　铁磁材料磁滞回线

a）磁滞回线　b）磁滞回线与初始磁化曲线

B_m。这样经历了一个循环，就得到了闭合回线 *abcdefa*，称之为磁滞回线。

如图 3-10a 所示，上升磁化曲线与下降磁化曲线不重合，即铁磁材料的磁化过程是不可逆的。不同铁磁材料有不同的磁滞回线，且同一铁磁材料，B_m 越大，磁滞回线所包围的面积也越大。因此，用不同的 B_m 值可测出不同的磁滞回线，而将所有磁滞回线在第Ⅰ象限内的顶点连接起来得到的磁化曲线就叫作基本磁化曲线或平均磁化曲线，如图 3-10b 所示。

初始磁化曲线解决了磁滞回线上 B 与 H 的多值函数问题，在工程中得以广泛应用。一般情况下，若无特别说明，生产厂家提供的硅钢片磁化曲线或相应数据都是指初始磁化曲线。初始磁化曲线与实际的磁滞回线是有误差的，但这种误差一般为工程所允许。因为硅钢片的磁滞回线都很窄，即 B_r 和 H_c 都很小。磁滞回线很窄的这类铁磁材料也叫软磁材料，在电机中常用的有硅钢片、铸铁、铸钢等。

与此对应的，磁滞回线很宽的铁磁材料，B_r 和 H_c 都比较大，通常也形象地称为硬磁材料，或称为永磁材料，其特点是不容易被磁化、也不容易退磁，当外磁场消失后，仍具有相当强而稳定的磁性，可以向外部磁路提供恒定磁场。电机中常用的永磁材料有铁氧体、稀土钴、钕铁硼等。需要特别说明的是，与软磁材料相比，硬磁材料的磁导率很小，如常用永磁材料的磁导率都接近 μ_0。

3. 铁心损耗

铁磁材料在交变磁场作用下的反复磁化过程中，磁畴会不停转动，相互之间会不断摩擦，因而就要消耗一定的能量，产生功率损耗，这种损耗称为磁滞损耗。

铁耗包括磁滞损耗和涡流损耗两种。磁场不变时不产生铁耗。

(1) 磁滞损耗 磁畴之间相互摩擦而产生的损耗称为磁滞损耗。

在图 3-10 所示的磁滞回线中，当 H 从零（e 点）增大到最大值 H_m（a 点）时，单位体积的铁心消耗的能量 W_1 为

$$W_1 = \int_{-B_r}^{B_m} H\mathrm{d}B \tag{3-20}$$

其为区域 *efage* 所包围的面积，如图 3-11a 中灰色部分所示。

当 H 从 H_m 减小到零时，单位体积铁心消耗的能量 W_2 为

$$W_2 = \int_{B_m}^{B_r} H\mathrm{d}B \tag{3-21}$$

其为区域 *abga* 所包围的面积，如图 3-11b 中灰色部分所示。由于 H 为正、$\mathrm{d}B$ 为负，故消耗的能量为负，向电源释放能量。可以看出，在磁场变化的半个周期内，单位体积的铁心消耗的能量为以上两部分能量之差，可用区域 *efabe* 所包围的面积表示，如图 3-11c 所示。

同理，在后半个周期内，将消耗同样多的能量。

在磁场变化的一个周期内，单位体积铁心消耗的能量 W 等于磁滞回线的面积，如图 3-11d 中灰色部分所示，即 *efabcde* 所包围的面积，有

$$W = \oint H\mathrm{d}B \tag{3-22}$$

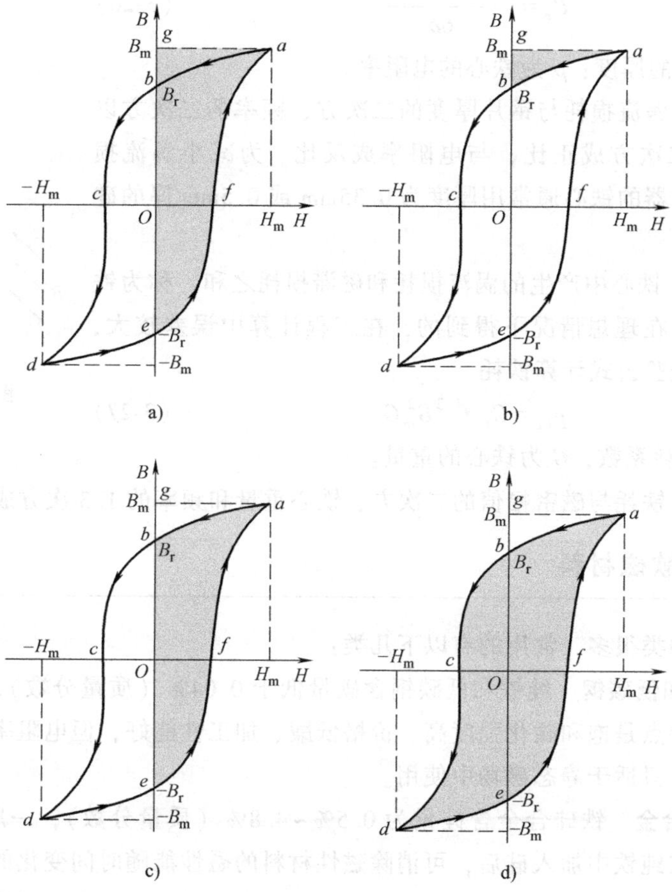

图 3-11　磁滞损耗

磁滞回线的面积通常可用经验公式表示，即

$$\oint H \mathrm{d}B = C_{\mathrm{h}} B_{\mathrm{m}}^{k} \tag{3-23}$$

式中，C_{h} 为磁滞损耗系数；C_{h} 和 k 的值取决于铁心的特性，对于一般电工钢片，$k=1.6\sim2.3$。

磁场每秒钟交变 f 次，则单位体积铁心所消耗的功率 p_{h} 为

$$p_{\mathrm{h}} = fW = f\oint H \mathrm{d}B = fC_{\mathrm{h}} B_{\mathrm{m}}^{k} \tag{3-24}$$

体积为 V 的铁心所消耗的功率为

$$P_{\mathrm{h}} = p_{\mathrm{h}} V = VfC_{\mathrm{h}} B_{\mathrm{m}}^{k} \tag{3-25}$$

磁滞损耗与磁场交变的频率、铁心的体积和磁滞回线的面积成正比。

(2) 涡流损耗　根据电磁感应定律，铁心内的磁场交变时，在铁心内产生感应电动势，由于铁心为导电体，感应电动势在铁心中产生电流，如图 3-12 所示。这些电流在铁心内围绕磁通作旋涡状流动，称为涡流。涡流在铁心中引起的损耗，称为涡流损耗。体积为 V 的铁心内产生的涡流损耗为

$$P_e = V\frac{\pi^2\Delta^2 f^2 B_m^2}{6\rho} \tag{3-26}$$

式中，Δ 为钢片的厚度；ρ 为铁心的电阻率。

可以看出，涡流损耗与钢片厚度的二次方、频率的二次方以及磁密幅值的二次方成正比，与电阻率成反比。为减小涡流损耗，电机和变压器的铁心通常用厚度为 0.35mm 或 0.5mm 厚的硅钢片制成。

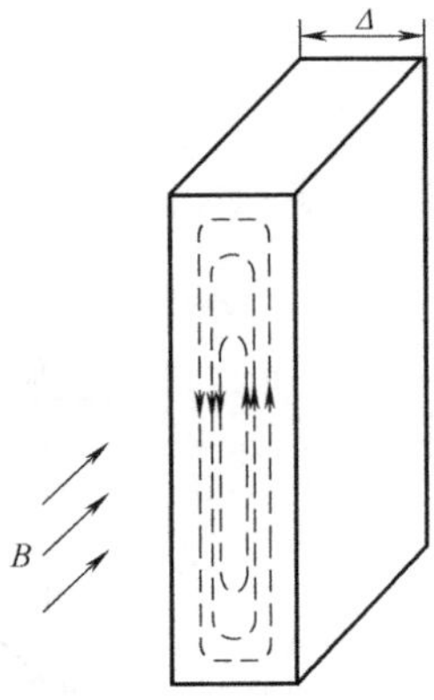

图 3-12　涡流

(3) 铁耗　铁心中产生的涡流损耗和磁滞损耗之和，称为铁耗。上述公式是在理想情况下得到的，在工程计算中误差较大，通常采用以下经验公式计算铁耗

$$p_{Fe} = C_{Fe} f^{1.3} B_m^2 G \tag{3-27}$$

式中，C_{Fe} 为铁耗系数；G 为铁心的重量。

可以看出，铁耗与磁密幅值的二次方、铁心重量和频率的 1.3 次方成正比。

3.2.2　常用软磁材料

软磁材料种类很多，常用的有以下几类：

(1) 纯铁和低碳钢　纯铁和低碳钢含碳量低于 0.04%（质量分数），包括电磁纯铁、电解铁等。其特点是饱和磁化强度高、价格低廉、加工性能好，但电阻率低，在交变磁场下涡流损耗大，只适于静态磁场中使用。

(2) 铁硅合金　铁硅合金含硅量为 0.5%～4.8%（质量分数），一般制成薄板使用，俗称硅钢片。在纯铁中加入硅后，可消除磁性材料的磁性能随时间变化的现象。随着含硅量的增加，脆性增强，饱和磁化强度下降，但电阻率和磁导率提高，矫顽力和涡流损耗减小。在交流领域应用广泛，如制造电机、变压器、继电器、互感器等的铁心。

(3) 软磁铁氧体　软磁铁氧体为非金属亚铁磁性软磁材料，其电阻率非常高（10^{-2}～$10^{10}\Omega\cdot m$），但饱和磁化强度低，价格低廉，广泛用于高频电感和高频变压器。

(4) 非晶态软磁合金　又称非晶合金。其磁导率和电阻率高，矫顽力小，不存在由晶体结构引起的磁晶各向异性，具有耐腐蚀和强度高等特点。此外，其居里温度比晶态软磁材料低得多，损耗大为降低，是一种正在开发利用的新型软磁材料。

【例 3-2】　对于例 3-1 中的铁心，若其磁化曲线如图 3-13 所示，若铁心内产生 1.53×10^{-2}Wb 的磁通，所需电流多大？

解　对于磁路 1，流过 $\Phi=1.53\times10^{-2}$Wb 的磁通时，磁密为

$$B_1=\frac{\Phi}{A_1}=\frac{1.53\times10^{-2}}{0.015}\text{T}=1.02\text{ T}$$

查图 3-12 所示的磁化曲线，得磁场强度为 $H_1=400$A/m，该磁路上的磁压为

$$F_1=H_1 l_1=400\times1.3\text{A}=520\text{A}$$

对于磁路 2，流过 $\Phi=1.53\times10^{-2}$Wb 的磁通时，磁密为

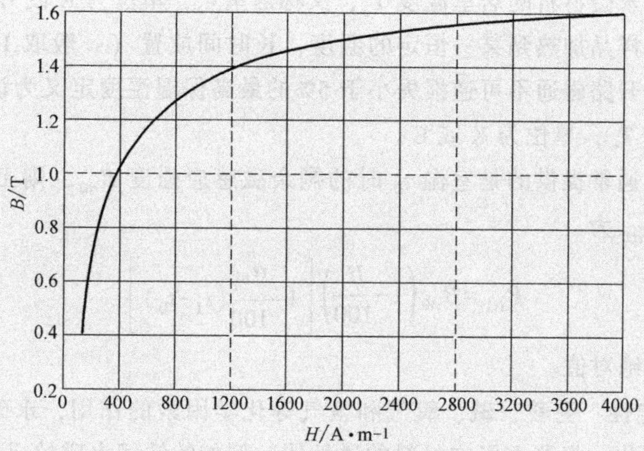

图 3-13　磁化曲线

$$B_2=\frac{\Phi}{A_2}=\frac{1.53\times10^{-2}}{0.01}\text{T}=1.53\text{T}$$

查图 3-13 所示的磁化曲线，得

磁场强度为

$$H_2=2370\text{A/m}$$

该磁路上的磁压为

$$F_2=H_2l_2=2370\times0.45\text{A}=1066.5\text{A}$$

磁路所需磁动势为

$$F=F_1+F_2=(520+1066.5)\text{A}=1586.5\text{A}$$

所需励磁电流为

$$i=\frac{F}{N}=\frac{1586.5}{1000}\text{A}=1.59\text{A}$$

3.2.3　永磁材料

1. 永磁材料的稳定性

(1) 退磁曲线　为保证永磁电机的电气性能不发生变化，能长期可靠地运行，永磁材料的磁性能必须保持稳定。

磁稳定性表示在外磁场干扰下永磁材料磁性能变化的大小，包括磁稳定性、热稳定性、化学稳定性和时间稳定性。

理论分析和实践证明，一种永磁材料的内禀矫顽力越大，内禀退磁曲线的矩形度越好，则这种永磁材料的磁稳定性越高，即抗外磁场干扰能力越强。当内禀矫顽力和临界磁场强度大于某定值后，退磁曲线全部为直线，而且回复线与退磁曲线相重合，在外施退磁磁场强度作用下，永磁体的工作点在回复线上来回变化，不会造成不可逆退磁。

(2) 热稳定性　随着温度的升高，磁性能逐步降低，升至某一温度时，磁化强度消失，该温度称为该永磁材料的居里温度 T_c，又称居里点，单位为 K 或℃。

将规定尺寸的样品加热到某一恒定的温度，长时间放置（一般取 1000h），然后将样品冷却到室温，其开路磁通不可逆损失小于 5%的最高保温温度定义为该永磁材料的最高工作温度，符号为 T_w，单位为 K 或℃。

手册或资料中通常提供的是室温 t_0 时的剩余磁感应强度 B_{rt0}，则工作温度在 t_1 时的剩余磁感应强度 B_{rt1} 为

$$B_{rt1}=B_{rt0}\left(1-\frac{IL}{100}\right)\left[1-\frac{\alpha_{B_r}}{100}(t_1-t_0)\right] \tag{3-28}$$

其中，IL 和 α_{B_r} 取绝对值。

(3) 化学稳定性 受酸、碱、氧气和氢气等化学因素的作用，永磁材料内部或表面化学结构会发生变化，将严重影响材料的磁性能。例如钕铁硼永磁的成分中大部分是铁和钕，非常容易氧化生锈，故在生产过程中需采取各种工艺措施来防止氧化，要尽力提高永磁体的密度以减少残留气隙来提高其抗腐蚀能力，同时要在成品表面涂敷保护层，如镀锌、镀镍、电泳等。

(4) 时间稳定性 永磁材料充磁以后在通常的环境条件下，即使不受周围环境或其他外界因素的影响，其磁性能也会随时间而变化，通常以一定尺寸形状的样品的开路磁通随时间损失的百分比来表示，叫作时间稳定性，或称自然时效。研究表明，它与材料的内禀矫顽力 H_{ci} 和永磁体的尺寸比 L/D 有关。对永磁材料而言，随时间的磁通损失与所经历时间的对数基本上成线性关系，因此可以从较短时间的磁通损失来推算出长时间的磁通损失，从而判断出永磁体的使用寿命。

2. 常用永磁材料

(1) 铝镍钴（AlNiCo）永磁材料 铝镍钴永磁材料有粉末烧结和铸造两种。铸造型的磁性能较高，更为常用。粉末烧结型的工艺简单，可直接压制成所需形状。

铝镍钴永磁材料的性能特点是温度系数小，α_{B_r} 仅为-0.02%/℃左右，广泛应用于仪器仪表类要求温度稳定性高的永磁电机中。同时该永磁材料 B_r 可达 1.35T，H_c 小于 160kA/m，退磁曲线非线性。

(2) 铁氧体永磁材料（非金属永磁材料） 主要是钡铁氧体（$BaO\text{-}6Fe_2O_3$）和锶铁氧体（$SrO\text{-}6Fe_2O_3$），两者磁性能相差不多，而锶铁氧体的 H_c 值略高于钡铁氧体，更适于在电机中使用。

铁氧体永磁材料的性能特点，一是矫顽力较大，H_c 为 128～320kA/m；剩磁密度不高，B_r 仅为 0.2～0.44T，最大磁能积 $(BH)_{max}$ 仅为 6.4～40kJ/m^3；密度小，只有 4～5.2g/cm^3。二是铁氧体永磁材料退磁曲线的很大一部分接近直线，回复线与退磁曲线的直线部分重合，可以不需要像铝镍钴永磁材料那样进行稳磁处理，是目前电机中用量最大的永磁材料。

(3) 钕铁硼永磁材料 钕铁硼永磁材料的 B_r 高达 1.47T，H_c 可达 992kA/m，$(BH)_{max}$ 高达 397.9kJ/m^3，是目前磁性能最高的永磁材料。由于钕在稀土中的含量是钐的十几倍，资源相对丰富，铁、硼的价格便宜，又不含战略物资钴，因此钕铁硼永磁材料

的价格比稀土钴永磁材料便宜得多，在工业和民用的永磁电机中迅速得到推广应用。

除了性能强之外，钕铁硼永磁材料的性能特点还有居里温度较低，一般为 310~410℃左右。温度系数较高，α_{B_r} 为-0.13%/℃左右，$\alpha_{H_{ci}}$ 为-(0.6~0.7)%/℃。该永磁材料在高温下使用时，其退磁曲线下半部分产生弯曲，使用时要校核最大去磁工作点。对于超高矫顽力钕铁硼永磁材料，其 H_{ci} 已大于 2000kA/m，其退磁曲线在 150℃时仍为直线。

另外，容易锈蚀是钕铁硼永磁材料的一大弱点，所以要对其表面进行涂层处理，目前常用的涂层有环氧树脂喷涂、电泳和电镀等，一般涂层厚度为 10~40μm。不同涂层的抗腐蚀能力不一样，环氧树脂涂层抗溶剂、抗冲击能力、抗盐雾腐蚀能力良好；电泳涂层抗溶剂、抗冲击能力良好，抗盐雾腐蚀能力极好；电镀涂层有极好的抗溶剂、抗冲击能力，但抗盐雾腐蚀能力较差。因此需根据磁体的使用环境来选择合适的保护涂层。

(4) 黏结永磁材料 黏结永磁材料是用树脂、塑料或低熔点合金等材料为黏结剂，与永磁材料粉末均匀混合，然后用压缩、注射或挤压成形等方法制成的一种复合型永磁材料。

按所用永磁材料种类不同，分为黏结铁氧体永磁、黏结铝镍钴永磁、黏结稀土钴永磁和黏结钕铁硼永磁。黏结磁体因含有黏结剂而使磁性能稍差，但却具有如下的显著优点：

1) 形状自由度大。容易制成形状复杂的磁体或薄壁环、薄片状磁体。注射成形时还能嵌入其他零件一起成形。

2) 尺寸精度高，不变形。烧结磁体的收缩率为 13%~27%，而黏结磁体的收缩率只有 0.2%~0.5%，不需要二次加工就能制成高精度的磁体。

3) 产品性能分散性小，合格率高，适于大批量生产。

4) 机械强度高，不易破碎，可进行切削加工。

5) 电阻率高，易于实现多极充磁。

6) 原材料利用率高。浇口、边角料、废品等进行退磁处理，粉碎后能简单地再生使用。

7) 密度小、质量轻。

图 3-14 给出了常用永磁材料典型的退磁曲线，其中 B_r 是剩磁密度、H_c 为矫顽力，退磁曲线工作点的乘积为磁能积 $(BH)_{max}$，可以用来表征相应的能量密度。另外，永磁特性通常会随温度系数变化，因此与温度密切相关。因此，在设计永磁电机时必须考虑工作温度范围。典型的永磁特性可简单归纳见表 3-2。

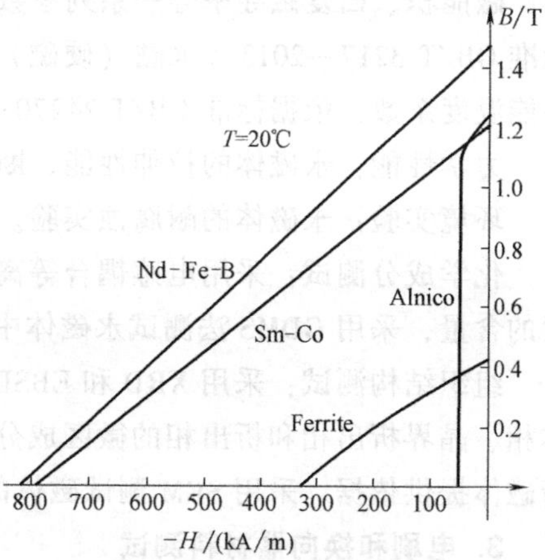

图 3-14 永磁材料的退磁曲线

表 3-2 常用永磁材料特性

特性	铁氧体	铝镍钴	钕铁硼
B_r/T	0.43	1.25	1.47
H_c/(kA/m)	330	51	820
$(BH)_{max}$/(kJ/m^3)	35	44	422
温度系数 B_r(%/℃)	-0.18	-0.02	-0.13
最高工作温度/℃	450	860	345

3.2.4 电机磁性材料的测试

1. 硅钢测试

磁学性能：测试铁损值、磁感应强度。依据标准 GB/T 13789—2008《用单片测试仪测量电工钢片（带）磁性能的方法》或 GB/T 3655—2008《用爱泼斯坦方圈测量电工钢片（带）磁性能的方法》。

力学性能：抗拉强度、伸长率。依据标准 GB/T 228.1—2010《金属材料　拉伸试验　第 1 部分：室温试验方法》。

工艺特性：叠装系数，弯曲次数。分别依据标准 GB/T 19289—2019《电工钢带（片）的电阻率、密度和叠装系数的测量方法》、GB/T 2522—2017《电工钢带（片）涂层绝缘电阻和附着性测试方法》和 GB/T 235—2013《金属材料　薄板和薄带　反复弯曲试验方法》检测。

组织结构测试：利用 X 射线衍射（XRD）和电子背散射衍射技术（EBSD）测试硅钢取向，利用扫描电镜测试、透射电镜测试和力学性能测试对硅钢固溶强化研究提供实验支持。

化学成分测试：采用辉光放电质谱法（GDMS）和碳硫试验仪测试硅钢中 C、N 等杂质的含量。

2. 永磁材料测试

磁性能：测试永磁体的退磁曲线和回复线，可得到材料的剩磁、矫顽力、内禀矫顽力、磁能积、回复磁导率等一系列参数。可采用退磁曲线测试仪、磁滞回线测试仪，依据标准 GB/T 3217—2013《永磁（硬磁）材料　磁性试验方法》进行测试。测试永磁体磁性能温度系数，依据标准 GB/T 24270—2009《永磁材料磁性能温度系数测量方法》测试。

力学性能：永磁体的拉伸性能、断裂韧性、高周疲劳性能测试。

环境实验：永磁体的耐腐蚀实验。

化学成分测试：采用电感耦合等离子体原子发射光谱法（ICP-AES）测定永磁体中元素的含量，采用 GDMS 法测试永磁体中的杂质含量。

组织结构测试：采用 XRD 和 EBSD 测试磁体晶体取向。采用 SEM 和 TEM 对磁体的主体相、晶界析出相和析出相的微区成分、尺寸、分布等进行分析测试，为磁体改进和开发新磁体提供依据。采用 SEM 测试磁体的防护涂层的微区成分、厚度等信息。

3. 电刷和换向器材料测试

电性能：测试电导率、接触电压降、电流密度。依据 IEC 60413 进行测试。

力学性能：测试硬度、摩擦系数和耐磨性（50 小时磨损）。依据 IEC 60413 进行测试。

4. 电机壳体材料测试

力学性能：断裂韧性测试、焊接强度测试。

环境实验：耐高温实验、耐腐蚀实验。

热学性能：导热系数测试。

无损检测：铸造壳体和焊缝的宏观组织缺陷检测。

5. 漆包线测试

漆包线检测方法的标准主要有 GB/T 4909《裸电线试验方法》、GB/T 4074《绕组线试验方法》、GB/T 5584《电工用铜、铝及其合金扁线》、GB/T 3953—2009《电工圆铜线》、GB/T 3952—2016《电工用铜线坯》。检测漆包线产品的标准为 GB/T 6109《漆包圆绕组线》和 GB/T 7095《漆包铜扁绕组线》。

机械性能测试：伸长率测试、回弹角实验、拉伸力测试、弯曲力测试、耐刮性实验。

耐热性能测试：热老化试验、热冲击试验、耐热软化击穿试验。

电气试验：直流电阻、击穿电压、漆膜连续性、针孔试验。

耐化学试验：测试耐酸、耐碱、耐盐雾、耐潮湿、耐油、耐溶剂、耐冷媒、耐辐射性能。

3.3 机电能量转换

3.3.1 机电能量转换基本原理

发电机在机电系统中起着把机械能转换为电能的作用，而电动机则将电能转换为机械能。但无论是发电机还是电动机，在能量转换过程中，能量总是守恒的，即能量不会凭空产生，也不会随意消失，而只能改变其存在形态。这就是物理学中的能量守恒原理。

以发电机为例，发电机的工作过程就是如何通过电磁感应和电磁力作用，把它获得的机械功率转换成电功率输出，从而实现将机械能转换为电能的基本过程。在这一过程中，磁场起到了能量转换媒介的关键作用。电机是联系机电能量转换系统两端机械和电气系统的纽带。更本质的，实施这种联系的基础就是电机中的气隙磁场，因此，我们把其称之为耦合磁场。

电磁式机电能量转换装置的工作基于三大定律：

- 电磁感应定律
- 电磁力定律
- 能量守恒定律

电机内部在进行能量形态的转换过程中，存在着电能、机械能、磁场储能和热能四种能量形态。根据能量守恒原理，在实际电机中，即不忽略损耗时，这四种能量之间存在着下列平衡关系

$$\pm\text{机械能 } W_{mec} = \text{磁场储能增量 } \Delta W_m + \text{热能损耗 } P_T \pm \text{电能 } W_e$$

式中，±号相对于发电机和电动机而定，发电机取“+”号，电动机取“-”号。

电机内转换成热能的损耗有三种：一是电路中的电阻损耗 P_{Cu}；二是磁路中的铁心损耗 P_{Fe}；三是各类机械摩擦损耗 P_{mec}。这三部分损耗转换为热能后使电机发热。因此，为了保证电机的正常运行，必须要对电机进行冷却。

现有的电机都是低频系统，其机电能量转换是通过磁场储能来实现的，而磁场储能的关键就是电感。

3.3.2 电感及储能

1. 电感

在电机中，导体通常绕成线圈。当线圈中流过电流时，将产生磁场。当线圈所在磁路由磁导率恒定的材料制成或磁路的主要组成部分为空气，即磁路不饱和时，电感定义为线圈中流过单位电流所产生的磁链。

$$L=\frac{\Psi}{i}=\frac{NBA}{i}=\frac{N\mu HA}{i}\frac{l}{l}=\frac{N\mu AF}{il}=\frac{N^2\mu A}{l}=\frac{N^2}{R_{\mathrm{m}}}=N^2\Lambda \tag{3-29}$$

式中，L 为电感，单位为亨（H）；A、l 分别为磁路截面积和磁路长度；N 为线圈匝数；Λ 表示磁路磁导。

线圈的电感与匝数的二次方、磁路的磁导成正比。

（1）自感和互感 图 3-15 为绕有两个线圈的磁路，线圈内电流的方向使二者产生的磁通方向相同，则磁路上的总磁动势为

$$F=N_1i_1+N_2i_2$$

为便于分析，认为所产生的磁通全部在铁心内，则磁通为

$$\Phi=F\Lambda=(N_1i_1+N_2i_2)\frac{\mu A}{l} \tag{3-30}$$

线圈 1 交链的磁链为

$$\Psi=N_1\Phi=N_1^2\frac{\mu A}{l}i_1+N_1N_2\frac{\mu A}{l}i_2=L_{11}i_1+L_{12}i_2 \tag{3-31}$$

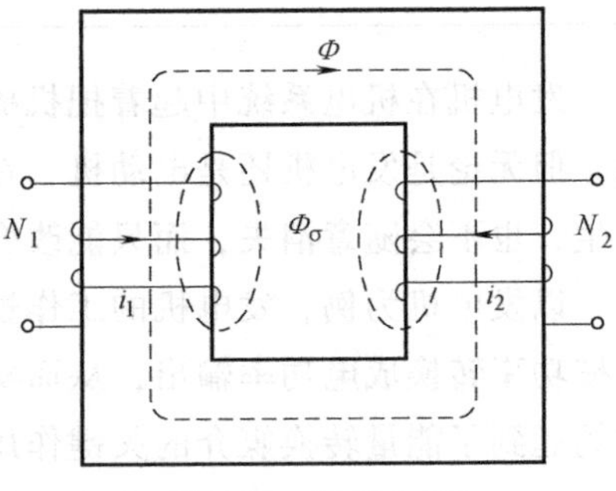

图 3-15 绕组电感

式中，$L_{11}=N_1^2\frac{\mu A}{l}$是线圈 1 的自感，$L_{11}i_1$ 是线圈 1 自身电流产生的磁链；$L_{12}=N_1N_2\frac{\mu A}{l}$为线圈 1 和线圈 2 之间的互感，$L_{12}i_2$ 为线圈 2 中电流在线圈 1 中产生的磁链。

线圈 2 中的磁链可表示为

$$\Psi_2=N_2\Phi=N_1N_2\frac{\mu A}{l}i_1+N_2^2\frac{\mu A}{l}i_2=L_{12}i_1+L_{22}i_2 \tag{3-32}$$

式中，$L_{22}=N_2^2\frac{\mu A}{l}$为线圈 2 的自感。

电动势的表达式

$$e=-\frac{\mathrm{d}\Psi}{\mathrm{d}t}=-\frac{\mathrm{d}(Li)}{\mathrm{d}t}=-L\frac{\mathrm{d}i}{\mathrm{d}t}-i\frac{\mathrm{d}L}{\mathrm{d}t} \tag{3-33}$$

在电机旋转过程中，定转子之间的互感往往随时间发生变化，此时线圈中的感应电动势应包括式（3-33）中的两项。当电感不随时间发生变化时，有

$$e=-L\frac{\mathrm{d}i}{\mathrm{d}t} \tag{3-34}$$

（2）漏电感 上面的分析忽略了漏磁通。在图 3-15 中，线圈 1 中的电流 i_1 实际上产

生的磁通 Φ_1 分成两部分，一部分是在铁心内同时交链线圈 1 和线圈 2 的磁通 Φ，称为主磁通；另一部分是只交链线圈 1 的磁通 Φ_σ，称为线圈 1 的漏磁通。

线圈 1 中的总磁通为

$$\Phi_1 = \Phi + \Phi_\sigma \tag{3-35}$$

假设漏磁通经过了线圈 1 的所有匝数，则对应的磁链关系为

$$\Psi_1 = \Psi + \Psi_\sigma \tag{3-36}$$

式中，Ψ_1 和 Ψ_σ 分别为线圈所交链的总磁链和漏磁链。

与漏磁链对应的电感称为漏电感，用 L_σ 表示

$$L_\sigma = \frac{\Psi_\sigma}{i_1} \tag{3-37}$$

2. 磁场储能

磁场是一种特殊形式的物质，能够储存能量，这部分能量是在磁场建立过程中由外部电源输入的能量转化而来的，称为磁场储能或磁场能量。电机就是通过磁场储能实现能量转换的。

给匝数为 N 的线圈通以电流 i，产生磁通 Φ，则该线圈两端的输入功率为

$$\begin{aligned} p &= ui = i(Ri - e) = i\left(Ri + \frac{\mathrm{d}\Psi}{\mathrm{d}t}\right) \\ &= i\left(Ri + \frac{N\mathrm{d}\Phi}{\mathrm{d}t}\right) = i^2 R + \frac{Ni\mathrm{d}\Phi}{\mathrm{d}t} \end{aligned} \tag{3-38}$$

$\mathrm{d}t$ 时间内输入的能量为

$$\mathrm{d}W = p\mathrm{d}t = i^2 R\mathrm{d}t + Ni\mathrm{d}\Phi = i^2 R\mathrm{d}t + \mathrm{d}W_\Phi \tag{3-39}$$

$i^2R\mathrm{d}t$ 为绕组电阻消耗的能量，$\mathrm{d}W_\Phi = Ni\mathrm{d}\Phi = i\mathrm{d}\Psi = ei\mathrm{d}t$ 为磁场储能。

若 $t=0$ 时电流和磁链的初始值为 0，则时间 t 时磁场储存的能量为

$$W_\Phi = \int_0^t ei\mathrm{d}t = L\int_0^i i\mathrm{d}i = \frac{Li^2}{2} \tag{3-40}$$

这是磁场储能的另一种表达形式。如果绕组所交链的磁路长度为 l，截面积为 A，且磁密 B 在磁路上分布均匀，有

$$\begin{cases} \Phi = BA \\ H = Ni/l \end{cases} \tag{3-41}$$

当磁密为零时，没有磁场储能。当磁密由零变化到 B 时，所存储的磁场储能为

$$W_\Phi = V\int_0^B H\mathrm{d}B \tag{3-42}$$

单位体积内的磁场储能就是磁场储能密度，为

$$w_\Phi = \frac{W_\Phi}{V} = \int_0^B H\mathrm{d}B \tag{3-43}$$

若磁路不饱和，则磁场储能密度为

$$w_\Phi = \int_0^B H\mathrm{d}B = \frac{1}{\mu}\int_0^B B\mathrm{d}B = \frac{B^2}{2\mu} = \frac{\mu H^2}{2} = \frac{BH}{2} \tag{3-44}$$

在磁密相同的前提下，由于空气的磁导率远低于铁心的磁导率，空气隙中的能量密度远高于铁心中的能量密度，因此电机中的磁场储能主要存储在空气隙中。

磁场能量还可以表示为如下形式

$$W_{\Phi}=\int_{0}^{\Psi} i\mathrm{d}\Psi \tag{3-45}$$

磁路的 Ψ-i 曲线如图 3-16 所示，面积 *oabo* 表示磁场能量，或称为磁场储能。

对于面积 *obco*，可表示为

$$W'_{\Phi}=\int_{0}^{i} \Psi\mathrm{d}i \tag{3-46}$$

W'_{Φ}称为磁共能。在一般情况下，磁场能量与磁共能不相等。

若磁路的 Ψ-i 曲线为直线，则磁场能量等于磁共能。若不考虑磁性材料的损耗，单位体积内的磁场储能即磁场储能密度 W_{f} 为

$$W_{\mathrm{f}}=\frac{1}{2}BH \tag{3-47}$$

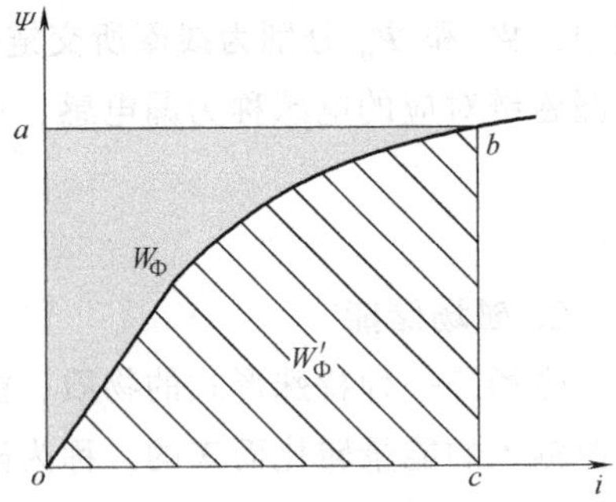

图 3-16 磁场能量与磁共能

可以看出，在一定磁感应强度下，介质的磁导率越大，磁场储能密度就越小。对于电机来说，气隙的磁导率最大。当磁通从 0 开始上升时，电机大部分磁场能量都储存在磁路的气隙中。当磁通减小时，大部分磁场能量从气隙中通过电路释放出来。电机的铁心磁场储能很小，通常可以忽略。

思 考 题

1. 试画出电励磁同步电机的等效磁路图，并简要介绍磁阻如何计算。
2. 列表对比磁路和电路的不同。
3. 什么是磁共能？画图说明磁能和磁共能的关系。
4. 试解释电感、自感、互感和漏感。
5. 铁心采用硅钢片有什么优点？
6. 如何进一步减小铁心的磁滞损耗和涡流损耗？
7. 学有余力的同学请借阅《磁性材料》《机电能量转换》两部书籍并自学更深的理论知识。

第4章

汽车直流电机

直流电机是最早在汽车上使用的电机，也是汽车上应用数量最多的电机。直流电动机以其良好的起动性能和调速性能著称。直流发电机转速和功率密度较低，目前在汽车上已经被交流发电机取代。与交流电机相比，直流电机带有电刷和集电器，可靠性稍差，功率密度也稍低，应用受到一定限制。近年来，电力电子装置控制的无刷直流电机也具有直流电机性能，在许多场合已经取代直流电机。尽管如此，直流电机仍然在对成本比较敏感的场合大量使用。

本章首先介绍直流电机的工作原理和基本结构，接着说明电枢绕组和气隙磁场，导出电枢所产生的电动势和作用在电枢上的电磁转矩，然后导出直流电机的基本方程，并分析直流发电机和电动机的稳态运行性能，最后简要地介绍换向问题。本章是介绍各种类型电机的第一章，因此本章的许多学术名词将为以后各章奠定基础。

4.1　汽车直流电机的原理

直流电机分为直流发电机和直流电动机。

图 4-1a、b 分别给出了直流发电机和直流电动机原理模型。图中，一个绕固定轴旋转的线圈放置在两个相对安置的瓦形永磁体 N 极与 S 极之间，铁心与磁极之间有一层空气间隙，称为气隙。设该线圈 abcd 可分为上下两根导体 ab 和 cd，并联接成单匝线圈 abcd。线圈首末端分别与呈弧形的换向片连接，换向片与电枢铁心一同旋转，但换向片之间以及换向片与铁心和转轴之间均相互绝缘。由换向片构成的整体称为换向器或集电器，而整个转动部分称为电枢，寓意为实现机电能量转换的关键和枢纽。为了把电枢与外电路连通，

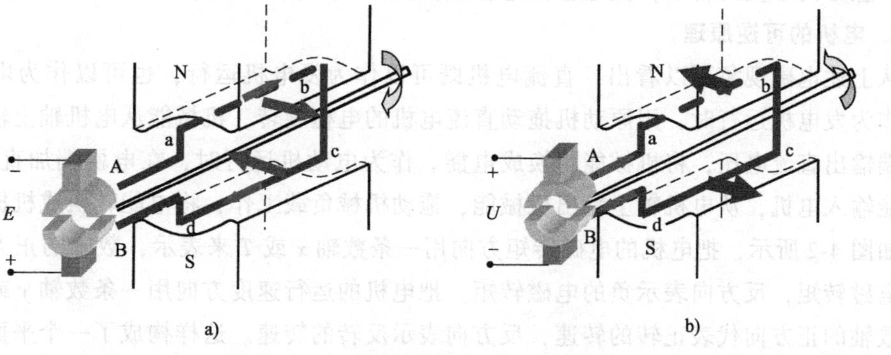

图 4-1　直流发电机和直流电动机原理

a）发电机　b）电动机

特别装置了两把电刷（图中示意为带圆弧的矩形片）。电刷的空间位置也是固定的。

1. 直流发电机工作原理

在图 4-1a 所示的发电机状态，在外力作用下，线圈 abcd 切割磁力线产生感应电动势。按照右手定则可以判断出，感应电动势方向如图中箭头所示，这时下部的电刷为正极，上部的电刷为负极。当线圈顺时针方向旋转 90°后，导体 cd 从 S 极切换到 N 极，导体 ab 从 N 极切换到 S 极，两导体中的电动势在此时都改变了方向。由于换向片随着线圈一同旋转，本来与电刷 B 相接触的换向片，现在与电刷 A 接触，原来与电刷 A 相接触的换向片与电刷 B 接触，电刷 A 仍呈正极性，电刷 B 仍呈负极性。

当线圈顺时针方向旋转 180°时，导体 cd 完全靠近 N 极，导体 ab 完全靠近 S 极。可以看出，上部的电刷接触的导体永远位于 N 极下，下部的电刷接触的导体永远位于 S 极下。因此，上部的电刷始终为正极性，下部的电刷始终为负极性，电刷两端被接入方向不变的直流电压。

2. 直流电动机工作原理

图 4-1b 所示为直流电动机的原理模型。线圈的导体电枢被接入如图所示方向的电源 U，线圈中有沿 a→b→c→d 方向流过的电流。载流导体受到的电磁力为

$$f=Bli \tag{4-1}$$

式中，f 为电磁力，单位为 N；B 为导体所在处的气隙磁通密度，单位为 T；l 为导体的长度，单位为 m；i 为导体中的电流，单位为 A。

导体受力的方向用左手定则确定。在图 4-1b 所示瞬间，导体 ab 的受力方向是从右向左，导体 cd 的受力方向是从左向右，两者合成产生逆时针方向的转矩，使电枢逆时针方向转动。当电枢转过 90°后，导体 cd 从 S 极切换到 N 极，导体 ab 从 N 极切换到 S 极。当电枢转过 180°时，导体 cd 正好在 N 极下，导体 ab 也正好位于 S 极上。由于直流电源供给的电流方向不变，仍从上部的电刷流入，经导体 cd、ab 后，从下部的电刷流出。但线圈内电流方向发生了变化，导体 cd 受力方向变为从右向左，导体 ab 受力方向变为从左向右，产生的电磁转矩的方向仍为逆时针方向，使线圈继续沿逆时针方向旋转。总之，由于换向器的作用，直流电流交替地由导体 ab 和 cd 流入，使处于 N 极下的线圈边中电流的方向总是由上部的电刷流入，而处于 S 极下的线圈边中电流的方向总是从下部的电刷流出，从而产生方向不变的转矩，使电动机连续旋转。

3. 电机的可逆原理

从上述电磁现象可以看出，直流电机既可以作为发电机运行，也可以作为电动机运行。作为发电机运行时，用原动机拖动直流电机的电枢旋转，机械能从电机轴上输入，从电刷端输出直流电压，将机械能转换成电能。作为电动机运行时，在电刷端加直流电压，将电能输入电机，从电机轴上输出机械能，拖动机械负载工作，将电能转换成机械能。

如图 4-2 所示，把电机的电磁转矩方向用一条数轴 x 或 T 来表示，数轴的正方向代表正的电磁转矩，反方向表示负的电磁转矩。把电机的运行速度方向用一条数轴 y 或 n 来表示，数轴的正方向代表正转的转速，反方向表示反转的转速。这样构成了一个平面坐标系 Oxy 或 OTn，那么电动机正常电动状态处在第Ⅰ象限（正转、电动），发电（制动）再生运行在第Ⅱ象限（正转、发电）。当电动汽车倒车时，驱动电机反转，输出转矩和转速皆

是负值，处于第Ⅲ象限工作。当倒车且回馈制动时，转矩为正但转速为负，处于第Ⅳ象限运行状态。

用四象限来描述电机运行状态，和用熟悉的正、反转，电动、发电描述是一样的道理。

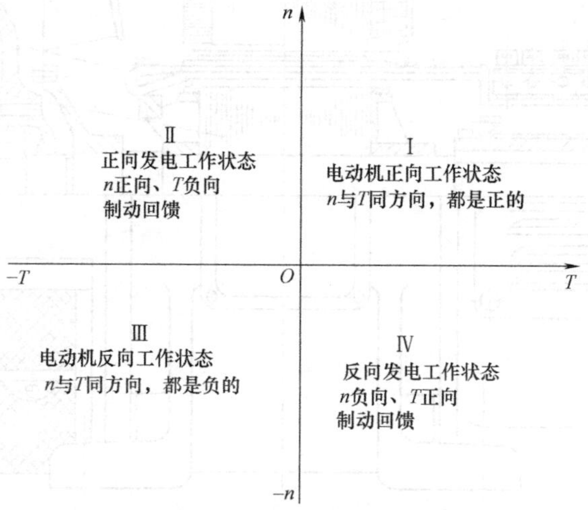

图 4-2 电机的四象限运行

4.2 汽车直流电机的结构

旋转的直流电机总体结构可以分成两大部分：静止部分（称为定子）和旋转部分（称为转子）。定子和转子之间存在间隙（称为空气隙）。本节依照图 4-3 所示的直流电机的基本结构，介绍各主要部件的结构和用途。

4.2.1 定子

定子由主磁极、换向极、机座、端盖和电刷装置等组成。

1. 主磁极

在直流电机中，主磁极由磁极铁心和励磁绕组组成，其作用是在气隙内产生气隙磁场。图 4-4 所示是直流电机的主磁极，其铁心用 0.5~1.0mm 厚的硅钢片或低碳钢板冲片叠压紧固而成。矩形或者圆形的励磁绕组绕制在主磁极铁心上，整个主磁极用螺钉固定在机座的内表面。

为了降低磁路的铁心损耗，各主磁极上励磁绕组的连接必须使励磁电流产生的磁极呈 N、S 极交替排列。为了使气隙磁通密度沿电枢圆周方向分布得更加合理，磁极铁心下部要比套绕组的部分（称为极身）宽，宽出的部分呈靴子状，称之为极靴，这样也便于励磁绕组的固定。

2. 换向极磁极

大中型的直流电机，通常要在相邻两主磁极之间装设换向极，又称附加极或间极，其

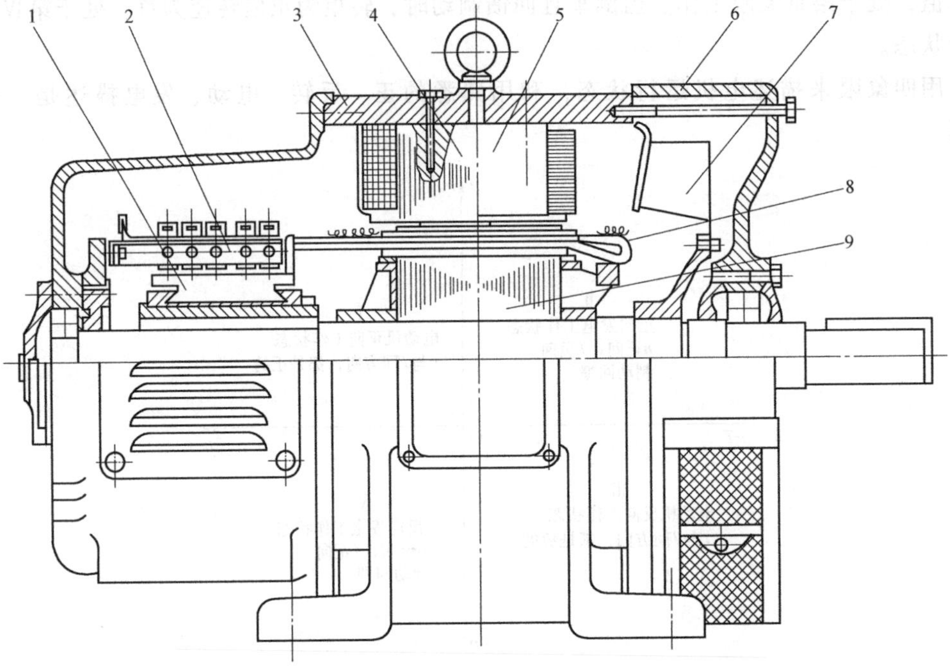

图 4-3　直流电机的基本结构

1—换向器　2—电刷装置　3—机座　4—主磁极　5—换向极

6—端盖　7—风扇　8—电枢绕组　9—电枢铁心

作用是改善换向。直流电机的换向极也由铁心和绕组构成，如图 4-5 所示。铁心一般用整块钢或薄钢板加工而成，换向极绕组与电枢绕组串联。

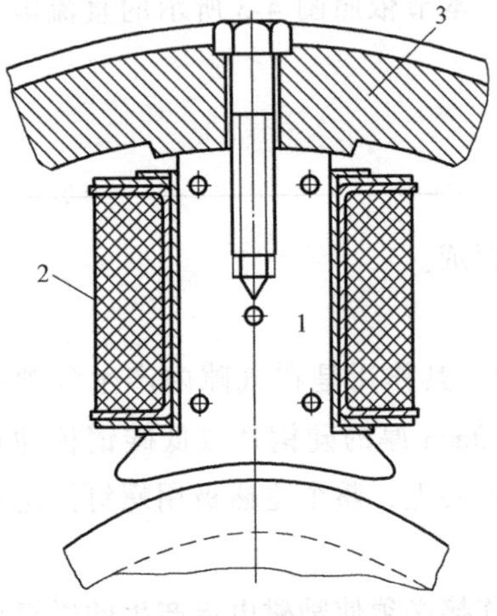

图 4-4　主磁极

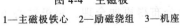

1—主磁极铁心　2—励磁绕组　3—机座

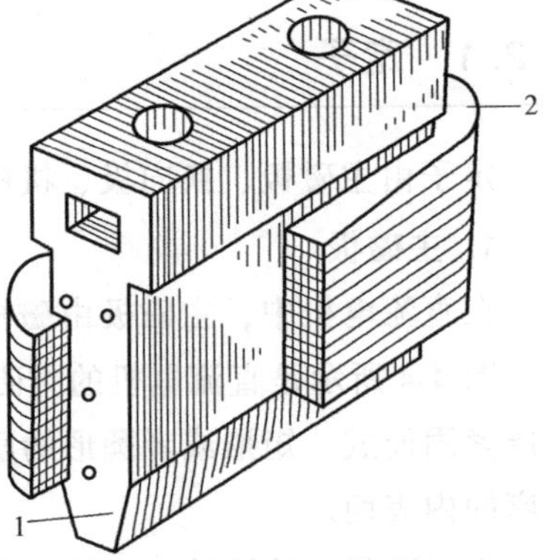

图 4-5　换向极

1—换向极铁心　2—换向极绕组

换向极的磁动势除抵消电枢磁动势以外，还在换向区内产生一个与电枢磁场相反的换向磁场，使换向元件切割该磁场后产生的电抗电动势与旋转电动势相抵消，这样就可以消除附加换向电流，改善换向。

3. 机座

直流电机的机座有两方面的作用：一是作机械支撑；二是用于散热（铝制）或者导磁（铁制）。

4. 电刷装置

电刷装置包括电刷和刷握座。电刷装置是将直流电流引入或引出的装置，如图 4-6 所示。电刷放在刷握里，用弹簧压紧在换向器上，电刷上有铜丝辫，可以引入电流。直流电机里，常常把若干个电刷盒装在同刷杆上，同一刷杆上的电刷并联起来，成为一组电刷。电刷组的数目可以用刷杆数表示，刷杆数与电机的主磁极数相等。各刷杆沿圆周方向均匀分布。正常运行时，刷杆相对于换向器表面有一个正确的位置，如果电刷杆的位置不合理，将直接影响电机的输出功率。

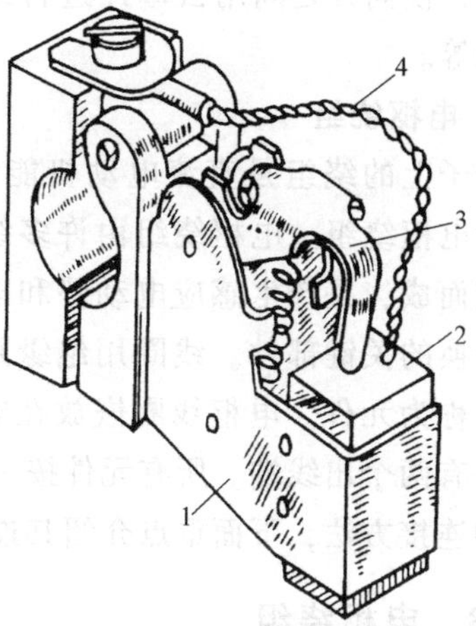

图 4-6 电刷装置

1—刷握 2—电刷 3—压紧弹簧 4—铜丝辫

电刷由石墨混合金属粉末制成，电刷的硬度应和换向器铜片硬度相匹配，才能使电机电刷系统寿命足够长。

4.2.2 转子

转子由电枢铁心、电枢绕组、换向器、轴等组成。一般小型电机的轴是通过轴承支撑在端盖上的，如图 4-7 所示。

a) b)

图 4-7 转子结构图

a) 电枢铁心冲片 b) 电枢铁心

1. 电枢铁心

电枢铁心有两方面作用：一是作为主磁路的一部分，即导磁；二是用于嵌放电枢绕组，即放置绕组。由于电枢铁心和主磁场之间有相对运动，会在铁心中引起铁耗。为减小铁耗，电枢铁心通常用 0.5mm 厚的硅钢片叠压而成，各硅钢片之间涂有绝缘漆，电枢铁心固定在轴上。电枢铁心表面有均匀分布的槽，用以嵌放电枢绕组。

2. 换向器

换向器也是直流电机的重要部件。在直流发电机中，换向器将绕组内的交变电动势转换为电刷两端的直流电动势；在直流电动机中，换向器将电刷上所通过的直流电流转换为绕组内的交变电流。

换向器安装在转轴上，如图 4-8 所示，由许多换向片组成，换向片之间用云母片进行绝缘，换向片数与元件数相等。

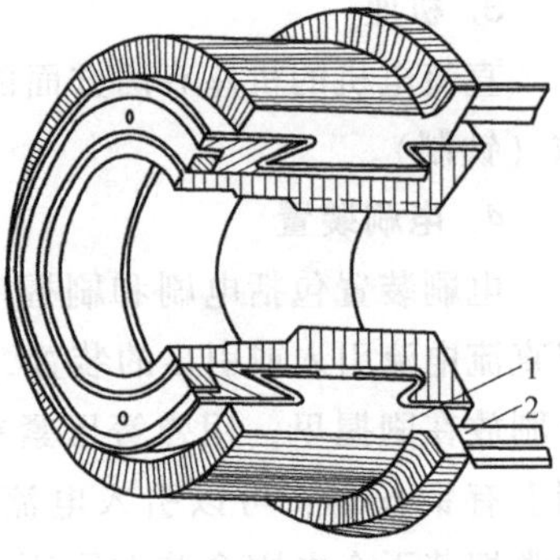

图 4-8　换向器结构图
1—换向片　2—连接片

3. 电枢绕组

转子上的绕组是直流电动机能量转换的枢纽绕组，称之为电枢绕组。电枢绕组由许多线圈按一定规律排列和连接而成，是产生感应电动势和电磁转矩以实现机电能量转换的关键部件。线圈用绝缘圆形线或扁铜线绕制而成，称为元件。电枢线圈嵌放在电枢铁心的槽中，每个元件有两个出线端。所有元件按一定规律连接，就构成电枢绕组。电枢绕组的线圈可以有多种连接方法，下面重点介绍其连接方法。

4.2.3　电枢绕组

形状完全相同的多匝或单匝漆包线绕制在一起称为元件或线圈，电枢绕组由许多元件（或线圈）按一定规律排列和连接而成。元件既可以是单匝，也可以是多匝。每个元件有两个出线端，一个称为首端，另一个称为末端。同一个元件的首端和末端分别接到两个不同的换向片上。电枢绕组的元件数等于换向片数，即 $S=K$，其中 K 为换向片数，S 为元件数或槽数。单匝元件是指每个元件的元件边里只有一个导体；多匝元件是指一个元件边就有多个导体，用 N_C 表示元件匝数。不管一个元件有多少匝，引出线只有两根，而每一换向片连接一个元件的始端和另一个元件的末端。

直流电机的绕组一般都是双层绕组，即每个槽内有上下两层。每个元件有两个元件边，一个元件边放在某一个槽的上层，称为上层边，另一个元件边放在另一个槽的下层，称为下层边。元件嵌放在槽内的部分能切割磁力线，产生感应电动势，称为有效部分，此部分长度与铁心轴向长度一致，而元件在槽外的部分不切割磁场，不会产生感应电动势，仅作连接线，称为端部。

为便于嵌线，同时提高反电动势电压，往往需要采用较多的元件构成电枢绕组。由于制造工艺成本和槽绝缘厚度的原因，槽数不能太多，因此，在直流电机中，常在每个槽的上、下层各放置若干个元件边，如图 4-9 所示。

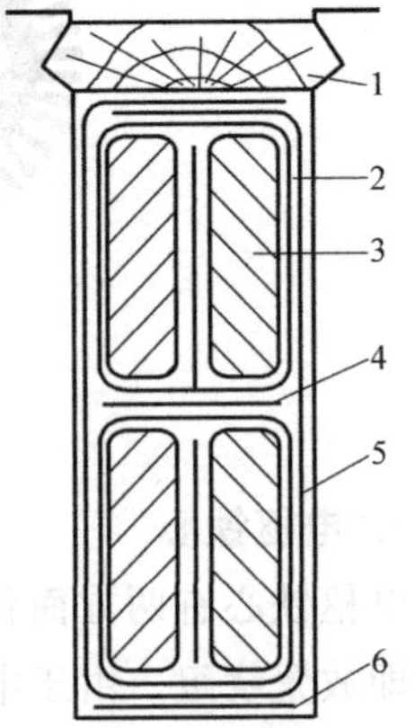

图 4-9　双层电枢绕组的槽
1—槽楔　2—线圈绝缘　3—导体
4—层间绝缘　5—槽绝缘
6—槽底绝缘

为了确切地说明每个元件边所处的具体位置，引入了“虚槽”的概念。设槽内每层有 u 个元件边，则每个实际槽包含 u 个“虚槽”，每个虚槽的上、下层各有一个元件边。若用 Q 代表槽数，Q_u 代表虚槽数，则

$$Q_u=uQ=S=K \tag{4-2}$$

式中，S 为元件数或槽数；K 为换向片数。

直流电机的电枢绕组有叠绕组、波绕组和混合绕组三种。叠绕组又分为单叠绕组和复叠绕组，波绕组也有单波绕组和复波绕组之分，其中单叠绕组和单波绕组是电枢绕组的基本形式。为了说明单叠绕组和单波绕组的连接规律，首先应引入基本的电枢绕组的节距等概念。

1. 电枢绕组的节距

节距是两个元件边跨过的距离，由于实际距离与电机尺寸有关，因此通常用跨过虚槽的个数表示。绕组的连接规律是靠节距保证的，下面介绍几个关于节距的概念。

(1) 第一节距 y_1 一个元件的两个元件边在电枢表面所跨的距离（即跨距）称为第一节距 y_1，如图 4-10 所示。选择 y_1 时应尽量让元件中感应电动势最大，即 y_1 应等于或接近于一个极距 τ。极距 τ 定义为

$$\tau=\frac{\pi D_{\mathrm{a}}}{2p} \tag{4-3}$$

式中，p 为极对数；D_{a} 为电枢外径。

实际上，极距通常不用物理上的距离来表示，而是使用槽数表示，即

$$\tau=\frac{Q}{2p} \tag{4-4}$$

式中，τ 为极距；p 为极对数；Q 为槽数。

为了减少漏磁，磁极和磁极之间都有一定间隙，因此 $y_1<\tau$ 的短距绕组用得较广，这种绕组端部引线也较短。

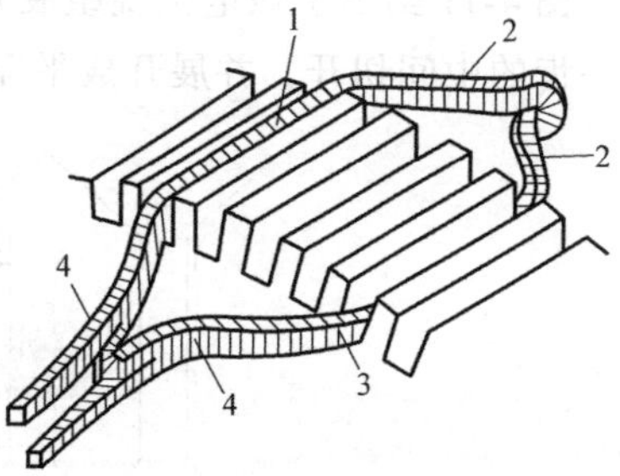

图 4-10 单叠绕组两个元件边

1—上元件边 2—后端部

3—下元件边 4—前端部

(2) 第二节距 y_2 利用同一换向片串联起来的两个元件中，第一元件的下元件边与第二元件的上元件边之间在电枢表面上的距离称为第二节距，也用槽数表示。

另外还有合成节距 y，相串联的两个元件的对应边在电枢表面上的距离称为合成节距 y，用槽数来表示。合成节距在实际计算中用得不多。

(3) 换向器节距 y_k 每一元件的两端所接的两片换向片之间在换向器表面上所跨的距离称为换向器节距 y_k，用换向片数表示。

由于元件数等于换向片数，当元件边在电枢表面前进（或后退）多少个槽时，其出线端在换向器上也必然前进（或后退）多少个换向片，因此换向器节距也就是合成节距，有

$$y=y_k \tag{4-5}$$

式中，y 为合成节距；y_k 为换向器节距。

2. 单叠绕组

单叠绕组的连接规律是，所有相邻元件依次串联，后一个元件的首端与前一个元件的末端连在一起并接到同一个换向片上，最后一个元件的末端与第一个元件的首端连在一起，构成一个闭合回路。上述文字不容易理解，但从图 4-10 可以看出，多个元件边叠绕

即是。

单叠绕组的合成节距等于一个虚槽，换向器节距等于一个换向片，即

$$y=\pm 1 \tag{4-6}$$

式中，"+1"或"−1"表示每串联一个元件就"向右"或"向左"移动一个虚槽或一个换向片，分别称为右行和左行绕组。左行绕组每一元件接到换向片的两根端线互相交叉，用铜较多，故很少采用。通常采用右行绕组。

例如：以 $2p=4$、$S=K=Q_u=12$、$u=1$ 为例，说明单叠绕组的连接规律和特点。

计算各节距：

$$y=y_k=+1$$

第一节距 y_1 为

$$y_1=\frac{Q_u}{2p}\pm\varepsilon=\frac{12}{4}\pm 0=3$$

式中，ε 为使 y_1 凑成整数的一个小数。

图 4-11 给出了该电机绕组展开图，又称为绕组嵌线图，就是假想将电枢及换向器沿某一齿的中间切开，并展开成平面的连接图。

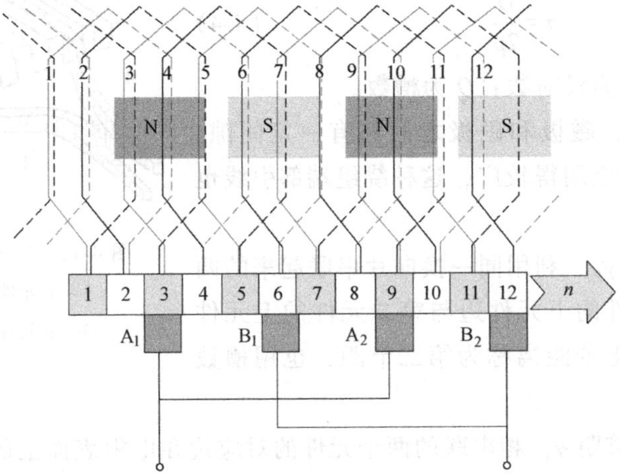

图 4-11 单叠绕组的展开图

绕组展开图绘制步骤如下：

第一步，先画 12 根等长等距的实线，代表各槽上层元件边；再画 16 根等长等距的虚线，代表各槽下层元件边，虚线与实线靠近，表示位于一个槽内。画 12 个小方块代表换向片。换向片宽度等于槽与槽之间的距离。为了便于连接，将元件、槽和换向片按顺序编号，编号时令元件号、元件上层边所在槽的编号以及元件上层边相连接的换向片号相同，即 1 号元件的上层边放在 1 号槽内并与 1 号换向片相连接。

第二步，放置主磁极。让每个磁极的宽度大约等于 0.7τ，近似表示极弧系数为 0.7，4 个磁极均匀放置，并标上 N、S 极性。假定 N 极的磁力线进入纸面，S 极的磁力线从纸面穿出。

第三步，将 1 号元件的上层边放在 1 号槽（实线）并与 1 号换向片相连，其下层边放

在4号槽（$y_1=3$）的下层（虚线）。因节距为1，所以1号元件的末端应连接在2号换向片上。然后将2号元件的上层边放入2号槽的上层，下层边放在5号槽的下层，2号元件的上层边连在2号换向片上，下层边连在3号换向片上。以此类推，一直把12个元件都连起来为止，组成一条闭合回路。

第四步，放置电刷。假设电刷的宽度等于换向片的宽度，将4组电刷均匀地布置在换向器表面。放置电刷的原则是，要求正、负电刷之间得到最大的感应电动势，同时被电刷所短路的元件中感应电动势最小。由于元件的几何形状对称，所以电刷的中心线应对准主磁极的中心线，以满足上述要求。换向过程中，会有少数元件被短路，此时该元件反电动势为0，不出力。

根据图4-11可以画出单叠绕组元件连接顺序图。每根实线所连接的两个元件边构成一个元件，两元件之间的虚线则表示通过换向片把两元件串联起来，如图4-12所示。可以看出，从第1元件出发，连接完12个元件后又回到第1元件，整个绕组是闭合的。

图4-12中，电枢绕组由4条并联支路组成。上层边处在同一极下的元件中的感应电动势方向相同，串联起来通过电刷构成一条支路。被电刷短路的元件中电动势等于零，此时这些元件不参加组成支路。单叠绕组的并联支路对数2a等于电机的极对数p。

综上所述，单叠绕组具有以下特点：

1）位于同一个极下的各元件串联起来组成了一条支路，即并联支路对数等于极对数。

2）当元件几何形状对称时，电刷应放在主磁极中心线上，此时正、负电刷间感应电动势最大，被电刷所短路的元件内感应电动势为零。

3）电刷组数等于磁极数。

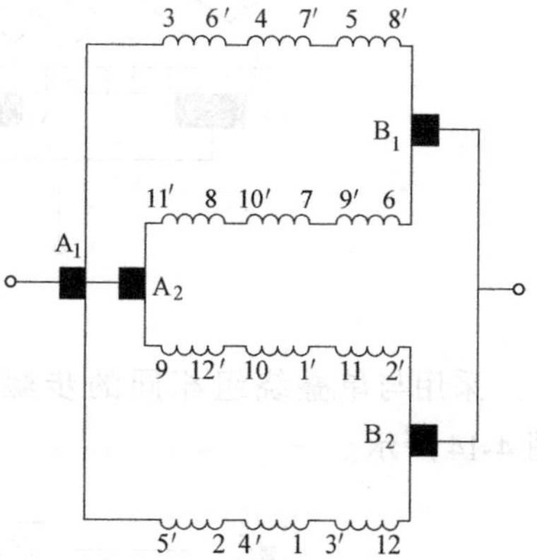

图4-12 单叠绕组的绕组电路图

3. 单波绕组

单波绕组的绕制是呈波浪线一直向前的，其连接规律是从某一换向片出发，把相隔约为一对极距的同极性磁极下对应位置的所有元件串联起来，沿电枢和换向器绕一周之后，恰好回到出发换向片的相邻一片上，然后从该换向片出发，继续绕连，直到全部元件串联完，最后回到开始的换向片，构成一个闭合回路。单波绕组的元件两出线端所连换向片相隔较远，相串联的两元件也相隔较远。

常用的单波绕组在换向器上绕一周后，回到出发换向片的相邻一片上，总共跨过$K\pm1$，即

$$py_k=K\pm1 \tag{4-7}$$

$$y=y_k=\frac{K\pm1}{p}=\text{整数} \tag{4-8}$$

式中，p为极数；y_k为换向器节距；K为换向片数；y为合成节距。

$K+1$的右行绕组的端接线交叉，且比左行绕组的端线略长，故波绕组常用$K-1$的左行绕组。

例如：已知电机极数 $2p=4$，槽数和换向片均为 15，绕制一个单波左行绕组。

节距计算：

$$y=y_k=\frac{15-1}{2}=7$$

$$y_1=\frac{Q}{2p}-\varepsilon=\frac{15}{4}-\frac{3}{4}=3$$

绘制单波绕组展开图如图 4-13 所示。

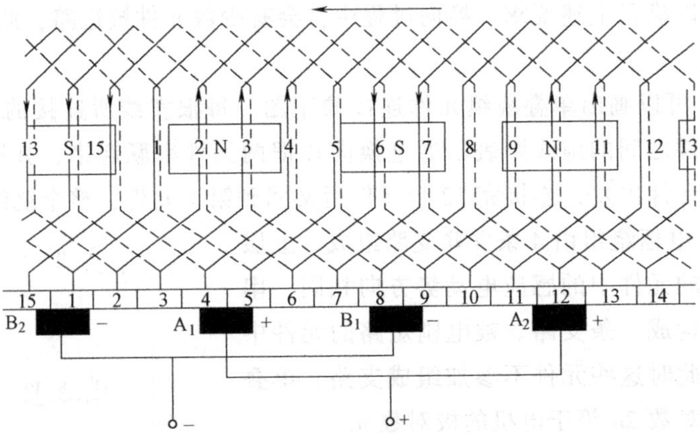

图 4-13 单波绕组展开图

采用与单叠绕组相同的步骤，画出绕组展开图和绕组电路图，分别如图 4-13 和图 4-14 所示。

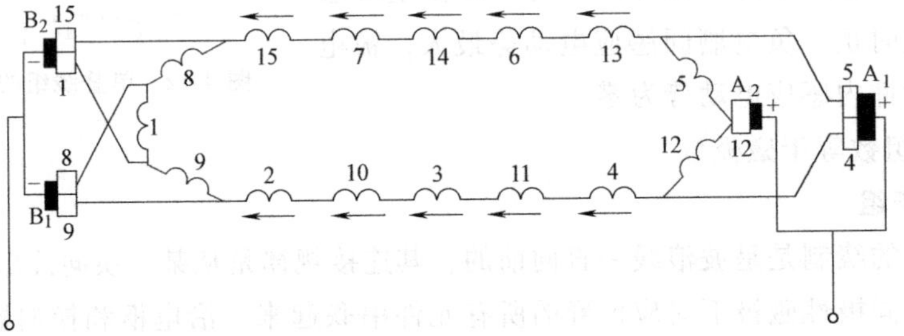

图 4-14 单波绕组电路图

单波绕组把所有上层边在 N 极下的元件串联起来构成一条支路，把所有上层边在 S 极下的元件串联起来构成另一条支路，所以单波绕组的并联支路对数与极对数无关，总是等于 1，即 $a=1$。

可以总结出，单波绕组具有以下特点：

1）同极性下各元件串联起来组成一条支路，并联支路对数 $a=1$，与极对数 p 无关。

2）当元件的几何形状对称时，电刷放在主磁极中心线上，正、负电刷间感应电动势最大。

3）电刷组数也应等于磁极数。

在电机中，单叠绕组和单波绕组表现出的电磁性能是没有差别的。但是单波绕组电机并联支路少，两个并联支路之间不需要均压线，因此小功率、高电压的直流电机大多采用单波绕组。

4.2.4 直流电机的励磁

由上述可知，根据直流电机电枢绕组绕制方法不同可以分为单叠绕组、单波绕组、复叠绕组和复波绕组。在大功率电机中，可以将单叠绕组和单波绕组所有的元件和换向器分为多套，这就是复叠绕组和复波绕组。当然，也可以将叠绕组与波绕组混合，组成混合绕组，也称蛙式绕组，仅用于极特殊场合。

按照励磁方式的不同，直流电机可以分为永磁电机、电励磁电机和混合励磁电机。其中电励磁电机按照励磁绕组的供电方式，可以分为他励直流电机、串励直流电机、并励直流电机和复励直流电机，后三种如图 4-15 所示。

他励直流电机的励磁绕组与电枢绕组无连接关系，由其他直流电源对励磁绕组供电。永磁直流电机的特性与他励直流电机相似，因为其磁场由永磁体产生，与电枢电流无关。

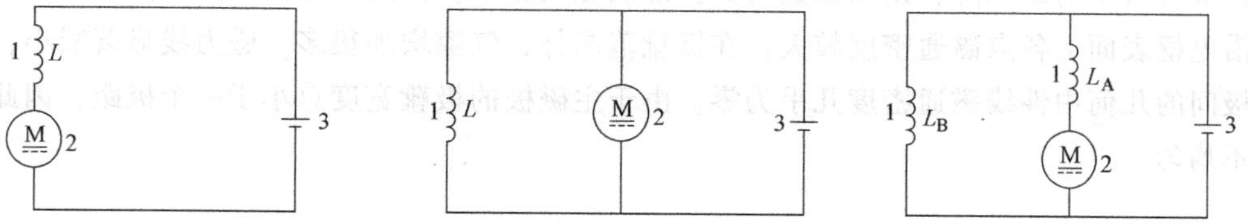

图 4-15 电动机的串励、并励与复励

1—励磁绕组 2—电枢 3—蓄电池

串励电动机的特点是电枢绕组和励磁绕组串联，电枢电流与励磁电流相等。它具有以下特性：

1）输出的电磁转矩 $M=KI_s^2$，其中 K 为结构常数。即电磁转矩与励磁电流 I_s 的二次方成正比，因此供给同样的励磁电流，串励电动机可比并励电动机获得更大的电磁转矩。

2）轻载时，电枢电流与励磁电流小，转速高；而重载时，电枢电流与励磁电流大，转速低。这种“软”的机械特性能保证宽转速范围内的安全可靠。

4.3 汽车直流电机的电磁特性

4.3.1 直流电机的磁场

直流电机的输出转矩直接受到反电动势的影响，而反电动势又受气隙磁场的影响，因此直流电机的磁场直接影响反电动势、输出转矩和振动噪声，对此进行分析非常重要。负载的气隙磁场是在空载基础上加上电枢反应磁场而来的，因此首先应该分析空载时的电机气隙磁场。

1. 空载时的电机气隙磁场

直流电机的空载是指电枢电流等于零或者很小，可以不计其对励磁磁场影响的一种运行状态。将励磁绕组产生的磁动势称为励磁磁动势，那么直流电机空载时的气隙磁场可以认为是主磁场，即励磁磁动势单独建立的磁场。

当励磁绕组通入励磁电流时，相邻磁极的极性依次为 N 极和 S 极，由于电机磁路结构对称，不论极数多少，每对极的磁场是相同的，因此只要分析一对极下的磁场即可。

以一台 4 极电励磁直流电机为例，图 4-16 给出了其一对极的空载磁场分布。从图中可以看出，由 N 极出来的磁通，大部分经过气隙进入电枢齿部，再经过电枢磁轭到另一极下的电枢齿，又通过气隙进入 S 极，再经过定子磁轭回到原来出发的 N 极，构成闭合磁路，在气隙中形成气隙磁场。这部分磁通同时匝链励磁绕组和电枢绕组，称为主磁通，用 Φ_0 表示。此外还有一小部分磁通不进入电枢而直接经过相邻的磁极或者定子磁轭形成闭合磁路，仅与励磁绕组匝链，称为漏磁通，用 Φ_σ 表示。由于主磁通经过的磁路中气隙较小、磁导率较大，漏磁通经过的磁路中气隙较大、磁导率较小，而作用在这两条磁路的磁动势是相同的，所以漏磁通比主磁通小得多。

不考虑齿槽影响时，直流电机一个极下的空载磁通密度分布如图 4-17 所示。如果不计铁磁材料中的磁压降，则励磁磁动势全部加在气隙中，因此，在极下方气隙小处，气隙中沿电枢表面上各点磁通密度较大；在极靴范围外，气隙增加很多，磁力线显著减小，至两极间的几何中性线磁通密度几乎为零。由于主磁极的极靴宽度总小于一个极距，因此气隙不均匀。

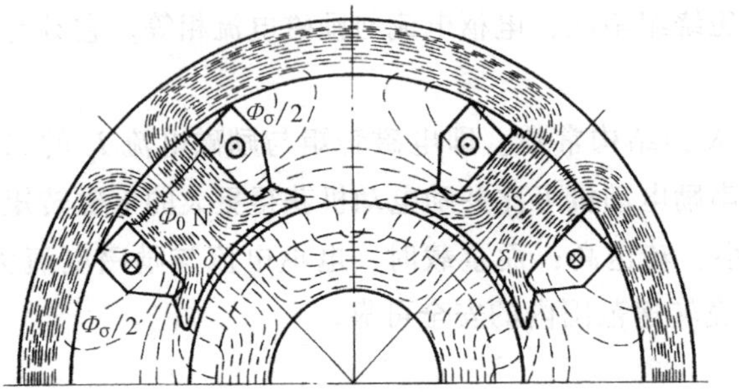

图 4-16　空载时直流电机磁场分布

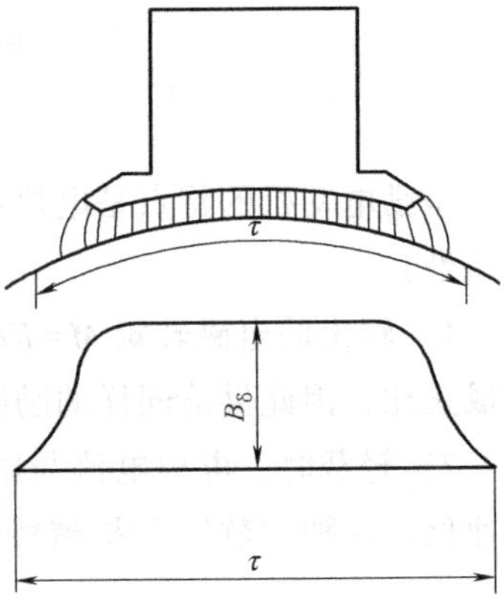

图 4-17　空载时直流电机一个极下的气隙磁场

2. 负载时的电机电枢磁场

当直流电机带负载时，电枢绕组中有电流通过，该电流也会产生磁场，称之为电枢磁场。它与主磁场相互作用，会使空载磁场波形扭曲。电枢磁场对主磁场的影响称为电枢反应。

假设忽略齿槽影响，认为转子光滑，元件均匀分布在电枢表面，电刷位于几何中性线上，几何中性线为相邻两磁极之间的中心线。定义与主磁极轴线正交的轴线称为交轴，主磁极轴线称为直轴。直流电机的磁场如图 4-18 所示。

图 4-18a 所示为由励磁电流单独产生的电枢磁场。根据电枢电流方向和右手螺旋定

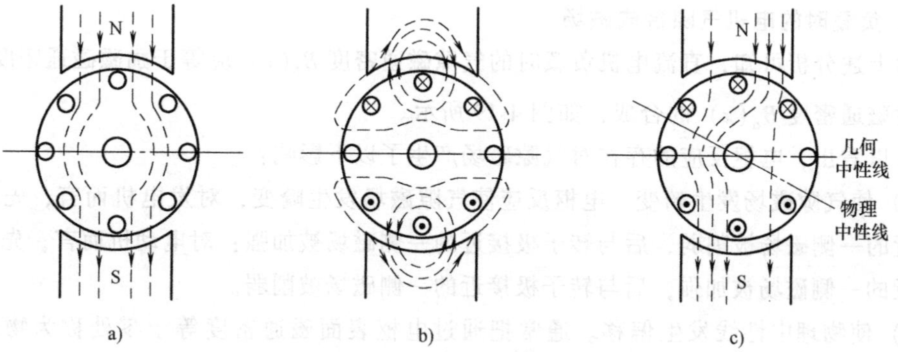

图 4-18 直流电机的磁场

a）空载磁场 b）电枢磁场 c）合成磁场

则，可判断电枢磁动势的轴线与几何中性线重合，并与主磁极轴线正交，称为交轴电枢磁动势。

为了分析电枢磁动势沿电枢表面的分布，引入线负荷的概念。线负荷是指电枢表面单位长度上的安培导体数，用 A 表示，有

$$A=\frac{Z_a i_a}{\pi D_a} \tag{4-9}$$

式中，Z_a 为电枢绕组的总导体数；i_a 为导体内的电流；D_a 为电枢直径。

将电枢外表面从几何中性线处展开，如图 4-19 所示，并设主磁极轴线与电枢表面的交点处为坐标原点，该点的电枢磁动势 $f_a(x)$ 为零，在离原点 x 处作一矩形闭合回路，根据安培环路定律，当不考虑铁心内的磁压降时，距离原点越远的电枢磁动势幅值越大，且电枢磁动势与距离 x 呈正比，即电枢磁动势总体上呈三角波。

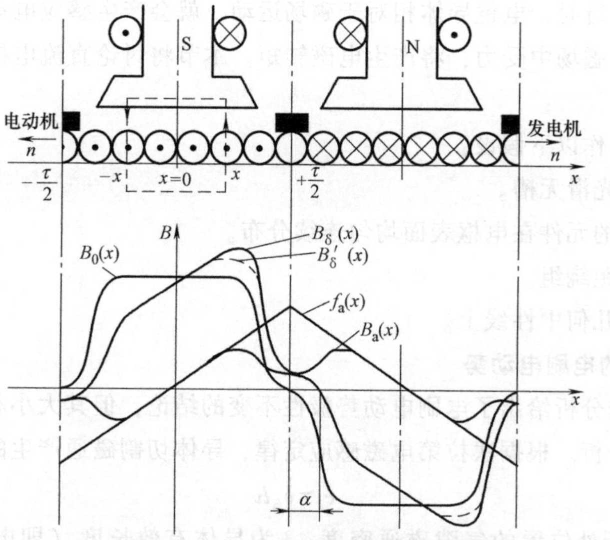

图 4-19 电枢磁场与励磁磁场的合成磁场

在两个磁极中间，由于气隙很大，磁阻也大，即使电枢磁动势为最大值，电枢磁通密度也不高。因此电枢磁通密度 $B_a(x)$ 沿电枢表面分布呈双峰山形。

3. 负载时的电机气隙合成磁场

由上述分析可知，直流电机负载时的气隙磁通密度 $B_\delta(x)$ 应等于励磁磁通密度$B_0(x)$ 与电枢磁通密度 $B_\alpha(x)$ 的合成，如图 4-19 所示。

可以看出，电枢反应的存在对气隙磁场产生了以下影响：

1）使气隙磁场发生畸变。电枢反应使气隙磁场发生畸变，对发电机而言，先与转子极接近的一侧磁场被削弱，后与转子极接近的一侧磁场被加强；对电动机而言，先与转子极接近的一侧磁场被加强，后与转子极接近的一侧磁场被削弱。

2）使物理中性线发生偏移。通常把通过电枢表面磁通密度等于零处称为物理中性线。直流电机空载时，几何中性线与物理中性线重合；负载时，物理中性线与几何中性线不再重合。对发电机而言，物理中性线顺旋转方向移过 α 角；对电动机而言，物理中性线逆旋转方向移过 α 角。

3）当磁路饱和时总体上有去磁作用。不计磁饱和时，交轴电枢磁场对主极磁场的去磁作用和增磁作用恰好相等。考虑磁饱和时，增磁边将使该部分铁心的饱和程度提高、磁阻增大而使实际的气隙磁通密度 $B'_\delta(x)$ 比不计饱和时略低，如图 4-19 中虚线所示。去磁边的实际气隙磁通密度则与不计磁饱和时基本一致，因此负载时每极下的磁通量将比空载时少。换言之，饱和时交轴电枢反应具有一定的去磁作用。

4）使铁心损耗增加和反电势波形发生畸变。电枢反应使气隙磁场波形扭曲，增磁作用会显著增加负载时的铁心损耗。首先电枢反应使气隙磁场波形扭曲增加了磁场和反电动势的高次谐波，其次增磁作用也增加了铁心饱和程度。

4.3.2 直流电机的感应电动势和电磁转矩

作为发电机运行时，电枢导体相对于磁场运动，就会产生感应电动势。作为电动机运行时，载流导体在磁场中受力，将产生电磁转矩。本节将讨论直流电机感应电动势和电磁转矩的计算公式。

为便于分析，作以下假设：

1）电枢表面光滑无槽。

2）电枢绕组的元件在电枢表面均匀连续分布。

3）线圈为整距绕组。

4）电刷位于几何中性线上。

1. 多个元件的电刷电动势

直流电机原理分析给出了电刷电动势极性不变的结论，但其大小和波形是否随时间变化，还需进一步分析。根据法拉第电磁感应定律，导体切割磁通产生的电动势为

$$e_i = b_\delta l v \tag{4-10}$$

式中，b_δ 为导体所处位置的气隙磁通密度；l 为导体有效长度（即电枢铁心的长度）；v 为导体切割磁场的线速度（即电枢圆周速度）。

对已制成的电机，l 为定值，若电枢转速 n 恒定，则 v 亦为常值，所以 $e_i \propto b_\delta$。

在整个磁极下，气隙磁通密度沿电枢圆周不是均匀分布，而是按图 4-17 所示规律分

布的。导体处于不同位置，产生的电动势大小不同，其随时间变化的规律与 b_δ 相同。

经换向器换向后，电刷间电动势 E_{BA} 虽然方向不变，但却有很大的脉动，如图 4-20 所示。这样的电动势不是直流电动势，称其为脉动电动势。

为减小电动势的脉动程度，实际电机中不是只有一个线圈（元件），而是由很多元件组成电枢绕组。这些元件均匀分布在电枢表面，并按一定的规律连接。若有两个元件，有四个元件边，元件边空间位置夹角 90°，则元件电动势时间相位差为 90°，其电动势曲线分别为图 4-20b 中曲线 1 和 2。电刷电动势是支路中两个元件电动势曲线之合成，即图 4-20b 中曲线 3。比较可见，此时输出电动势平均值变大，脉冲相对来说变小。

如果电枢表面槽数增多，元件数增多，则电刷间串联的元件数增多，输出电动势的平均值将更大，脉动更小，就得到大小和方向都不变的直流电动势。若电机每极下的导体数大于 8，电动势脉动幅度已小于 1%，可以认为是恒定直流分量。由换向器配合电刷的作用把交流电动势“换向”成为直流电动势。

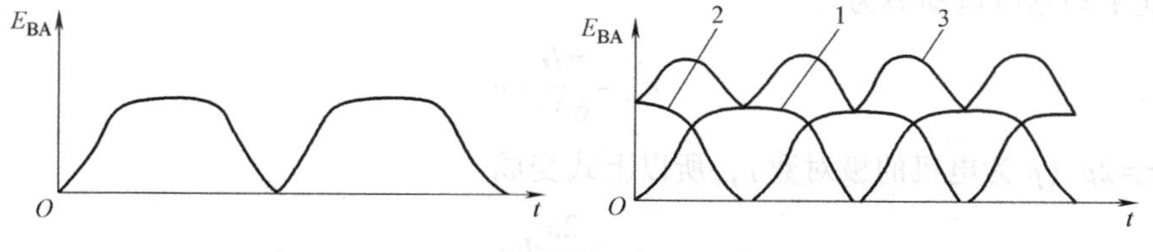

图 4-20 单个和多个电刷间电动势

a）单个元件电刷电动势 b）四个元件边时电刷输出电动势的波形

2. 感应电动势

图 4-21 给出了一个极距内气隙磁通密度沿电枢表面的分布曲线。

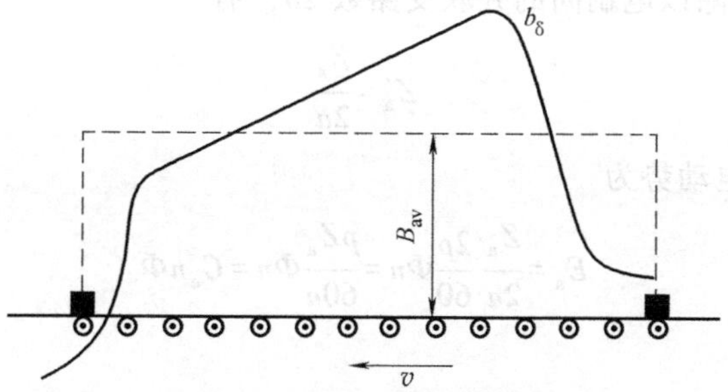

图 4-21 一个极距内气隙磁通密度沿电枢表面分布曲线

电刷 A、B 间的电动势，应该等于正、负电刷所连接的导体的电动势之和，假设电刷 A、B 间的电枢绕组总导体数为 s，则一条支路的电动势为

$$E_a = \sum_{i=1}^{s} e_x \tag{4-11}$$

电枢表面不同位置上的导体瞬时感应电动势 e_x 不同，取一个磁极下气隙磁通密度的平均值为 B_{av}，求出一个导体在一个磁极下的平均电动势 e_{av} 为

$$e_{av} = B_{av} l v \tag{4-12}$$

电刷间的电动势 E_a 便等于一个磁极下导体的平均电动势乘上一条支路所串联的导体数 Z'_a，即

$$E_a = Z'_a e_{av} = Z'_a B_{av} l v \tag{4-13}$$

在电机中，通常分别用每极总磁通 Φ 和转速 n 表示平均磁通密度 B_{av} 和电枢表面圆周速度 v，有

$$B_{av} = \frac{\Phi}{\tau l} \tag{4-14}$$

式中，Φ 为每极总磁通，单位为 Wb；τ 为极距，极距=电枢圆周长/极数，单位为 m；l 为电枢铁心长度，单位为 m。

$$v = \frac{\pi D}{60} n \tag{4-15}$$

式中，D 为电枢直径，单位为 m；n 为电枢转速，单位为 r/min。

因此平均感应电动势为

$$e_{av} = \frac{\pi D}{60\tau} \Phi n$$

而 $\pi D/\tau = 2p$（p 为电机的极对数），所以上式变成

$$e_{av} = \frac{2p}{60} \Phi n \tag{4-16}$$

电刷间的总电动势为

$$E_a = Z'_a \frac{2p}{60} \Phi n \tag{4-17}$$

一对电刷所串联的导体数 Z'_a 应等于电刷间每条并联支路中的导体数，所以 Z'_a 值等于电枢绕组总导体数 Z_a 除以电刷间的并联支路数 $2a$，有

$$Z'_a = \frac{Z_a}{2a}$$

这样电刷间的总电动势为

$$E_a = \frac{Z_a}{2a} \frac{2p}{60} \Phi n = \frac{p Z_a}{60a} \Phi n = C_e n \Phi \tag{4-18}$$

简写为

$$E_a = C_e \Phi n$$

式中，Φ 的单位为 Wb；n 的单位为 r/min，则 E_a 的单位为 V；$C_e = \frac{p Z_a}{60a}$，称为电动势常数，由电机本身的结构参数决定。

对于永磁直流电机，每极磁通 Φ 一定，电刷间的总电动势为

$$E_a = K_e n \tag{4-19}$$

式（4-18）对发电机和电动机都适用，对于电动机来说，该电动势即为反电动势。要想提高感应电动势，应该尽量增加每极磁通 Φ。

另外，式（4-18）是根据整距绕组推导而来的，对于短距绕组，可能会有个别边上的

元件不能切割磁力线，导致平均电动势有所减小。

3. 电磁转矩

当图 4-21 的电枢绕组中有电流 I_a 流过时，每一导体中流过的电流为 $I_a/2a$。这些载流导体在磁场中受力，并在电枢上产生转矩，称为电磁转矩，用 T_e 表示。

当一根长为 l 的导体中流过 $I_a/2a$ 电流时，所受的电磁力为

$$f=b_\delta l\frac{I_a}{2a} \tag{4-20}$$

方向由左手定则决定。

导体距电枢轴心的径向距离为 $D_a/2$，所产生的转矩为

$$T_c=f\frac{D_a}{2} \tag{4-21}$$

全部 Z_a 根受力导体所产生的转矩总和就是电机的电磁转矩：

$$T_e=\sum_{i=1}^{Z_a}T_{ci} \tag{4-22}$$

式中，T_{ci} 是第 i 根导体所产生的转矩。

每一条支路中的 $Z_a/2a$ 根导体可以认为均匀连续分布在一个极距内。因此，可以用一根导体所产生的平均电磁转矩来表示，即

$$T_{av}=B_{av}l\frac{I_a}{2a}\frac{D_a}{2} \tag{4-23}$$

全部 $Z_a/2a$ 根导体受力所产生的电磁转矩的总和就是电机的电磁转矩，为

$$T_e=\sum_{i=1}^{Z_a}T_{ci}=Z_aT_{av}=Z_aB_{av}l\frac{I_a}{2a}\frac{D_a}{2} \tag{4-24}$$

将 $D_a=2p\tau/\pi$ 及 $\Phi=B_{av}\tau l$ 代入式（4-24）可得

$$T_e=\frac{pZ_a}{2a\pi}\Phi I_a=C_T\Phi I_a \tag{4-25}$$

式中，$C_T=\frac{pZ_a}{2a\pi}$也是一个常数，称为直流电机的转矩常数。

比较电动势常数和转矩常数的表达式，可以看出

$$C_T=\frac{60}{2\pi}C_e \tag{4-26}$$

式（4-25）说明，电磁转矩 T_e 与气隙磁通量和电枢电流呈正比，要想提高电磁转矩，需要在提供足够的电流情况下尽量提高每极磁通量。

同理，式（4-25）对发电机和电动机也都适用，对于发电机来说，该转矩即为阻力转矩。

4.3.3 直流电机的基本方程

直流电机可以分为直流发电机和直流电动机。以直流电动机为例，按励磁方式分，又

可以分为他励直流电动机（包括永磁电动机）、并励直流电动机、串励直流电动机和复励直流电动机。励磁方式不同，这些类型的电机运行特性也不同，但基本的原理是类似的。由于永磁直流电动机和电励磁他励直流电动机类似，本书以他励电动机为例进行介绍。

1. 直流发电机的电压平衡方程

以并励发电机为例建立直流发电机的基本方程。并励发电机稳态运行时的等效电路如图4-22所示。其中电枢绕组电动势为 E_a，电枢绕组电阻为 r_a，励磁绕组电阻为 r_f，励磁回路调节电阻为 r_j，发电机端电压为 U，输出电流为 I，电枢电流为 I_a，励磁电流为 I_f。

电枢回路的电压平衡方程式为

$$E_a=U+I_ar_a+2\Delta U_s=U+I_aR_a \tag{4-27}$$

式中，$2\Delta U_s$ 为正、负一对电刷上的接触电压降，其大小与电刷型号有关，一般 $2\Delta U_s=0.5\sim2\text{V}$；$R_a$ 为电枢回路的总电阻，包括电枢绕组的电阻 r_a 和电刷接触电阻。

励磁回路的电压方程为

$$U=I_f(r_f+r_j)=I_fR_f \tag{4-28}$$

式中，$R_f=r_f+r_j$ 为励磁回路总电阻。

电流方程为

$$I_a=I+I_f \tag{4-29}$$

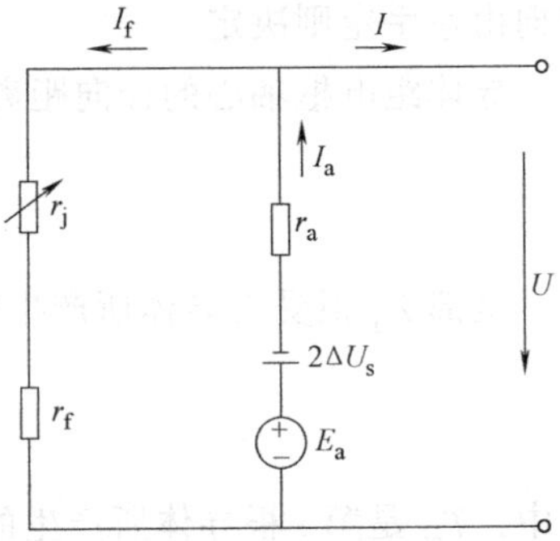

图4-22　并励直流发电机等效电路

2. 直流发电机的功率平衡方程

定义直流发电机的电磁功率 P_e 为电枢绕组感应电动势 E_a 与电枢电流 I_a 的乘积，即

$$P_e=E_aI_a=\frac{pZ_a}{60a}\Phi nI_a=\frac{pZ_a}{2\pi a}\Phi I_a\frac{\pi}{30}n=T_e\Omega \tag{4-30}$$

式中，$\Omega=\frac{2\pi}{60}n$ 为转子的机械角速度。

在电压平衡方程式两边同乘以 I_a，考虑到 $I_a=I+I_f$，可以得到：

$$E_aI_a=UI+UI_f+I_a^2R_a=P_2+p_{\text{Cuf}}+p_{\text{Cua}} \tag{4-31}$$

即功率平衡方程为

$$P_e=P_2+p_{\text{Cuf}}+p_{\text{Cua}} \tag{4-32}$$

式中，$P_2=UI$ 为发电机输出的电功率；$p_{\text{Cuf}}=UI_f$ 为励磁铜耗；$p_{\text{Cua}}=I_a^2R_a$ 为电枢回路的总铜耗。

设机械功率为 P_1，P_1 一部分被用于平衡转子转动和实现能量转换所必然产生的损耗，这些损耗包括：

1）机械损耗 p_{mec}，包括轴承、电刷摩擦损耗，空气摩擦损耗以及通风损耗等。

2）铁耗 p_{Fe}，电枢铁心中磁场交变产生的磁滞损耗和涡流损耗。

3）杂散损耗 p_{ad}，又称附加损耗，包括主磁场脉动和畸变引起的铁耗、漏磁场在金属紧固件中产生的铁耗和换向元件内的附加损耗等。

因此有

$$P_1=P_e+p_{mec}+p_{Fe}+p_{ad} \quad (4\text{-}33)$$

发电机的功率平衡方程为

$$P_1=P_e+p_0=P_2+p_\Omega+p_{Fe}+p_{ad}+p_{Cuf}+p_{Cua}=P_2+\sum p \quad (4\text{-}34)$$

式中，p_0 为空载损耗，$p_0=p_{mec}+p_{Fe}+p_{ad}$；$\sum p$ 为并励发电机的总损耗。

根据功率平衡方程，可画出直流发电机的功率图，如图 4-23 所示。

3. 直流发电机的转矩平衡方程

将式 $P_1=P_e+p_{mec}+p_{Fe}+p_{ad}$ 两边同除以角速度 Ω，得

$$\frac{P_1}{\Omega}=\frac{P_e}{\Omega}+\frac{p_0}{\Omega} \quad (4\text{-}35)$$

即可得到直流发电机的转矩平衡方程

$$T_1=T_e+T_0 \quad (4\text{-}36)$$

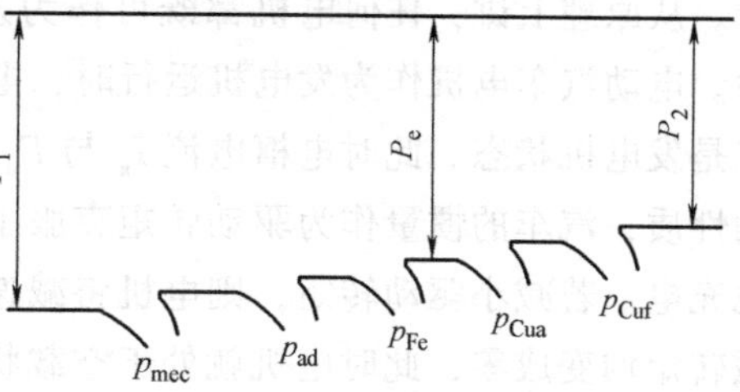

图 4-23 直流发电机的功率图

式中，$T_1=P_1/\Omega$ 是输入转矩，为拖动性质；$T_e=P_e/\Omega$ 是电磁转矩，为制动性质；$T_0=p_0/\Omega$ 为空载转矩，也是制动性质。

4. 直流电动机的电压平衡方程

并励直流电动机稳态运行时的等效电路如图 4-24 所示。在该电动机中，感应电动势与电枢电流方向相反，因此也称为反电动势。正常运行的直流电动机反电动势小于端电压。以输入电流作为电枢电流的正方向，则有

$$U=E_a+I_ar_a+2\Delta U_s=E_a+I_aR_a \quad (4\text{-}37)$$

励磁回路的电压方程为

$$U=I_f(r_f+r_j)=I_fR_f \quad (4\text{-}38)$$

电流方程为

$$I=I_a+I_f \quad (4\text{-}39)$$

5. 直流电动机的功率平衡方程

把电枢回路的电压方程两边都乘以 I_a，得

$$UI_a=E_aI_a+I_a^2R_a \quad (4\text{-}40)$$

考虑到

$$UI_a=UI-UI_f$$

因此

$$UI=E_aI_a+I_a^2R_a+UI_f \quad (4\text{-}41)$$

即

$$P_1=P_e+p_{Cua}+p_{Cuf} \quad (4\text{-}42)$$

式中，$P_1=UI$ 是从电源输入的电功率，其他符号的含义与直流发电机相同。

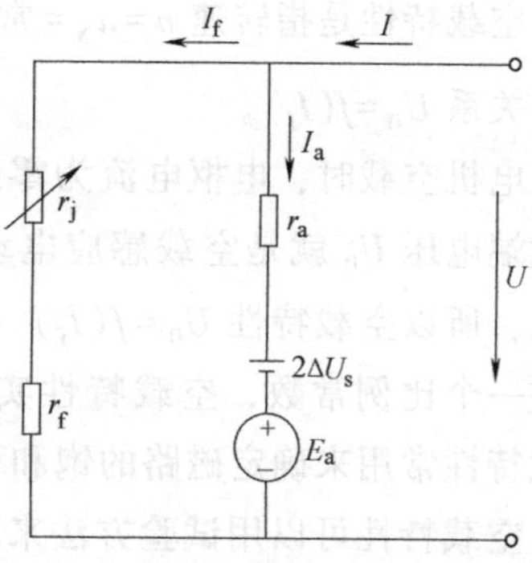

图 4-24 并励直流电动机的等效电路

6. 直流电动机的转矩平衡方程

直流电动机电枢电流和感应电动势方向相反，因此电枢逆时针方向旋转时，电动机电磁转矩与转动方向相同，即电动机的电磁转矩方程为

$$T_e=T_2+T_0 \quad (4\text{-}43)$$

式中，$T_e=\dfrac{P_e}{\Omega}$为电磁转矩；$T_2=\dfrac{P_2}{\Omega}$为输出转矩；$T_0=\dfrac{p_{mec}+p_{ad}+p_{Fe}}{\Omega}$为由机械损耗、铁心损耗和杂散损耗引起的制动转矩。

7. 直流电机可逆性分析

虽然电动汽车大部分时间以电动机方式运行，但仍旧在回馈制动时以发电机方式运行。从原理上讲，任何电机都既可作为发电机也可作为电动机运行，这就是电机的可逆性。电动汽车电机作为发电机运行时，电枢电动势 $E_a>U$，电枢将向蓄电池输出电流，这就是发电机状态。此时电枢电流 I_a 与 E_a 的方向一致，电磁转矩的方向与转向相反，是制动性质，汽车的惯量作为驱动转矩克服了制动的电磁转矩，机械能就转换为电能并向蓄电池充电。若减小驱动转矩，则电机将减速，于是 E_a 将下降。当 $E_a=U$ 时，I_a 和相应的电磁转矩均变成零，此时电机就处于空载状态，输出功率为零。

电机驱动电动汽车运行时，电机旋转转速引起的电枢电动势 $E_a<U$，此时电机将从蓄电池输入电流。相应地，电磁转矩将成为驱动转矩，于是电机就进入电动机状态。

电机的可逆性不但适用于直流电机，亦适用于其他各种类型的电机。由此可见，只要具备和满足一定的条件，并励直流电机既可作为发电机，亦可作为电动机运行。读者在分析四象限运行电机时，不要单纯分析一种状态。在对一种新型电动机研究的过程中，也经常对反电动势波形进行分析，也就是对发电状态进行分析。

4.3.4 直流电机的运行特性

直流发电机可以空载或者带负载稳态运行。直流发电机空载时通常分析其空载特性。带负载稳态运行时的特性包括：表征输出电压质量的外特性、励磁调节用的调整特性和表征力能指标的效率特性。

1. 直流发电机的空载特性

空载特性是指转速 $n=n_N=$常值，输出电流 $I=0$ 时，电枢的空载端电压与励磁电流之间的关系 $U_0=f(I_f)$。

电机空载时，电枢电流为零或很小，可以认为发电机的空载端电压 U_0 就是空载感应电动势 E_{a0}，因此 U_0 正比于主磁通，所以空载特性 $U_0=f(I_f)$ 与磁化曲线的纵坐标之间仅相差一个比例常数，空载特性实质上就是电机的磁化曲线。空载特性常用来确定磁路的饱和程度。

空载特性可以用试验方法来求取，图 4-25 所示为空载试验的接线图。

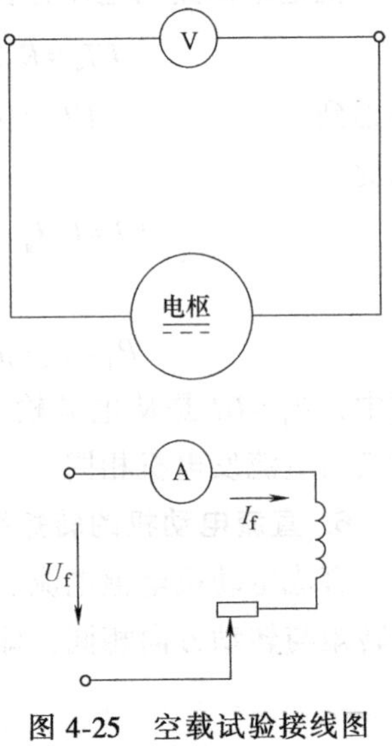

图 4-25　空载试验接线图

试验时，发电机空载，保持转速 $n=n_N$，调节励磁电流 I_f，使空载电压 $U_0=(1.1\sim1.3)U_N$，然后将 I_f 逐步减小到零，再将 I_f 反向，并逐步增加，直到反向时的 U_0 与正向时的 U_0 相等为止，记录每次的 I_f 和相应的 U_0 值。由于铁心有磁滞现象，所得到的曲线相当于整个磁滞回线的左半边。根据对称关系，可画出磁滞回线的另外半边，然后找出整个磁滞回线的平均曲线，如图 4-26 中虚线所示，此虚线即为电机的空载曲线。

直流电机励磁后，再将励磁切断，磁路中就会有剩磁，此后即使励磁电流为零，电枢仍会出现由剩磁所感应的剩磁电压 U_{0r}，通常 $U_{0r} \approx (2 \sim 4)\% U_N$。

2. 直流发电机的外特性

外特性是当 $n=n_N=$常值、励磁电流 $I_f=$常值时，发电机的端电压与输出电流之间的关系 $U=f(I)$，如图 4-27 所示。

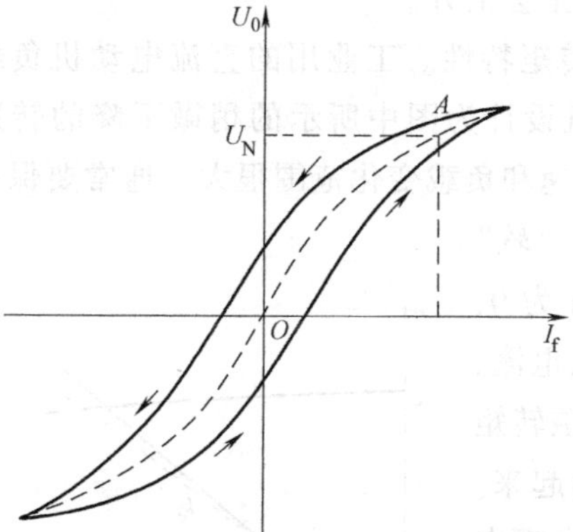

图 4-26　空载特性

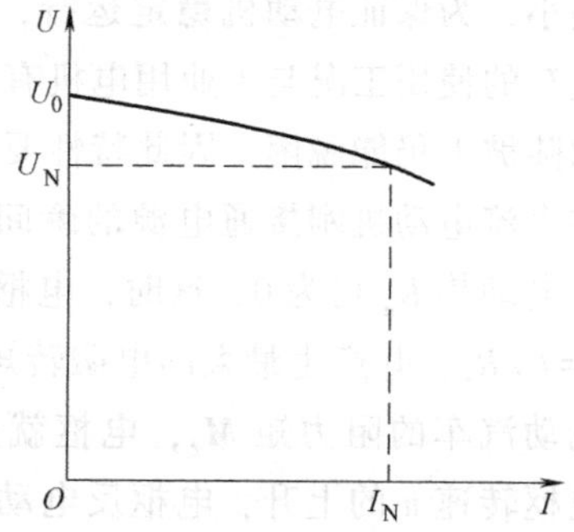

图 4-27　他励直流发电机的外特性

外特性是一条随负载电流增大而下降的曲线。发电机端电压随负载电流变化而变化的程度可用额定电压调整率 Δu_N 来衡量，其定义为：当 $n=n_N$、$I_f=I_{fN}$ 时，发电机从额定负载过渡到空载时的电压变化率，即

$$\Delta u_N = \frac{U_0 - U_N}{U_N} \times 100\% \tag{4-44}$$

3. 直流发电机的调节特性

调节特性是指 $n=n_N=$常值时，随着负载电流 I 的变化，保持 $U=U_N=$常值时励磁电流的调节规律 $I_f=f(I)$。

调节特性表征负载变化时如何调节励磁电流才能维持发电机端电压不变。如图 4-28 所示，调节特性随负载电流增大而上翘。

4. 直流电动机的转速特性

直流电动机的运行特性主要包括转速特性、转矩特性、机械特性（即转速—转矩特性）、效率特性等，它们与励磁方式直接相关。在这里仍以他励直流电动机为例进行介绍。

他励直流电动机的转速特性是指外加电压和励磁电流为额定值时，电动机的转速 n 与电枢电流 I_a 之间的关系，即 $n=f(I_a)$。

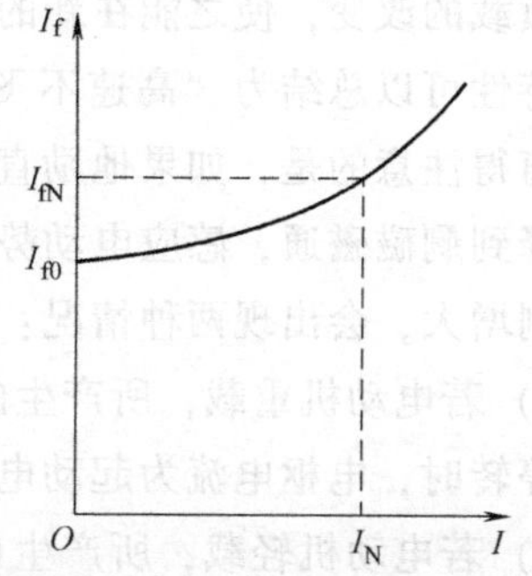

图 4-28　他励直流发电机的调节特性

由　$U=E_a+I_a r_a+2\Delta U_s=E_a+I_a R_a$

和
$$E_a=\frac{Z_a}{2a}e_{av}=\frac{Z_a}{2a}2p\Phi\frac{n}{60}=\frac{pZ_a}{60a}\Phi n=C_e n\Phi$$

可得
$$n=\frac{U-I_aR_a}{C_e\Phi}=\frac{U}{C_e\Phi}-\frac{R_a}{C_e\Phi}I_a \tag{4-45}$$

当电枢电流 I_a 增加时，若气隙磁通 Φ 不变，则转速 n 将随 I_a 的增加而线性下降。由于电枢绕组电阻压降很小，因此转速下降不多。如果考虑电枢反应的去磁作用，Φ 随电枢电流的增大而略有减小，转速下降会更小些，甚至会上升。

图 4-29 给出了他励直流电动机的转速特性和转矩特性。工业用的直流电动机负载变化范围小，为保证电动机稳定运行，通常将电动机设计为图中所示的稍微下降的转速特性。汽车的使用工况与工业用电机有很大不同，转速和负载变化范围很大，通常要保证极特殊的陡坡下仍能脱困，因此特性要比工业电机更“软”。

在直流电动机刚接通电源的瞬间，电枢转速 n 为 0，电枢反电动势 E_a 也为 0，这时，电枢绕组通过最大电流，即 $I_{sm}=U/R_s$，并产生最大的电磁转矩 M_{max}，此电磁转矩大于电动汽车的阻力矩 M_z，电枢就开始加速转动起来。随着电枢转速 n 的上升，电枢反电动势 E_f 增大，电枢电流 I_s 便开始下降，电磁转矩 M 也就随之下降。当 M 下降至与 M_z 相平衡（$M=M_z$）时，电枢就在此稳定的转速下运转。

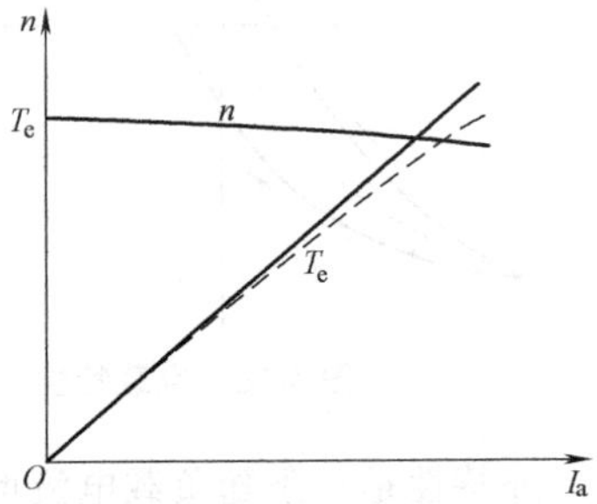

图 4-29　他励直流电动机的转速特性和转矩特性

如果直流电动机在工作过程中负载增大（$M<M_z$），就会出现如下的变化：

$$n\downarrow\rightarrow E_f\downarrow\rightarrow I_s\uparrow\rightarrow M\uparrow\rightarrow M=M_z$$

于是，电动机在新的转速下稳定运转。

如果直流电动机的工作负载减小（$M>M_z$），则出现如下的变化：

$$n\uparrow\rightarrow E_f\uparrow\rightarrow I_s\downarrow\rightarrow M\downarrow\rightarrow M=M_z$$

电动机又在新的转速下稳定运转。

从上可知，直流电动机就像电动剃须刀一样，能通过转速、电流和转矩的自动变化来平衡负载的改变，使之能在新的转速下稳定工作，即直流电动机具有自动调节转矩功能。上述特性可以总结为“高速不飞车、低速大转矩”，这非常适合电动汽车使用。

值得注意的是，如果他励直流电动机在运行过程中励磁回路断开，将会使气隙磁通骤然下降到剩磁磁通，感应电动势很小。由于机械惯性的作用，转速不能突然改变，电枢电流急剧增大，会出现两种情况：

1）若电动机重载，所产生的电磁转矩小于负载转矩，转速下降，电动机减速直至停转，停转时，电枢电流为起动电流，引起绕组过热将电动机烧毁。

2）若电动机轻载，所产生的电磁转矩远大于负载转矩，使电动机迅速加速，造成“飞车”。这两种情况都是非常危险的。

5. 直流电动机的转矩特性

他励直流电动机的转矩特性是指外加电压和励磁电流为额定值时，电磁转矩与电枢电流 I_a 之间的关系，即 $T_e=f(I_a)$。

根据直流电动机的电磁转矩表达式 $T_e=C_T\Phi I_a$ 可知，磁路不饱和时，气隙磁通 Φ 不变，电磁转矩与电枢电流成正比，转矩特性为一条直线；当磁路饱和时，气隙磁通随电枢电流的增加而略有减小，转矩特性略微向下弯曲，如图 4-29 中的虚线所示。

6. 直流电动机的机械特性

他励直流电动机的机械特性是指当电动机加上一定的电压 U 和一定的励磁电流 I_f 时，转速与电磁转矩之间的关系，即 $n=f(T_e)$，是电动机的一个重要特性。他励直流电动机的机械特性如图 4-30 所示。

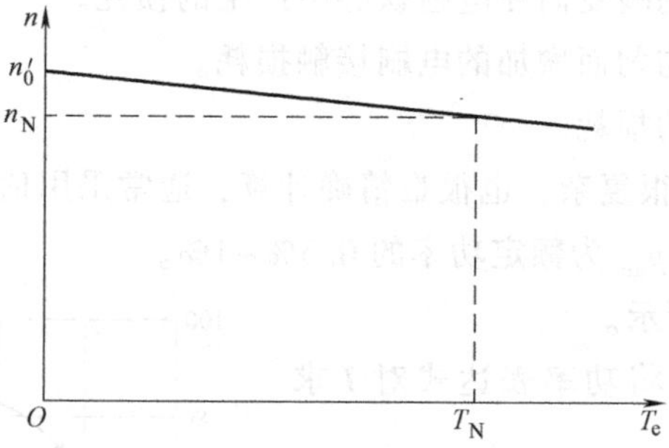

图 4-30　他励直流电动机的机械特性

由
$$E_a=\frac{Z_a}{2a}e_{av}=\frac{Z_a}{2a}2p\Phi\frac{n}{60}=\frac{pZ_a}{60a}\Phi n=C_e n\Phi$$
和
$$U=E_a+I_ar_a+2\Delta U_s=E_a+I_aR_a$$
可得
$$n=\frac{U-I_aR_a}{C_e\Phi}=\frac{U}{C_e\Phi}-\frac{R_a}{C_eC_T\Phi^2}T_e=n_0-\alpha T_e \tag{4-46}$$

式中，$n_0=\frac{U}{C_e\Phi}$是理想空载转速；$\alpha=\frac{R_a}{C_eC_T\Phi^2}$是机械特性的斜率。如图 4-30 所示，机械特性是一条略向下倾斜的直线。

若直流电动机转速随负载转矩变化不大，则称其机械特性为硬特性，反之称为软特性。转速的变化可用转速调整率表征，定义为
$$\Delta n=\frac{n_0-n_N}{n_N}\times100\% \tag{4-47}$$
式中，n_N 为额定转速；n_0 为额定励磁电流时的空载转速。

7. 直流电机的效率特性

效率是指输出功率与输入功率之比。直流电机的效率特性定义是：当 $n=n_N$、$U=U_N$ 时发电机的效率与负载的关系曲线（实际上电压 U 将随负载变化而变化，因变化不大，可近似认为 $U=U_N$）。

根据他励发电机的功率关系，可得

$$\eta=\frac{P_2}{P_1}=\frac{P_2}{P_2+\sum p}=\frac{P_2}{P_2+p_{Fe}+p_{mec}+p_{Cua}+p_{Cub}+p_{ad}} \tag{4-48}$$

式中，$\sum p$ 为全部损耗，其中有一部分是不随负载变化的，称为不变损耗，如 p_{Fe}、p_{mec}；有一部分是随负载变化而变化的，称为可变损耗，如 p_{Cua}、p_{Cub}，一般与负载电流的二次方成正比；p_{ad} 中有一部分是不变损耗，一部分是可变损耗。

附加损耗 p_{ad} 又称为杂散损耗，包括：

1）结构部件在磁场内旋转而产生的损耗。

2）因电枢齿槽影响，当电枢旋转时，气隙磁通发生脉动而在主磁极铁心和电枢铁心中产生的脉动损耗。

3）因电枢反应使磁场畸变而在电枢铁心中产生的损耗。

4）由于电流分布不均匀而增加的电刷接触损耗。

5）换向电流所产生的损耗。

附加损耗产生的原因很复杂，也很难精确计算，通常采用估算的办法确定。国家标准规定直流电机的附加损耗 p_{ad} 为额定功率的 0.5%～1%。

效率曲线如图 4-31 所示。

要求最大效率，只需将功率表达式对 I 求导，即令 $\frac{d\eta}{dI}=0$，可求出当不变损耗等于可变损耗时，效率达到最大值。

由于电机的效率直接影响到电动汽车的续驶里程，因此电动汽车对电机的效率要求很高。设计电机时，需要将各种损耗作适当的分配，使最大效率出现在（0.75～1）P_N 范围内，这样电机在实际使用时，能够处在较高的效率下运行，比较经济。

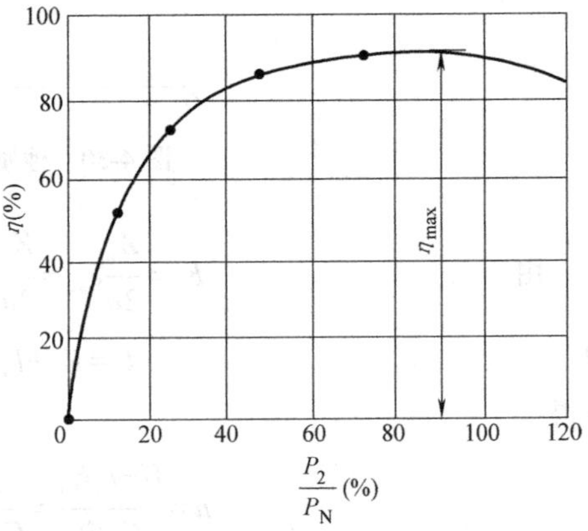

图 4-31　直流电机的效率曲线

4.4　直流电动机的调速控制

直流电动机由静止的状态接通电源，加速至稳定的工作转速，称为起动。直流电动机起动时，必须满足以下两个要求：①有足够的起动转矩；②应把起动电流限定在安全范围内。传统的起动方法有直接起动、串电阻起动和减压起动。

直流电动机具有良好的调速性能，能够很好地满足调速范围宽广、转速连续可调、经济性好等要求，非常适合低速电动汽车使用。传统的直流电动机的调速方法有三种：①调节气隙磁通；②电枢回路串联电阻；③调节电枢电压。

1. 调节气隙磁通调速

这种方法又称为弱磁法。当电枢端电压和电枢回路电阻都保持不变时，改变气隙磁通也能调节他励直流电动机的转速。由于在额定励磁电流时磁路已经较饱和，再增大气隙磁通就比较困难，所以通常是减小气隙磁通。气隙磁通减小，将导致理想空载转速和机械特性斜率的增大，机械特性变软。图 4-32 给出了减小气隙磁通时的机械特性。图中曲线 1 是固有机械特性，曲线 2、3、4 对应的磁通逐次减小。

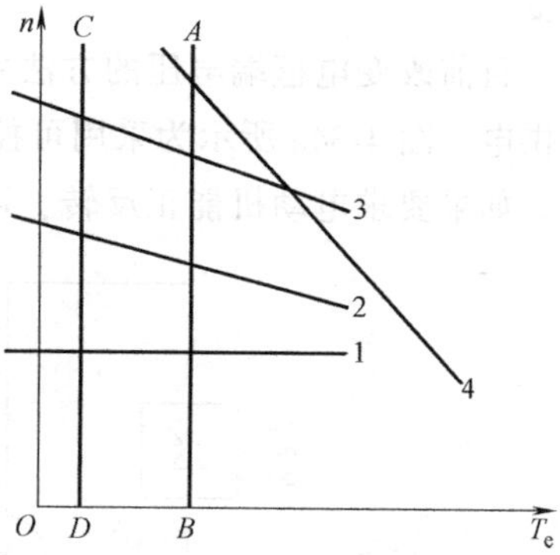

图 4-32　减小气隙磁通时直流电动机的机械特性

这种调速方法是通过在励磁回路中串联电阻实现的，控制功率小，设备简单，比电枢回路串联电阻调速要方便得多。调速时，磁通减小，为保证转矩恒定，电枢电流增大，励磁电流减小得少，输入功率增大，但电磁功率及输出机械功率因转速增高也增大了。受换向及机械强度的限制，调速比不能太大，约为 1∶2。

减小气隙磁通的调速方法的局限是转速只能升高，即调速后的转速要超过额定转速。因为电机不允许超速太多，因此限制了它的调速范围。在实际工作中，这种方法常作为电压调速的一种补充手段。

由于串电阻会增加励磁损耗，而且电励磁直流电机功率密度低，总体效率也低，因此电励磁直流电机在电动汽车中应用不如永磁直流电机多，而永磁直流电机不能实现减小气隙磁通来调节转速。因此，这种方法在电动汽车应用极少。

2. 电枢回路串联电阻调速

这种方法是在外加电压和每极磁通不变的条件下，在电枢回路中串联电阻。电枢回路串联电阻调速方法最主要的缺点是调速时电机的效率低。调速时由于转速降低，电磁功率成正比降低，因此效率降低了，能量大多消耗在所串联的电阻上。而且，要求电阻箱能长时间运行，其体积是巨大的，也不可能做到连续调节。

改变电枢电路中外电阻的方法的第二个缺点是调速范围小，且只能进行有级调速，故在电动汽车直流电动机中一般不采用这种方法，其他行业也较少采用这种方法。

现在常用的对直流电动机调速的方法是调节电枢电压法。

3. 调节电枢电压调速

他励直流电动机与交流异步电动机相比，虽然功率密度低，维修也不方便，其体积比异步电动机和永磁同步电动机大且价格比它们高，但是直流电动机调速控制比较简单，控制系统成本低，这使得整个电驱动系统成本比永磁同步电机低很多，因此在低速电动汽车上应用较为广泛。另外，由于直流电动机能无级调速，这是它调速性能上的独特的优点，因此，对调速要求高的设备，很多采用直流电动机。

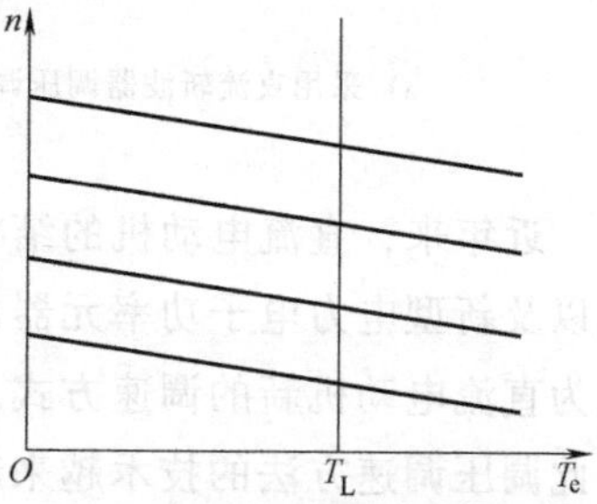

图 4-33　改变电枢端电压时直流电动机调速特性

当励磁电流和电枢回路总电阻都保持不变、仅改变电枢端电压时，机械特性曲线是一组与固有机械特性平行的直线，如图 4-33 所示。

改变电枢端电压调速时，输入功率 $P_1 = UI$ 与电压成正比。电磁功率与转速成正比，而电枢感应电动势差不多等于端电压，并且正比于转速 n，所以调速时效率基本不变。

目前改变电枢端电压的方法主要有两种：一种是可控整流器供电，另一种是直流斩波器供电。图 4-34a 所示为采用可控整流器调压的直流电动机调速系统，该方法不能实现反转。如果要求电动机能正反转，可采用图 4-34b 所示的反并联整流电路。

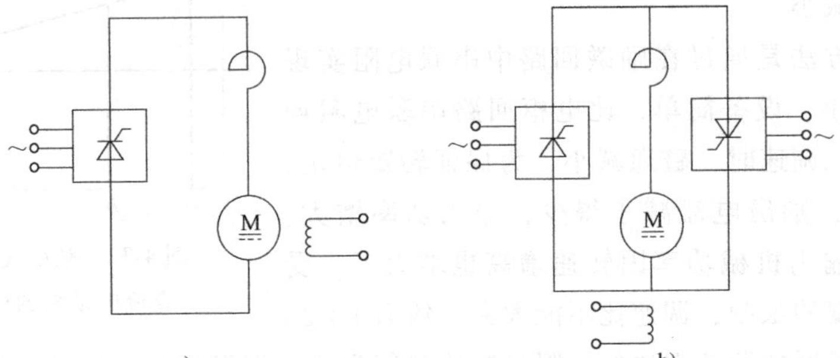

图 4-34 可控整流器调压调速

a）采用可控整流器调压的直流电动机调速系统 b）反并联整流电路

图 4-35a 所示为采用直流斩波器调压调速的直流电动机调速系统，它利用电力半导体元件的开关作用控制电动机两端的通电时间，从而控制电动机的输入电压。图 4-35b 所示为电动机端电压随时间的变化情况，端电压的平均值可表示为

$$U_{av}=\frac{t_{on}}{T}U=\alpha U \tag{4-49}$$

式中，t_{on} 是斩波器开通时间；T 是斩波器的通电周期；α 是斩波器的占空比。

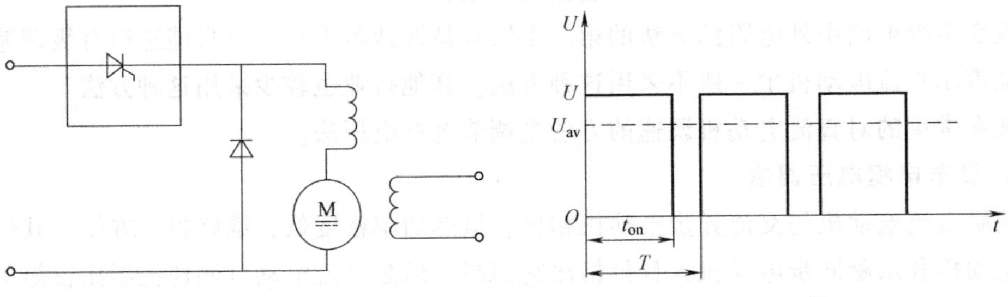

图 4-35 直流斩波器降压调速

a）采用直流斩波器调压调速的直流电动机调速系统 b）电动机端电压随时间的变化情况

近年来，直流电动机的结构和控制方式都发生了很大的变化。随着计算机进入控制领域以及新型电力电子功率元器件的不断涌现，采用全控型的开关功率元件进行脉宽调制已成为直流电动机新的调速方式。现普遍采用单片机 PWM 信号对电动机进行调压和调速，因此调压调速方法的技术越来越成熟，成本也越来越低。这种调速方法具有开关频率高、低速运行稳定、动态性能优良、效率高等优点，在电动车控制中得到广泛应用。随着电力电子技术的发展，使这种方法得到了广泛应用。

思 考 题

1. 电动汽车对直流电动机有何基本要求？在结构上是如何满足这些要求的？

2. 计算下列电枢绕组的节距，并绘出绕组展开图和电路图：

（1）右行单叠短距绕组：$2p=4$，$Q_u=S=K=18$；

（2）左行单波绕组：$2p=6$，$Q_u=S=K=18$。

3. 一台直流电机的极对数 $p=3$，单叠绕组，并联支路数 $2a=6$，电枢总导体数 $N=366$ 匝，气隙每极磁通 $\Phi=2.4\times10^{-2}$Wb，当转速分别为 1500r/min 和 800r/min 时，求电枢感应电动势的大小。若磁通不变，通以电枢电流 $I_a=10$A，输出电磁转矩是多大？

4. 结合单片机原理课程和智能汽车竞赛，设计一款小电动车的直流电机调速系统。

第5章

汽车交流电机绕组和磁场

由第1章可知，电机按照磁场的转速是否与电枢电流转速同步可分为同步电机和异步电机（又称为感应电机）。同步电机按照励磁方式不同可分为电励磁同步电机、永磁同步电机和混合励磁同步电机。前些年，同步电机在工业和汽车行业中应用较少，主要用作发电机，用来产生交流电能。现在，同步电机由于较好的四象限运行特性，永磁同步电机在电动汽车中应用越来越多，在中小型汽车中占据绝对优势；而电励磁同步电机在汽车交流发电机中也应用最为普遍。随着伺服技术的发展，永磁同步电机在工业中的应用也越来越多。

由于同步电机和异步电机都是采用三相交流绕组，本章以电励磁同步电机这种交流电机为例，介绍交流电机的原理和结构，并对其绕组和磁场等共同问题进行介绍，这些内容将为学习永磁电机和异步电机两种交流电机驱动系统打下基础。

5.1 汽车交流电机的原理和结构

5.1.1 电动势的产生

三相同步交流电机作为发电机运行时的工作原理如图5-1所示。发电机的转子带有励磁绕组或者永磁体，励磁绕组通过电刷和集电环引入直流电而产生磁场；三相绕组按三相中心对称的原则分布在定子的槽中，彼此相差120°电角度。当转子旋转时，产生一个旋转的磁场，使得相对静止的电枢绕组切割磁力线而产生感应电动势。通过对磁极铁心的特殊设计使磁场近似于正弦规律分布，因此三相电枢绕组产生的感应电动势按正弦规律变化。

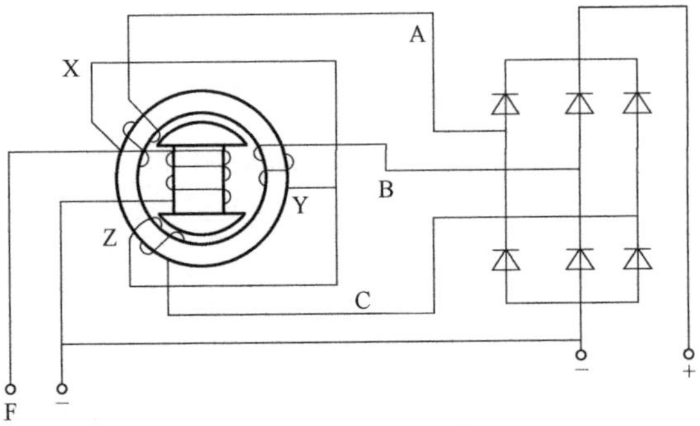

图5-1 交流发电机工作原理

$$e_A = E_m \sin\omega t = \sqrt{2} E_\varphi \sin\omega t$$

$$e_B = E_m \sin\left(\omega t - \frac{2\pi}{3}\right) = \sqrt{2} E_\varphi \sin\left(\omega t - \frac{2\pi}{3}\right)$$

$$e_C = E_m \sin\left(\omega t + \frac{2\pi}{3}\right) = \sqrt{2} E_\varphi \sin\left(\omega t + \frac{2\pi}{3}\right)$$

式中，E_m 为每相电动势的最大值；ω 为电角速度；f（上式中未给出，但这部分会涉及）为交流电动势的频率（为转速的函数），$f=\frac{pn}{60}$；p 为磁极对数，n 为发电机转速（r/min）；E_φ 为每相电动势的有效值。

5.1.2　交流电机结构

本节以汽车用交流发电机为例介绍交流电机的结构。作为一种电励磁同步发电机，交流发电机与永磁同步电机的区别主要在转子的励磁方式上，两者基本原理是相同的。而交流发电机与异步电机这种交流电机原理截然不同，具体的转子结构也不一样，但上述三种电机的电枢绕组都是一样的，其绕组嵌线方式、磁动势和电动势波形等都有相同的基本理论。因此本章以交流发电机为例进行介绍，JF132 交流发电机的基本组成结构如图 5-2、图 5-3 所示。

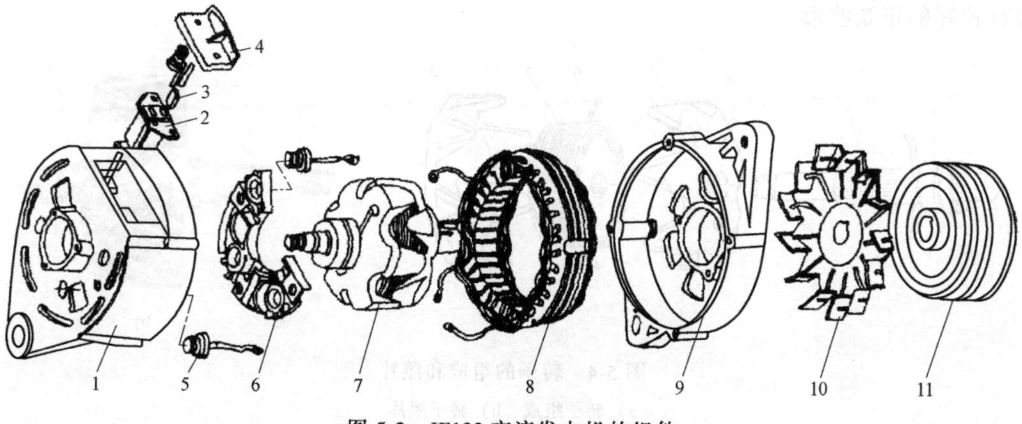

图 5-2　JF132 交流发电机的组件

1—后端盖　2—电刷架　3—电刷　4—电刷弹簧压盖　5—硅整流管　6—散热板　7—转子　8—定子总成　9—前端盖　10—风扇　11—带轮

1. 转子

作为发电机的磁极部分，交流发电机转子的作用是提供旋转磁场，其组成如图 5-4 所示。通电的励磁绕组 5 产生磁场，通过两块爪极 3 和转子铁心 4 把轴向的磁场引导到定子所在的径向上。转子铁心也称为磁轭，磁轭和两块爪极压装在带有滚花工艺的转子轴上。磁场绕组的两引出线分别焊接在与轴绝缘的两个铜制集电环上，两个电刷与集电环接触，将直流电源引入励磁绕组。励磁绕组通入励磁电流后产生磁场，被磁化的爪极其中一块为 N 极，另一块为 S 极，于是就形成了 4~8 对磁极。国产交流发电机多为 6 对磁极，即 12 极。将转子爪极设计成鸟嘴形的目的是使磁场呈正弦分布，以使电枢绕组产生的感应电动

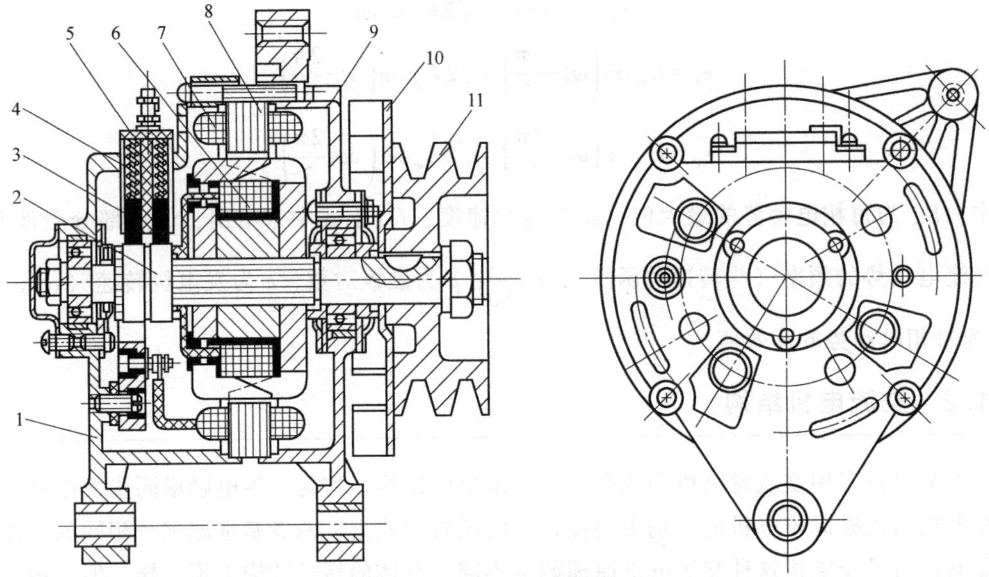

图 5-3 JF132 交流发电机的结构

1—后端盖 2—集电环 3—电刷 4—电刷弹簧 5—电刷架 6—砺磁绕组 7—电枢绕组 8—电枢铁心 9—前端盖 10—风扇 11—带轮

势有较好的正弦波形。

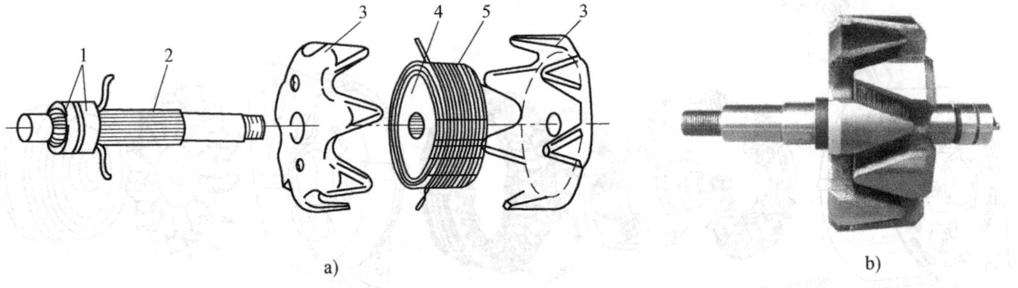

图 5-4 转子的组成和照片

a）转子组成 b）转子照片

1—集电环 2—转子轴 3—爪极 4—转子铁心 5—励磁绕组

2. 定子

发电机的定子是发电机实现动能转化为电能的关键部分，又称为电枢，其作用是发电，它由定子铁心和对称的三相电枢绕组组成。定子铁心由冲压的内侧带槽的环状硅钢片叠加后焊接或者铆接而成，各硅钢片之间用绝缘漆绝缘。交流绕组一般为三相，各相绕组都有自己的首端和末端，以便于连接成星形或三角形。A 相绕组的首、末端分别用 A、X 表示，B 相绕组的首、末端分别用 B、Y 表示，C 相绕组的首、末端分别用 C、Z 表示。把 X、Y、Z 连接在一起，将 A、B、C 引出，即为星形联结；把三相绕组首尾相连，构成闭合回路，将 A、B、C 引出，即为三角形联结。三相电枢绕组的导体是外面有一层绝缘油漆的漆包线绕成的。

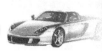

定子照片和绕线图如图 5-5 所示。

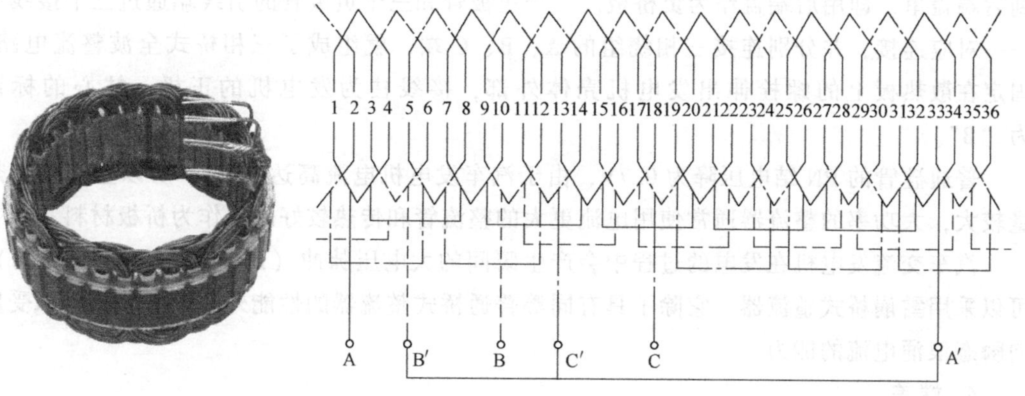

a)　　　　b)

图 5-5　定子照片和绕线图

a）定子照片　b）定子绕线图

发电机的总磁路走向为：沿励磁绕组转子铁心轴向到爪极的 N 极，通过定子和转子之间的气隙到 N 极所对应的定子齿，继而沿定子轭部沿切向方向至 S 极所对应的定子齿，再穿过气隙至转子 S 极，通过转子铁心形成整个回路。

定子绕组作为关键部分，将在 5.2 节对其进行介绍。

3. 整流器

交流发电机的整流器也可称为整流桥，作用是把发电机发出的三相交流电变为直流电。整流器由六个硅二极管组成，如图 5-6 所示。整流桥由上桥板、下桥板、上整流管、下整流管和连线、螺栓等附件组成，正负极板之间由绝缘材料绝缘。一个小功率的整流器照片如图 5-6a 所示，其原理图如图 5-6b 所示。二极管的引线为二极管的一极，其壳体部分为二极管的另一极。压装在下桥板上的三个硅二极管的壳体为二极管正极，引线为二极管负极，称之为负极管；压装在上桥板外壳绝缘散热板上的三个硅二极管的壳体为负极，

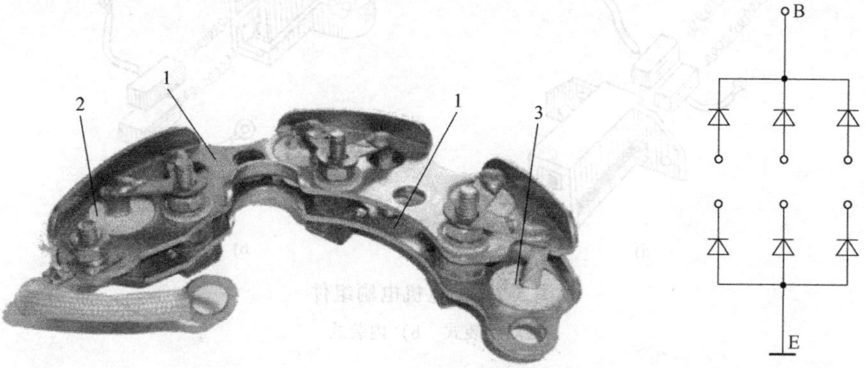

a)　　　　b)

图 5-6　交流发电机整流器

a）整流器照片　b）整流管电路图

1—绝缘散热板　2—正极管　3—负极管

引线为二极管的正极，称之为正极管。负桥板直接搭铁，所以有的发电机把负极管直接嵌到后端盖里，即用后端盖作为负桥板。三个正极管和三个负极管的引线端通过三个接线柱一一对应连接，并分别连接三相绕组的A、B、C端，就组成了三相桥式全波整流电路。固定在散热板上的螺栓伸出发电机壳体外部，接线柱为发电机的正极，柱心的标记为“B”。

普通硅管的PN结电压降为0.7V，由于汽车发电机电流高达100A，所以整流桥发热量较大，大功率的整流器通常使用电流更大的整流管和传热较好的铝作为桥板材料。

汽车交流发电机在发电的过程中会产生瞬间的大电压脉冲（160~170V，甚至更高），可以采用雪崩桥式整流器，它除了具有同等普通桥式整流器的性能外，还必须具有承受反向瞬态浪涌电流的能力。

4. 端盖

端盖的作用是固定电机本身和电机零部件的位置。交流发电机的前后端盖由铝合金铸成，铝合金为非导磁材料，可减少漏磁，并具有重量轻、散热性好的优点。

大部分前端盖有两个安装孔，其中一个固定电机，另一个与发动机上的摇臂槽相连，可以张紧发电机传动带。

5. 电刷组件

在后端盖内装有电刷组件，电刷组件包括电刷、电刷架和电刷弹簧。电刷架有两种形式，一种是外装式，从发电机的外部拆下电刷弹簧盖板即可拆下电刷，如图5-7a所示；另一种是内装式，需拆开发电机后才能拆下电刷，如图5-7b所示。电刷通过弹簧与转子轴上的集电环保持接触。

电刷是磨损件，质量差的电刷寿命短，导电性能差，容易引起火花等。现在的发电机电刷组架多位于端盖外侧，集电环的直径小，电刷磨损程度有了很大的改善，更换也比较容易，如图5-7a所示。

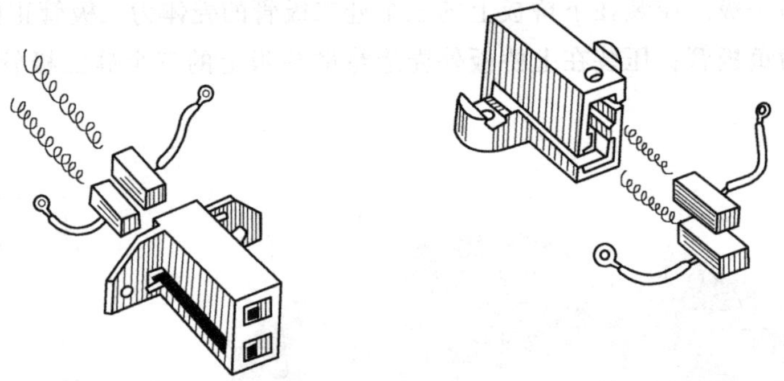

a)　　b)

图5-7　发电机电刷组件

a）外装式　b）内装式

6. 风扇、带轮

由于发电机定子、转子、整流器发热量都较大，所以必须进行强制散热。目前采用强制风冷的较多。

传统发电机风扇在发电机端盖外侧，和带轮在一起，如图5-3所示。为提高发电机的效率、减小发电机的体积，现在的发电机多在转子爪极两侧各安装一个风扇叶片，这样空气由发电机转子的两侧进入，从发电机定子绕组外侧流出，拥有两个通风道，冷却效果好，又称为双风道内风扇发电机。

5.2 交流电机的绕组

5.2.1 交流绕组基本理论

交流电机定子上的绕组的功能和直流电机转子上的绕组的功能相同，都是进行机电能量转换的关键部件，绕组构成了电机的电路部分。要分析交流电机的原理和运行，必须对交流绕组的构成和连接规律有基本的了解。

交流绕组有多种分类方法。按相数可分为单相绕组、两相绕组、三相绕组和多相绕组；按槽内层数可分为单层绕组、双层绕组、单双层绕组和混合绕组，双层绕组又分为叠绕组和波绕组，单层绕组又分为交叉式绕组、同心式绕组和链式绕组等；按每极每相槽数可分为整数槽绕组和分数槽绕组。

虽然交流绕组种类较多，但它们的构成原则基本相同，基本要求是：

1）电动势和磁动势波形要接近正弦波，在一定导体数下力求获得较大基波电动势和基波磁动势。

2）三相绕组的电动势和磁动势必须对称，电阻和电抗要平衡。

3）绕组铜耗小，用铜量少。

4）绝缘可靠，机械强度高，散热条件要好，制造和嵌线方便。

在交流电机中，通常采用三相双层绕组，因为它能较好地满足上述要求。

在介绍绕组连接规律之前，首先介绍一些绕组的基本知识。

1. 电角度与机械角度

电机中，若磁场在空间按正弦波分布，则经过一对极后磁场变化一个周期。电路理论中认为一个周期为360°电角度，因此电机理论中将一对极所对应的空间角度定义为360°电角度。几何学已经把一个圆周所对应的角度定义为360°机械角度，因此，若电机有p对极，则电角度和机械角度之间满足

$$电角度=p\times机械角度$$

2. 节距

一个线圈的两个边所跨的定子槽数称为节距，用y_1表示，y_1应接近极距τ。用槽数表示时，极距τ定义为

$$\tau=\frac{Q}{2p} \tag{5-1}$$

式中，τ为极距；Q为定子槽数；p为极对数。

$y_1<\tau$称为短距，$y_1>\tau$称为长距，$y_1=\tau$称为整距。

3. 槽距角

用电角度表示的相邻两槽之间的距离称为槽距角，用α表示为

$$\alpha=\frac{p\times360^\circ}{Q} \tag{5-2}$$

式中，α 为槽距角；p 为极对数；Q 为定子槽数。

4. 相带

为保证电枢三相绕组产生大小相等、相位差 120°的对称电动势。为了使绕组对称，通常令每个极面下每相绕组所占的范围相等，这个范围称为相带。由于一个极对应 180°电角度，若电机相数为 m，则每个相带的宽度为 180°/m，通常三相电机的相带为 60°电角度，按 60°相带排列的绕组称为 60°相带绕组。若把每对极的范围分为 3 部分，每相占 1/3，即为 120°相带。为了使每相绕组产生最大电动势，通常采用 60°相带。

5. 每极每相槽数

每相在每极下占有相等的槽数，即每个相带所占有的槽数，称为每极每相槽数，用 q 表示为

$$q=\frac{Q}{2pm} \tag{5-3}$$

式中，q 为每极每相槽数；Q 为定子槽数；p 为极对数；m 为电机相数。

5.2.2 三相单层绕组

我们将每个槽内只有一个线圈边的绕组称为单层绕组，其线圈数等于槽数的一半。单层绕组的优点是下线方便、没有层间绝缘、槽利用率高；缺点是不能采用任选节距的方法来削弱谐波电动势和谐波磁动势，因此电动势和磁动势波形较双层短距绕组差，通常用于功率较小的交流电机中。

按照线圈形状和端部连接方法的不同，单层绕组分同心式、链式和交叉式等。究竟采用哪种形式与极对数和每极每相槽数有关。下面分别介绍它们的连接规律。

1. 同心式绕组

同心式绕组由不同节距的同心线圈组成，下面以 2 极、三相、24 槽电机为例说明。每极每相槽数为

$$q=\frac{Q}{2pm}=\frac{24}{2\times3}=4$$

利用槽电动势星形图确定各相带内的槽号，可以将各绕组所处位置标记如表 5-1 所示。

表 5-1 三相 2 极 24 槽同心式绕组各个绕组槽号分布

相带	A	Z	B	X	C	Y
一对极	23,24,1,2	3,4,5,6	7,8,9,10	11,12,13,14	15,16,17,18	19,20,21,22

可以得到该电机绕组展开图如图 5-8 所示。将 1 与 12 连接构成一个大线圈，将 2 与 11 连接构成一个小线圈，这两个线圈串联组成一个同心式线圈组；再把 13 与 24 连接，14 与 23 连接组成另一个同心式线圈组，最后把两个线圈组反向串联得到 A 相绕组。同理可得到 B、C 两相绕组。

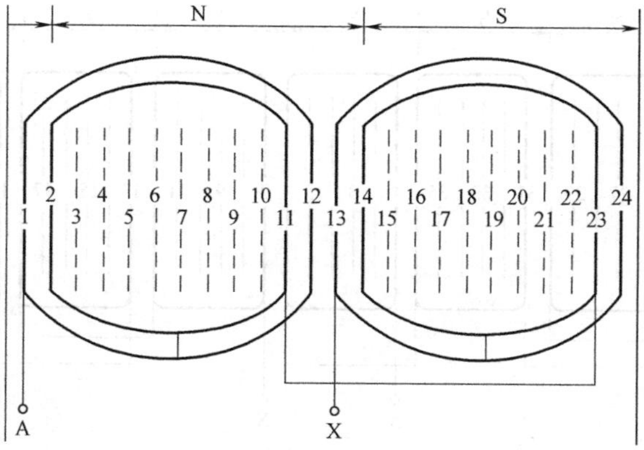

图 5-8 同心式绕组展开图（$2p=2$，$Q=24$）

可以看出，线圈组中各同心线圈的轴线重合，因此同心式绕组实际上是一种由不同节距的线圈构成的集中绕组。

同心式绕组主要用于 $p=1$ 的小型感应电机中。其优点是下线方便、端部不重叠、散热好、便于布置；缺点是线圈大小不等、绕线模尺寸不同。

2. 链式绕组

链式绕组的各个线圈具有相同的节距，各个线圈之间的连接是一环套一环，从外形看如同铁锁链，因此被称为链式绕组。链式绕组的节距恒为奇数。下面以 6 极、三相、36 槽电机为例说明。

其每极每相槽数为

$$q=\frac{Q}{2pm}=\frac{36}{2\times3\times3}=2$$

利用槽电动势星形图确定各相带内的槽号，见表 5-2，其绕组展开图如图 5-9 所示，将 1 与 6 相连、7 与 12 相连、13 与 18 相连、19 与 24 相连、25 与 30 相连、31 与 36 相连，得到 6 个线圈，每个线圈节距相等，然后用极间连线按相邻极下电流方向相反的原则将 6 个线圈反向串联，即尾与尾相连、头与头相连，即得到 A 相绕组。同理可得到 B、C 两相绕组。

表 5-2 三相 6 极 36 槽链式绕组各个绕组槽号分布

相带	A	Z	B	X	C	Y
第一对极	36,1	2,3	4,5	6,7	8,9	10,11
第二对极	12,13	14,15	16,17	18,19	20,21	22,23
第三对极	24,25	26,27	28,29	30,31	32,33	34,35

链式绕组的优点是每个线圈的大小相同，制造方便，线圈采用短距，节省端部用铜。链式绕组主要用于每极每相槽数 q 为偶数的小型 4、6 极感应电机中。如 q 为奇数，则一个相带内的槽数无法均分为二，必然出现一边多、一边少的情况，因而线圈的节距不会相同，此时可采用交叉式绕组。

3. 交叉式绕组

交叉式绕组是从链式绕组演变而来的，采用不等距线圈。下面以 4 极、三相、36 槽

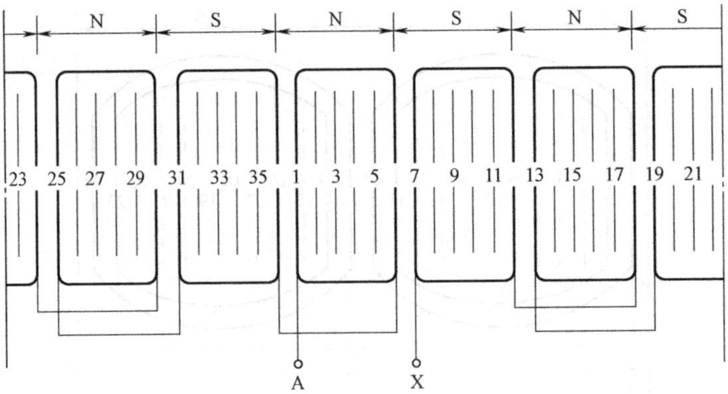

图 5-9　链式绕组展开图（$2p=6$，$Q=36$）

电机为例说明，每极每相槽数为

$$q=\frac{Q}{2pm}=\frac{36}{2\times2\times3}=3$$

利用槽电动势星形图确定各相带内的槽号，见表 5-3，图 5-10 为其绕组展开图。以 A 相绕组为例，将 A 相所属的每一个相带内的槽号分为两半，把 36 与 8 相连、1 与 9 相连，组成两个节距为 8 的大线圈，10 与 17 相连组成一个节距为 7 的小线圈。同样地，将 18 与 26 相连、19 与 27 相连，组成两个节距为 8 的大线圈，28 与 35 相连组成一个节距为 7 的小线圈。最后将这 6 个线圈按照“两大线圈一小线圈、两大线圈一小线圈”构成交叉布置，大线圈与小线圈之间反向串联，即尾与尾相连、头与头相连，得到 A 相绕组。同理可得到 B、C 两相绕组。

表 5-3　三相 4 极 36 槽交叉式绕组各个绕组槽号分布

相带	A	Z	B	X	C	Y
第一对极	35,36,1	2,3,4	5,6,7	8,9,10	11,12,13	14,15,16
第二对极	17,18,19	20,21,22	23,34,25	26,27,28	29,30,31	32,33,34

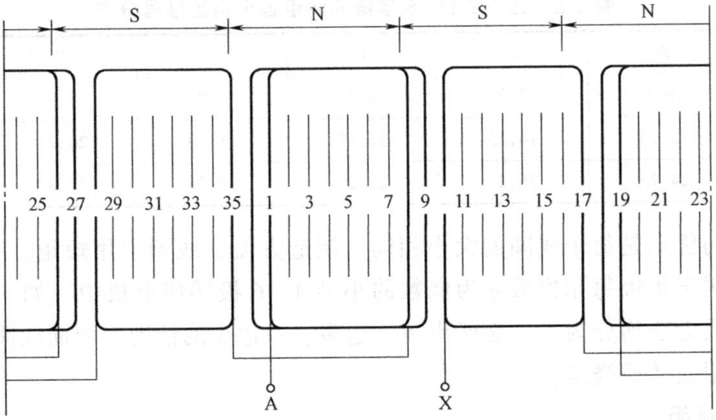

图 5-10　交叉式绕组展开图（$2p=4$，$Q=36$）

交叉式绕组主要用于 q 为奇数的小型 4、6 极三相交流电机中，其优点是，由于采用了不等距线圈，比同心式绕组的端部短，且便于布置。

以上介绍了单层绕组的连接形式。必须指出，对于一般的整数槽单层绕组，虽然线圈节距在不同形式的绕组中是不同的，但如果每个线圈的匝数相等，且都是由属于两个相差 180°电角度的相带中的导体构成，可等效地看成整距分布绕组，在计算绕组系数时要特别注意。

单层绕组的缺点是不能同时采用分布和短距的方法有效地削弱谐波，妨碍了它在中、大型交流电机中的应用。

5.2.3 三相双层绕组

交流绕组的种类很多，一般多采用双层短距绕组，单层绕组仅用于 10kW 以下的交流电机中。本节介绍三相双层绕组的特点及连接规律。

1. 双层绕组的特点

双层绕组在每一个槽内有上、下两个线圈边，每个线圈的一个边嵌放在某一个槽的上层，另一个边则嵌放在另一个槽的下层，两者之间相隔 y_1 个槽，如图 5-11 所示。

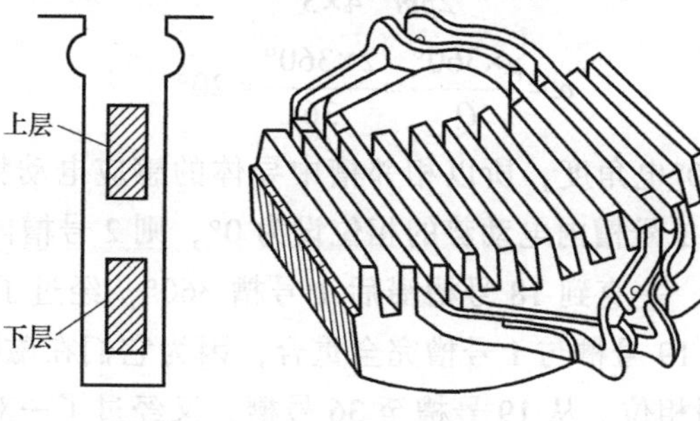

图 5-11 双层绕组

由于每槽内放置上、下两个线圈边，所以双层绕组的线圈数等于槽数，每相线圈数为槽数的 1/3，其特点是：

1）线圈尺寸和形状相同，便于制造。

2）端部形状排列整齐，有利于散热和增加机械强度。

3）可以利用短距绕组节约铜材。

4）合理选择节距和采用分布的方法，可以改善电动势和磁动势波形。

2. 槽电动势星形图和相带划分

交流电机的分析可以借助于槽电动势星形图。相邻两槽在空间上相距 α 电角度，因而对应的导体内的感应电动势相差 α 电角度。当把各槽内导体按正弦规律变化的感应电动势用相量表示时，这些相量构成一个辐射星形图，称为槽电动势星形图。该图可以清晰地表示各槽内导体电动势之间的相位关系，据此可划分相带和绘制绕组展开图。

下面以 4 极、36 槽三相感应电机为例说明槽电动势星形图的绘制和相带的划分，如图 5-12 所示。

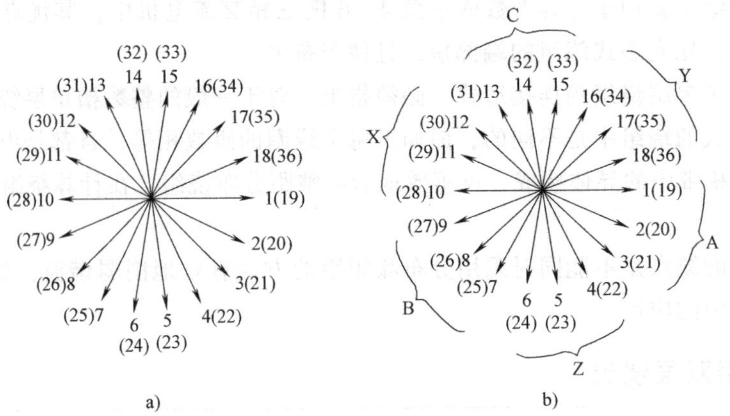

图 5-12 槽电动势星形图与相带划分

a）槽电动势星形图 b）60°相带划分

3. 槽电动势星形图的绘制

根据已知数据，求得每极每相槽数 q 和槽距角 α 分别为

$$q=\frac{Q}{2pm}=\frac{36}{4\times3}=3$$

$$\alpha=\frac{p\times360°}{Q}=\frac{2\times360°}{36}=20°$$

因各槽在空间互差 20°电角度，所以相邻槽中导体的感应电动势在时间上相差 20°电角度。在图 5-12a 中，将 1 号槽内电动势的相位设为 0°，则 2 号槽内电动势滞后于 1 号槽内电动势 20°。依此类推，一直到 18 号槽滞后 1 号槽 360°，经过了一对极，在槽电动势星形图上正好转过一周。19 号槽与 1 号槽完全重合，因为它们在磁极下处于对应的位置，所以它们的感应电动势同相位。从 19 号槽至 36 号槽，又经过了一对极，在电动势星形图上又转过一周。一般来讲，对于每极每相整数槽绕组，如电机有 p 对极，则有 p 个重叠的槽电动势星形图。

根据所得到的槽电动势星形图，可以进行相带的划分，既可以采用 60°相带，也可以采用 120°相带。因 120°相带绕组合成电动势较 60°相带绕组合成电动势小，所以不采用，本章也不介绍。

图 5-12b 所示对应 60°相带，即在一个极下均匀分布三相，每相占 60°电角度。以 A 相为例，因为 $q=3$，A 相在每极下应占有 3 个槽，整个定子中 A 相共有 12 个槽，为使合成电动势最大，在第一个 N 极下取 1、2、3 这 3 个槽作为 A 相带，在第一个 S 极下取 10、11、12 这 3 个槽作为 X 相带，1、2、3 这 3 个槽相量间夹角最小，合成电动势最大，而 10、11、12 这 3 个槽分别与 1、2、3 这 3 个槽相差一个极距，即相差 180°电角度，这两个线圈组（极相组）反接时合成电动势最大。所以将 1、2、3 这 3 个槽作为 A 相的正相带，用 A 表示；将 10、11、12 这 3 个槽作为 A 相的负相带，即 X 相带，用 X 表示。19、20、21 这 3 个槽电动势与 1、2、3 这 3 个槽电动势分别同相位，而 28、29、30 这 3 个槽电动势与 10、11、12 这 3 个槽电动势分别同相位，所以将 19、20、21 和 28、29、30 也划为 A 相，19、20、21 作为 A 相的正相带，28、29、30 作为 A 相的负相带。把这些槽里

的线圈按一定规律连接起来，即得到 A 相绕组。

同理，为了使每一相绕组对称，将距 A 相 120°处的 7、8、9、16、17、18 和 25、26、27、34、35、36 划为 B 相；而将距 A 相 240°处的 13、14、15、22、23、24 和 31、32、33、4、5、6 划为 C 相。由此得到对称三相绕组，每个相带各占 60°电角度，称为 60°相带绕组。各个相带内的槽号见表 5-4。

表 5-4　各个相带内的槽号分布

相带	A	Z	B	X	C	Y
第一对极	1,2,3	4,5,6	7,8,9	10,11,12	13,14,15	16,17,18
第二对极	19,20,21	22,23,24	25,26,27	28,29,30	31,32,33	34,35,36

4. 绕组展开图的绘制

绕组展开图的绘制是根据分相的结果，把属于各相的导体按一定规律连接起来，组成对称三相绕组。

根据线圈的形状和连接规律的不同，双层绕组也可分为叠绕组和波绕组两类。

叠绕组的优点是短距时能节省端部用铜，并得到较多的并联支路，缺点是线圈组间连接线较长，在线圈组较多时浪费铜材，主要用于 10kW 以上的交流电机定子绕组。

波绕组的优点是减少线圈组间连接线，绑扎固定绕组比较简单，其缺点是采用短距时也不能节省端部用铜，多用于大、中型水轮发电机定子绕组和绕线转子感应电机转子绕组。

图 5-5 所示给出了一个 12 极 36 槽同步电机的绕组展开图。在图中，每一个线圈组内的线圈是依次串联的，不同磁极下的各个线圈组之间视具体需要既可串联也可并联。由于 N 极下线圈组的电动势和电流方向与 S 极下线圈组的相反，串联时应把线圈组 A 和线圈组 X 反向串联，即尾尾相连，头头相连，12 个线圈构成一路串联，并联支路数 $a=1$；也可连接成 $a=2$，即对称分布的六个磁极下的绕组分为一路，共计两路。

5.2.4　发卡绕组

近几年，发卡绕组（hair-pin winding，又称扁线绕组）的交流电机受到了业界的广泛关注并逐渐取得了应用。图 5-13 所示为发卡绕组与圆线绕组在定子槽内的分布情况，从图中可以看出，即使圆线绕组在定子槽内排列非常紧密，两根绕组之间的接触面从剖面图来看也仅为点接触；而发卡绕组中绕组横截面为长方形，绕组之间的接触为面接触，面积比较大。因此发卡绕组的槽满率较高，进而它具有更大的电负荷和功率密度。

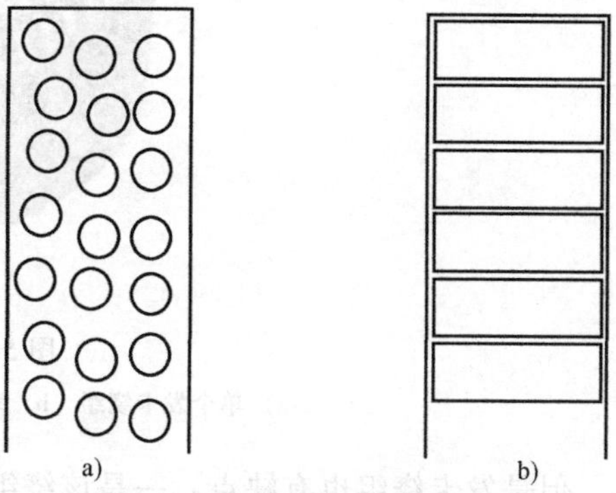

图 5-13　发卡绕组与圆线绕组在定子槽内的分布情况
a）圆线绕组　b）发卡绕组

而且圆线绕组和定子槽之间的接触面积比发卡绕组小，圆线绕组产生的热量要先通过空气，然后再由空气传到定子上。而发卡绕组与定子槽接触面积大，产生的热量可以直接传到定子槽上完成散热，因此发卡绕组比圆线绕组有更好的散热效果。

图 5-14 为发卡绕组的结构图，其中图 5-14c 为天津松正电机生产的发卡绕组 PMSM 的定子，从图中可以看出该电机的绕组为扁线状，绕组的连接为发卡状。

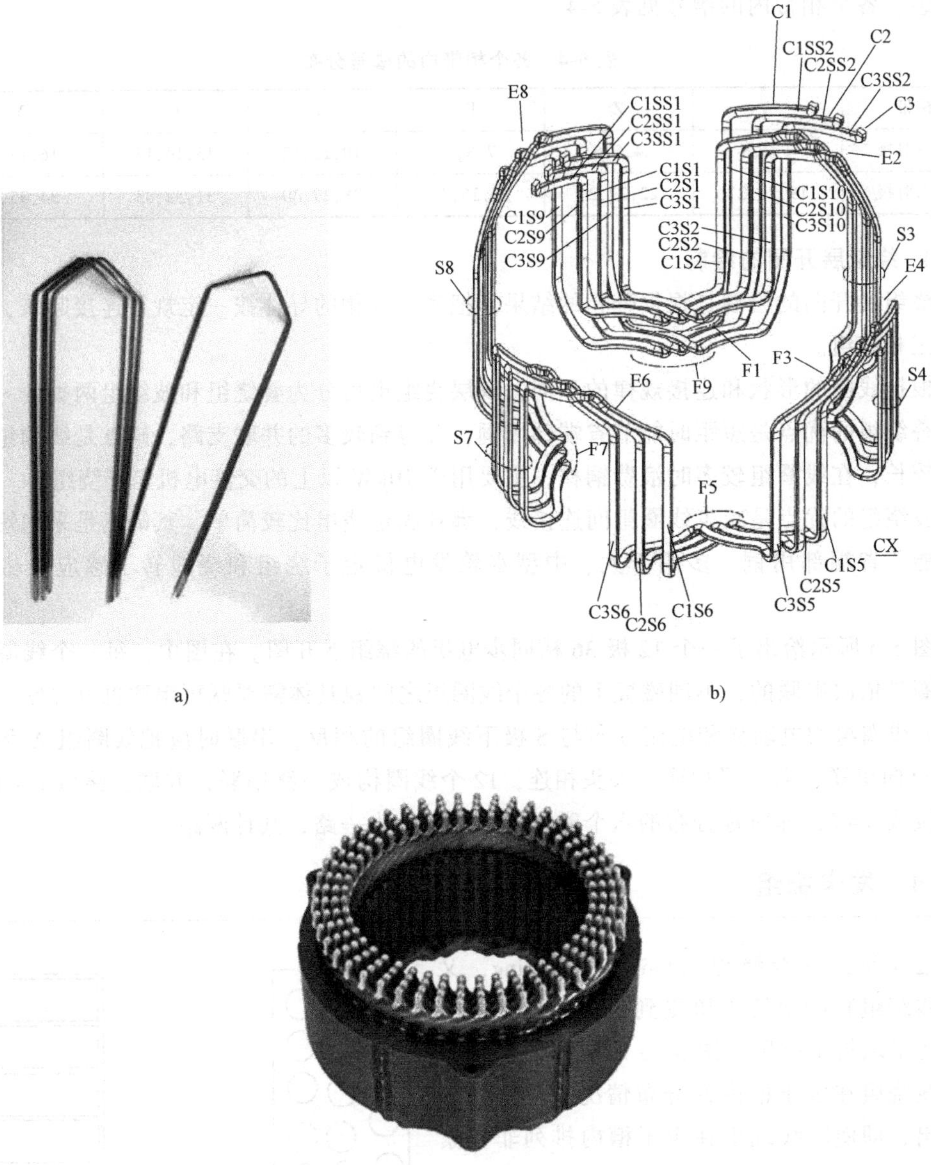

a) b) c)

图 5-14 发卡绕组

a）单个发卡绕组 b）多个发卡绕组 c）发卡绕组的定子

但是发卡绕组也有缺点：一是该绕组趋肤效应导致发热比理论上大很多，目前业界正集中力量解决这一问题；二是该电机制造工艺比传统电机复杂得多，需要全自动化的整形、嵌线、焊接设备，前期制造投入较大。

5.3　正弦磁场下交流绕组的感应电动势

在交流电机中，有一以同步转速 n_s 旋转的、在空间上正弦分布的磁场，该旋转磁场切割定子绕组，在定子绕组中产生感应电动势。本节讨论该感应电动势的波形、频率和有效值的计算方法。首先求一根导体中的感应电动势，然后导出一个线圈的感应电动势，再讨论一个线圈组的感应电动势，最后求一相绕组感应电动势的计算公式。

5.3.1　导体的感应电动势

图 5-15a 所示为一台 2 极交流发电机，转子是由直流励磁形成的主磁极（简称主极），定子上放有一根导体，主极磁场在气隙内按正弦规律分布，当转子由原动机拖动时，气隙中便形成一旋转磁场，定子导体切割该旋转磁场产生感应电动势，若转子主极磁场以恒速旋转，根据感应电动势公式 $e=Blv$ 可知，导体中的感应电动势 e 将正比于气隙磁通密度 B，其中 l 为导体在磁场中的有效长度。

1. 导体的感应电动势

主极磁场在气隙空间内按正弦分布，如图 5-15b 所示，可以近似为

$$B=B_m\sin\alpha \tag{5-4}$$

式中，B_m 为气隙磁通密度的幅值；α 为距坐标原点的电角度。

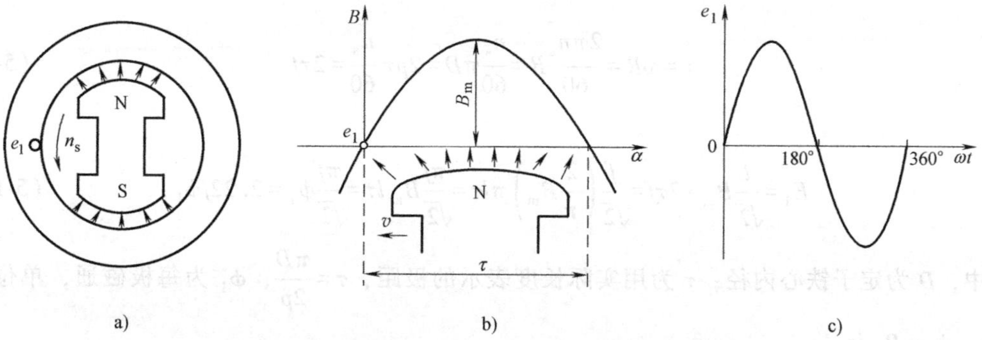

图 5-15　气隙磁场正弦分布时导体内的感应电动势

a）2 极交流发电机　b）主极磁场在空间的分布　c）导体中感应电动势的波形

坐标原点取为转子两个磁极中间的位置，如图 5-15b 所示。在 $t=0$ 时，导体所处空间位置的磁通密度 $B=0$，所以导体中的感应电动势 $e=0$。当磁极以 n_s 逆时针旋转时，磁场与导体间产生相对运动且在不同瞬间磁场以不同的气隙磁通密度切割导体，在导体中感应出与磁通密度成正比的感应电动势。设导体切割 N 极磁场时感应电动势为正，则切割 S 极磁场时感应电动势为负，可见导体内感应电动势是一个交流电动势。

将转子的转速用每秒钟内转过的电弧度 ω 表示，ω 称为角频率。若在时间 t 内，主极磁场转过的电角度 $\alpha=\omega t$，则导体感应电动势为

$$e_1=B_m lv\sin\omega t=\sqrt{2}E_1\sin\omega t \tag{5-5}$$

由式（5-5）可知，导体中感应电动势是随时间正弦变化的交流电动势，其波形如图 5-15c 所示。

2. 感应电动势的频率

导体中感应电动势的频率与转子的转速和磁极的极数有关，若电机为 2 极电机，转子转一周为一个周期，感应电动势交变一次，设转子每分钟转 n 转（即每秒 $n_s/60$ 转），则导体中电动势交变的频率应为 $f=n_s/60\text{Hz}$，若电机有 p 对极，则转子每旋转一周，感应电动势将交变 p 次，感应电动势的频率为

$$f=\frac{pn_s}{60} \tag{5-6}$$

式中，n_s 为同步转速，单位为 r/min；f 为频率，单位为 Hz。

在我国工业用电标准频率为 50Hz，但是汽车发电机对频率没有要求。

3. 导体感应电动势有效值

由公式 $e_1=\sqrt{2}E_1\sin\omega t$ 可知，导体感应电动势的有效值为

$$E_1=\frac{B_m lv}{\sqrt{2}} \tag{5-7}$$

由于气隙磁通密度在空间正弦分布，其磁通密度最大值 B_m 与平均值 B_{av} 之间的关系为

$$B_{av}=\frac{2}{\pi}B_m \tag{5-8}$$

且

$$v=\omega R=\frac{2\pi n_s}{60}R=\frac{n_s}{60}\pi D=2p\tau\ \frac{n_s}{60}=2\tau f \tag{5-9}$$

故

$$E_1=\frac{l}{\sqrt{2}}B_m\times 2\tau f=\frac{f}{\sqrt{2}}\left(\frac{2}{\pi}B_m\right)\pi l\tau=\frac{\pi f}{\sqrt{2}}B_{av}l\tau=\frac{\pi f}{\sqrt{2}}\phi_1=2.22f\phi_1 \tag{5-10}$$

式中，D 为定子铁心内径；τ 为用实际长度表示的极距，$\tau=\frac{\pi D}{2p}$；ϕ_1 为每极磁通，单位为 Wb，$\phi_1=B_{av}l\tau$。

5.3.2 整距线圈的感应电动势

采用整距线圈时，组成线圈的两个导体在空间上相隔一个极距 τ。若线圈的一根导体位于 N 极下最大磁通密度处时，另一根导体恰好处于 S 极下的最大磁通密度处，如图 5-16a 实线所示，两根导体的感应电动势瞬时值总是大小相等、方向相反，相位上相差 180°电角度，其相量图如图 5-16b 所示。

设线圈匝数为 N_C，整距线圈的感应电动势为

$$\dot{E}_{C1}=\dot{E}'_1-\dot{E}''_1=2\dot{E}'_1=4.44f\phi_1$$

其有效值为

$$E_{C1}=4.44fN_C\phi_1$$

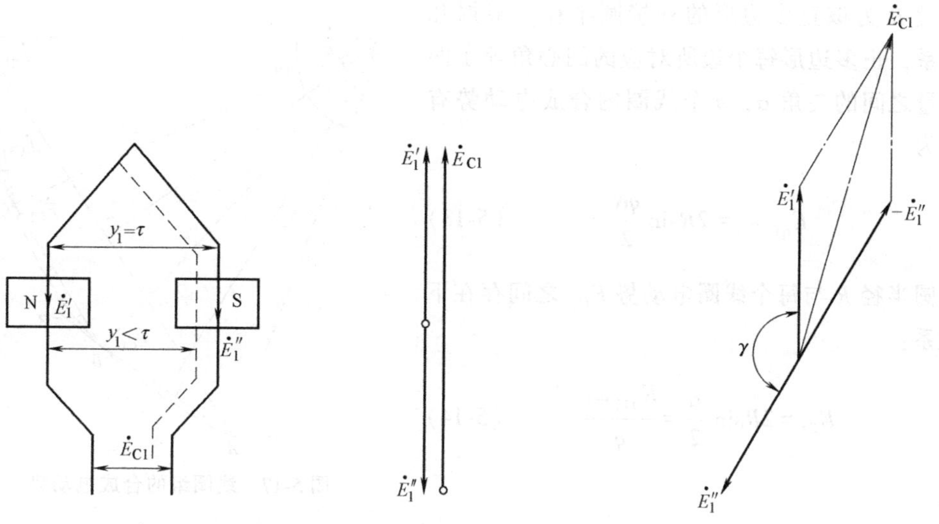

图 5-16 整距和短距的感应电动势

a）整距与短距线圈 b）整距线圈的感应电动势 c）短距线圈的感应电动势

5.3.3 短距线圈的感应电动势

当线圈采用短距时，当 $y_1<\tau$ 时，组成线圈的两导体的电动势相位差小于 180°电角度，有 $\gamma=\frac{y_1}{\tau}\times180°$，由图 5-16c 所示的相量图可得，线圈采用短距时感应电动势应为

$$\dot{E}_{C1}=\dot{E}_1'-\dot{E}_1'' \tag{5-11}$$

有效值为

$$E_{C1}=2E_1'\sin\frac{\gamma}{2}=2E_1'\sin\left(\frac{y_1}{\tau}\times90°\right)=4.44f\phi_1K_{p1} \tag{5-12}$$

式中

$$K_{p1}=\sin\left(\frac{y_1}{\tau}\times90°\right)$$

为基波短距因数，又称节距因数，表示线圈采用短距后感应电动势较整距时应打的折扣。

当 $y_1=\tau$ 时，$K_{p1}=1$；当 $y_1>\tau$ 时，如 $y_1=5\tau/6$，$K_{p1}=\sin(5\times90°/6)=0.966<1$。可见短距对基波电动势的大小稍有影响，但当主磁场中含有谐波时，短距能有效地抑制谐波电动势，所以一般交流绕组大多采用短距。

5.3.4 线圈组的电动势

因每极下（双层绕组）或每对极下（单层绕组）每相有一个线圈组，每个线圈组由 q 个线圈串联组成，相邻线圈在空间相差 α 电角度。故各线圈电动势的有效值 E_{C1} 大小相等，相位相差 α 电角度，线圈组的合成电动势如图 5-17 所示。线圈组的电动势 E_{q1} 等于 q 个线圈电动势的相量和，q 个线圈电动势相加时构成了正多边形的一部分。

设 R 为该正多边形的外接圆半径，根据几何关系，正多边形每个边所对应的圆心角等于两个相量之间的夹角 α，q 个线圈的合成电动势有效值为

$$E_{q1(矢)}=2R\sin\frac{q\alpha}{2} \tag{5-13}$$

外接圆半径 R 与每个线圈电动势 E_{C1} 之间存在下列关系：

$$E_{C1}=2R\sin\frac{\alpha}{2}=\frac{E_{q1(代)}}{q} \tag{5-14}$$

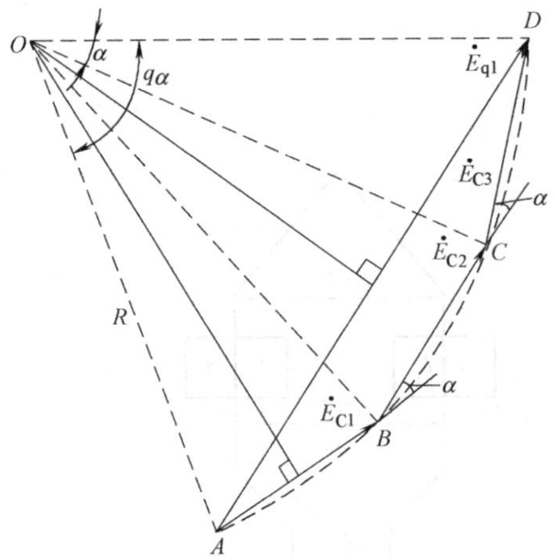

图 5-17　线圈组的合成电动势

因此

$$\frac{E_{q1(矢)}}{E_{q1(代)}}=\frac{2R\sin\frac{q\alpha}{2}}{q\times 2R\sin\frac{\alpha}{2}}=\frac{\sin\frac{q\alpha}{2}}{q\sin\frac{\alpha}{2}}=K_{d1}=\frac{E_{q1}}{qE_{C1}} \tag{5-15}$$

式中

$$K_{d1}=\frac{\sin\frac{q\alpha}{2}}{q\sin\frac{\alpha}{2}}$$

为基波分布因数，可以看出，$K_{d1}<1$，其含义为 q 个线圈分布在不同槽内，使合成电动势小于 q 个集中线圈的合成电动势 qE_{C1}，由此引起的电动势折扣。

一个线圈组的感应电动势的有效值为

$$E_{q1}=qE_{C1}K_{d1}=q(4.44f\phi_1K_{p1}N_C)K_{d1}=4.44qN_Cf\phi_1K_{W1} \tag{5-16}$$

式中

$$K_{W1}=K_{d1}K_{p1}$$

为基波绕组因数，是既考虑短距，又考虑绕组分布时整个绕组合成电动势所打的折扣。qN_C 为 q 个线圈的总匝数。

5.3.5　相电动势和线电动势

电机有 $2p$ 个极，这些极下属于一相的线圈组根据需要串联或并联起来组成一相绕组。由电路理论可知，把一相中所串联的线圈组电动势相加即为一相的电动势，将每相串联总匝数简写为 N，则一相绕组的电动势为

$$E_{\phi1}=4.44fN\phi_1K_{W1} \tag{5-17}$$

对于单层绕组，每对极有一个线圈组，每相共有 P 个线圈组，即 Pq 个线圈，若并联支路数为 a，则每条支路的串联匝数为

$$N=\frac{PqN_C}{a} \tag{5-18}$$

对于双层绕组，每相有 $2P$ 个线圈组，即 $2Pq$ 个线圈，则每条支路的串联匝数为

$$N=\frac{2PqN_C}{a} \tag{5-19}$$

无论是单层还是双层，其一相感应电动势是相同的。

求出相电动势后，根据三相绕组的连接法，可求出线电动势。对于星形联结，线电动势为相电动势的$\sqrt{3}$倍；对于三角形联结，线电动势等于相电动势。

5.4　交流发电机工作特性

汽车发动机转速变化范围大，要研究硅整流交流发电机的特性，应以转速为基础分析各有关量的变化。交流发电机的特性有空载特性、外特性和输出特性，其中以输出特性最为重要。

1. 空载特性

空载特性是指发电机空载时，发电机端电压 U 与发电机转速 n 之间的关系，即负载电流 $I_L=0$ 时，$U=f(n)$ 曲线。

交流发电机空载特性曲线如图 5-18 所示，随着转速的升高，端电压上升较快，由他励转入自励发电时，即能向蓄电池进行补充充电。这进一步证实了交流发电机低速充电性能好的优点。空载特性是判定交流发电机充电性能是否良好的重要依据。

从曲线的上升速率和达到蓄电池电压的转速高低可判断发电机的性能是否良好。

2. 外特性

外特性是指发电机转速一定时，发电机的端电压与输出电流之间的关系，即 $n=C$ 时，$U=f(I)$ 的曲线，如图 5-19 所示。发电机在某一稳定的转速下的 R_z 为一定值，如果 E 是稳定的，则发电机的端电压 U 将随输出电流的增大而呈直线下降。如果考虑磁饱和的影响，由于交轴电枢反应会产生一定的去磁作用，则随着负载电流的增加，气隙磁通会略有下降，导致电枢电动势 E 减小，加之电阻压降 R_zI，发动机外特性曲线变为曲线，如图 5-19 所示，其中 ΔE 为电枢电动势的减小量。

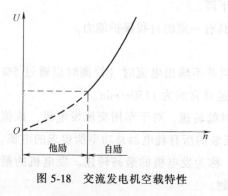

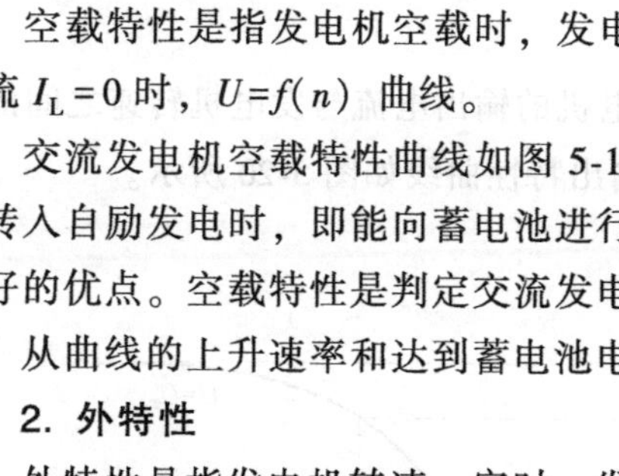

图 5-18　交流发电机空载特性

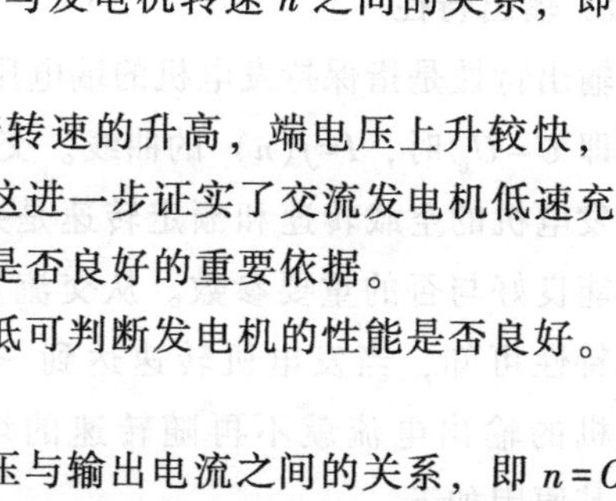

图 5-19　发电机外特性

交流发电机的端电压与电动势及输出电流的关系为

$$U=E-R_z I$$

式中，E 为交流发电机等效电动势；R_z 为发电机等效内阻，包括发电机电枢绕组的阻抗和整流导通电阻；I 为发电机的输出电流。

当继续增大负载到某一极限时，增大负载不但使输出电压下降，也使输出电流下降，使发电机外特性曲线表现为图 5-19 中的曲线尾部所示，原因有两个：

(1) 发电机的电枢反应增强 电枢反应是指电枢电流产生的磁场对转子磁场的影响。当发电机有输出电流时，电枢电流产生的磁场会造成转子磁场的扭斜，从而引起电枢绕组电动势下降。随着发电机的输出电流的增大，电枢反应的影响也随之增大，发电机电动势下降也越多。

(2) 励磁电流减小 发电机输出电压下降后，发电机的励磁电流减小，磁场减弱，这又使发电机的电动势进一步下降。

从交流发电机的外特性可知，随着发电机输出电流的增加，其端电压下降较快。因此，在发电机高速运转时，如果突然失去负载，则会使发电机的电压突然升高而对汽车上的电子元器件造成损害。

3. 输出特性

输出特性是指保持发电机的端电压不变时，发电机的输出电流与发电机转速之间的关系，即 $U=U_e$ 时，$I=f(n)$ 的曲线。交流发电机的输出特性曲线如图 5-20 所示。

发电机的空载转速和额定转速是判断发电机性能良好与否的重要参数。从交流发电机的输出特性可知，当发电机转速达到一定值后，发电机的输出电流就不再随转速的增加而上升，其原因如下：

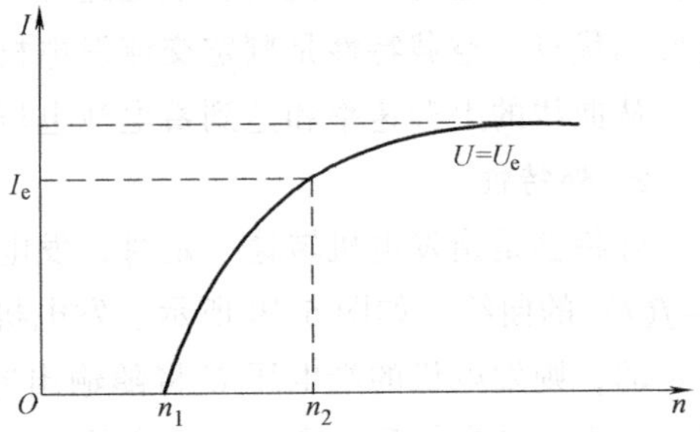

图 5-20 交流发电机的输出特性

1）发电机电枢绕组的感抗作用。发电机的转速很高时，电动势的交变频率很高，电枢绕组的感抗作用大，使发电机的内压降增大。

2）发电机电枢反应的影响。发电机的输出电流增大时，电枢反应增强，发电机的电动势下降。

交流发电机的这种自动限流作用使得发电机具有一定的自我保护能力。

交流发电机的转速比较重要的有：

1）零电流转速 n_1：发电机达到额定电压，但并不输出电流时（检测时以通过 5% 的电流为标准）的转速称为零电流转速。零电流转速通常约为 1150r/min。

2）额定电流转速 n_2：发电机输出额定电流时的转速。对于车用交流发电机，该值通常为 4000r/min。发电机额定电流应高于汽车内安装的所有耗电器总功率所要求的电流。

3）最高转速：发电机能够工作的最大转速，称为发电机的最高转速。发电机的最高转速受轴承的质量、电刷、集电环以及风扇的限制。

思 考 题

1. 一台 36 槽感应电机采用双层绕组，支路数 $a=1$，线圈节距 $y_1=8\tau/9$，每个线圈的匝数 $N_C=20$，当每相绕组感应电动势为 $E_{\phi 1}=360\text{V}$ 时，求每极气隙磁通 ϕ_1。

2. 试分析极数对发电机频率、损耗、电压等输出性能的影响。

3. 试根据中小型电机设计手册，设计一款汽车交流发电机。

第6章

汽车感应电机

感应电机转速与电源频率之间没有严格的固定关系，因此也被称为异步电机。结构简单、价格低廉、性能可靠的感应电机在工农业生产中应用广泛，在电动汽车尤其是商用运输车和高性能乘用车上应用普遍且极具优势。其转速随负载的变化而变化，但转速范围变化不大。感应电机的定子和转子之间没有电路连接，能量的传递是靠电磁感应实现的。

大多数的感应电机作为电动机运行，具有以下优点：结构简单、制造方便、价格低廉、坚固耐用。随着变频调速技术的发展，其调速性能得到改善，感应电机在电动汽车等调速系统中的应用日益广泛。在某些特殊场合，如风力发电和汽车回馈制动中，感应电机也用作发电机。

本章将在给出基本原理和结构的基础上，首先介绍三相感应电动机的磁动势和磁场，导出其基本方程和等效电路，然后分析其运行特性、起动和调速问题。

6.1 感应电机的原理和结构

6.1.1 感应电机的工作原理

感应电机的工作原理是建立在电磁感应定律和电磁力定律基础上的。可以逐步分析如下：

1）给感应电机对称的三相绕组中通以对称三相电流时，在电机气隙内产生一个转速为 $n_s = 60f/p$ 的逆时针旋转磁场，设其旋转方向如图 6-1 所示。

2）该磁场切割转子导体，在转子导体内产生感应电动势，该电动势可以用右手定则判定。

3）由于转子电路为纯电阻性，在上述感应电动势下，转子导条中将流过与电动势同相位的短路电流。

4）转子的载流导体在定子磁场中受力，受力方向如图 6-1 所示，从而产生电磁转矩，使转子沿着旋转磁场方向旋转。

若在转子轴上加机械负载，感应电机就拖动负载旋转。此时，电机从电源吸收电能，通过电磁感应转换为轴上输出的机械能，这就是感应电机的工作原理。

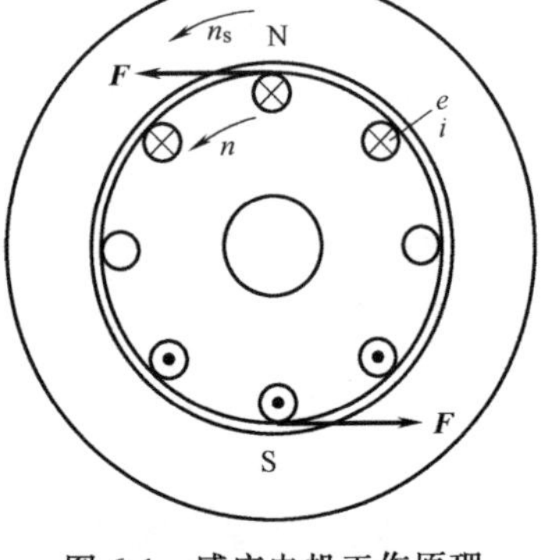

图 6-1　感应电机工作原理

6.1.2　感应电机的结构

根据感应电机的原理，我们可以知道该电机的结构组成。图 6-2 所示为一台三相绕线转子感应电机的结构图。与其他种类的旋转电机一样，感应电机主要由静止的定子和转动的转子两大部分组成，定、转子之间有一很小的空气隙。

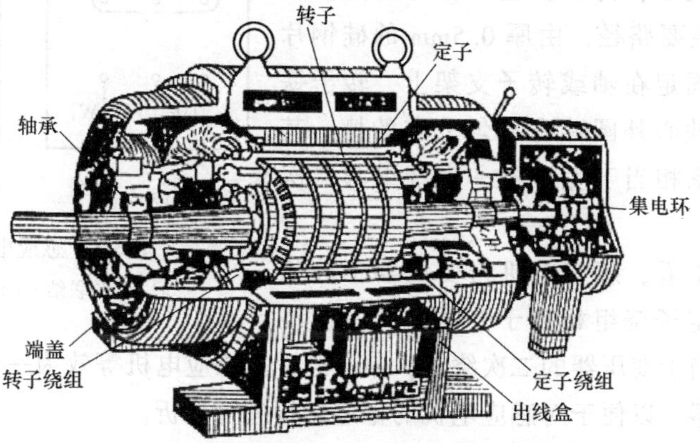

图 6-2　绕线转子感应电机的结构图

1. 定子

感应电机的定子如图 6-3 所示，由定子铁心、定子绕组和机座三部分组成。机座主要用来支撑定子铁心和固定端盖，因此要求有足够的机械强度和刚度。汽车用感应电机的机座一般采用铸铝制成，外壳上需要有风冷散热筋或者水冷通道。

定子铁心是主磁路的一部分，为了减少磁场在定子铁心中产生的磁滞损耗和涡流损耗，铁心由 0.5mm 或更薄的硅钢片叠成。在定子铁心内圆上有均匀分布的槽，用来嵌放定子绕组。

定子铁心采用的槽形主要有半闭口槽、半开口槽和开口槽，如图 6-4 所示。从提高效率和功率因数的角度看，半闭口槽最好，因为它可以减少气隙磁阻，使产生一定磁通的磁场所需的励磁电流最小，但绕组的绝缘和嵌线工艺比较复杂，只用于低压中、小型感应电机中。中型感应电机通常采用半开口槽（500V 以下），高压中、大型感应电机一般采用开口槽，以便嵌放较粗的预制成形的绕组。

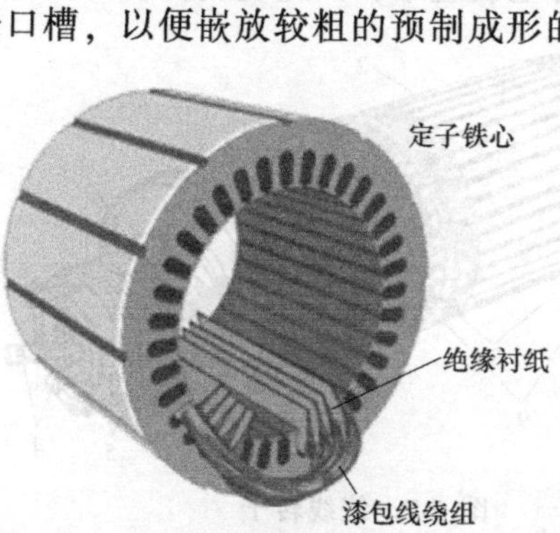

图 6-3　感应电机的定子

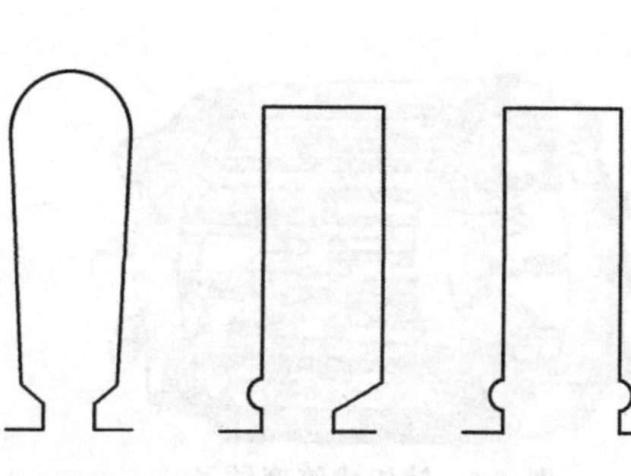

图 6-4　感应电机的定子槽形

a）半闭口槽　b）半开口槽　c）开口槽

定子的三相绕组对称地放置在定子槽内，绕组分单层和双层两种形式，绕组与铁心之间有槽绝缘。三相定子绕组可连接成星形联结或三角形联结，图 6-5 所示为两种联结形式对应的感应电机接线板。其中，U1、U2 分别为 A 相绕组首、末端，V1、V2 分别为 B 相绕组首、末端，W1、W2 分别为 C 相绕组首、末端。

2. 转子

转子由转子铁心、转子绕组和轴等组成。转子铁心是导磁的主要路径，由厚 0.5mm 的硅钢片叠成，转子铁心固定在轴或转子支架上，转子铁心呈圆柱形，在铁心外圆冲有均匀分布的槽。其与定子绕组的关系相当于变压器一次绕组与二次绕组。

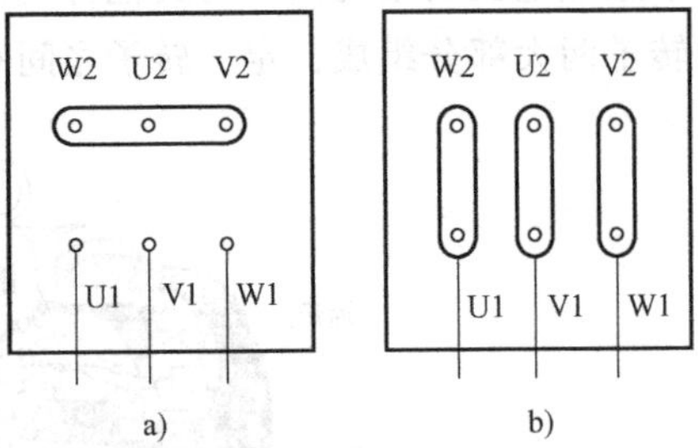

图 6-5　感应电机接线板

a）星形联结　b）三角形联结

从电磁关系上看，感应电机与变压器十分相似。感应电机的定子绕组相当于变压器的一次绕组，转子绕组相当于变压器的二次绕组，因此经常把感应电机等效为一台二次绕组短路的带空气隙的变压器，以便于对感应电机的稳态运行进行分析。

根据加工工艺的不同，转子分为笼型和绕线转子两种。

笼型转子分为铝制的铸铝式和铜条的焊接式两种。特斯拉使用的焊接式转子绕组的加工过程是：在每槽内放置铜导条，在转子铁心两端各放置一端环，铜导条的两端分别焊接在端环上。为节省铜材，转子绕组的材料通常采用铝，采用离心铸铝或压力铸铝工艺，将熔化的铝注入转子槽内，导条、端环和风扇在同一工序中铸出，如图 6-6 所示。铸铝式转子具有结构简单、制造方便的特点，应用非常广泛。笼型转子绕组自行闭合构成短路绕组，若去掉转子铁心，转子绕组的外形好像一只“鼠笼”，笼型转子的称呼便由此而来。

绕线转子绕组和定子绕组相似，在转子槽内嵌有三相绕组，通过集电环、电刷与外部接通，如图 6-7 所示，可以在转子绕组中接入外加电阻以改善电机的起动和调速性能，在正常运行时三相绕组短路。此种结构较笼型转子复杂，只用于起动性能要求较高和需调速的场合。在大、中型绕线转子感应电机中，还装有提刷装置，在起动完毕且不需要调节转速的情况下，将外接的附加电阻全部切除，以便消除电刷与集电环的摩擦，提高运行的可靠性，在提起电刷的同时将三个集电环短路。由于带有电刷组架，因此绕线转子目前在汽

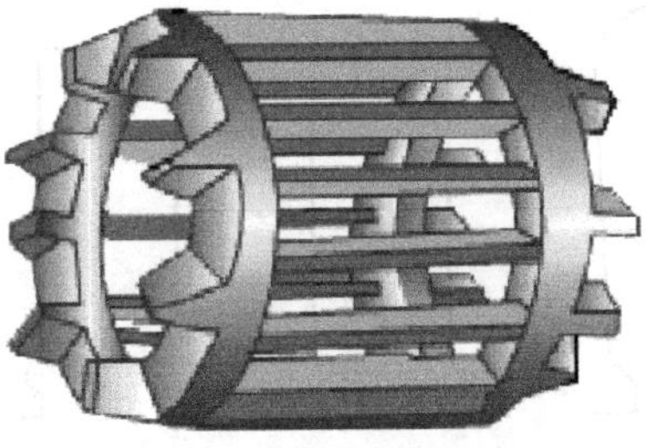

图 6-6　铸铝式笼型转子

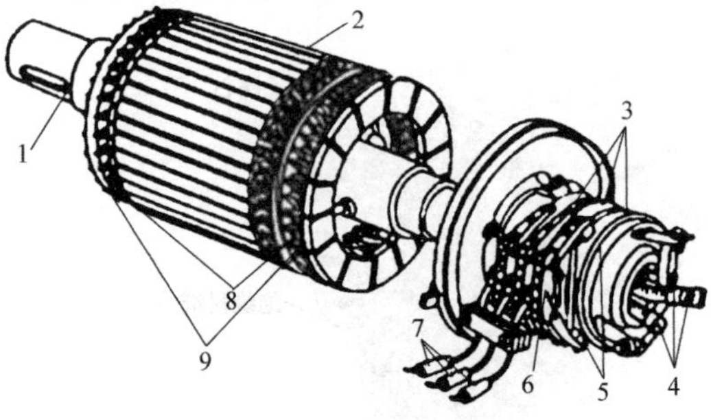

图 6-7　绕线转子

1—轴　2—转子铁心　3—集电环　4—转子绕组接线　5—电刷　6—刷架　7—电刷接线　8—转子铁心　9—转子绕组

车中没有使用案例。

3. 气隙

气隙是电机定、转子之间的空气间隙。气隙大小对感应电机的性能有很大的影响。气隙大，则整体磁路的磁阻大，要建立同样大小的旋转磁场就需较大的励磁电流或永磁励磁磁动势。励磁电流基本上是无功电流，为降低电机的励磁电流、提高功率因数，气隙应尽量小。一般气隙长度应为机械上所容许达到的最小值，中、小型感应电机气隙一般为0.2~2mm。

6.1.3 感应电机的结构参数

由前面分析可知，电机转子转动方向与磁场旋转的方向一致，但转子转速 n 不可能达到与旋转磁场的转速 n_s 相等，两者之间的相对速度 n_s-n 称为转差速度，转子转速低于定子磁场的部分用于产生转子电流，相当于同步电机的励磁。定义转差速度与同步转速之比为转差率 s，即

$$s=\frac{n_s-n}{n_s} \tag{6-1}$$

转差率是感应电机的一个重要参数，根据其正负和大小可以判断电机的运行状态，感应电机的运行状态分为电动机运行状态、发电机运行状态和电磁制动运行状态三种，将在6.1.4节分别予以介绍。

【例6-1】 一台三相异步电动机，电源频率 $f_1=50\text{Hz}$，其额定转速 $n_N=975\text{r/min}$。试求电动机的极对数和额定负载下的转差率。

解 根据异步电动机转子转速与旋转磁场同步转速的关系可知：$n_s=1000\text{r/min}$，即极对数

$$p=3$$

额定转差率为

$$s=\frac{n_s-n}{n_s}=\frac{1000-975}{1000}=0.025$$

在电动汽车感应电机参数计算中还经常用到额定功率、额定电流、效率等参数。额定功率是指电机在额定运行时轴上输出的机械功率 P_2，它不等于从电源吸取的电功率 P_1。

$$P_N=\sqrt{3}U_N I_N \eta_N \cos\varphi_N \tag{6-2}$$

式中，$\cos\varphi_N$、η_N 分别为额定运行时的功率因数和效率。

【例6-2】 Y180M—2型三相异步电动机，$P_N=22\text{kW}$，$U_N=380\text{V}$，$I_N=42.2\text{A}$，定子三相绕组采用三角形（△）联结，$\cos\varphi_N=0.89$，$f_N=50\text{Hz}$，$n_N=2940\text{r/min}$。求额定运行时

（1）转差率；（2）定子绕组的相电流；（3）输入有功功率；（4）效率。

解 (1) 由型号知 $2p=2$，即 $p=1$，因此 $n_s=3000\text{r/min}$，故

$$s_N=\frac{n_s-n_N}{n_s}=\frac{3000-2940}{3000}=0.02$$

(2) 由于定子三相绕组为三角形联结，故相电流为

$$I_{1p}=\frac{I_N}{\sqrt{3}}=\frac{42.2}{\sqrt{3}}\text{A}=24.4\text{A}$$

(3) 输入有功功率为

$$P_{1N}=\sqrt{3}U_N I_N\cos\varphi_N=1.732\times380\times42.2\times0.89\text{W}=24.72\text{kW}$$

(4) 效率

$$\eta_N=\frac{P_N}{P_{1N}}\times100\%=\frac{22}{24.72}\times100\%=89\%$$

6.1.4 感应电机的运行状态

1. 发电机运行状态

如果用原动机将感应电机转子强制加速，使电机的转速 n 高于同步转速 n_s，此时转子的转向与定子旋转磁场的转向相同，且 $n>n_s$，即 $s<0$，磁场切割转子导条的方向与电动机状态相反，电磁转矩方向与转子转向相反，为制动性质，此时转子从原动机输入机械功率，通过电磁感应作用由定子输出电功率，电机处于发电机运行状态，见表 6-1。

表 6-1 异步电机的各种运行状态

状态	制动状态	堵转状态	电动机状态	理想空载状态	发电机状态
转子转速	$n<0$	$n=0$	$0<n<n_s$	$n=n_s$	$n>n_s$
转差率	$s>1$	$s=1$	$1>s>0$	$s=0$	$s<0$

2. 电动机运行状态

当转子的转向与定子旋转磁场的方向相同且转速小于同步转速 n_s，即 $0<s<1$ 时，为电动机运行状态，见表 6-1。此时转子中产生电动势和电流，从而产生电磁转矩，在该转矩作用下转子沿旋转磁场方向以转速 n 旋转，此时电磁转矩为拖动性质，即与转速方向一致。在电动机运行状态下，电机的实际转速取决于负载的大小。

3. 电磁制动运行状态

如果外力的作用使转子逆定子旋转磁场的方向旋转，则 $s>1$，转子导条中电动势、电流及电磁转矩的方向仍与电动状态相同。这时电磁转矩的方向与旋转磁场的转向相同，但与转子转向相反，所以电磁转矩为制动性质，称为电磁制动状态。在这种情况下从转子输入机械功率，从定子输入电功率，两部分功率一起转换为电机内部的损耗。

6.2 感应电动机的磁动势和磁场

旋转磁场是交流电机工作的基础，磁场是由磁动势产生的。在感应电动机定子与转子之间的气隙中，总存在旋转磁场，该磁场既可以由定子磁动势单独产生，也可以由定、转子磁动势共同产生，其转速为同步转速。本节分析空载和负载时感应电动机的磁动势和磁场。

感应电动机空载时，将定子绕组接至对称三相电压，便有对称三相电流 I_{10} 在定子绕组中流过，该电流称为空载电流。若不计谐波磁动势，则该定子电流建立一个基波旋转磁动势 F_1，其幅值为

$$F_1 = 1.35\frac{N_1 k_{W1}}{p}I_{10} \tag{6-3}$$

式中，N_1 为每相总串联匝数，k_{W1} 为基波磁动势的绕组因数，$N_1 k_{W1}/2p$ 为每极下每相的有效串联匝数，I_{10} 为定子相电流。

在 F_1 作用下产生气隙磁场 B_m，B_m 沿气隙圆周正弦分布并以同步转速 n_s 旋转，在定、转子绕组中产生感应电动势，从而在转子绕组中感应出电流。在气隙磁场与转子感应电流相互作用下产生电磁转矩，使转子转动。

电动机空载运行时，转轴上不带机械负载，所以 $n \approx n_s$，旋转磁场和转子之间的相对速度近似为零，可以认为转子绕组中的感应电动势 $\dot{E}_2$ 和电流 $\dot{I}_2$ 都近似为零。因此空载运行时的主磁场仅由定子磁动势产生。空载运行时定子磁动势 F_1 近似为产生气隙主磁场的励磁磁动势 F_m，空载电流 $\dot{I}_{10}$ 近似等于励磁电流 $\dot{I}_m$。

空载电流 $\dot{I}_{10}$ 包括两部分，占主要的一部分用来产生旋转磁场，称为磁化电流，为无功分量；占很小的一部分用以供给空载损耗，为有功分量。考虑到铁耗，F_m 超前于 B_m 的角度为 α_{Fe}，α_{Fe} 为铁耗角。空载磁动势和磁场如图 6-8 所示。

根据磁通通过的路径的不同，将磁通分为主磁通和漏磁通两部分。由基波旋转磁动势产生的通过气隙并与定子绕组和转子绕组同时交链的磁通称为主磁通。主磁通为每极下的磁通量，用 $\dot{\Phi}_m$ 表示，图 6-9 所示为 4 极感应电动机主磁通分布图。可以看出，主磁通的

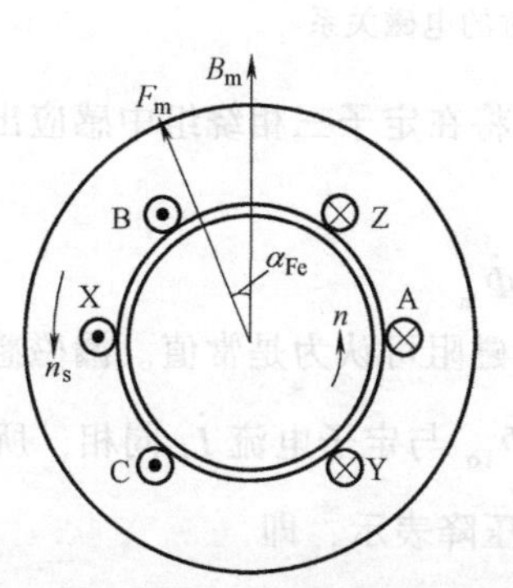

图 6-8 感应电动机空载磁动势和磁场

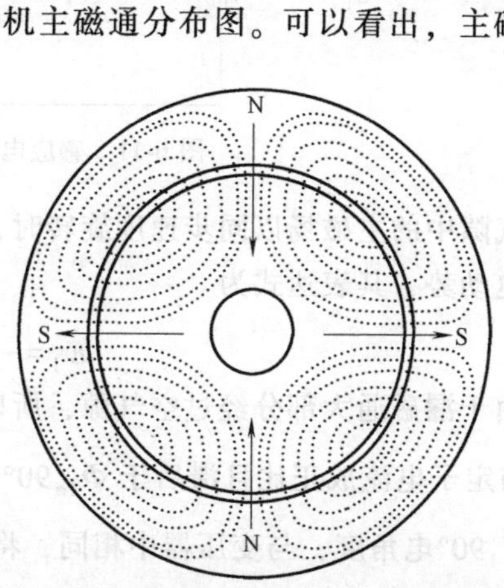

图 6-9 4 极感应电动机主磁通分布图

路径是从定子轭经定子齿、空气隙到转子齿、转子轭，再经过转子齿、空气隙、定子齿回到定子轭，形成闭合磁路。

定子三相电流除产生主磁通 $\dot{\Phi}_m$ 外，还产生仅与定子绕组交链而不与转子绕组交链的磁通，这部分磁通称为定子漏磁通，用 $\dot{\Phi}_{1\sigma}$ 表示。漏磁通包括三部分：槽漏磁通、端部漏磁通和谐波漏磁通。横穿定子槽的磁通称为槽漏磁通，交链定子绕组端部的磁通称为端部漏磁通。这两部分磁通不进入转子，如图 6-10 所示。气隙中除主磁通（基波磁通）外的谐波磁通称为谐波漏磁通。需要指出的是，谐波漏磁通与前两种漏磁通不同，它实际上与定转子绕组都交链，在定、转子绕组中都产生感应电动势，它在定子绕组中感应电动势的频率与前两种漏磁通产生的感应电动势频率相同，但不参与能量转换过程，所以也把它作为漏磁通处理。

从上述分析可以看出，主磁通和漏磁通的路径和性质截然不同。主磁通同时交链定、转子绕组，是能量转换的媒介，主磁路主要是由定、转子铁心和气隙组成的一个非线性磁路，受磁路饱和程度影响较大；漏磁通主要通过空气隙闭合，受磁路饱和程度影响很小，可视为线性磁路，这部分磁通不参与能量转换，相当于漏掉了。由于主磁通和漏磁通磁通路径不一，无法合并起来计算，因此磁路计算时将它们分开各自单独计算。

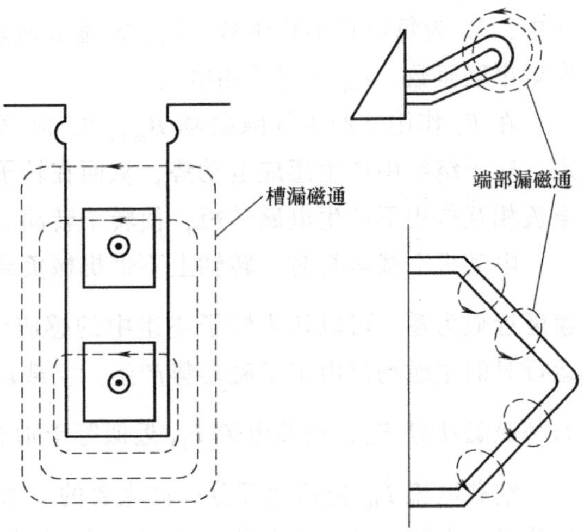

图 6-10　槽漏磁通和端部漏磁通

主磁通 $\dot{\Phi}_m$ 在定子绕组中产生感应电动势 $\dot{E}_1$，定子漏磁通 $\dot{\Phi}_{1\sigma}$ 将在定子绕组中产生漏磁感应电动势 $\dot{E}_{1\sigma}$，感应电动机空载运行时的电磁关系如图 6-11 所示。

$$\dot{U}_1 \longrightarrow \dot{I}_{10} \longrightarrow F_1 \longrightarrow F_m \longrightarrow B_m \longrightarrow \dot{\Phi}_m \longrightarrow \dot{E}_1$$

$$\dot{I}_{10} \longrightarrow \dot{\Phi}_{1\sigma} \longrightarrow \dot{E}_{1\sigma}$$

图 6-11　感应电动机空载运行时的电磁关系

气隙中的主磁场以同步速度旋转时，主磁通少。将在定子三相绕组中感应出对称三相感应电动势，其表达式为

$$\dot{E}_1 = -\mathrm{j}4.44 f_1 N_1 k_{W1} \dot{\Phi}_m \tag{6-4}$$

由于漏磁通大部分经过空气隙，所以其漏磁路的磁阻可认为是常值。漏磁感应电动势 $\dot{E}_{1\sigma}$ 与定子电流成正比且滞后于 $\dot{\Phi}_{1\sigma}$90°电角度，而 $\dot{\Phi}_{1\sigma}$ 与定子电流 $\dot{I}_1$ 同相，所以 $\dot{E}_{1\sigma}$ 滞后于 $\dot{I}_1$90°电角度，与变压器中相同，将 $\dot{E}_{1\sigma}$ 用漏抗压降表示，即

$$\dot{E}_{1\sigma} = -\mathrm{j}\dot{I}_1 X_{1\sigma} \tag{6-5}$$

6.3 三相感应电动机的参数测定

感应电动机系统建模时通常使用等效电路模型，而利用等效电路计算感应电动机的运行性能时，必须首先知道感应电动机的参数。和变压器等效电路参数一样，感应电动机的等效电路参数也分两类：励磁参数和短路参数。励磁参数包括 Z_m、R_m、X_m，短路参数包括 $Z_{1\sigma}$、R_1、$X_{1\sigma}$、Z'_2、R'_2、$X'_{2\sigma}$，这两种参数可分别由空载试验和短路试验测取。

6.3.1 空载试验与励磁参数的测定

1. 空载试验

空载试验的目的是测取励磁参数，以及分离出铁耗 p_{Fe} 和机械损耗 p_{mec}。试验时电动机轴上不带负载，定子绕组接到额定频率的对称三相电源，先将电动机空载运行一段时间（约 20min）使其机械损耗达到稳定，然后调节定子端电压 U_1 从（1.1~1.2）U_{1N} 开始逐步降低至 $0.3U_{1N}$ 为止，测 7~9 组数据，每次记录定子端电压 U_1、空载电流 I_{10} 和空载输入功率 p_{10}，绘制成空载特性曲线 $I_{10}=f(U_1)$、$p_{10}=f(U_1)$，如图 6-12 所示。

2. 铁耗与机械损耗的分离

空载时，由于转子电流很小，可认为 $I_2\approx 0$，故转子铜耗忽略不计，空载时输入功率用来补偿定子铜耗 p_{Cu1}、铁耗 p_{Fe} 和机械损耗 p_{mec}，此时电动机的空载输入功率为

$$p_{10}\approx m_1 I_{10}^2 R_1+p_{Fe}+p_{mec} \tag{6-6}$$

从空载输入功率 p_{10} 中减去定子铜耗得

$$p_{10}-m_1 I_{10}^2 R_1=p_{Fe}+p_{mec} \tag{6-7}$$

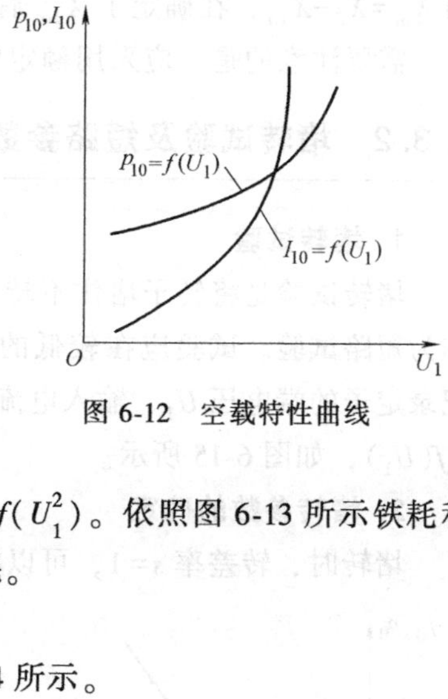

图 6-12 空载特性曲线

因 $p_{Fe}\propto U_1^2$，而 p_{mec} 与 U_1 无关，把不同电压下的 $p_{Fe}+p_{mec}$ 以端电压二次方为横坐标绘制成曲线，即 $p_{Fe}+p_{mec}=f(U_1^2)$。依照图 6-13 所示铁耗和机械损耗的关系，即可分离额定电压下的铁耗和机械损耗。

3. 励磁参数的确定

空载运行时，转子呈开路状态，其等效电路如图 6-14 所示。

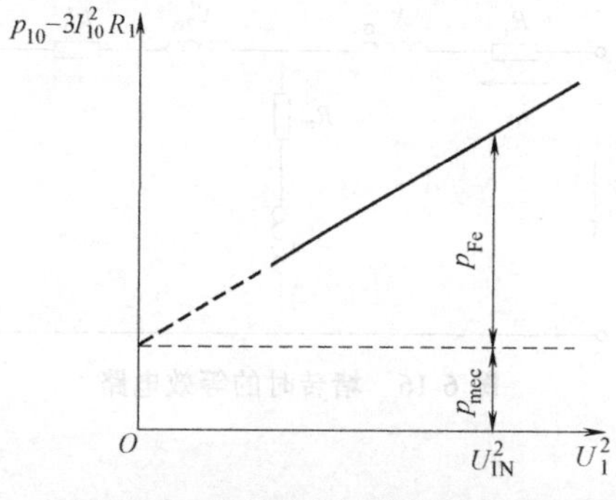

图 6-13 铁耗和机械损耗的关系

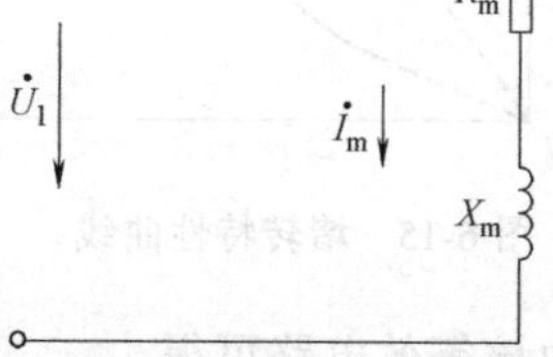

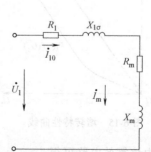

图 6-14 空载运行时的等效电路

由该电路可知

$$\frac{U_1}{I_{10}}=Z_0=Z_{1\sigma}+Z_m \tag{6-8}$$

$$R_0=\frac{p_{10}}{m_1 I_{10}^2} \tag{6-9}$$

$$X_0=\sqrt{Z_0^2-R_0^2} \tag{6-10}$$

式中，U_1 为定子相电压；I_{10} 为定子相电流；m_1 为定子相数；p_{10} 为输入功率；$X_0=X_{1\sigma}+X_m$；$R_0=R_1+R_m$，R_1 为定子每相电阻，可用电桥进行实测。

已知额定电压下的铁耗 p_{Fe}，即可求得励磁电阻 R_m 为

$$R_m=\frac{p_{Fe}}{m_1 I_{10}^2} \tag{6-11}$$

因 $X_m=X_0-X_{1\sigma}$，在确定了 $X_{1\sigma}$ 后才可求得励磁电抗。

需要注意的是，应采用额定电压下测得的 p_{10} 和 I_{10} 计算励磁参数。

6.3.2 堵转试验及短路参数

1. 堵转试验

堵转试验是将转子堵住不转，即在 $n=0$ 的情况下进行。电动机堵转时电流很大，也称为短路试验。试验应在较低的电压下进行，一般从 $U_1\approx0.4U_{1N}$ 开始，逐渐降低电压，记录定子的端电压 U_1、输入电流 I_{1k} 和输入功率 p_{1k}，绘制堵转特性曲线 $I_{1k}=f(U_1)$ 和 $p_{1k}=f(U_1)$，如图 6-15 所示。

2. 堵转参数的确定

堵转时，转差率 $s=1$，可以将感应电动机等效为图 6-16 所示的等效电路。

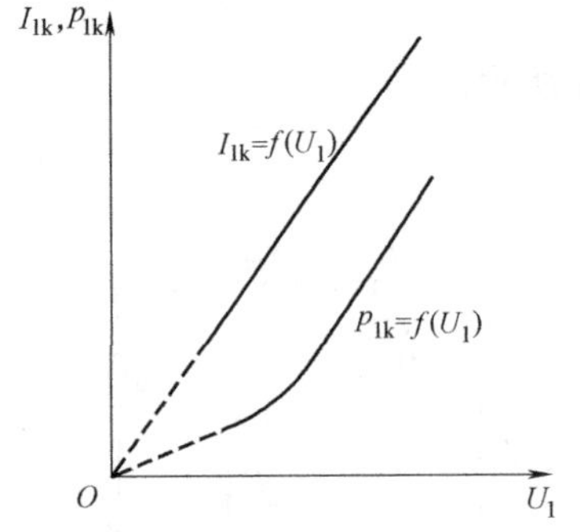

图 6-15　堵转特性曲线

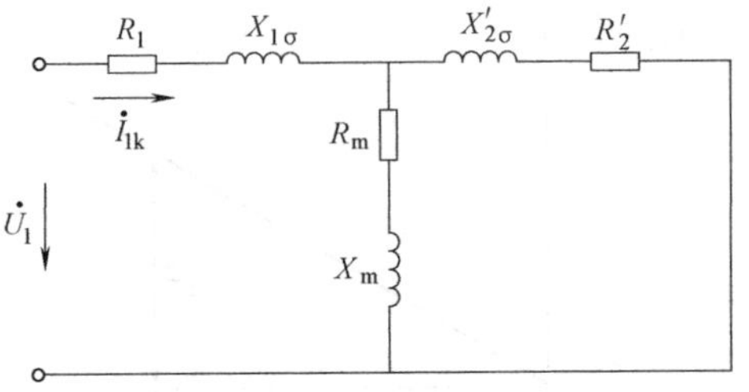

图 6-16　堵转时的等效电路

由该等效电路可得

$$\begin{cases}Z_k=\dfrac{U_1}{I_{1k}}\\R_k=\dfrac{p_{1k}}{m_1I_{1k}^2}\\X_k=\sqrt{Z_k^2-R_k^2}\end{cases}\tag{6-12}$$

式中，Z_k、R_k、X_k 分别为堵转时的阻抗、电阻和电抗；U_1 为定子相电压；I_{1k} 为定子相电流；m_1 为定子相数。

由于堵转试验时转子静止不动，不输出机械效率，所以输入的功率都用来供给感应电动机的损耗。因外加电压很低，铁耗可略去不计，$R_m=0$，则有

$$Z_k=R_1+jX_{1\sigma}+\frac{jX_m(R_2'+jX_{2\sigma}')}{R_2'+j(X_m+X_{2\sigma}')}=R_k+jX_k\tag{6-13}$$

解得

$$\begin{cases}R_k=R_1+R_2'\dfrac{X_m{}^2}{R_2'^2+(X_m+X_{2\sigma}')^2}\\X_k=X_{1\sigma}+X_m\dfrac{R_2'^2+X_{2\sigma}'^2+X_{2\sigma}'X_m}{R_2'^2+(X_m+X_{2\sigma}')^2}\end{cases}\tag{6-14}$$

为简化计算，假定 $X_{1\sigma}=X_{2\sigma}'$，并利用 $X_0=X_m+X_{1\sigma}=X_m+X_{2\sigma}'$，则

$$\begin{cases}R_k=R_1+R_2'\dfrac{(X_0-X_{1\sigma})^2}{R_2'^2+X_0^2}\\X_k=X_{1\sigma}+(X_0-X_{1\sigma})\dfrac{R_2'^2+X_{1\sigma}X_0}{R_2'^2+X_0^2}\end{cases}\tag{6-15}$$

将式（6-15）中第二式两端同时乘以 $R_2'^2+X_0^2$，经整理后得到

$$\frac{(X_0-X_{1\sigma})^2}{R_2'^2+X_0^2}=\frac{X_0-X_k}{X_0}\tag{6-16}$$

联立上述四式可得

$$R_2'=(R_k-R_1)\frac{X_0}{X_0-X_k}\tag{6-17}$$

由 X_0、X_k 和 R_k 可算出 R_2'，可得

$$X_{1\sigma}=X_{2\sigma}'=X_0-\sqrt{\frac{X_0-X_k}{X_0}(R_2'^2+X_0{}^2)}\tag{6-18}$$

对于中、大型感应电动机，由于 X_m 很大，$X_m>>Z_2'$，可将励磁支路去掉，则其堵转时的近似等效电路如图 6-17 所示。

由该等效电路可得

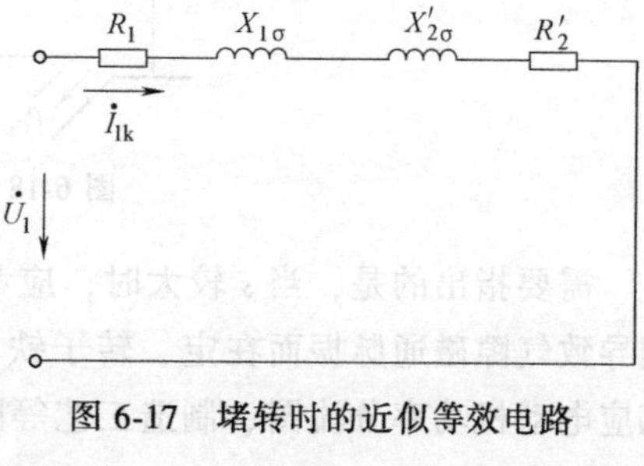

图 6-17 堵转时的近似等效电路

$$\begin{cases} R_2' = R_k - R_1 \\ X_{1\sigma} = X_{2\sigma}' = \dfrac{X_k}{2} \end{cases} \tag{6-19}$$

上述计算方法将感应电动机等效为一个简单电路，短路参数计算大为简化。但对小型感应电动机按上述方法确定参数时误差较大。

需要指出的是，在感应电动机正常工作范围内，$X_{1\sigma}$、$X_{2\sigma}$ 基本为常数。但当电流较额定值高出很多时（如起动时），漏磁路的铁磁部分高度饱和，使漏磁阻变大、漏抗变小，电动机起动时定、转子漏抗将比正常工作时小 15%～35%。所以在进行堵转试验时通常确定三种情况下电动机的漏抗：当求工作特性时，应采用额定电流时的参数，即用$I_{1k}=I_{1N}$ 时的 p_{1k} 和 U_1 计算短路参数；当求最大转矩时，应采用（2～3）倍额定电流时的参数，即用 $I_{1k}=(2\sim3)I_{1N}$ 时的 p_{1k} 和 U_1 计算短路参数；当求起动特性时，应采用额定电压时的 p_{1k} 和 I_{1k} 计算短路参数。分别采用不同饱和程度的漏抗值，可使计算结果更接近实际情况。

6.4 功率关系、功率方程和转矩方程

感应电动机从外部电源吸收电能，经电磁作用转换为转子轴上的机械能。本节将依据等效电路分析其能量关系，推出功率方程和转矩方程。

6.4.1 功率关系

感应电动机是一种单边励磁电机，所需功率全部由定子侧提供。感应电动机从电源输入的电功率为 P_1，对应的定子电流为 I_1。由等效电路可见，扣除定子绕组的铜耗 p_{Cu1}，再扣除定子铁耗 p_{Fe}，就是电磁功率 P_e，电磁功率借助于气隙磁场由定子传递到转子。因 s 很小，转子铁耗忽略不计，从电磁功率中扣除转子铜耗 p_{Cu2}，得到总机械功率 P_Ω，从 P_Ω 中再扣除机械损耗 p_{mec} 和杂散损耗 p_{ad} 即为电动机轴上输出的机械功率。其功率分流图如图 6-18 所示。

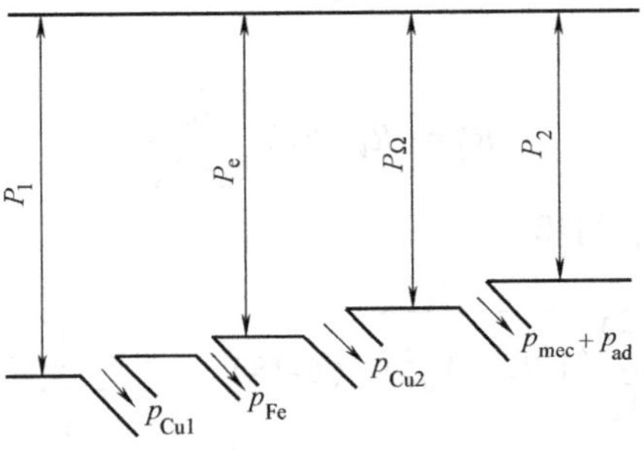

图 6-18　感应电动机功率分流图

需要指出的是，当 s 较大时，应考虑转子铁耗。杂散损耗 p_{ad} 主要是由于定、转子开槽导致气隙磁通脉振而在定、转子铁心中产生的附加损耗，与气隙大小及图 6-18 所示的感应电动机功率分流图、制造工艺等因素有关，很难准确计算，一般按经验公式估算。对

小型电动机，$p_{ad}=(1\%\sim3\%)\ P_2$；对大型电动机，$p_{ad}=0.5\%P_2$。

6.4.2 功率方程

根据上述功率转换过程，可得到感应电动机的功率方程式如下：

$$\begin{cases}P_e=P_1-p_{Cu1}-p_{Fe}\\P_\Omega=P_e-p_{Cu2}\\P_2=P_\Omega-p_{mec}-p_{ad}\end{cases}\tag{6-20}$$

其中，

$$\begin{cases}P_1=m_1U_1I_1\cos\varphi_1\\p_{Cu1}=m_1I_1^2R_1\\p_{Fe}=m_1I_m^2R_m\\p_{Cu2}=m_1I_2'^2R_2'\\P_\Omega=m_1I_2'^2\dfrac{1-s}{s}R_2'\end{cases}\tag{6-21}$$

式中，m_1 为定子相数；I_1 为定子相电流；I_2'为归算后的转子电流；$\cos\varphi_1$ 为定子功率因数。

输入功率 P_1 减去电阻 R_1 和 R_m 上消耗的功率 p_{Cu1} 和 p_{Fe} 应等于电阻 R_2'/s 上消耗的功率，即 $P_1-p_{Cu1}-p_{Fe}=m_1I_2'^2(R_2'/s)$，可知该功率即为电磁功率 P_e，所以电磁功率的表达式为

$$P_e=P_1-p_{Cu1}-p_{Fe}=m_1I_2'^2\frac{R_2'}{s}\tag{6-22}$$

从图 6-18 还可得 $P_e-p_{Cu2}=m_1I_2'^2[(1-s)/s]/R_2'$。由式（6-21）可知，该功率就是总机械功率。所以在参数及转速一定（即转差率 s 一定）的情况下，利用等效电路计算出各电流，就可计算出各功率。

由于 $p_{Cu2}=m_1I_2'^2R_2',P_e-p_{Cu2}=(1-s)m_1I_2'^2\dfrac{R_2'}{s}$

可以得到如下的功率方程：

$$\begin{cases}p_{Cu2}=sP_e\\P_\Omega=(1-s)P_e\end{cases}\tag{6-23}$$

式（6-23）表明，电磁功率的 s 部分转换为转子铜耗，$1-s$ 部分转换为机械功率。转子铜耗等于电磁功率与转差率的乘积，也称为转差功率。转差率越大，电磁功率消耗在转子铜耗上的比例就越大。因此，感应电动机正常运行时的转差率通常设计得很小（$s=0.01\sim0.05$），以提高运行效率。

6.4.3 转矩方程

已知功率方程 $P_\Omega=P_2+p_0$，两端同除以机械角速度 Ω，即得到转矩方程

$$T_e = T_2 + T_0 \tag{6-24}$$

式中，T_e 为电磁转矩，$T_e = \dfrac{P_\Omega}{\Omega}$；$T_2$ 为输出转矩，$T_2 = \dfrac{P_2}{\Omega}$；$T_0$ 为空载转矩，$T_0 = \dfrac{p_{mec} + p_{ad}}{\Omega}$。

由于 $P_\Omega = (1-s)P_e$，$\Omega = (1-s)\Omega_s$，所以

$$\frac{P_\Omega}{\Omega} = \frac{P_e}{\Omega_s} = T_e \tag{6-25}$$

式（6-25）表明，电磁转矩既等于电磁功率除以同步角速度 Ω_s，也等于总机械功率除以转子的机械角速度。用总机械功率求电磁转矩时，应除以机械角速度；用电磁功率求电磁转矩时，则应除以同步角速度，这是因为电磁功率是通过气隙旋转磁场传到转子的功率，而旋转磁场的转速为同步转速。

6.5 感应电机的电磁转矩及工作特性

电磁转矩是感应电机的重要物理量，下面分别推出其物理、参数和实用三种表达形式，其中参数表达式即为机械特性。

6.5.1 电磁转矩的物理表达式

因为电磁功率 $P_e = m_1 E_2' I_2' \cos\varphi_2$，$E_2' = \sqrt{2}\pi f_1 N_1 k_{W1} \Phi_m$，$I_2' = \dfrac{m_2 k_{W2} N_2}{m_1 k_{W1} N_1} I_2$，$\Omega_s = \dfrac{2\pi f_1}{p}$，电磁转矩可表示为

$$T_e = \frac{P_e}{\Omega_s} = \left(\frac{1}{\sqrt{2}} p m_2 N_2 k_{W2}\right) \Phi_m I_2 \cos\varphi_2 = C_T \Phi_m I_2 \cos\varphi_2 \tag{6-26}$$

式中，$C_T = \dfrac{1}{\sqrt{2}} p m_2 N_2 k_{W2}$；$m_1$、$m_2$ 分别为定、转子绕组的相数；$N_1 k_{W1}$、$N_2 k_{W2}$ 分别为定、转子绕组的有效匝数。

式（6-26）即为物理表达式，它表明，感应电机的电磁转矩与气隙合成磁场的磁通量 Φ_m 及转子电流的有功分量 $I_2\cos\varphi_2$ 成正比。

6.5.2 机械特性

式（6-26）为电磁转矩的物理表达式，虽然其物理概念清晰，但没有明确地表示出电磁转矩与转差率之间的关系。下面将推导电磁转矩的参数表达式，即机械特性。

根据感应电动机等效电路，并设 $\dot{c} \approx 1 + X_{1\sigma}/X_m = c$，可得电磁转矩为

$$T_e = \frac{P_e}{\Omega_s} = \frac{1}{\Omega_s} m_1 I_2'^2 \frac{R_2'}{s} = \frac{m_1}{\Omega_s} \frac{U_1^2 \dfrac{R_2'}{s}}{\left(R_1 + c\dfrac{R_2'}{s}\right)^2 + (X_{1\sigma} + cX_{2\sigma}')^2} \tag{6-27}$$

若感应电机的外加电压、极对数、角频率、相数和等效电路参数已知，则式（6-27）唯一地表达了电磁转矩和转差率之间的函数关系，用曲线表示，称为转矩—转差率（T_e-s）曲线，又称为机械特性，如图 6-19 所示。当 $s<0$ 时，为发电机运行状态，此时电磁转矩为负，对原动机起制动作用；当 $s=0$ 时，电磁转矩为零，此时转子的转速为同步转速，转子感应电动势和电流都为零；当 $0<s<1$ 时，为电动机运行状态；当 $s>1$ 时，为电磁制动状态。

在图 6-19 所示的转矩—转差率曲线中，有两个对感应电机运行非常重要的转矩参数，一个是最大转矩 T_{max}，另一个是起动转矩 T_{st}。最大转矩和起动转矩是表征感应电机性能的重要指标，下面分别介绍。

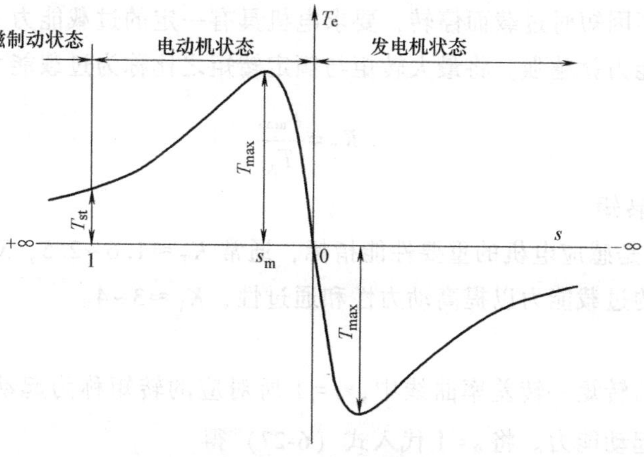

图 6-19 感应电机转矩—转差率曲线

1. 最大转矩

电机正常运行时，只要负载所需的转矩不超过感应电机的最大转矩，电机就可以短时过载运行。

如果负载转矩大于最大转矩，电机将停转，因此最大转矩表征了感应电机带负载的能力。为了求取最大转矩，可将式（6-27）对 s 求导数，且令 $\dfrac{dT_e}{ds}=0$，即可求出产生最大转矩时的转差率

$$s_m = \pm \frac{cR'_2}{\sqrt{R_1^2+(X_{1\sigma}+cX'_{2\sigma})^2}} \tag{6-28}$$

式中，s_m 称为临界转差率；“+”号对应电动机运行状态，“-”号对应发电机运行状态。

将式（6-28）代入式（6-27）得

$$T_{max} = \pm \frac{m_1}{\Omega_s} \frac{U_1{}^2}{2c[\pm R_1+\sqrt{R_1{}^2+(X_{1\sigma}+cX'_{2\sigma})^2}]} \tag{6-29}$$

式中，T_{max} 为最大转矩；“+”号对应电动机运行状态，“-”号对应发电机运行状态。

当 $R_1 \ll X_{1\sigma}+X'_{2\sigma}$，$c\approx 1$ 时，可得到如下简化公式：

$$\begin{cases} s_m \approx \pm \dfrac{R'_2}{X_{1\sigma}+X'_{2\sigma}} \\ T_{max} \approx \pm \dfrac{m_1 U_1{}^2}{2\Omega_s(X_{1\sigma}+X'_{2\sigma})} \end{cases} \tag{6-30}$$

从式（6-30）可得出以下结论；

1）当电机参数及电源频率不变时，最大转矩与电源电压的二次方成正比，临界转差率与电源电压无关。

2）当电源电压和频率不变时，最大转矩和临界转差率均与 $X_{1\sigma}+X'_{2\sigma}$ 成反比。

3）最大转矩与转子电阻无关，而临界转差率与转子电阻成正比。

为保证电机不因短时过载而停转，要求电机具有一定的过载能力。电机的最大转矩越大，其短时过载能力就越强。将最大转矩与额定转矩之比称为过载能力，用 K_T 表示为

$$K_T = \frac{T_{max}}{T_N} \tag{6-31}$$

式中，T_N 为额定转矩。

过载能力 K_T 是感应电机的重要性能指标，通常 $K_T \approx 1.6 \sim 2.5$，对于电动汽车用感应电机，需要较大的过载能力以提高动力性和通过性，$K_T \approx 3 \sim 4$。

2. 起动转矩

在感应电机的转矩—转差率曲线中，$s=1$ 所对应的转矩称为起动转矩，用 T_{st} 表示，它反映了电机的起动能力。将 $s=1$ 代入式（6-27）得

$$T_{st} = \frac{m_1}{\Omega_s} \frac{U_1{}^2 R'_2}{(R_1+cR'_2)^2+(X_{1\sigma}+cX'_{2\sigma})^2} \tag{6-32}$$

由式（6-32）可以看出，增大转子电阻，起动转矩增大。对绕线转子感应电机，在转子电路中串入附加电阻可以改变起动转矩。如串入的电阻值使 $s_m=1$，则起动转矩与最大转矩相等，由式（6-28）可得此时转子回路总电阻为

$$R'_2+R'_{st} = \frac{1}{c}\sqrt{R_1{}^2+(X_{1\sigma}+cX'_{2\sigma})^2} \tag{6-33}$$

式中，R'_{st} 为串入转子每相回路的起动电阻归算到定子侧的值。

由以上分析可得出下述结论：

1）当参数及电源频率不变时，起动转矩与电源电压的二次方成正比。

2）当电源频率和电压不变时，定、转子漏抗越大则起动转矩越小。

3）对于绕线转子感应电机，在转子回路中串入适当电阻可提高起动转矩。

对于笼型感应电机，由于转子回路闭合，无法串入电阻，不能采用串电阻的方法提高起动转矩，因此在进行电机设计时必须保证起动转矩。通常将起动转矩与额定转矩的比值称为起动转矩倍数，用 K_{st} 表示为

$$K_{st} = \frac{T_{st}}{T_N} \tag{6-34}$$

对于一般笼型感应电机，K_{st} 为 2 左右；对于电动汽车用感应电机，$K_{st}=3\sim4$。

6.5.3 电磁转矩的实用表达式

上述 T_e-s 曲线是用电机参数表示的，而这些参数在产品目录中查不到，因此用参数表达式难以绘制机械特性且计算十分不便。下面推出较为实用的电磁转矩表达式，即简化的转矩—转差率曲线。

电磁转矩与最大转矩表达式之比为

$$\frac{T_e}{T_{max}}=\frac{2c\left[R_1+\sqrt{R_1^{\ 2}+(X_{1\sigma}+cX'_{2\sigma})^2}\right]\dfrac{R'_2}{s}}{\left(R_1+c\dfrac{R'_2}{s}\right)^2+(X_{1\sigma}+cX'_{2\sigma})^2} \tag{6-35}$$

由 $s_m=\dfrac{cR'_2}{\sqrt{R_1^{\ 2}+(X_{1\sigma}+cX'_{2\sigma})^2}}$ 得 $\sqrt{R_1^{\ 2}+(X_{1\sigma}+cX'_{2\sigma})^2}=\dfrac{cR'_2}{s_m}$，代入式（6-35）整理得

$$\frac{T_e}{T_{max}}=\frac{2cR'_2\left(R_1+c\dfrac{R'_2}{s_m}\right)}{s\left[\left(\dfrac{cR'_2}{s_m}\right)^2+\left(\dfrac{cR'_2}{s}\right)^2+\dfrac{2cR_1R'_2}{s}\right]}=\frac{2\left(\dfrac{R_1}{cR'_2}s_m+1\right)}{\dfrac{s}{s_m}+\dfrac{s_m}{s}+2\dfrac{R_1}{cR'_2}s_m} \tag{6-36}$$

由于 s_m 和 R_1 很小，若忽略 $2\dfrac{R_1s_m}{cR'_2}$ 不计，则

$$\frac{T_e}{T_{max}}=\frac{2}{\dfrac{s}{s_m}+\dfrac{s_m}{s}} \tag{6-37}$$

式（6-37）为电磁转矩的简化计算公式，或称为电磁转矩的实用表达式。T_{max} 和临界转差率 s_N 可由产品目录查到，也可用下述方法计算。通常在产品目录中会给出电机的额定功率 P_N、额定转速 n_N 和过载能力 K_T，据此可求出额定转矩 $T_N=9.55P_N/n_N$，进而求出最大转矩 $T_{max}=K_TT_N$，将 T_{max}、s_N、T_N 代入实用表达式，解出 s_m，此时式（6-37）中只有 T_e 和 s 两个未知数，给出一系列 s，可求出相应的 T_e，得到转矩—转差率曲线。

感应电机的效率特性可扫二维码进行学习。

6.6 感应电机的调速

效率特性

6.6.1 调速方法简介

由三相异步电机转速公式可知，改变供电频率 f、电机的极对数 p 及转差率 s 均可达到改变转速的目的。

从调速的本质来看，不同的调速方式无非是改变交流电机的同步转速或不改变同步转速两种。在工业生产中广泛使用不改变同步转速的调速方法，主要有绕线转子电机的转子串联电阻调速、斩波调速、串级调速以及应用电磁转差离合器、液力偶合器、油膜离合器等调速。在电动汽车上，改变同步转速的方法更为常用，例如改变定子电源频率的变频调

速等，理论上也可以采用改变定子极对数的变极调速。

从调速时的能耗观点来看，有高效调速方法与低效调速方法两种：

1）高效调速时转差率不变，因此不增加转差损耗，如变极调速、变频调速以及能将转差损耗回收的调速方法（如串级调速等）。

2）有转差损耗的调速方法属低效调速，如转子串电阻调速方法，能量就损耗在转子回路中；还有电磁离合器的调速方法，部分能量损耗在离合器线圈中；此处还有液力偶合器调速，能量损耗在液力偶合器的油中。一般来说转差损耗随调速范围扩大而增加，假如调速范围不大，能量损耗是很小的。

1. 变极调速方法

这种调速方法是用改变定子绕组的接线方式来改变笼型电机定子极对数达到调速目的，特点如下：

1）具有较硬的机械特性，稳定性良好。

2）不增加转差损耗，效率高。

3）接线简单、控制方便、价格低。

4）有级调速，级差较大，不能获得平滑调速。

5）可以与调压调速、电磁转差离合器配合使用，获得较高效率的平滑调速特性。

本方法适用于不需要无级调速的生产机械，如金属切削机床、升降机、起重设备、风机、水泵等。

2. 串级调速方法

串级调速是指绕线转子异步电机转子回路中串进可调节的附加电动势来改变电机的转差，达到调速的目的。大部分转差功率被串进的附加电动势所吸收，再利用产生附加电动势的装置，把吸收的转差功率返回电网或转换能量加以利用。根据转差功率吸收利用方式，串级调速可分为电机串级调速、机械串级调速及晶闸管串级调速，多采用晶闸管串级调速，其特点如下：

1）可将调速过程中的转差损耗回馈到电网或生产机械上，效率较高。

2）装置容量与调速范围成正比，投资省，适用于调速范围在额定转速 70%～90% 的生产机械上。

3）调速装置故障时可以切换至全速运行，避免停产。

4）晶闸管串级调速功率因数偏低，谐波影响较大。

本方法适合在风机、水泵及轧钢机、矿井提升机、挤压机上使用。

3. 转子串电阻调速方法

绕线转子异步电机转子串进附加电阻，使电机的转差率加大，电机在较低的转速下运行。串进的电阻越大，电机的转速越低。此方法设备简单、控制方便，但转差功率以发热的形式消耗在电阻上，属有级调速，机械特性较软。

当改变电机的定子电压时，可以得到一组不同的机械特性曲线，从而获得不同转速。由于电机的转矩与电压二次方成正比，最大转矩下降很多，其调速范围较小，使一般笼型电机难以应用。为了扩大调速范围，调压调速应采用转子电阻值大的笼型电机，如专供调压调速用的力矩电机，或者在绕线转子电机上串联频敏电阻。为了扩大稳定运行范围，当调速在 2∶1 以上的场合应采用反馈控制，以达到自动调节转速的目的。

4. 外电压调压调速方法

外电压调压调速的主要装置是一个能提供电压变化的电源，常用的调压方式有串联饱和电抗器、自耦变压器以及晶闸管调压等几种，其中晶闸管调压方式为最佳。调压调速的特点如下：

1）调压调速电路简单，易实现自动控制。

2）调压过程中转差功率以发热形式消耗在转子电阻中，效率较低。

调压调速一般适用于 100kW 以下的工业电机。

5. 电磁调速电机调速方法

电磁调速电机由笼型电机、电磁转差离合器和直流励磁电源（控制器）三部分组成。直流励磁电源功率较小，通常由单相半波或全波晶闸管整流器组成，改变晶闸管的导通角，可以改变励磁电流的大小。

电磁转差离合器由电枢、磁极和励磁绕组三部分组成。电枢和磁极没有机械联系，都能自由转动。电枢与电机转子同轴联接，称为主动部分，由电机带动；磁极用联轴器与负载轴对接，称为从动部分。当电枢与磁极均为静止时，如励磁绕组通以直流电流，则沿气隙圆周表面将形成若干对 N、S 极性交替的磁极，其磁通经过电枢。当电枢随拖动电机旋转时，电枢与磁极间相对运动，因而使电枢感应产生涡流，此涡流与磁通相互作用产生转矩，带动有磁极的转子按同方向旋转，但其转速恒低于电枢的转速。这是一种转差调速方式，变动转差离合器的直流励磁电流，便可改变离合器的输出转矩和转速。电磁调速电机的调速特点如下：

1）装置结构及控制电路简单、运行可靠、维修方便。

2）调速平滑、无级调速。

3）对电网无谐波影响。

4）效率低。

本方法适用于中小功率、要求短时低速运行的生产机械。

6. 液力偶合器调速方法

液力偶合器是一种液力传动装置，一般由泵轮和涡轮组成。液力偶合器的动力传输能力与壳内相对充液量的大小是一致的。在工作过程中，改变充液率就可以改变液力偶合器的涡轮转速，实现无级调速，其特点如下：

1）功率适应范围大，可满足从几十千瓦至数千千瓦不同功率的需要。

2）结构简单、工作可靠、使用及维修方便、造价低。

3）尺寸小、能容大。

4）控制调节方便，能轻易实现自动控制。

本方法适用于风机、水泵的调速。

7. 变频调速方法

变频调速是改变电机定子电源的频率，从而改变其同步转速的调速方法。变频调速系统的主要设备是提供变频电源的变频器，变频器可分成交流-直流-交流变频器和交流-交流变频器两大类，目前国内大都使用第一类变频器。变频调速特点如下：

1）效率高，调速过程中没有附加损耗。

2）应用范围广，可用于笼型异步电机。

3）调速范围大，特性硬，精度高。

4）技术复杂，造价高，维护、检验困难。

本方法适用于要求精度高、调速性能较好的场合，尤其在电动汽车、电梯和工业电机上，应用极为普遍。下面对这一调速方法进行具体介绍。

6.6.2 变频调速方法

感应电机工作时，同步转速 n_s 与频率 f_1 成正比变化，转子转速随之改变。改变电源频率，可以平滑地调节电机的转速，实现无级调速，并得到很大的调速范围，所以变频调速具有良好的调速性能。

在变频调速时，通常希望电动机的主磁通 Φ_m 保持不变。若 Φ_m 增大，则引起磁路过饱和，励磁电流将大大增加，导致功率因数降低；若 Φ_m 减小，输出功率随之下降，电动机容量得不到充分利用。

忽略定子漏阻抗压降时，感应电机定子侧的电压平衡方程式近似为

$$U_1 \approx E_1 = 4.44 f_1 N_1 K_{W1} \Phi_m$$

当 f_1 变化时，为保证主磁通 Φ_m 不变，应使定子端电压随电源频率成正比变化。即

$$\frac{U_1}{f_1} = 4.44 N_1 K_{W1} \Phi_m = 常数 \tag{6-38}$$

电机的最大转矩
$$T_{max} = \frac{m_1}{2\Omega} \frac{U_1^2}{X_{1\sigma}+X'_{2\sigma}} = K\frac{U_1^2}{f_1^2}$$

额定转矩应为

$$T_N = \frac{T_{max}}{K_T} = K\frac{U_1{}^2}{f_1^2 K_T} \tag{6-39}$$

式中，$K = \dfrac{m_1 p}{8\pi^2 \ (L_{1\sigma}+L'_{2\sigma})}$。

由此可得变频前后电磁转矩之比为

$$\frac{T'_e}{T_e} = \left(\frac{U'_1{}^2}{U_1{}^2}\right)\left(\frac{f_1{}^2}{f'_1{}^2}\right)\left(\frac{K_T}{K'_T}\right) \tag{6-40}$$

若变频前后电机的过载能力不变，则 $K_T = K'_T$，定子电压应按照下列规律进行调节：

$$\frac{U'_1}{U_1} = \frac{f'_1}{f_1}\sqrt{\frac{T'_e}{T_e}} \tag{6-41}$$

式中，U'_1 和 T'_e 表示频率为 f'_1 时的电压和转矩；U_1 和 T_e 表示频率为 f_1 时的电压和转矩。

在实际生产中，根据各种生产机械的不同要求，常采用恒转矩变频调速和恒功率变频调速两种方法。下面分别讨论它们所对应的电压调节规律。

1. 恒转矩变频调速

恒转矩变频调速是指整个调速过程中电机的输出转矩维持恒定，即 $T_e = T'_e$。由

式（6-38）和式（6-41）可得

$$\frac{U_1'}{f_1'}=\frac{U_1}{f_1}=常数 \tag{6-42}$$

即电机供电电压与频率成正比，气隙磁通中 Φ_m 保持不变。由 $T_{max}=K(U_1/f_1)^2=C$ 可知，恒转矩变频调速时电机的最大转矩保持不变，其机械特性如图 6-20 所示。

2. 恒功率变频调速

所谓恒功率变频调速是指整个调速过程中电机的输出功率维持恒定。若要使调速前后电机的输出功率不变，有

$$P_e=T_e\Omega_s=T_e'\Omega_s'=C \tag{6-43}$$

因为 $\Omega_s=2\pi f_1/p$ 与频率成正比，将之代入式（6-43）得 $T_e'f_1'=T_ef_1$，再将之代入式（6-41）得

$$\frac{U_1'}{\sqrt{f_1'}}=\frac{U_1}{\sqrt{f_1}}=C \tag{6-44}$$

由此可见，在恒功率变频调速时应保持 $U_1/\sqrt{f_1}=C$，但因不满足 $U_1/\sqrt{f_1}=$常值，所以电动机的磁通 Φ_m 将改变，最大转矩将随频率的上升而下降，其机械特性如图 6-21 所示。

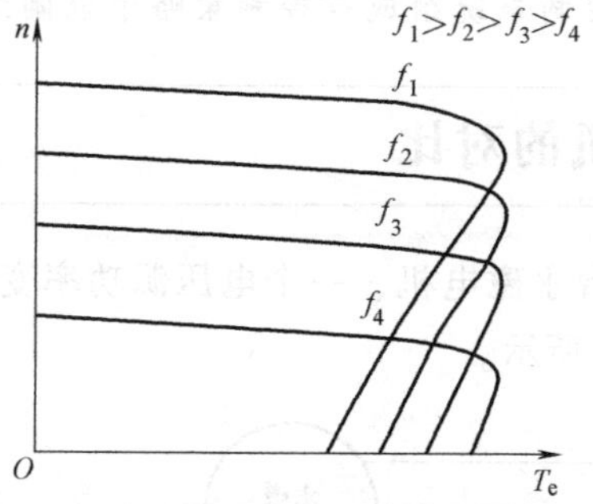

图 6-20　恒转矩变频调速时的机械特性

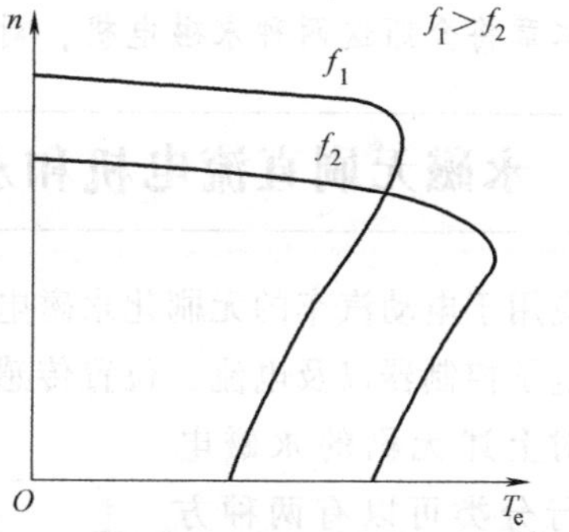

图 6-21　恒功率变频调速时的机械特性

变频调速具有优异的调速性能，其缺点是必须有专用变频电源，且变频器输出电压和电流波形中往往带有高次谐波，对电机的运行产生一些不良影响。

思 考 题

1. 试利用转差率公式分析感应电机的运行状态。
2. 感应电机等效电路有哪几种？
3. 感应电机带额定负载运行时，如果电压突然下降，将会产生什么后果？试分析其原因。
4. 若感应电机出现下列情况，其输出转矩如何变化？

（1）转子内阻增加一倍；

（2）定子频率增加一倍。

5. 笼型电机额定电压下起动时，为什么起动电流成倍增加起动转矩却没有成倍增加？
6. 试分析将星形联结的感应电机切换为三角形联结时的电机转速、转矩变化情况。

第7章

汽车永磁电机

前几章介绍的电机成型较早，在《电机学》教材中已有系统的介绍，可以视之为传统的电机。与此相对应的，后面将要介绍的永磁无刷直流电机、永磁同步电机、开关磁阻电机等常被归类于特种电机。

丰富的稀土资源为我国发展永磁电机提供了天然优势，研究和开发高性能永磁驱动电机对我国电动汽车实用化和产业化非常有益，同时汽车永磁电机在结构和效率上的显著优势，成为了新一代电动汽车的最佳选择。前面已经介绍的永磁直流电机带有集电器和电刷，可靠性较差，只能作为低成本的低速电动汽车使用。无刷的永磁电机根据输入电机的电流不同可分为两类，一类是永磁无刷直流电机（BLDC），另一类是永磁同步电机（PMSM）。由于永磁交流电机没有电刷、换向器或集电环，因此也可统称为永磁无刷电机。本章将介绍这两种永磁电机，对其本体结构、控制系统组成和控制策略予以阐述。

7.1 永磁无刷直流电机和永磁同步电机的对比

应用于电动汽车的无刷化永磁电机系统包括一台永磁电机、一个电压源功率变换器、一个电子控制器以及电流、位置传感器等，如图7-1所示。

对上述无刷的永磁电机进行分类可以有两种方法，按照电机本体的反电动势来分或者按照控制器输入的电流来分。这两种方法都可以将无刷的永磁电机分为正弦波永磁电机（永磁同步电机，PMSM）和方波永磁电机（永磁无刷直流电机，BLDC）。

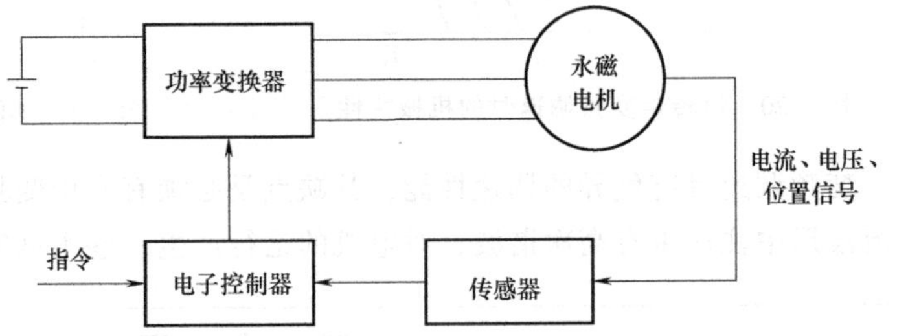

图7-1 永磁电机系统组成

表面来看，BLDC和PMSM的基本结构是相同的：

1）它们都是永磁电机，转子基本结构由永磁体组成，定子安放有多相交流绕组。

2）都是由永久磁铁转子和定子的交流电流相互作用产生电机的转矩。

3）绕组中的定子电流必须与转子位置反馈同步。

4）转子位置反馈信号可以来自转子位置传感器，或者像一些无传感器控制方式那样通过检测电机相绕组的反电动势等方法得到。

虽然永磁同步电机和永磁无刷直流电机的本体结构基本相同，但它们也有着明显的区别，具体区别如下：

1）反电动势不同。通常 PMSM 具有正弦波反电动势，而 BLDC 具有梯形或方波反电动势。

2）定子绕组分布不同。PMSM 采用短距分布绕组，有时也采用分数槽或正弦绕组，以进一步减小转矩脉动；而 BLDC 一般采用整距集中分数槽绕组。

图 7-2 给出了永磁无刷直流电机（本田 insight）和永磁同步电机（丰田 prius）结构对比图。

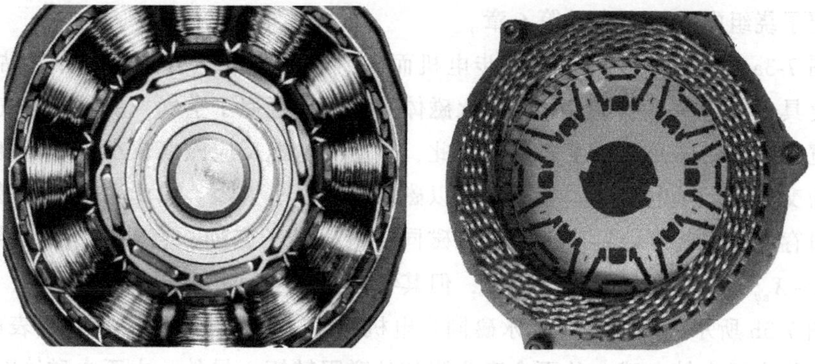

a） b）

图 7-2 永磁无刷直流电机和永磁同步电机对比

a）永磁无刷直流电机 b）永磁同步电机

3）运行电流不同。为产生恒定电磁转矩，PMSM 为正弦波定子电流；BLDC 为矩形波电流。

4）永磁体形状不同。PMSM 永磁体形状呈抛物线形，在气隙中产生的磁密尽量呈正弦波分布，非均匀气隙等手段也可以实现上述功能；BLDC 永磁体形状呈瓦片形，在气隙中产生的磁密呈梯形波分布。

5）运行方式不同。PMSM 采用三相同时工作，每相电流相差 120°电角度，要求有位置传感器，需要精确的位置角度信号。BLDC 采用绕组两两导通的方式，每相导通 120°电角度，每 60°电角度换相，只需要换相点位置检测信号。

6）调制方式不同。PMSM 通常采用 PWM 脉宽调制技术，而 BLDC 大多采用成本较低的电流滞环控制。

理论上讲，永磁同步电机的反电动势和供电电流波形均是正弦波；永磁无刷直流电机的反电动势和供电电流波形均是方波。但实际上，两者的区分并没有这么明显。为了降低高次谐波，现在的永磁无刷直流电机的反电动势也与正弦波近似，反电动势为方波的电机使用正弦波电流驱动也可以正常运行。

7.2 永磁同步电机的基本结构与原理

7.2.1 永磁同步电机的基本结构

永磁同步电机的基本结构如图 7-3b 所示，主要包含一个装有三相电枢绕组的定子和一个装有永磁磁极的转子。与感应电机相比，由于不存在笼条和端环，永磁同步电机结构相对简单。另外，由于转子的附加热损耗较小，因而该类电机一般不需要在转子或者转轴上安装强制风冷风扇。

按照转子永磁体磁路结构的不同，永磁同步电机的转子可以分为表面式转子、内置式转子、爪极式转子和盘式转子四种，其中表面式转子又可以分为表贴式和表面嵌入式两种。内置式转子又可以分为径向式、切向式（辐条式）和混合式三种。转子结构如图 7-3 所示，而定子绕组的有关内容见第 6 章。

对于图 7-3a 所示的表贴式永磁同步电机而言，永磁体用环氧树脂黏合剂黏贴在转子表面，因此具备制造简单的优点。由于永磁体的磁导率近似于空气，所以有效气隙宽度是实际气隙宽度与永磁体径向厚度之和。因此，相应的电枢反应磁场较小且定子绕组电感也较小。因为交直轴定子电感基本相同，所以磁阻转矩几乎为零。除此之外，永磁体在进行高速运行时存在飞出的可能性。表贴式永磁同步电机转子交轴、直轴磁路中磁导率相近，故一般 $X_{ad} \approx X_{aq}$，虽然其磁极是凸出的，但其特性接近于隐极式同步电机。

对于图 7-3b 所示的表面嵌入式永磁同步电机而言，永磁体被镶嵌在转子表面。因此，交轴电感变得大于直轴电感，从而会产生附加的磁阻转矩。另外，由于永磁体镶嵌在转子上，所以该电机比表贴式电机具有更好的机械完整性，从而可承受高速运行时的离心力。表面嵌入式永磁同步电机转子直轴磁路中永磁体的磁导率很小，X_{ad} 较小，故一般 X_{ad} <

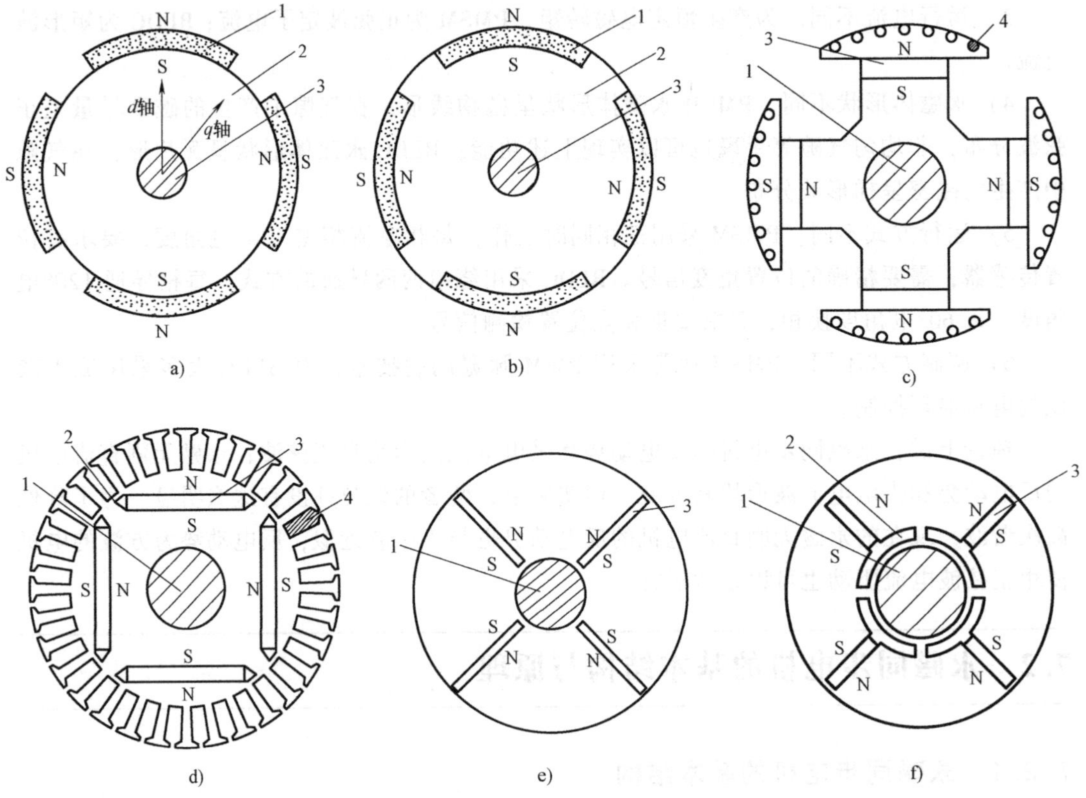

图 7-3　永磁同步电机转子拓扑

（1、2、3、4 的注释见下页）

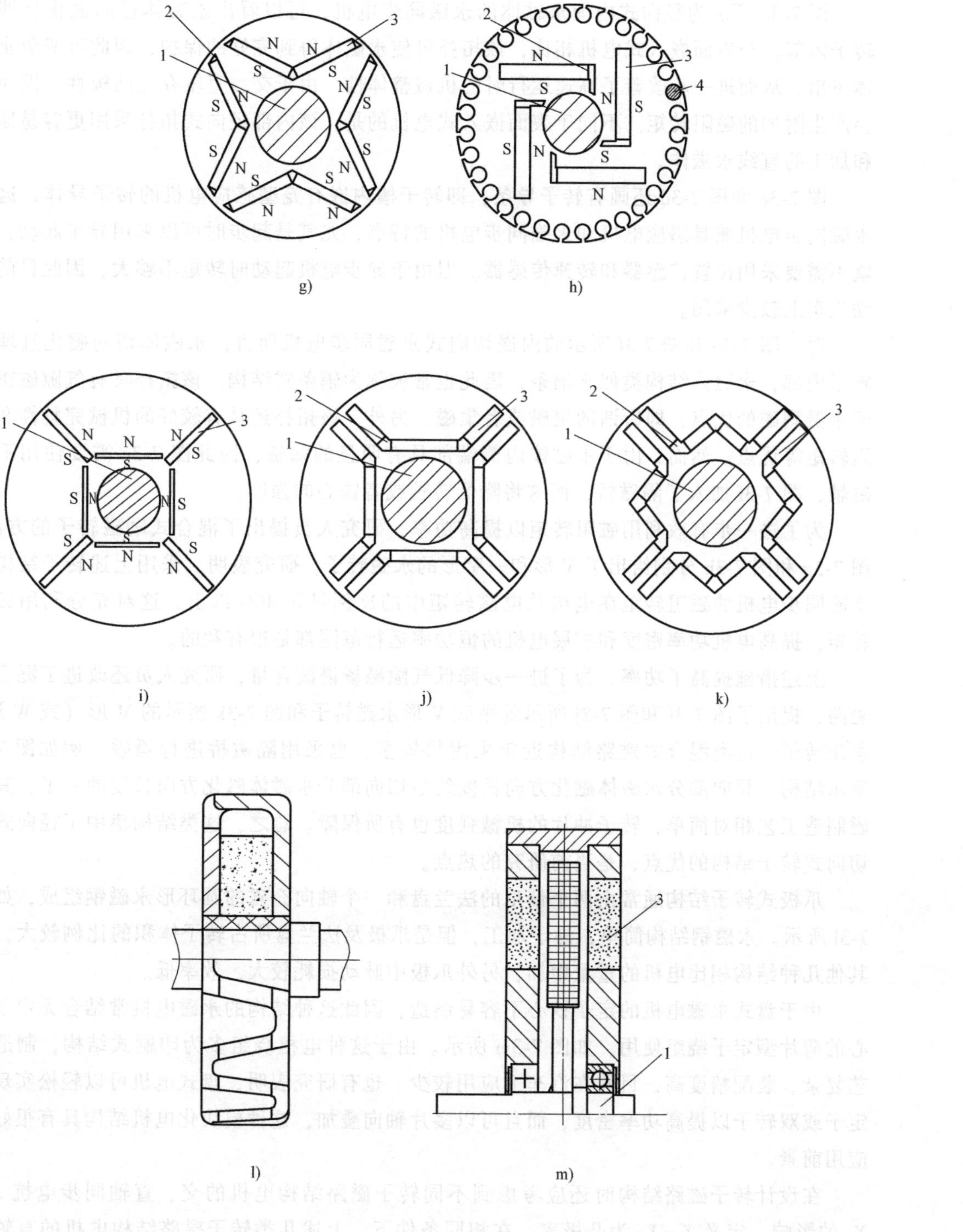

图 7-3 永磁同步电机转子拓扑（续）

1—转轴 2—永磁体槽 3—永磁体 4—转子导条

X_{aq}，特性接近于凸极式同步电机，但分析时应注意其异于电励磁凸极同步电动机的特点。

图 7-3c 所示为径向式内埋永磁体的永磁同步电机，可以看出永磁体径向磁化且埋于转子内部。与表面嵌入式电机相比，该拓扑可使永磁体得到完好的保护，因此可避免永磁体飞出，从而进一步改善了高速运行时的机械整体性。由于交、直轴存在凸极性，因而也会产生附加的磁阻转矩。不同于表面嵌入式电机的是，该内部径向式拓扑采用更容易插入和加工的直线永磁体。

图 7-3c 和图 7-3d 还画有转子导条，即转子槽内嵌有笼型感应电机的转子导体，这种永磁同步电机兼具感应电机和永磁同步电机的特点，尤其是起步时可以采用异步起动，这就不需要采用位置传感器和转速传感器。但由于异步电机起动时转矩不够大，因此目前电动汽车上较少采用。

对于图 7-3e 和图 7-3f 所示的内嵌切向式永磁同步电机而言，永磁体切向磁化且埋在转子内部，永磁体结构类似于辐条，因此也常被称为辐条式结构。该拓扑具有气隙磁密高于永磁剩磁的优点，即所谓的聚磁或者集磁。另外，该拓扑还具有较好的机械完整性和磁阻转矩等优点。然而，由于永磁体内侧端部具有明显的漏磁，因此图 7-3e 需要使用不导磁轴，图 7-3f 加入了隔磁桥，而这将降低转轴或者铁心的强度。

为了进一步有效利用磁阻转矩以提高功率，研究人员提出了混合式励磁转子的方法。图 7-3g 和图 7-3h 分别给出了 V 形和一字形的永磁转子。研究表明，采用上述转子结构的永磁同步电机的磁阻转矩在电机总电磁转矩中的比例可达 40% 以上，这对充分利用磁阻转矩，提高电机功率密度和扩展电机的恒功率运行范围都是很有利的。

上述措施提高了功率，为了进一步降低气隙磁场谐波含量，研究人员还改进了混合式磁路，提出了图 7-3i 和图 7-3j 所示的平底 V 形永磁转子和图 7-3k 所示的 M 形（或 W 形）永磁转子。这类混合式磁路结构近年来用得较多，也采用隔磁桥进行隔磁。例如图 7-3j 所示结构，径向部分永磁体磁化方向长度约是切向部分永磁体磁化方向长度的一半，其隔磁制造工艺相对简单，转子冲片的机械强度也有所保障。总之，这类结构集中了径向式和切向式转子结构的优点，是当前研究的热点。

爪极式转子结构通常由两个带爪的法兰盘和一个轴向充磁的圆环形永磁钢组成，如图 7-3l 所示。永磁钢结构简单，易于加工，但是爪极及法兰盘所占转子体积的比例较大，与其他几种结构相比电机的重量增加，另外爪极中脉动损耗较大，效率低。

由于盘式永磁电机的定子铁心不容易制造，因此这种结构的永磁电机常结合无定子铁心的薄片型定子绕组使用，如图 7-3m 所示。由于这种电枢绕组多为印刷式结构，制造工艺复杂，装配精度高，目前在汽车上应用较少。也有研究表明，盘式电机可以轻松实现双定子或双转子以提高功率密度，而且可以多片轴向叠加，这种模块化电机结构具有很好的应用前景。

在设计转子磁路结构时还应考虑到不同转子磁路结构电机的交、直轴同步电抗 X_d、X_q 的影响。定义 X_d/X_q 为凸极率。在相同条件下，上述几类转子磁路结构电机的直轴同步电抗 X_d 相差不大，但它们的交轴同步电抗 X_q 却相差较大。切向式转子结构电机的 X_q 最大，径向式转子结构电机的 X_q 次之。

由于磁路结构和尺寸多种多样，X_d、X_q 的大小需要根据所选定的结构和具体尺寸运用电磁场数值计算求得。较大的 X_q 和凸极率可以提高电机的牵入同步能力、磁阻转矩和电机的过载倍数，因此设计高过载倍数的电机时可充分利用大的凸极率所产生的磁阻转矩。

切向式转子结构的隔磁措施一般采用非磁性转轴或在转轴上加隔磁铜套，这使得电机的制造成本增加，制造工艺变得复杂。近年来，人们研制出了采用空气隔磁加隔磁桥的新技术，取得了一定的效果。但转子的机械强度显得不足，电动机可靠性下降。永磁同步电机转子的隔磁桥如图 7-4 所示。

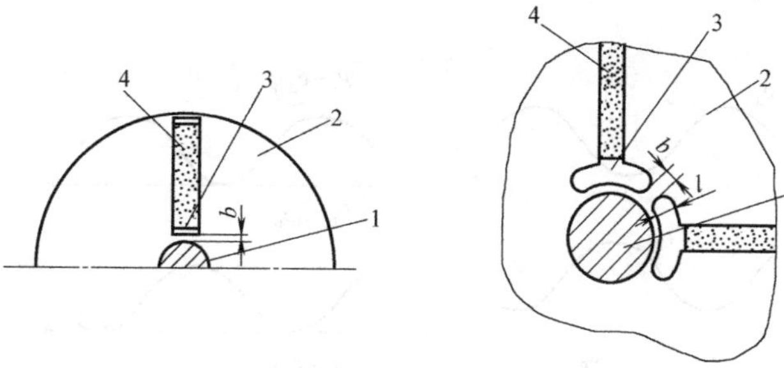

图 7-4　永磁同步电机转子的隔磁桥

1—转轴　2—转子铁心　3—永磁体槽　4—永磁体

图 7-4 隔磁桥宽度 b 越小，该部位磁阻便越大，越能限制漏磁通。但是 b 过小将使冲片机械强度变差，并缩短冲模的使用寿命。隔磁桥长度 l 也是一个关键尺寸，计算结果表明，如果隔磁桥长度不能保证一定的尺寸，即使磁桥宽度小，磁桥的隔磁效果也将明显下降。但过大的 l 将使转子机械强度下降、制造成本提高。

上述内转子永磁同步电机拓扑很容易拓展到外转子电机。外转子永磁同步电机的工作原理与内转子电机相同。外转子电机拓扑尤其适用于轮毂电机。因为相应的外转子可以具有较大的直径，从而可以容纳较多数量的永磁极数，因而具有低转速大转矩直驱能力。

7.2.2　永磁同步电机的工作原理

永磁同步电机的工作原理是基于正弦波反电动势和正弦波电枢电流之间的相互作用。永磁同步电机具有平衡的三相正弦分布的气隙磁通和正弦分布的电枢绕组。感应出的三相反电动势波形可以表示为

$$e_a = E_m \sin(\omega t) \tag{7-1}$$

$$e_b = E_m \sin(\omega t - 120°) \tag{7-2}$$

$$e_c = E_m \sin(\omega t - 240°) \tag{7-3}$$

式中，E_m 是反电动势幅值；ω 是角频率。

为了正常运行，电机输入如下的三相平衡正弦电流

$$i_a = I_m \sin(\omega t - \phi) \tag{7-4}$$

$$i_b = I_m \sin(\omega t - 120° - \phi) \tag{7-5}$$

$$i_c = I_m \sin(\omega t - 240° - \phi) \tag{7-6}$$

式中，I_m 是电流幅值；ϕ 为相电流和反电动势之间的相位差。

因此，如图 7-5 所示，转换的电功率为

$$P_c = e_a i_a + e_b i_b + e_c i_c = \frac{3E_m I_m}{2}\cos\phi \tag{7-7}$$

因此，该永磁同步电机产生的转矩为

$$T_e = \frac{P_c}{\omega_r} = \frac{3E_m I_m}{2\omega_r}\cos\phi \tag{7-8}$$

在给定速度 ω_r 时，转矩值恒定。显然，通过将电枢电流和反电动势的相位差控制为零，可以将转矩最大化。

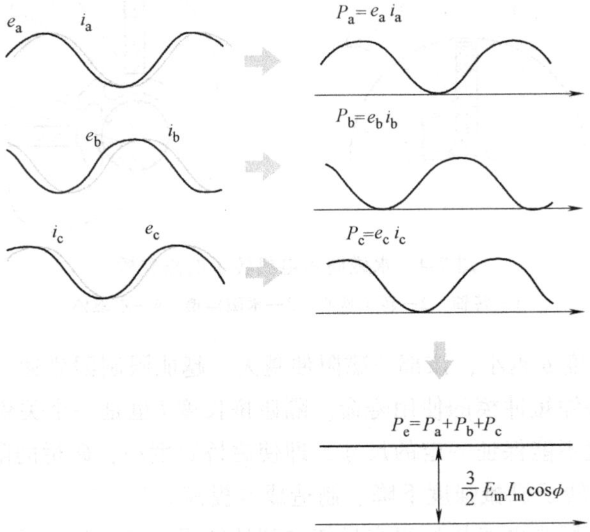

图 7-5　永磁同步电机功率生成机理

7.2.3　永磁同步电机的数学模型

永磁同步电机电枢磁动势的基波对气隙磁场的影响称为电枢反应，电枢反应的性质取决于电枢磁动势和主磁场在空间的相对位置。为了更好地分析电机在电枢反应影响下的电机性能，永磁同步电机倾向于采用 d-q 坐标变换进行建模，这样方便于使用双反应理论分析电机性能。

双反应理论是在电枢磁动势 F_a 作用于交、直轴间的任意位置时，将之分解成直轴分量 F_{ad} 和交轴分量 F_{aq}，先分别求出直、交轴电枢反应，最后再把它们的效果叠加起来分析。由前述结构分析可以知道，凸极同步电机 $X_d>X_q$，隐极同步电机 $X_d=X_q$。

分析理论模型时，为了简化分析，常常将三相静止坐标系向两相静止坐标系变换，即 Clarke 变换。定义定子电流空间矢量 $\boldsymbol{i}_s$ 为

$$\boldsymbol{i}_s = \sqrt{\frac{2}{3}}(\boldsymbol{i}_a + a\boldsymbol{i}_b + a^2\boldsymbol{i}_c) \tag{7-9}$$

式中，算子 $a=e^{j2\pi/3}$、$a^2=e^{j4\pi/3}$。

定子电流空间矢量的实轴为 α 轴，与定子绕组的 A 相轴线 as 重合，虚轴为 β 轴，超

前 α 轴 90°电角度，如图 7-6 所示。Clarke 变换（Clarke's transformation）的电流关系和变换矩阵为

$$\begin{pmatrix} i_\alpha \\ i_\beta \end{pmatrix} = T_{ABC\to\alpha\beta}\begin{pmatrix} i_A \\ i_B \\ i_C \end{pmatrix} = \sqrt{\frac{3}{2}}\begin{pmatrix} 1 & -\frac{1}{2} & -\frac{1}{2} \\ 0 & \frac{\sqrt{3}}{2} & -\frac{\sqrt{3}}{2} \end{pmatrix}\begin{pmatrix} i_A \\ i_B \\ i_C \end{pmatrix} \tag{7-10}$$

式中，i_α、i_β 分别为 α、β 轴电流。

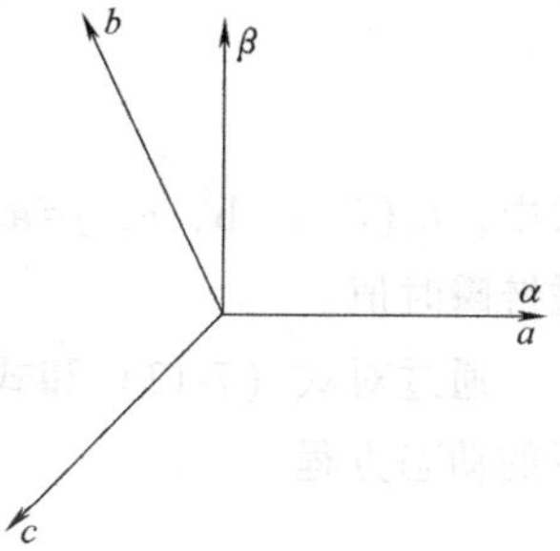

图 7-6 不同坐标系之间的关系

矢量控制中采用转子磁场定向控制，设定永磁体磁场 N 极所指方向为直轴（d 轴），按照电机旋转方向超前直轴 90°电角度的轴线为交轴（q 轴），构成两相旋转坐标系，如图 7-7 所示。图中，定子电流空间矢量与直轴之间的夹角为转矩角 β，永磁体等效励磁电流为 i_f。

将两相静止坐标系变换到两相旋转坐标系，称为 Park 变换（Park's transformation，又叫派克变换），电流关系和变换矩阵为

$$\begin{pmatrix} i_d \\ i_q \end{pmatrix} = T_{\alpha\beta\to dq}\begin{pmatrix} i_\alpha \\ i_\beta \end{pmatrix} = \begin{pmatrix} \cos\theta & \sin\theta \\ -\sin\theta & \cos\theta \end{pmatrix}\begin{pmatrix} i_\alpha \\ i_\beta \end{pmatrix} \tag{7-11}$$

式中，i_d、i_q 分别为 d、q 轴电流。

上述变换关系同样适用于电压与磁链，为满足变换前后功率不变，两相坐标系下每相绕组的匝数为原三相坐标系下每相绕组有效匝数的$\sqrt{3/2}$倍。利用上述两种坐标变换矩阵，可以建立永磁同步电机两相旋转坐标系下的数学模型。

图 7-8 所示为三相永磁同步电机的基本模型，其中，A 相最大磁动势方向被选为定子参考轴。永磁磁通方向被选为转子坐标系的 d 轴。转子 q 轴与定子轴在空间上的夹角定义为 θ。d-q 坐标系以 $\omega_e = d\theta/dt$ 速度旋转，而定子轴在空间上固定。

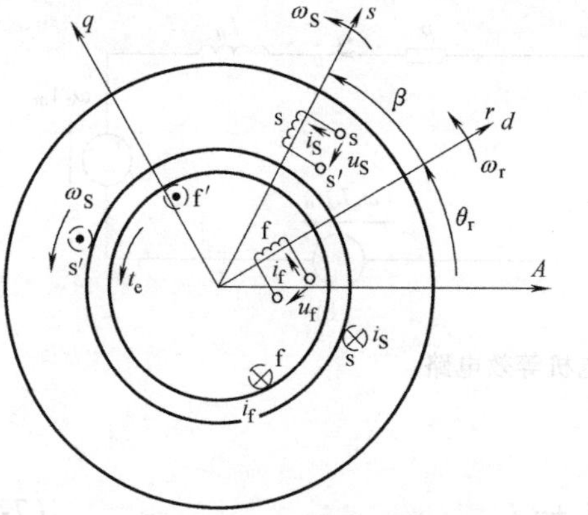

图 7-7 三相同步电机等效物理模型

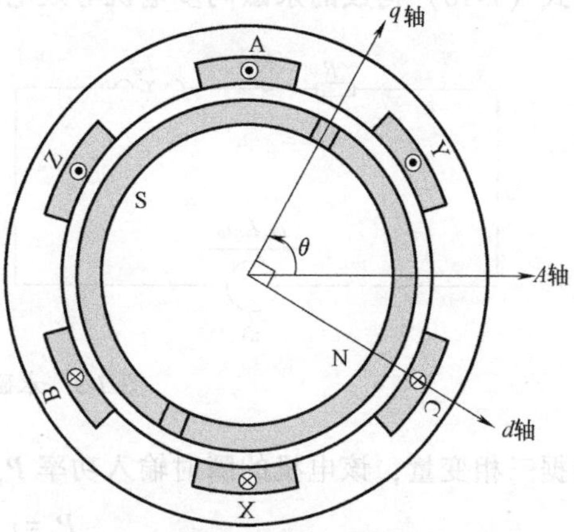

图 7-8 三相永磁同步电机的基本模型

假设电压、电流和反电动势均为正弦，而磁饱和、涡流和磁滞损耗均忽略不计，永磁同步电机模型的动态方程可以用相变量表示为

$$\begin{cases}v_a=Ri_a+p\lambda_a\\v_b=Ri_b+p\lambda_b\\v_c=Ri_c+p\lambda_c\end{cases}\tag{7-12}$$

式中，v_a、v_b、v_c 为三相定子电压瞬时值；i_a、i_b、i_c 为三相定子电流瞬时值；R 为电枢电阻；三相磁链瞬时值 λ_a、λ_b、λ_c 可以表示为

$$\begin{cases}\lambda_a=L_{aa}i_a+L_{ab}i_b+L_{ac}i_c+\lambda_{ma}\\\lambda_b=L_{ab}i_a+L_{bb}i_b+L_{bc}i_c+\lambda_{mb}\\\lambda_c=L_{ac}i_a+L_{bc}i_b+L_{cc}i_c+\lambda_{mc}\end{cases}\tag{7-13}$$

式中，L_{ij}(i=a、b、c，j=a、b、c）为包含 θ 角的对称互感；λ_{ma}、λ_{mb}、λ_{mc} 为三相永磁磁链瞬时值。

通过对式（7-12）和式（7-13）中的电压、电流和磁链进行 Park 变换，可以得到如下的动态方程

$$\begin{cases}v_d=Ri_d+p\lambda_d-\omega_e\lambda_q\\v_q=Ri_q+p\lambda_q+\omega_e\lambda_d\end{cases}\tag{7-14}$$

式中，p 是微分算子；ω_e 是转子电角速度；v_d 和 v_q 分别是定子电压的 d 轴和 q 轴分量；i_d 和 i_q 分别是定子电流的 d 轴和 q 轴分量；λ_d 和 λ_q 分别是磁链的 d 轴和 q 轴分量，可以表示为

$$\begin{cases}\lambda_d=L_di_d+\lambda_m\\\lambda_q=L_qi_q\end{cases}\tag{7-15}$$

式中，L_d 和 L_q 分别是 d 轴和 q 轴同步电感；λ_m 为永磁磁链。把式（7-15）代入式（7-14）得

$$\begin{cases}v_d=(R+pL_d)i_d-\omega_eL_qi_q\\v_q=(R+pL_q)i_q+\omega_eL_qi_d+\omega_e\lambda_m\end{cases}\tag{7-16}$$

由式（7-16）构成的永磁同步电机等效电路如图 7-9 所示。

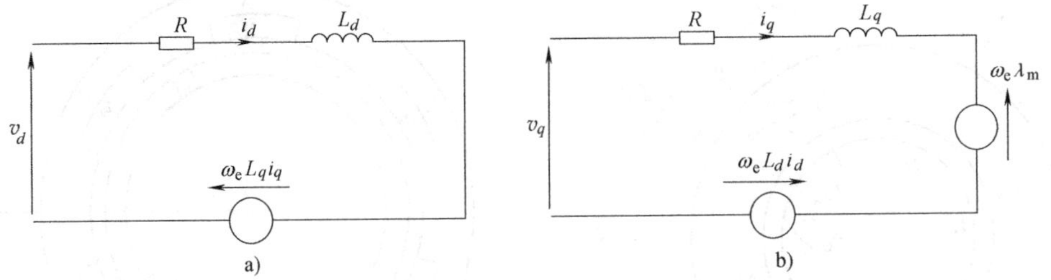

图 7-9　永磁同步电机等效电路

根据三相变量，该电机的瞬时输入功率 P_i 为

$$P_i=v_ai_a+v_bi_b+v_ci_c\tag{7-17}$$

上式可以用 d 轴和 q 轴的变量改写为

$$P_i=\frac{3}{2}(v_di_d+v_qi_q)\tag{7-18}$$

输出功率 P_o 可以通过用式（7-16）中的相关电压和式（7-15）中的相关磁链替换式（7-18）中的 v_d 和 v_q 得到

$$P_o=\frac{3}{2}(-\omega_e L_q i_q i_d+\omega_e L_d i_d i_q+\omega_e \lambda_m i_q) \tag{7-19}$$

因此，所产生的转矩 T_e 是输出功率除以机械转速 $\omega_r=\dfrac{\omega_e}{p_n}$，得到

$$T_e=\frac{3}{2}p_n[\lambda_m i_q+(L_d-L_q)i_q i_d] \tag{7-20}$$

式中，p_n 为极对数，λ_m 为永磁磁链。

由式（7-20）可见，输出转矩由两部分组成。第一部分是永磁磁链和 q 轴电枢电流产生的永磁转矩，而第二部分是 d 轴和 q 轴电感差产生的磁阻转矩。

同步电机的转矩和电磁功率除了可用电动势、电枢电流以及它们之间的夹角来表示外，还可以用便于计算、调节和更能显示电机内部物理过程的一些物理量来表示，即励磁电动势 E_0、端电压 U 和功率角 δ 等。

功率角是外接电压 U 与感应电动势 E_0 之间的夹角，物理意义是合成等效磁极与转子磁极之间的夹角。

根据电机的向量分析图可以推导得到电机的电磁功率：

$$P_e=m\frac{E_0U}{X_d}\sin\delta+m\frac{U^2}{2}\left(\frac{1}{X_q}-\frac{1}{X_d}\right)\sin 2\delta \tag{7-21}$$

功率表达式说明在恒定励磁和恒定电网电压（即 $U=C$、$E_0=C$）时，电磁功率的大小只取决于功率角。

对于隐极式同步发电机，内阻 $r_a \ll X_d$，可以忽略 r_a。可以推导出

$$P_e=P_{e1}=m\frac{E_0U}{X_d}\sin\delta$$

即当 $\delta=90°$ 时，电磁功率达到最大值。P_{e1} 称为基本电磁功率。

对于凸极式同步发电机，电磁功率包含 $P_{e2}=m\dfrac{U^2}{2}\left(\dfrac{1}{X_q}-\dfrac{1}{X_d}\right)\sin 2\delta$ 分量，P_{e2} 称为附加电磁功率，亦称为磁阻功率。在隐极同步电机中附加电磁功率等于零。发电机运行时，总的电磁功率在 δ 为 45°~90°之间达到最大值 P_{max}，如图 7-10 所示。

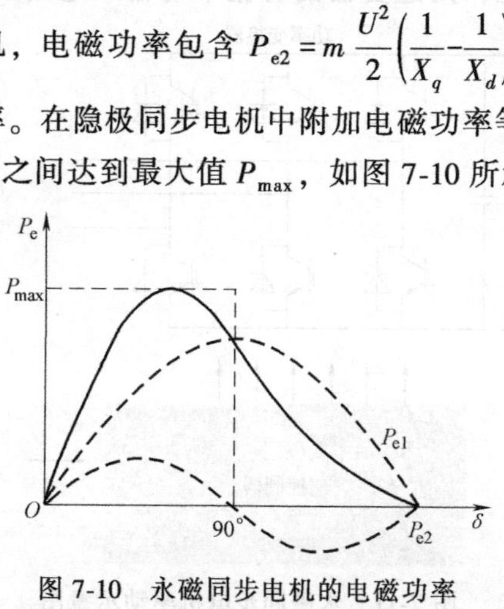

图 7-10 永磁同步电机的电磁功率

7.3 永磁同步电机的控制技术

7.3.1 永磁同步电机变换器及控制策略

永磁同步电机可以采用感应电机的复杂控制策略，如磁场定向控制（FOC）和直接转矩控制（DTC）。其中FOC已经广泛用于电动汽车永磁同步电机控制中。不同于感应电机，永磁同步电机采用不可控的永磁磁场励磁。为了实现电动汽车巡航时的恒功率运行，永磁同步电机需要采用弱磁控制。另一方面，为了避免位置传感器所带来的昂贵的成本，因此无位置传感器控制已被大量应用于永磁同步电机。因此，本节将对这三种常见控制策略进行探讨。

1. 变换器

电动汽车动力系统要求电机驱动具有四象限运行能力，即正转电动、正转制动、反转电动、反转制动。四象限定义和相应的转矩—转速特性见表7-1。正转制动在本质上可以捕获制动能量，从而给电动汽车电池充电，进而可以使每次充电的行驶距离增加10%。

表7-1 四象限运行状态表

运行能力	象限	转矩	转速
正转电动	Ⅰ	正	正
反转制动	Ⅱ	正	负
反转电动	Ⅲ	负	负
正转制动	Ⅳ	负	正

图7-11所示的是永磁同步电机或者直流电机驱动示意图，其中，输入电压是电池电压 V_{dc}；直流输入电流是双向的；电机转速依赖于定子频率；极性取决于相序。当电机驱动在第Ⅰ象限做正转电动运行时，转矩和转速均为正，因而逆变器的输入、输出功率均为正。因此，若电池电压为正，则逆变器的直流平均输入电流必须为正。因为电机转速为

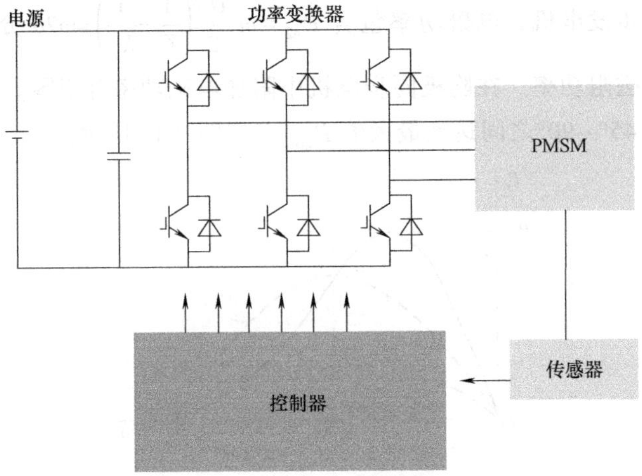

图7-11 永磁同步电机驱动示意图

正，所以定子绕组的相序为正，即 A-B-C。当电机在第Ⅳ象限做正转制动时，转速为正而转矩为负，从而输入、输出功率均为负。因此，制动能量对电池充电，故平均直流输入电流为负。因为电机转速仍然为正，所以定子相序为正。除了电机转速为负和相应的定子相序为负（A-C-B）外，第Ⅲ和第Ⅱ象限运行分别类似于第Ⅰ和第Ⅳ象限运行。永磁同步电机四象限运行的直流输入电流和定子交流相序见表 7-2。

表 7-2　四象限运行时的直流电流和定子交流相序

运行能力	象限	直流电流	交流相序
正转电动	Ⅰ	正	正
反转制动	Ⅱ	负	负
反转电动	Ⅲ	正	负
正转制动	Ⅳ	负	正

2. 控制策略

电动汽车永磁同步电机工作时的功率逆变器拓扑与感应电机驱动相同，采用电压源型全桥拓扑。逆变器必须执行输出电压及电流的幅值、频率和相位等指令。目前，永磁同步电机的转矩控制策略主要分为以下三种：变压变频控制（variable voltage and variable frequency，VVVF）、矢量控制（vector control，VC）和直接转矩控制（direct torque control，DTC）。

（1）变压变频控制　变压变频控制又称为恒压频比控制，是永磁同步电机转矩控制策略中最简单的一种，属于开环、标量控制，仅控制电机定子电压信号的幅值。该方法的本质在于控制电机反电动势的幅值（E）和频率（f）比值一定，从而保证定子磁链不变，使得电机的磁通（Φ）保持恒定。由于反电动势较难检测，在较高转速时，通常忽略定子电阻和电感上压降，近似利用电机端电压（U）代替反电动势。永磁同步电机变压变频控制结构框图如图 7-12a 所示。

图 7-12a 中，系统根据当前给定转速（n_{ref}），得到定子端期望的电压，通过 PWM 脉宽调制技术，控制逆变器输出的电压幅值和频率保持一定的比值。当电机低速运行时，需要考虑电阻和电感上压降和逆变器死区的影响，应适当抬高电压幅值以补偿压降，如图 7-12b 所示。图中，当电机工作在额定频率（f_N）以上时，达到额定电压幅值（U_N）不能再升高，随着频率上升，电机工作在弱磁状态。

变压变频控制的优点在于控制简单，易于软件编程；缺点是控制系统没有引入电流和转速反馈量，转矩响应慢，速度控制性能差，负载突变时容易造成电机失步，常用于一些简单的变频器中，如风机、泵类和纺织机等场合。

（2）直接转矩控制　直接转矩控制是在 1986—1988 年日本 I. Takahashi 教授和德国鲁尔大学的 M. Depenbrock 教授提出的，是继矢量变换控制之后又一全新的电机控制策略。直接转矩控制是直接对电机的电磁转矩进行控制，要求实际转矩与给定转矩相等。通过选择合适的空间电压矢量，控制定子磁链的运动，达到快速控制电磁转矩的目的。相比于矢量控制，直接转矩控制的系统结构简单，转矩响应更快，受电机参数变化影响更小。

直接转矩控制是在定子坐标系下，直接控制电机的电磁转矩和定子磁链，通过观测器

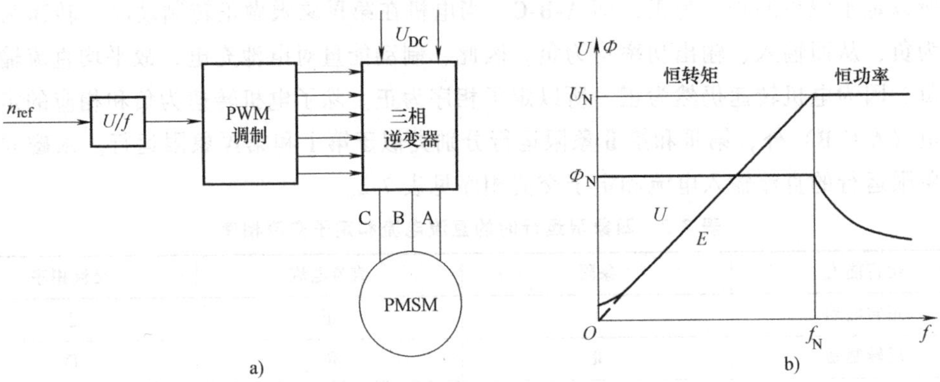

图 7-12 永磁同步电机变压变频控制

a）控制结构框图 b）控制特性曲线

观测实际的电磁转矩和定子磁链，与给定值相比较，通常采用转矩和磁链双滞环控制，以获得较快的响应速度，三相逆变器的开关状态由转矩误差、磁链误差和磁链所在扇区共同决定。永磁同步电机直接转矩控制原理框图如图 7-13 所示。由于系统采用滞环控制，存在开关频率不固定和转矩脉动较大的问题，国内外学者对此做出了大量的研究。

直接转矩控制策略提出以后，受到了人们的广泛关注。1995 年，瑞士 ABB 公司推出通用变频器 ACS600 首次针对异步电机采用直接转矩控制。1996 年，南京航空航天大学胡育文教授团队与澳大利亚新南威尔士大学合作，优化改进了永磁同步电机直接转矩控制策略。

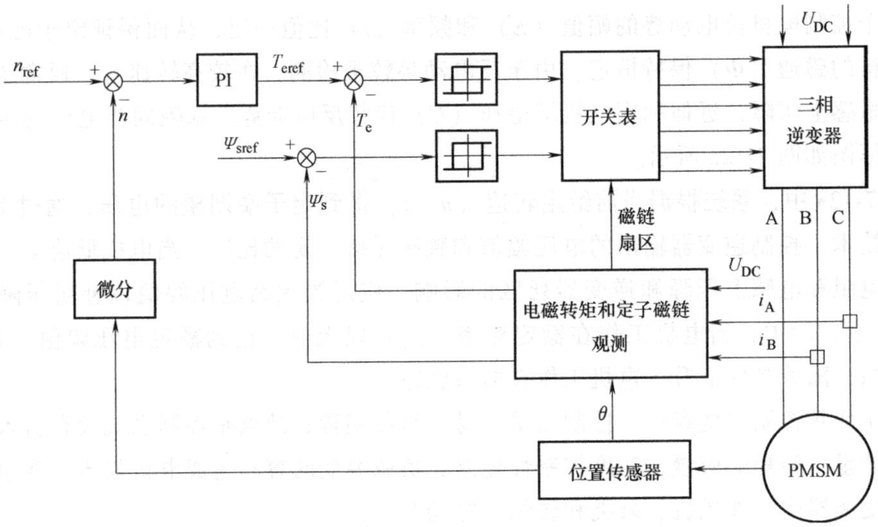

图 7-13 永磁同步电机直接转矩控制原理框图

(3) 矢量控制 在空间矢量调制策略中，三相电压量（v_a、v_b、v_c）首先被合成为一个空间电压矢量，然后又被分解为任意两个相邻有效矢量，即六个有效矢量 $\overline{V}_1$（100）、$\overline{V}_2$（110）、$\overline{V}_3$（010）、$\overline{V}4$（011）、$\overline{V}_5$（001）、$\overline{V}_6$（101）和两个零矢量 $\overline{V}_7$（000）、$\overline{V}_8$（111）。六个非零矢量构成了六边形，而两个零矢量位于六边形原点。电压矢量可以

用八个空间矢量表示。因此，并没有采用独立的相调制器，而是考虑了三相之间的相互作用。逆变器不只控制幅值和角速度，还控制电压矢量的角位置。该位置量实际上是降低输出电压和电流谐波以及开关损耗的关键。与电流滞环相比，空间矢量控制起来更为复杂。

永磁同步电机驱动空间矢量控制的实现过程如图 7-14a 所示。基于 d 轴和 q 轴电流指令与三相反馈电流之间的差值，可以得到转子坐标系下 d 轴和 q 轴电压指令。通过坐标变换，所产生的定子参考系下的电压指令送入到空间矢量计算器，在给定周期内生成所需参考电压矢量的幅值和角度。然后，选择扇区，从预设的作用时间表中查询相应的两个有效矢量与零矢量的作用时间。接着，功率器件的开关信号从另一个预设的开关表中查询得到。需要指出的是，采样时间 T 是空间矢量计算器的一个可选变量，在需要时可改变开关频率。根据矢量控制原理图可以利用 Simulink 建立空间矢量控制仿真框图，如图 7-14b 所示。

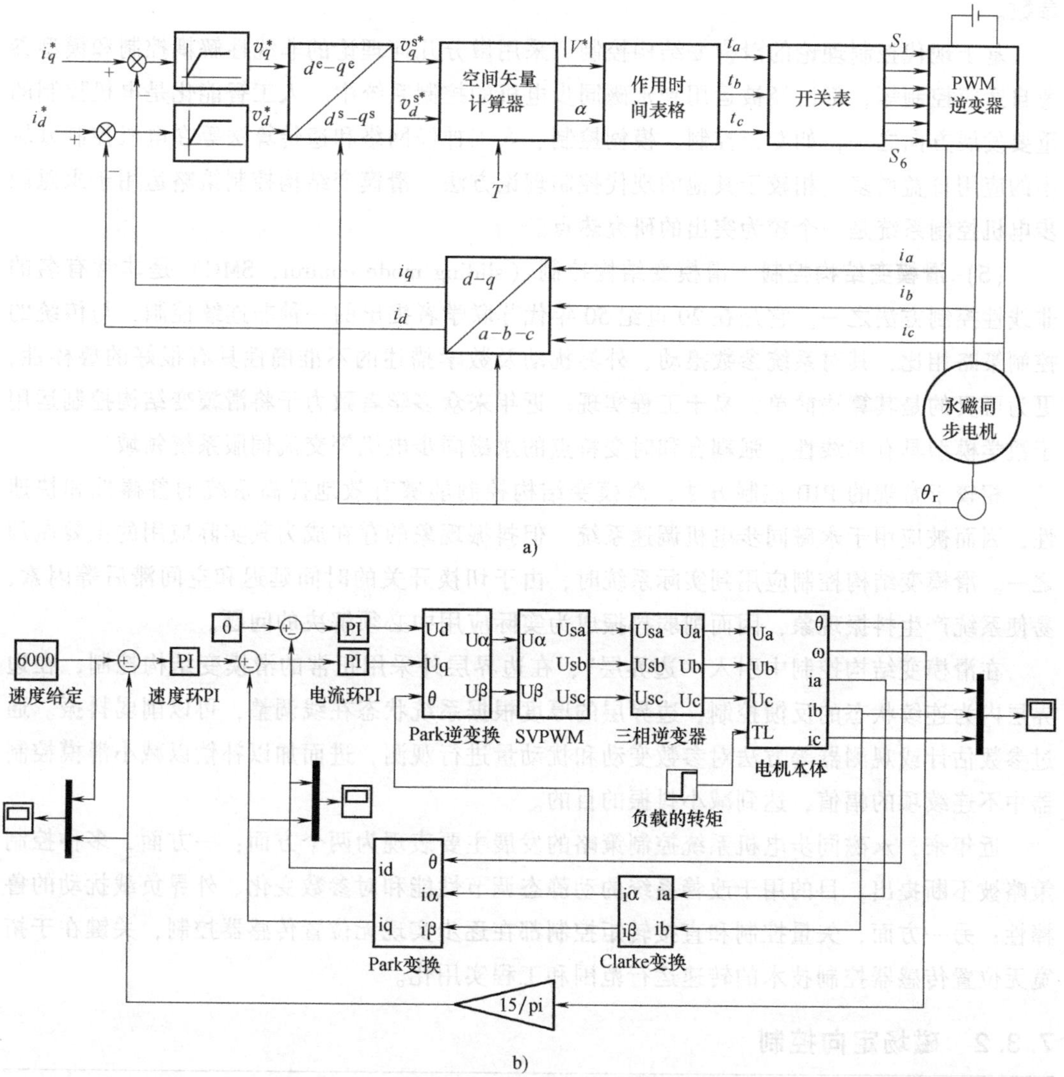

图 7-14 永磁同步电机驱动空间矢量控制框图

a）原理框图 b）仿真框图

(4) 基于现代控制理论的控制 经典控制理论普遍运用于工业领域，其中，PID 控制为最具代表性的控制方法之一。它通常将永磁同步电机控制系统简化成单输入-单输出的线性定常系统，借助于系统传递函数、拉普拉斯变换和频域分析等手段，设计并优化控制系统的跟踪性能和抗负载扰动能力。

PID 控制具有结构简单、实现方便和可靠性好等优点，同时也存在易受电机参数变化及负载扰动影响的缺点。为了克服这些缺点，一些基于现代控制理论的控制策略相继被提出，并运用到具有非线性、强耦合和时变特点的永磁同步电机系统中；与此同时，功能强而价格低廉的微处理器的推出，较好地促进了现代控制理论在永磁同步电机控制领域的发展，提高了系统的控制精度和性能。现代控制理论不但可以用于非线性时变系统控制，而且可以通过观测器对电机系统的输入和输出进行观测，得出被控系统的数学模型或者相关参数。

基于现代控制理论的滑模变结构控制、采用微分几何理论的非线性解耦控制和模型参考自适应控制等，都已经被运用到永磁同步电机的控制系统中。人工智能化是电机控制的重要发展方向之一，如专家控制、模糊控制、人工神经网络和遗传算法等在电机控制领域中的应用日益增多。相较于其他的现代控制理论方法，滑模变结构控制策略运用于永磁同步电机控制系统是一个较为突出的研究热点。

(5) 滑模变结构控制 滑模变结构控制（sliding mode control，SMC）是非常有名的非线性控制方法之一。它是在 20 世纪 50 年代苏联学者提出的一种非连续控制，与传统的控制策略相比，其对系统参数摄动、外界扰动及数学描述的不准确性具有很好的鲁棒性，更为可贵的是其算法简单，易于工程实现。近年来众多学者致力于将滑模变结构控制运用于数学模型具有非线性、强耦合和时变特点的永磁同步电机等交流伺服系统领域。

相较于常规的 PID 控制方法，滑模变结构控制能够有效地提高系统的鲁棒性和快速性，因而被应用于永磁同步电机调速系统，但抖振现象的存在成为其实际应用的主要瓶颈之一。滑模变结构控制应用到实际系统时，由于切换开关的时间延迟和空间滞后等因素，易使系统产生抖振现象，因而削弱抖振成为实际应用中必须解决的问题。

在滑模变结构控制中引入“边界层”，在边界层外采用正常的滑模变结构控制，在边界层内为连续状态的反馈控制，边界层的厚度根据系统状态在线调整，可以削弱抖振。通过参数估计或观测器等方法对参数变动和扰动量进行观测，进而加以补偿以减小滑模控制器中不连续项的幅值，达到减小抖振的目的。

近年来，永磁同步电机系统控制策略的发展主要表现为两个方面：一方面，多种控制策略被不断提出，目的用于改善系统的动静态调节性能和对参数变化、外界负载扰动的鲁棒性；另一方面，矢量控制和直接转矩控制都在逐步实现无位置传感器控制，关键在于拓宽无位置传感器控制技术的转速运行范围和工程实用化。

7.3.2 磁场定向控制

永磁同步电机的 FOC 与感应电机的 FOC 大致相近。考虑到整体系统的转动惯量 J 和摩擦系数 B，运动方程可以表示如下：

$$T_e = T_1 + J\frac{d\omega_r}{dt} + B\omega_r \tag{7-22}$$

式中，T_1 是机械负转矩。

把转矩公式代入上式，可以得到如图 7-15 所示的 d-q 坐标系下的永磁同步电机动力学系统。

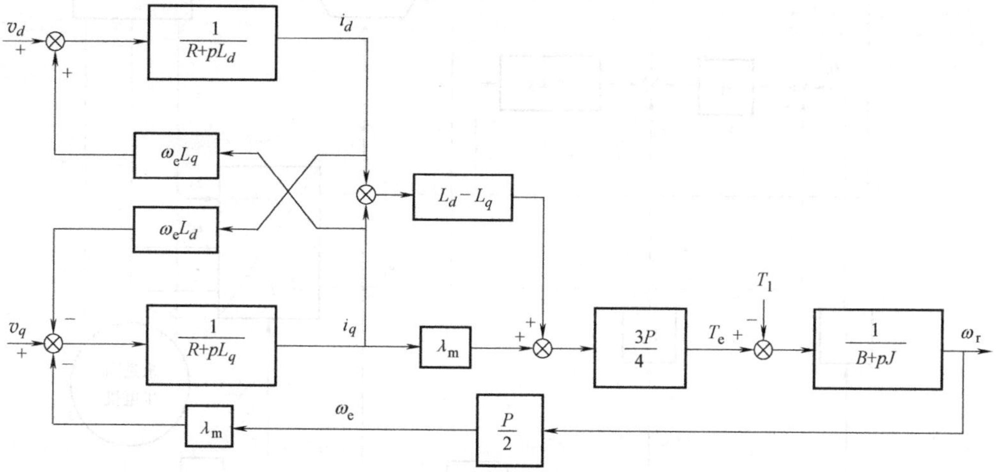

图 7-15 永磁同步电机的动力学系统

为了实现 FOC，需要磁链角 θ_c，而该角度可以由位置编码器或者旋转编码器得到。一般而言，参考速度和反馈速度的偏差可以通过速度 PI 调节器生成 q 轴参考电流。然后，两个 PI 控制器被分别用来调节 d 轴电流（磁链）和 q 轴电流（转矩）。从数学上讲，相应的 v_d 和 v_q 可以由下式得到

$$\begin{cases} v_d = G_d(i_d^* - i_d) - \omega_e L_q i_q \\ v_q = G_q(i_q^* - i_q) + \omega_e L_d i_d + \omega_e \lambda_m \end{cases} \tag{7-23}$$

式中，G_d 和 G_q 是相关 PI 控制器的传递函数。

接着，得到的 v_d 和 v_q 被馈入到空间矢量 PWM 调节器，以产生功率逆变器所需的开关信号。采用 FOC 的永磁同步电机整体框图如图 7-16 所示。

7.3.3 永磁同步电机的弱磁控制

当永磁同步电机达到基速时，端电压达到额定电压。因为反电动势会随着转速上升而上升，转速范围只能通过削弱气隙磁链来扩展。因此，转矩随着转速上升而下降，从而保持恒功率，也就是所谓的恒功率运行。

为了实现永磁同步电机的弱磁控制，由式（7-23）得到的电流和电压矢量应当按照如下方式进行控制：d 轴电枢电流为负，而 q 轴电枢电流为正。图 7-17 所示的是 i_d<0 和 i_q>0 时的相应矢量。由图可见，总磁链和反电动势可以由负的 d 轴电枢电流感应得到的电压进行补偿。因此，通过在负方向增加 i_d，可以显著削弱反电动势。

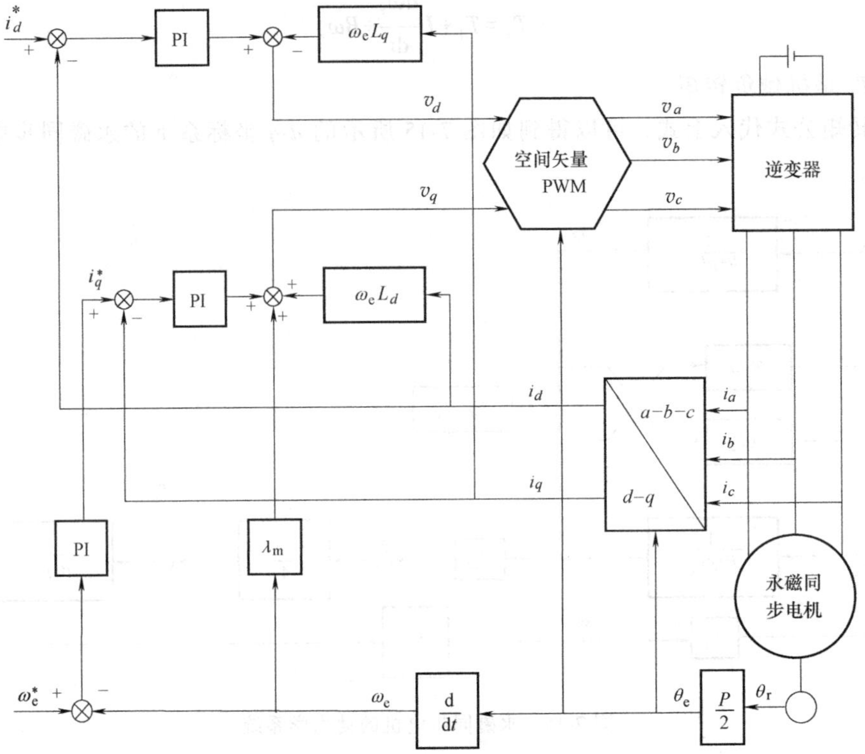

图 7-16　永磁同步电机的磁场定向控制

高速运行时，定子电阻的电压降可以忽略。因此，式（7-23）的稳态关系表示如下：

$$\begin{cases} v_d = -\omega_e L_q i_q \\ v_q = \omega_e L_q i_d + \omega_e \lambda_m \end{cases} \tag{7-24}$$

假设 V_r 为电压限幅，则 d 轴和 q 轴电压的制约条件如下：

$$v_d^2 + v_q^2 \leqslant V_r^2 \tag{7-25}$$

把式（7-24）代入式（7-25）且将永磁磁链 λ_m 表示为 d 轴电感 L_d 和虚拟励磁电流 i_f 的乘积，从而得到

$$\frac{(i_d+i_f)^2}{V_r^2/(\omega_e L_d)^2} + \frac{i_q^2}{V_r^2/(\omega_e L_q)^2} \leqslant 1 \tag{7-26}$$

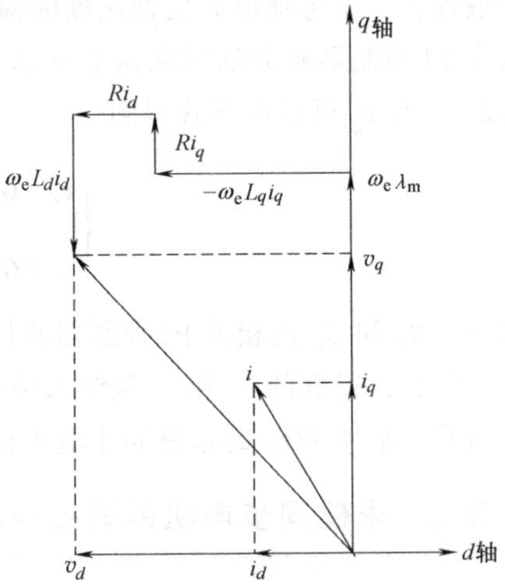

图 7-17　永磁同步电机弱磁控制的电流和电压矢量

式（7-26）代表与转速相关的一组椭圆。转速 ω_e 越高，椭圆越小，逐渐向中心点（$-i_f$，0）收缩，如图 7-18 所示，其中，d 轴电流和 q 轴电流受到额定电流 I_r 的制约

$$i_d^2 + i_q^2 \leqslant I_r^2 \tag{7-27}$$

椭圆和圆形的交点代表弱磁运行的工作点（i_d，i_q）。可以看出，转速非常高时，d 轴电流趋向 $-I_r$，而 q 轴电流趋向于 0。因此，根据式（7-15），无限速度弱磁时的判据如下：

$$\frac{L_d I_r}{\lambda_m}=1 \tag{7-28}$$

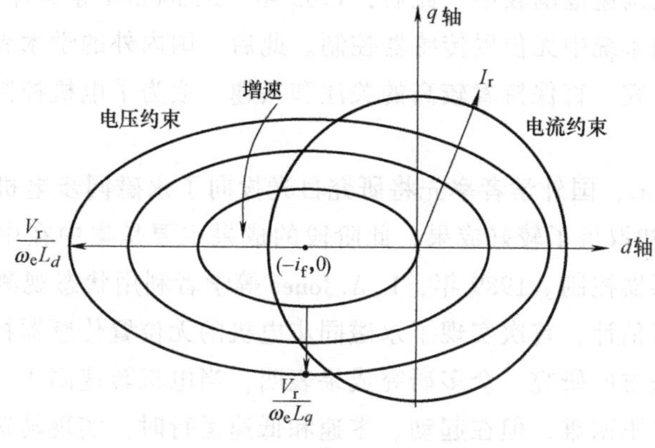

图 7-18 永磁同步电机弱磁控制的电压和电流约束

尽管通过设计永磁同步电机可以满足上述判据，但是，通常 $L_d I_r/\lambda_m<1$，其原因在于永磁磁导率与空气近似相等而导致的相对较低的 d 轴电感。图 7-19 阐述了在不同 $L_d/I_r/\lambda_m$ 条件下，永磁同步电机超过基速 ω_b 时的转矩—转速性能曲线。由图可见，$L_d I_r/\lambda_m$ 越高，弱磁能力越强。换言之，如果为了在低速时获得较大的转矩输出能力而提高永磁磁链，那么将会牺牲弱磁运行的速度范围。另一方面，如果额定电流很大，即电机采用液冷，那么即便是 d 轴电感小、永磁磁链大的表贴式永磁同步电机也能满足判据式（7-28）。然而，总体而言，d 轴电感较大的内嵌式永磁同步电机更容易满足弱磁判据。

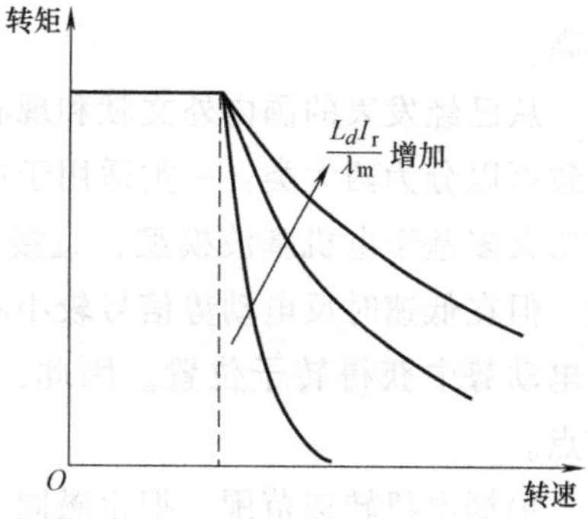

图 7-19 永磁同步电机转矩-转速性能曲线

7.3.4 永磁同步电机的无位置传感技术

一般而言，为了实现复杂控制策略，永磁同步电机需要精确的位置传感器。该位置传感器通常为光电编码器或者旋转变压器，其成本有时与小功率电机相近。因此，永磁同步电机无位置传感器控制在近年来得到快速发展，特别是那些对成本比较敏感的应用场合。然而，对于电动汽车电驱动特别是永磁同步电机驱动而言，位置传感器的成本相对而言并不突出；并且由于无位置传感器技术的精度、可靠性和成熟度仍有待提高，因此，永磁同步电机无位置传感器控制技术很少在电动汽车驱动中采用。尽管永磁同步电机无位置传感器控制技术不是电动汽车驱动系统当前迫切需求的，但是，该技术可以作为传感器故障条件下的容错控制技术使用。

无位置传感器控制技术一直是交流电机控制领域研究的热点。20 世纪 70 年代，国外学者首先开始着手研究无位置传感器电机控制技术。1975 年，A. Abbondanti 等学者针对异步电机，提出了基于稳态方程的转差频率估计法，首次展开了无位置传感器控制技术的研究。但是，由于该方法的理论基础是电机稳态方程，因而它的动态性能和低速运行精度难以得到保证，而且调速范围较小。此后，1983 年，R. Joetten 等学者同样针对异步电机，首次实现了矢量控制系统中无位置传感器控制。此后，国内外的学术界和工业界对无位置传感器控制技术的研究一直保持着较高的关注和兴趣，成为了电机控制领域的重要发展趋势之一。

20 世纪 80 年代末，国外学者率先将研究目光投向了永磁同步电机无位置传感器控制技术，并在 90 年代初取得了较好成果，此阶段的成果主要是集中在中速和高速范围内实现电机的无速度传感器控制。1989 年，L. A. Jones 等学者利用状态观测器对永磁同步电机的转子磁极位置进行估计，首次实现了永磁同步电机的无位置传感器控制。至今，众多学者仍在不懈地进行该方面研究。众多研究成果表明，当电机转速高于一定的转速时，实现无位置传感器控制并不困难，但在起动、零速和低速运行时，实现转速和位置估计难度较大。目前，无位置传感器控制技术运用到永磁同步电机矢量控制和直接转矩控制系统中，在中、高速段已能较好地运行；但是，在低速段尤其是起动时，性能下降较大，控制精度不高。

从已经发表的国内外文献和现有技术可以看出，永磁同步电机无位置传感器控制技术大致可以分为两大类：一类适用于中、高速，另一类适用于零速和低速。中、高速的控制方法大多基于电机基波模型，直接或间接从反电动势中获取转子位置信息，相对容易实现。但在低速时反电动势信号较小不易检测，特别是当电机静止时反电动势为零，难以从反电动势中获得转子位置。因此，零速和低速无位置传感器控制技术是研究的关键与难点。

根据电机转速范围，把永磁同步电机无位置传感器控制技术分为三类：转子初始位置检测、零速和低速运行、中速和高速运行。下面分别介绍它们的研究现状以及多种复合方法控制，以实现全速度范围内无位置传感器运行。

1. 转子初始位置检测与起动控制方法的研究

转子初始位置检测是永磁同步电机真正实现无位置传感器运行的首要问题，也是实现电机顺利起动的关键所在。转子初始位置检测和起动方法二者存在着紧密的联系，根据起动方式不同，通常可分为开环起动和闭环起动。

开环起动方法较为传统，通常分为三个阶段：转子预定位、外同步加速和自同步运行。通过向定子绕组通入特定的直流电流产生恒定方向的磁场，将转子永磁体的磁极拉至预定位置；然后改变通入电流形式，采用升频升压方式，使得转子能够跟随定子磁场加速旋转；随着转速升高可以有效检测电机反电动势，从而估计出转子位置和转速，进入自同步运行状态。这种起动方式实现简单，但是，预定位时电机转子会发生转动，外同步加速时容易造成失步现象。

对于不允许起动时反转的场合，必须在电机起动前确定转子的初始位置。闭环起动要求时刻准确获知电机的转子位置。众所周知，无位置传感器控制技术难以在电机静止时从电气特性获取转子的初始位置信息。现有检测永磁同步电机初始位置的方法可分为两类，一类是利用电机自身具有的结构凸极特性，另一类是基于电机定子铁心非线性饱和特性。

1）结构凸极性是针对嵌入式和埋入式永磁同步电机而言的。由于电机本身转子结构的不对称，其交、直轴磁路存在差异，直轴电感小于交轴电感。

2）饱和凸极性是针对表贴式永磁同步电机而言的。一般情况下，由于永磁体主磁路工作于近饱和状态，如果向定子绕组的直轴上通入电流，控制该电流产生的电枢磁场方向与永磁体磁场方向一致，直轴磁路出现一定程度的饱和，使得直轴电感明显小于交轴电感，呈现出饱和凸极性。

内嵌式或者内埋式永磁同步电机具有明显的凸极性，现已有多种实现转子位置检测的方法，实现较为容易。表贴式永磁同步电机可以在电机静止时施加幅值相同、方向不同的一系列电压脉冲，检测并比较其相应的定子电流大小来估计转子位置。该方法的优点在于通过不断地角度细分进行判断，理论上可以实现较高的检测精度，且不依赖电机参数，但是所需时间较长，并受到实际中采样电路精度的制约。也可以通过在电机两相静止坐标系下注入高频电压后，从电流响应中提取出转子位置信息。该方法实施简单且快速实用，但在信息提取过程中依赖电机参数，采用开环结构进行位置辨识，误差在10°电角度以内。也有学者利用高频电压信号注入导致电感的变化，根据高频阻抗大小与注入位置关系来获得转子初始位置。

另外，上述诸多方法都需要判断转子直轴正方向，常采用的方法是：在估计坐标系下向直轴通入正反方向的等宽电压脉冲，利用它们所产生的电流响应的峰值不同来判断。这种方法对电流采样电路要求较高，实现具有一定的难度，系统采样频率也会影响其判断的准确性。

2. 零速和低速时无位置传感器控制技术的研究

永磁同步电机的凸极性与电机转速等运行状态无关，零速和低速运行下永磁同步电机无位置传感器控制技术，主要利用电机凸极性能够产生定子电感变化的特点，获取位置与转速信息。因此，基于凸极性的无位置传感器控制方法被广泛应用于零速和低速运行场合。

目前，适用于低速和零速时永磁同步电机无位置传感器的控制方法主要有：电感测量法、电压脉冲法、载波频率法、低频信号注入法和高频信号注入法。

（1）电感测量法 对于内嵌式和内埋式永磁同步电机而言，定子电感大小随转子位置改变呈正弦变化，测量出电感值大小，即可获知转子的位置。首先，通过离线测量的方式，获得定子电感值和转子位置的对应关系，并制成表存储于控制器中；然后，在电机运行过程中，实时检测定子绕组的电压和电流，代入定子电压方程，计算出此时的电感值；最后，通过查表方法得到对应的转子位置角。该方法实施简单，但估计精度有限，需要占用一定的存储器空间，不适用于电感不随位置发生变化的表贴式永磁同步电机。

（2）电压脉冲法 在估计的两相旋转坐标系的直轴电压信号上，叠加电压脉冲信号，通过检测估计坐标系的交轴电流变化量，获取实际转子位置信息。如果估计的旋转坐标系与实际的方向一致，在估计直轴上注入的电压脉冲不会对估计交轴上的电流带来变化。据此，检测估计交轴电流的变化量，它正比于估计、实际坐标系的夹角大小（即估计位置误差角），通过适当地调节和信号提取处理，能够得到当前的实际转子位置所在。

（3）载波频率法 该方法利用电机定子电流信号中的载波频率成分信号，得到载波频率成分电流波形，再进行积分，提取所需的转子位置信号，实现无位置传感器控制。日本学者对该方法进行了较多的研究，优点在于无须向电机绕组注入特定的信号，利用逆变器固有的载波频率信号作为高频激励信号，不改变原有控制结构，通过载波频率成分电流，来实现转子位置的估计。不足之处是对硬件检测电路和对电机交直轴电感比值有较高的要求，通常适用于内嵌式或内埋式永磁同步电机。

(4) 低频信号注入法 芬兰学者于2003年提出低频信号注入法，通过在直轴注入低频电流信号，利用交轴产生的电压响应结合给定电流来估计电机转速。该方法不依赖永磁同步电机的凸极特性，仅利用基波模型就可实现转速估计，因此适用于内埋式和表面式永磁同步电机。但该方法信号频率可选取的范围较小，负载突变时转速波动较大，系统的动态响应速度较慢。

(5) 高频信号注入法 美国威斯康星大学电机和电力电子研究中心（WEMPEC）的Mattbew J. Corley和R. D. Lorenz教授于1993年提出高频信号注入法，用于永磁同步电机的零速和低速无位置传感器控制，后又应用于多种电机。该方法引起了国内外众多学者的关注，在此基础之上演变出了一系列相关方法。这类方法的基本原理是通过向电机定子绕组中注入一定形式的高频电信号，利用电机本身存在的或者由高频信号激励产生的凸极性，它包含着转子位置信息，并会反映在注入信号的响应上。通过检测该响应信号，运用适当的信号分离提取技术，可以估计出转子位置和转速。相对于其他检测方法，高频信号注入法实现方式简单灵活，对电机参数变化不敏感，无须预先设定转子位置信息，因此成为各国学者研究的热点。

R. D. Lorenz教授等提出了高频信号注入法，将无位置传感器控制技术拓展到低速甚至零速范围，并一直处于该项技术研究的最前沿；德国University of Wuppertal的Joachim Holtz教授也采用高频信号注入法研究永磁同步电机的无位置传感器控制技术；韩国Seoul National University的Seung-ki Sul教授自1995年开始研究无位置传感器控制技术，涉及了多种电机及其控制系统，1997年针对异步电机提出脉振高频信号注入法，并于2003年左右运用该方法实现表贴式永磁同步电机无位置传感器控制。澳大利亚University of South Wales的M. F. Rahman、意大利University of Catania的Alfio Consoli等诸多学者进行着这方面的研究工作，取得了好的研究成果，并实现了该技术在实际工业中的应用。

高频信号注入法按注入高频信号方式的不同，可分为旋转高频电压注入法、旋转高频电流注入法和脉振高频电压注入法。

旋转高频电压（或电流）注入法是在两相静止坐标系中，注入高频电压（或电流）信号，检测电机中对应的电流（或电压）响应来获取转子位置，适用于具有结构凸极特性的内嵌式和内埋式永磁同步电机。

为实现表贴式永磁同步电机低速无位置传感器控制，有学者在旋转高频信号注入法的基础上，提出了脉振高频电压信号注入法。它是在估计的同步旋转坐标系直轴上注入高频正弦电压信号，利用电机磁路饱和现象获得有效的凸极特性（即饱和效应）来实现转子位置估计。

3. 中速和高速时无位置传感器控制技术的研究

就本质而言，中速和高速时永磁同步电机无位置传感器控制方法，都是直接或间接从反电动势信息中获得转子的位置和转速，具体方法主要包括：基于电机数学方程的直接计算法、模型参考自适应法、观测器法和人工智能算法等。

(1) 基于电机数学方程的直接计算法 该方法的基本出发点是电机的数学方程，通过检测定子电压和电流，采用直接计算的方法得到转速和位置信息。根据选用的数学方程不同，分为反电动势估计法和磁链估计法。

反电动势估计法：以定子电压为基础，根据定子电压、电流、定子电阻和电感参数，计算得到两相静止坐标系下的反电动势，将它们相除后作反正切运算，得到转子位置，进一步得到转速。

磁链估计法：利用检测得到的定子电压和电流，计算出电机的反电动势，对反电动势进行积分得到定子磁链值，根据定子磁链、转子位置和电流三者的函数关系，得到电机的位置和转速。

基于电机方程的直接计算法属于开环估计，是诸多无位置传感器控制方法中最直接、最简单的方法。然而，不管选用何种电机方程进行计算，都需要用到准确的电机参数，而电机参数在运行过程中总是不断变化的，定子电阻值会随着电机温升和环境温度变化而变化，定子电感值也与磁路饱和程度和负载大小相关，这些都会影响转速和位置估计的准确性。如果对电机的定子电阻和电感值进行了在线辨识，可以补偿估计误差，但是，这些辨识技术引入的同时，也增加了系统实现的难度和复杂性。因此，这类开环直接计算的方法常常作为无位置传感器控制技术的初步研究方法，为后续多种闭环估计方法的研究奠定了基础。

(2) 模型参考自适应法 模型参考自适应法（model reference adaptive system，MRAS）是较为常见的无位置传感器控制方法。它主要包括三个基本要素：参考模型、可调模型和自适应算法。通常将不含未知参数的永磁同步电机系统本身作为参考模型，将含有估计转子位置或估计转速的数学方程（通常有电流模型和电压模型两种）作为可调模型，参考模型和可调模型具有相同物理意义的输入与输出量，将两者的输出相比较，通过自适应算法不断调节后者直到两者输出相等。首先，假定转子位置或者转速的估计值，通过数学方程计算出该假定位置的电流或者电压值；然后，将计算得到的这些值与电机系统本身的实测值进行比较，它们的差值与估计值和实际值之间的差值存在着特定的关系；最后，通过设计出恰当的算法，可以调节估计值趋向于实际值，实现转速和位置的估计。

该方法是基于稳定性理论设计的，因此能够保证估计系统是渐进收敛的。它的优点是估计系统构成较为简单、稳定性好，由于采用了闭环控制结构，所以具有较高的估计精度，但是在计算可调模型时，还要依赖电机电阻和电感参数。

(3) 观测器法 观测器法本质在于系统状态重构，构造一个与实际系统等价的估计系统。估计系统的输入信号是实际系统中被检测的信号，在一定的条件下，它的输出信号可以等价于实际系统的状态。该方法具有适应性好和稳定性高等优点，但是，该算法较复杂，计算量大。

目前，常用于永磁同步电机无位置传感器控制的主要有：全阶状态观测器、降阶状态观测器、滑模观测器（sliding-mode observer，SMO）和扩展卡尔曼滤波器（extended kalman filter，EKF）。1992 年，美国麻省理工学院电机工程系的学者采用全阶状态观测器实现永磁同步电机无位置传感器控制，它利用完整的电机微分模型，对所有状态变量进行估计。

20 世纪 60 年代，美国学者 R. E. Kalman 提出的卡尔曼滤波器，是一种最优线性估计算法。在永磁同步电机无位置传感器控制系统中，通常采用扩展卡尔曼滤波器，通过使用含有噪声的信号对非线性动态系统进行实时递推，获得最优的状态估计值。它不仅具有一般观测器的优点，还能较好地抑制测量误差和噪声干扰，但是计算量很大。随着高性能数字处理芯片的发展，该方法也越来越受到了人们的关注。

(4) 人工智能算法 人工智能算法在永磁同步电机无位置传感器控制中的应用处于起步阶段，它通过模仿、跟随或学习等手段，对非线性系统动静态特征进行辨识，具有较高的自适应能力，但也存在着控制算法复杂、计算量大等问题，离实用化尚有一段距离。

中速和高速时永磁同步电机无位置传感器控制方法正在努力实现更低转速运行，然而，不可避免地，电机转速越低，反电动势信号越小，各种谐波信号的干扰和检测电路的精度都将制约反电动势信号的检测。特别是电机静止时，反电动势信号为零，这给使用上述方法检测转子位置带来了很大的难度。因此，近年来学者们的研究热点主要集中在低速和零速时永磁同步电机无位置传感器控制技术，同时也是实现全速度范围无位置传感器控制的关键所在。

4. 全速度范围内无位置传感器控制技术的研究

目前，还没有出现一种控制方法，能够实现全速度范围内永磁同步电机无位置传感器运行。将上述分别适用于零速和低速、中速和高速的两类方法相结合，构成复合控制方法，提供了一种合适的控制解决方案，也成为了位置传感器控制中较为活跃的研究方向。

复合控制方法的难点在于如何实现两类方法的平滑切换，确保切换区间内不出现估计转子位置和转速跳变的现象，维持控制系统稳定。这需要根据被控电机的反电动势大小，选择最佳转速切换点或者切换区间，切换方法主要有滞环切换和加权算法切换。现有研究多采用加权算法实现平滑切换。切换区间的下限 $n_{\min}$ 为零速和低速控制方法能较好运行的最高转速，切换区间的上限 $n_{\max}$ 为中速和高速控制方法能有效运行的最低转速。切换区间内的估计转速为$\hat{n}=\lambda_1\hat{n}_{\text{low}}+\lambda_2\hat{n}_{\text{high}}$，$\hat{\theta}=\int\frac{\pi p_{\text{n}}}{30}\hat{n}\mathrm{d}t$，其中$\hat{n}_{\text{low}}$ 和$\hat{n}_{\text{high}}$ 分别为通过两类方法得到的估计转速，$\lambda_1+\lambda_2=1$，p_{n} 为极对数。图 7-20a 给出了加权算法的示意图，通过计算可以得出图中加权系数的取值，如图 7-20b 所示。

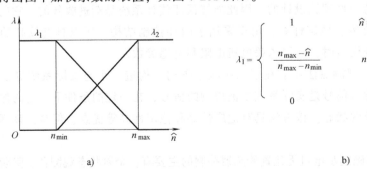

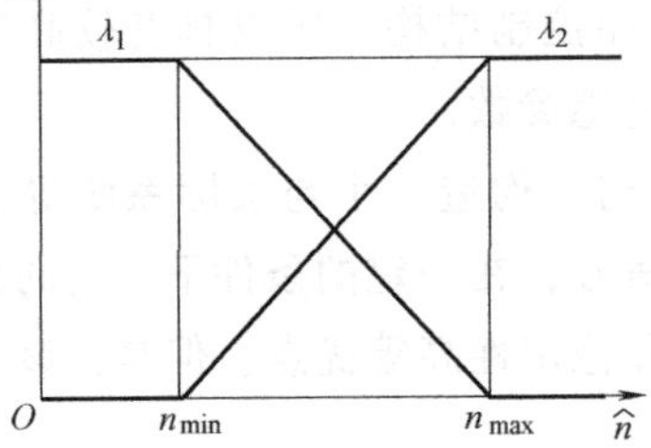

a)

$$\lambda_1=\begin{cases}1 & \hat{n}\leqslant n_{\min}\\ \dfrac{n_{\max}-\hat{n}}{n_{\max}-n_{\min}} & n_{\min}<\hat{n}<n_{\max}\\ 0 & \hat{n}\geqslant n_{\max}\end{cases}$$

b)

图 7-20 加权算法

a）算法示意图 b）加权系数

7.4 永磁无刷直流电机的基本结构与原理

7.4.1 永磁无刷直流电机的基本结构

直流电机以其优良的转矩特性在运动控制领域得到了广泛的应用，但普通的直流电机需要机械换相，可靠性差，需经常维护；换相时产生电磁干扰，噪声大，影响它在控制和驱动系统中的进一步应用。为了克服机械换相带来的缺点，以电子换相取代机械换相的无刷电机应运而生。

将永磁同步电机的磁场和反电动势尽量设计为方波，即可得到永磁无刷直流电机（BLDC）。相对于有刷的永磁直流电机，永磁无刷直流电机最显著的优点是取消了换向器和电刷，从而避免了随之而来的诸多问题。图 7-21 给出了内外转子结构的永磁无刷直流电机。

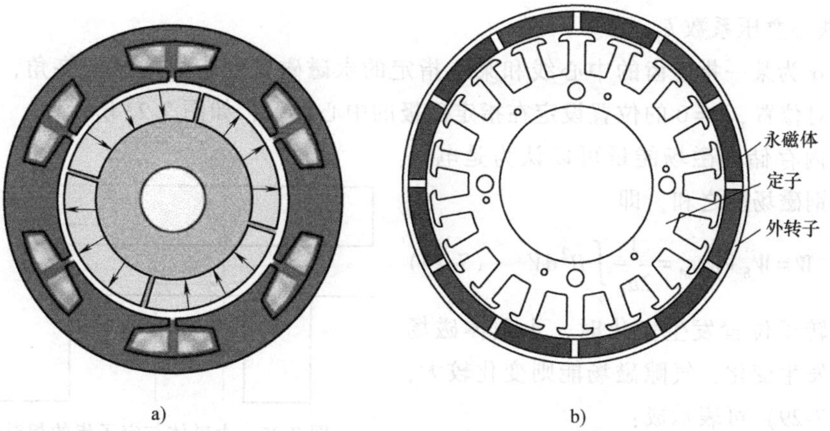

图 7-21 永磁无刷直流电机拓扑

a）内转子 b）外转子

永磁无刷直流电机与永磁同步电机的结构类似，即都有三相定子绕组和永磁转子。然而，永磁无刷直流电机一般采用集中绕组而非分布绕组，采用梯形或矩形气隙磁密分布而不是正弦磁密分布的气隙磁场。由于采用集中绕组，所以端绕组能够明显缩短，从而能减少用铜量以及相应的铜耗。总体而言，永磁无刷直流电机采用图 7-21 所示的表贴式永磁转子，具有结构和控制简单等显著优势。然而，同样可以采用其他类型的永磁转子，如表面嵌入式、内部径向式和内部切向式，以提供近似于梯形的气隙磁密分布；否则，转矩性能将会变弱。

7.4.2 永磁无刷直流电机的极槽配合

由于永磁无刷直流电机具有效率高、成本低、体积小等诸多优点，在电机领域被广泛应用。但永磁无刷直流电机如果采用整数槽绕组，转子旋转过程中将会使磁极与定子齿周期性地对齐，从而产生很大的齿槽转矩或定位转矩。

电机转矩脉动一直是制约永磁无刷直流电机性能提高的一个重要瓶颈，影响电机在性能要求更高领域的进一步发展，主要包括齿槽转矩脉动、换相转矩脉动、非理想反电动势引起的转矩脉动。

齿槽转矩脉动和换向转矩脉动是永磁无刷直流电机转矩脉动的主要分量。降低齿槽转矩脉动有多种方法，可以采用非均匀气隙，也可以采用封闭槽或半封闭槽，还可以采用分数槽结构。其中采用分数槽结构是最有效的手段。

齿槽转矩是电机电枢绕组没有电流时永磁体与定子铁心相互作用产生的转矩，定义为电机不通电时磁场能量相对于位置角 α 的负倒数，即

$$T_{\mathrm{cog}}=-\frac{\partial W}{\partial \alpha}$$

如果对电机作如下假设：

1）定子铁心磁导率无穷大。

2）永磁材料磁导率与空气磁导率相同。

3）铁心叠压系数 $k_{\mathrm{Fe}}=1$。

规定 α 为某一指定齿的中心线和某一指定的永磁磁极中心线之间的夹角，即定转子之间的相对位置，$\theta=0$ 的位置设定在指定磁极的中心线上，如图 7-22 所示。

电机内存储的磁场能量可以认为是电机气隙与磁钢磁场能之和，即

$$W=W_{\delta}+W_{\mathrm{PM}}=\frac{1}{2u_0}\int_V B^2\mathrm{d}V \tag{7-29}$$

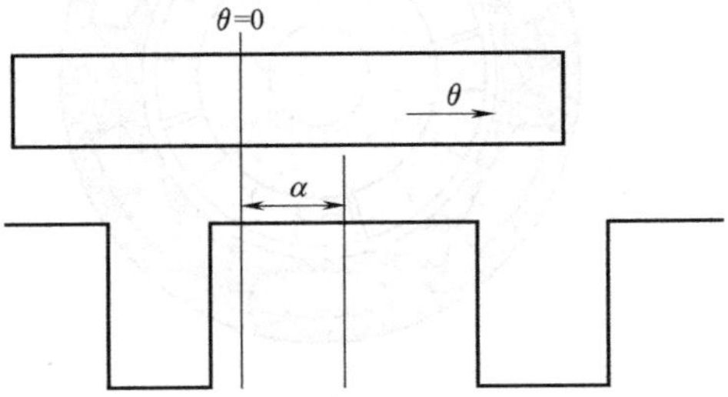

图 7-22　永磁体与定子齿的相对位置

在定转子位置发生变化时，永磁体磁场能基本没发生变化，气隙磁场能则变化较大，因此式（7-29）可表示成：

$$W=\frac{1}{2u_0}\int_V B^2(\theta,\alpha)\mathrm{d}V \tag{7-30}$$

式中，$B(\theta,\ \alpha)$ 为沿电枢表面气隙磁密。

由于气隙磁密沿电枢表面的分布可近似表示为

$$B(\theta,\alpha)=B_{\mathrm{r}}(\theta)\frac{h_{\mathrm{m}}(\theta)}{h_{\mathrm{m}}(\theta)+\delta(\theta,\alpha)}$$

式中，$B_{\mathrm{r}}(\theta)$ 为永磁体剩磁；$\delta(\theta,\ \alpha)$ 为有效气隙长度；$h_{\mathrm{m}}(\theta)$ 为永磁体充磁方向沿圆周方向的长度。

因此式（7-30）表示为

$$W=\frac{1}{2u_0}\int B_{\mathrm{r}}^2(\theta)\left(\frac{h_{\mathrm{m}}(\theta)}{h_{\mathrm{m}}(\theta)+\delta(\theta,\alpha)}\right)^2\mathrm{d}V \tag{7-31}$$

把式（7-31）中的 $B_{\mathrm{r}}(\theta)$、$\dfrac{h_{\mathrm{m}}(\theta)}{h_{\mathrm{m}}(\theta)+\delta(\theta,\alpha)}$ 进行傅里叶展开，在对这两个式子进行傅里叶展开时应注意以下两个方面：

1）永磁体剩磁密度沿圆周的分布不同于传统永磁电机，函数为偶函数，其分布函数如图 7-23 所示。

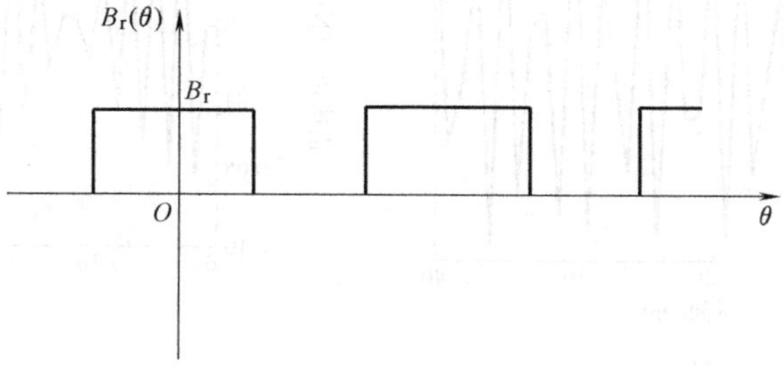

图 7-23 $B_r(\theta)$ 的分布

2）本电机使用的是矩形永磁体，且永磁体采用平行充磁方式，因此任意 θ 角对应的永磁体磁化方向的长度相等，即为一常数 h_m。

对 $B_r(\theta)$、$\dfrac{h_m}{h_m+\delta(\theta,\alpha)}$两式进行傅里叶展开，并对 α 求一阶导数，得到齿槽转矩的解析表达式为

$$T_{cog}(\alpha)=\frac{L_{ef}B'_\delta N2p}{u_0\pi N_L}(R_2^2-R_1^2)\sum_{n=1}^{\infty}\frac{1}{n}\cos\left(nN_L\frac{b_{0t}}{2}\right)\cos\left(nN_L\frac{a_p\pi}{2p}\right)\cos(nN_L\alpha) \tag{7-32}$$

式中，L_{ef} 为电枢计算长度；B'_δ为气隙磁通密度；N 为定子槽数；u_0 为空气磁导率，$u_0=4\pi\times10^{-7}N/A^2$；$p$ 为极对数；N_L 为槽数与极数的最小公倍数；R_1 为电枢铁心外半径；R_2 为转子轭内半径；n 为使 $nZ/2p$ 为整数的整数；b_{0t} 为槽口宽；a_p 为极弧系数。

现定义齿槽配合系数为

$$C_T=\frac{2pN}{N_L}$$

由式（7-32）可以看出：当 $C_T=1$ 时，即极对数与槽数没有公因数时，齿槽转矩最小。槽数和极对数之间不存在公约数的 Z/p 组合称为单元电机组合，应优先选择。一个齿距范围内，周期数越多，齿槽转矩幅值越小。图 7-24 是 38 极 33 槽、38 极 39 槽、38 极 45 槽单元电机在相同结构尺寸下齿槽转矩曲线。由齿槽转矩曲线可以看出，随着槽数增加，相同时间内转矩周期也相应增加，齿槽转矩减小，合理的极槽配合可以减小齿槽转矩。

另外，轮毂电机要求轴向长度较小，要尽量减小绕组的端部长度，因此采用集中绕组的形式是很有必要的，这种绕组形式的一个线圈只绕在一个齿上，大大缩短了绕组端部，使电机的轴向尺寸减小。采用分数槽集中绕组的电机要满足以下条件：

$$Z_0=2p_0\pm N \tag{7-33}$$

$$\beta=N\times180°/Z_0 \qquad (N=1,2,3,\cdots) \tag{7-34}$$

式中，β 为槽距角 α 的余角，$\alpha=2\pi p_0/Z_0$。

对于三相电机，同时还应满足以下两个条件：

1）N 为 3 的倍数。

2）$\beta\geqslant\pi/3$。

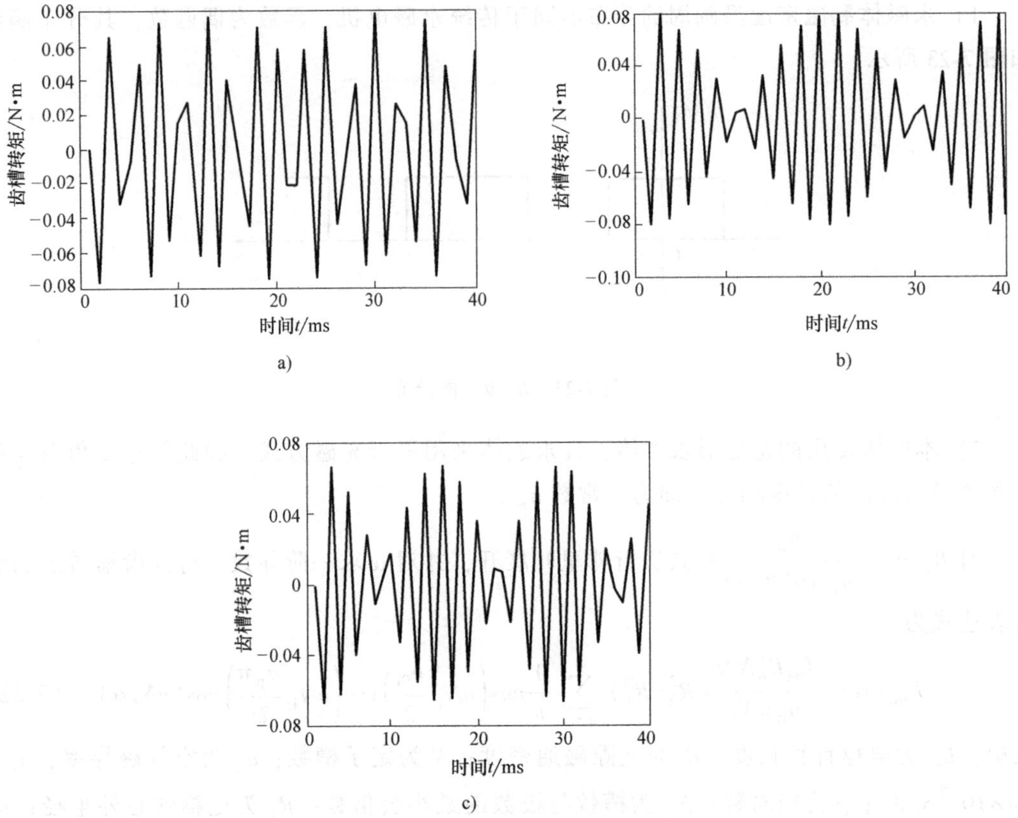

图 7-24　38 极不同槽数齿槽转矩

a）38/33 极　b）38/39 极　c）38/45 极

根据以上条件得到表 7-3，表中有下画线的组合是单元机组合。

表 7-3　三相无刷直流电机分数槽集中绕组 Z_0/p_0 组合表

p_0	N																					
	3	6	9	12	15	18	21	24	27	30	33	36	39	42	45	48	51	54	57	60	63	66
1	3/1																					
2	3/2	3/1																				
3			3/1																			
4		3/2	9/4	3/1																		
5			9/5	12/5	3/1																	
6			3/2			3/1																
7				12/7	15/7	18/7	3/1															
8				3/2	15/8	9/4	21/8	3/1														
9										3/1												
10					3/2	9/5	21/10	12/5	27/10	3/1												
11					18/11	21/11	24/11	27/11	30/11	3/1												
12						3/2			9/4		3/1											
13							21/13	24/13	27/13	30/13	33/13	36/13	3/1									
14							3/2	12/7	27/14	15/7	33/14	18/7	39/14	3/1								
15									9/5			12/5			3/1							
16								3/2	27/16	15/8	33/16	9/4	39/16	21/8	45/16	3/1						

（续）

p_0	N																				
	3	6	9	12	15	18	21	24	27	30	33	36	39	42	45	48	51	54	57	60	63	66
17									27/17	30/17	33/17	36/17	39/17	42/17	45/17	48/17	3/1					
18									3/2									3/1				
19										30/19	33/20	36/19	39/19	42/19	45/19	48/19	51/19	54/19	3/1			
20										3/2	33/20	9/5	39/20	21/10	9/4	12/5	51/20	27/10	57/20	3/1		
21												12/7			15/7			18/7	57/21		3/1	
22											3/2	18/11	39/22	21/11	45/22	24/11	51/22	27/11	57/22	30/11	63/22	3/1
23												36/23	39/23	42/23	45/23	48/23	51/23	54/23	57/23	60/23	63/23	66/23

从表 7-3 可以看出，当极对数为 5、7、11、13、17、19、23 时，各种槽数都与极对数间没有公约数，也就是说当极对数为 5、7、11、13、17、19、23 时，与各种槽数的组合为分数槽单元机组合。

采用多极式的电机可以使各个磁钢由传统的瓦片形或弧形改为长方体，这样大大简化了加工工艺，降低了加工成本。对于分数槽集中绕组，如果线圈的两个元件边电动势相位角接近 180°，即槽距角 $\alpha\approx180°$，即 $Z_0\approx2p_0$，则绕组系数较高，反电动势波形更趋于标准，电机脉动小。为了使 α 尽可能接近 180°，需取 Z_0 与 $2p_0$ 的差值尽可能小的组合。同时根据有关经验，在其他结构相同时，电机槽数越多，电机功率越大。

本书以选定为 23 对极、51 个定子槽的永磁无刷直流电机为例说明绕组槽号分布。

应用线圈矢量星形图进行定子绕组设计时，首先计算 v'对极谐波的每极每相槽数 q_v：

$$q_v=\frac{Z}{3\times2v'}=\frac{Z}{6v'}=\frac{N_{v'}}{D_{v'}} \tag{7-35}$$

式中，Z 为电机槽数；v'为所分析的谐波的极对数；$N_{v'}$、$D_{v'}$为没有公约数的整数。

对于三相双层绕组，矢量星形所需的矢量总数 $Q_{v'}$和各线矢量之间的位移 $x_{v'}$可分以下两种情况求得。

1）当 $D_{v'}$不能被 3 整除时，有

$$Q_{v'}=6N_{v'},x_{v'}=D_{v'} \tag{7-36}$$

2）当 $D_{v'}$能被 3 整除时，有

$$Q_{v'}=2N_{v'},x_{v'}=\frac{D_{v'}}{3} \tag{7-37}$$

本设计中 $Z=51$、$v'=p=23$，因此可得 $q_{v'}=\dfrac{17}{46}$，$Q_{v'}=102$、$x_{v'}=46$。取水平向左的一根矢量编号为线圈矢量 1，按线圈间的矢量位移 $x_{v'}=46$，沿顺时针方向每位移 46 个分量编上一个矢量号，如此编上 51 个正槽号的线圈矢量。从已编出的每个正槽号矢量旋转 180°，便得到同一号码的负槽号矢量，于是，整个星形线圈矢量编写完毕，如图 7-25 所示。

在定子绕组线圈矢量星形图中选取适当个数的矢量槽号，平均分给三相，构成定子绕组，选取原则如下：

1）由于实际上只有 51 组线圈，因此在图 7-25 所示的 102 个槽号矢量中选出槽号个

数必须符合：

$$Z_1+\frac{Z_2}{k}=51 \qquad (7\text{-}38)$$

式中，Z_1 为选取的整个槽的槽号矢量的个数；Z_2 为选取的 $1/k$ 个槽的槽号矢量的个数；k 为单个槽被分成的份数。

2）由于同一个槽号的正负两个线圈矢量，代表同一个线圈的两种不同方向的电流（正电流和负电流）。因此，同一相绕组同一号码的正负线圈矢量只能选取其中一个。

3）为获得较高的绕组分布系数，提高绕组的利用率，每相所选的线圈矢量比较集中。

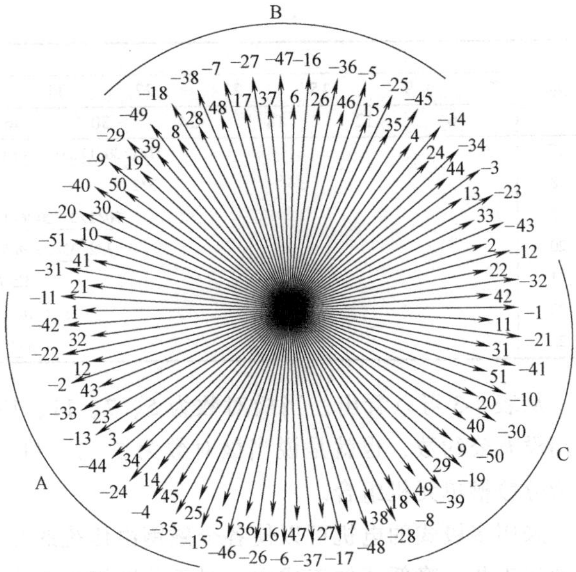

图 7-25　51 槽 46 极定子绕组线圈矢量星形图

4）每相绕组求出其合成磁动势后，磁动势大小相等，而且在相位上相差 120°电角度，以保证三相绕组对称。

按上述原则设计出的三相绕组的槽号分布为：

A=1,-2,3,-4,5,-11,12,-13,14,-15,-22,23,-24,25,32,-33,34,-35,-42,43,-44,45

B=-5,6,-7,8,15,-16,17,-18,-25,26,-27,28,35,-36,37,-38,39,-45,46,-47,48,-49

C=-8,9,-10,11,18,-19,20,-21,22,-28,29,-30,31,-32,-39,40,-41,42,49,-50,51,-1

7.4.3　永磁无刷直流电机的运行原理

永磁无刷直流电机的工作原理和永磁直流电机相同，都是由于磁场中的通电线圈会受到安培力。

永磁无刷直流电机为了实现无电刷换相，首先要把一般直流电机的电枢绕组放在定子上，把永磁磁钢放在转子上。为了能产生单一方向的电磁转矩来驱动电机转子转动，无刷直流电机还要有电子换相器来使定子绕组产生的磁场和转动中的转子磁钢产生的永久磁场在空间上保持 90°的平均电角度。这样就使得这两个磁场产生最大平均转矩而驱动电机不停地旋转。

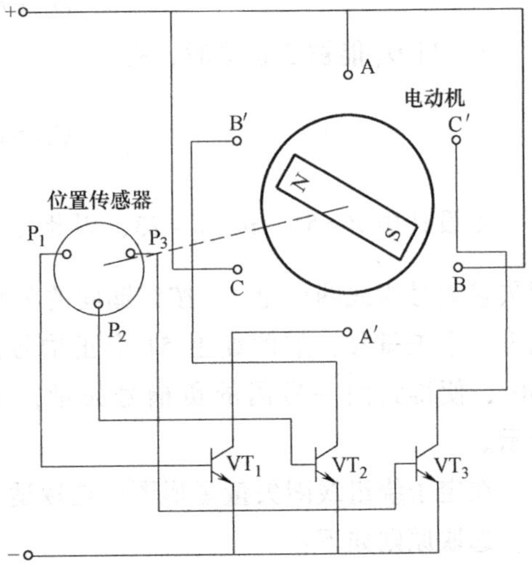

图 7-26　三相无刷直流电机半控桥控制原理图

以三相星形绕组电机半控桥电路为例，简要说明无刷直流电机的工作原理。图 7-26 为三相无刷直流电机半控桥控制原理图。此处采用霍尔元件作为位置传感器（P_1、P_2、P_3），VT_1、VT_2、VT_3 为功率逻辑单元。三个霍尔传感器各相差 120°机械角度安装在端盖上。

图 7-27 给出了转子的位置和转动情况。当转子处于图 7-27a 位置时，霍尔传感器 P_1 输出导通信号给 VT_1，此时 A 相绕组通电，在绕组产生的磁场的推动下，转子向逆时针方向转 120°；此时 P_3 输出导通信号，驱动 VT_3 导通，C 相绕组导电，使转子继续向逆时针方向转 120°；此时 P_2 输出导通信号给 VT_2，B 相绕组导通，转子继续逆时针转 120°。周而复始，电机转子就不停地以逆时针方向旋转。图 7-28 显示了各相绕组导通示意图。电机正常工作时，每相绕组分别导通 120°电角度。

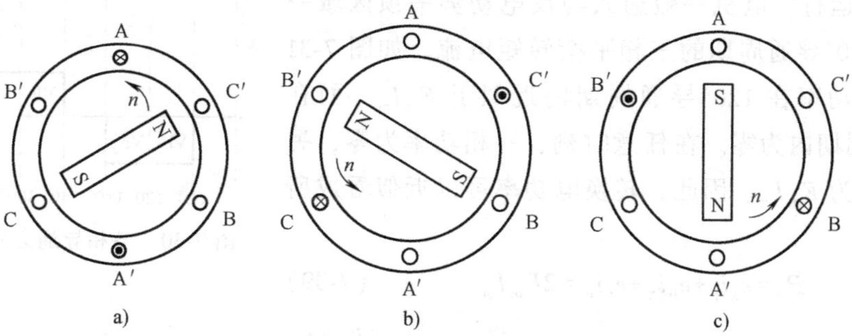

图 7-27　转子位置及转动示意图

a）A 相导通　b）C 相导通　c）B 相导通

显然，当无刷直流电机采用半桥控制器控制时，工作效率很低，在同一时刻，仅有一相导通工作。为了提高无刷直流电机绕组的利用率，提高无刷直流电机的效率，必须采用全桥式逆变器结构作为无刷直流电机的电子换向器。

目前，在无刷直流电机应用领域，应用最为广泛的电子换向器是六管全桥逆变器。其结构如图 7-29 所示。其往往采用 120°导通方式，即在一个电周期中，每相绕组正负各导通 120°，在同一时刻，有两相绕组同时导通，且每 60°电角度换相一次，各相导通示意图如图 7-30 所示。采用全桥逆变器的无刷直流电机在 120°导通方式下，电机同时有两相绕组工作，提高了无刷直流电机的利用率，也提高了电机的出力和效率；同时，在该换相方式下，无刷直流电机同一桥臂的上下两管互差 60°电角度导通，因此，在换相瞬间，不存

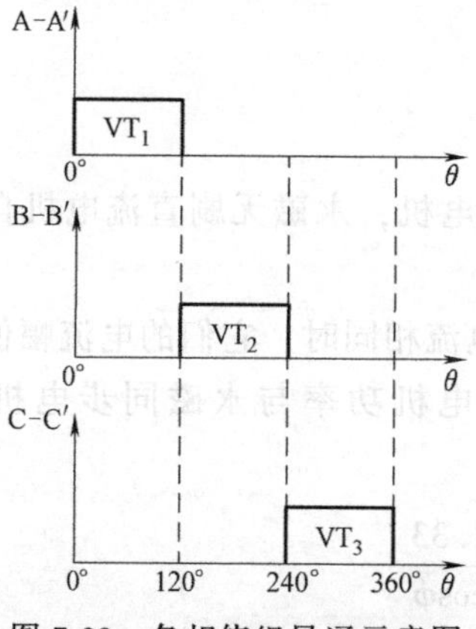

图 7-28　各相绕组导通示意图

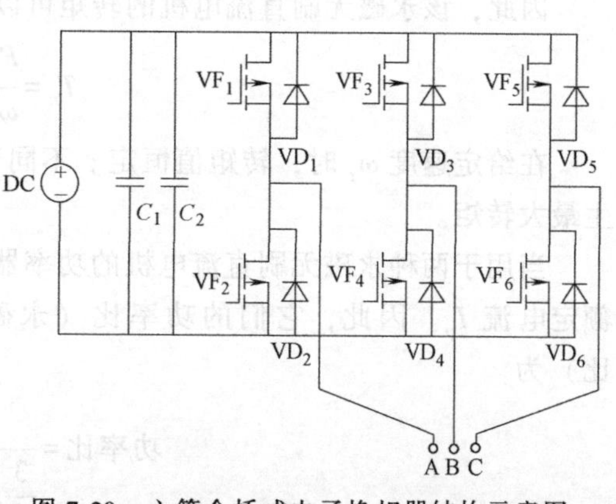

图 7-29　六管全桥式电子换相器结构示意图

在同一桥臂上下两管同时导通的情况，不必在控制上设置死区，简化了电路和控制方法，提高了系统的安全性。综上所述，采用六管全桥逆变器作为电子换相器并采用120°导通方式作为换相策略的无刷直流电机驱动系统，是一种具有较高效率和较好可靠性的驱动系统。

永磁直流无刷电机在定子侧采用线圈节距为120°的集中式电枢绕组。因为永磁体在转子侧覆盖了180°极弧，所以三相感应反电动势是带有120°平顶区域的梯形波。为实现正常运行，电机一般通入与反电动势平顶区域一致的具有120°导通周期的三相平衡转矩电流。如图7-31所示，每相功率在120°导通周期内近似于E_mI_m，而在60°非导通周期内为零。在任意时刻，一相功率为零，另外两相功率为E_mI_m。因此，转换电功率可以近似看成所有功率总和

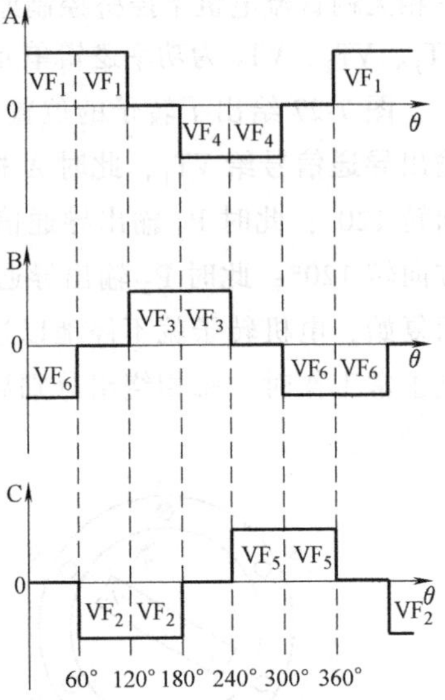

图7-30　各相导通方式示意图

$$P_e=e_ai_a+e_bi_b+e_ci_c=2E_mI_m \tag{7-39}$$

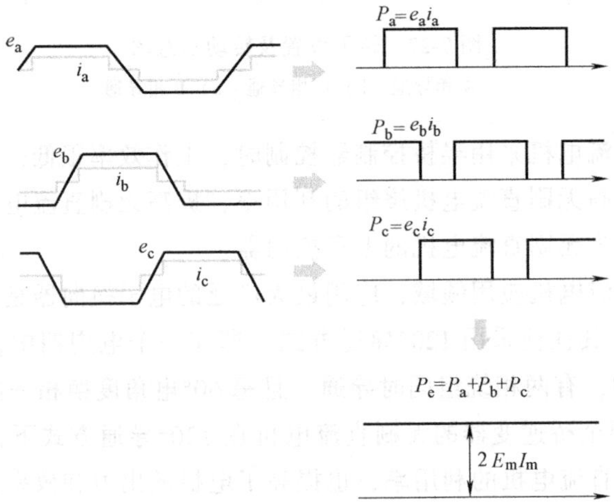

图7-31　永磁无刷直流电机的功率生成机理

因此，该永磁无刷直流电机的转矩可以表示为

$$T_e=\frac{P_e}{\omega_r}=\frac{2E_mI_m}{\omega_r} \tag{7-40}$$

在给定速度ω_r时，转矩值恒定。不同于永磁同步电机，永磁无刷直流电机自发地产生最大转矩。

当用于两种永磁无刷直流电机的功率器件的额定电流相同时，它们的电流幅值均等于额定电流I_p。因此，它们的功率比（永磁无刷直流电机功率与永磁同步电机功率之比）为

$$\text{功率比}=\frac{2E_mI_p}{\frac{3}{2}E_mI_p\cos\phi}=\frac{1.33}{\cos\phi} \tag{7-41}$$

式（7-41）表明，永磁无刷直流电机至少可以比永磁同步电机多提供 33%的功率容量。

当两种永磁无刷电机的电枢绕组铜耗相同时，永磁同步电机的电流幅值为 I_p，而永磁无刷直流电机的电流幅值为$\frac{\sqrt{3}}{2}I_p$。因此相应的功率比可以由下式计算得到

$$\text{功率比}=\frac{2E_m\times\frac{\sqrt{3}}{2}I_p}{\frac{3}{2}E_mI_p\cos\phi}=\frac{1.15}{\cos\phi} \tag{7-42}$$

式（7-42）表明，永磁无刷直流电机至少可以比永磁同步电机多提供 15%的功率密度。

因此，永磁无刷直流电机可以比永磁同步电机提供多达 15%的功率密度或者 33%的转矩密度。

7.4.4 永磁无刷直流电机的数学模型

与永磁同步电机倾向于采用 d-q 坐标变换进行建模不同，永磁无刷直流电机倾向于采用状态空间方程进行建模。

图 7-32 所示的是三相永磁无刷直流电机的工作波形，其中反电动势波形为梯形，而不是正弦波形。因此，用于永磁同步电机的 d-q 建模方法在此处并不适用。因为磁链非正弦，所以采用状态变量建立永磁无刷直流电机模型显得十分必要。

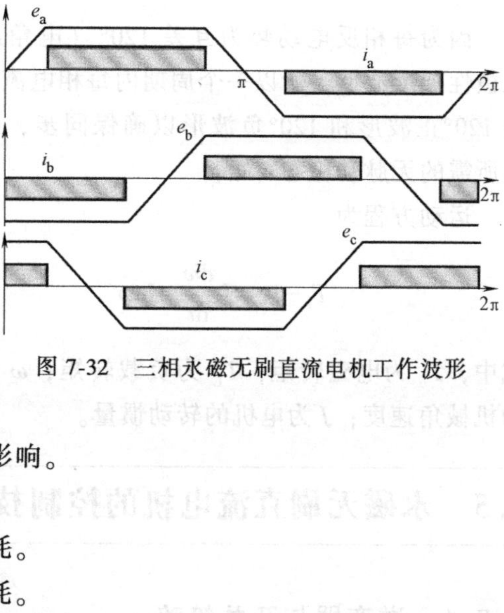

图 7-32 三相永磁无刷直流电机工作波形

这里作如下假定：

1）三相绕组完全对称，气隙磁场为方波，定子电流、转子磁场也对称分布。

2）忽略齿槽、换向过程和电枢反应等的影响。

3）电枢绕组在定子内表面均匀连续分布。

4）磁路不饱和，不计磁滞损耗和涡流损耗。

5）不计电机转动时的机械损耗和阻尼损耗。

永磁无刷直流电机模型的动态方程可以表示为

$$\begin{pmatrix}v_a\\v_b\\v_c\end{pmatrix}=\begin{pmatrix}R&0&0\\0&R&0\\0&0&R\end{pmatrix}\begin{pmatrix}i_a\\i_b\\i_c\end{pmatrix}+p\begin{pmatrix}L_{aa}&L_{ab}&L_{ac}\\L_{ab}&L_{bb}&L_{bc}\\L_{ac}&L_{bc}&L_{cc}\end{pmatrix}\begin{pmatrix}i_a\\i_b\\i_c\end{pmatrix}+\begin{pmatrix}e_a\\e_b\\e_c\end{pmatrix} \tag{7-43}$$

式中，v_a、v_b、v_c 为三相定子电压瞬时值；i_a、i_b、i_c 为三相定子电流瞬时值；e_a、e_b、e_c 为三相反电动势瞬时值；R 为电枢电阻；L_{ij}（i=a、b、c，j=a、b、c）为对称电感。因为永磁无刷直流电机采用表贴式转子结构，所以转子磁阻不随位置变化而变化。因此，所有

的自感等于 L，相间互感均相对且等于 M。动态方程可以表示为

$$\begin{pmatrix} v_a \\ v_b \\ v_c \end{pmatrix} = \begin{pmatrix} R & 0 & 0 \\ 0 & R & 0 \\ 0 & 0 & R \end{pmatrix} \begin{pmatrix} i_a \\ i_b \\ i_c \end{pmatrix} + p \begin{pmatrix} L & M & M \\ M & L & M \\ M & M & L \end{pmatrix} \begin{pmatrix} i_a \\ i_b \\ i_c \end{pmatrix} + \begin{pmatrix} e_a \\ e_b \\ e_c \end{pmatrix} \tag{7-44}$$

因为 $i_a+i_b+i_c=0$，所以 $Mi_b+Mi_c=-Mi_a$。因此，动态方程可以改写为

$$\begin{pmatrix} v_a \\ v_b \\ v_c \end{pmatrix} = \begin{pmatrix} R & 0 & 0 \\ 0 & R & 0 \\ 0 & 0 & R \end{pmatrix} \begin{pmatrix} i_a \\ i_b \\ i_c \end{pmatrix} + p \begin{pmatrix} L-M & 0 & 0 \\ 0 & L-M & 0 \\ 0 & 0 & L-M \end{pmatrix} \begin{pmatrix} i_a \\ i_b \\ i_c \end{pmatrix} + \begin{pmatrix} e_a \\ e_b \\ e_c \end{pmatrix} \tag{7-45}$$

式（7-45）表明，永磁无刷直流电机的相电压方程类似于永磁直流电机的电枢电压方程。因此，永磁无刷直流电机的等效电路如图 7-31a 所示。假设三相平衡且相同，每相的简化等效电路如图 7-33b 所示，其中，$L_1(=L-M)$ 是漏感。

输出转矩 T_e 由输出功率除以机械转速得到

$$T_e=\frac{1}{\omega}(e_a i_a+e_b i_b+e_c i_c) \tag{7-46}$$

因为每相反电动势为互差 120°（电角度）的双极性梯形波形，所以一个周期内每相电流波形需要 120°正波形和 120°负波形以确保同步，从而产生所需的无脉动稳态转矩。

运动方程为

$$T_e-T_L=J\frac{d\omega}{dt}=Jp\omega \tag{7-47}$$

式中，T_e 为电磁转矩；T_L 为负载转矩；ω 为电机的机械角速度；J 为电机的转动惯量。

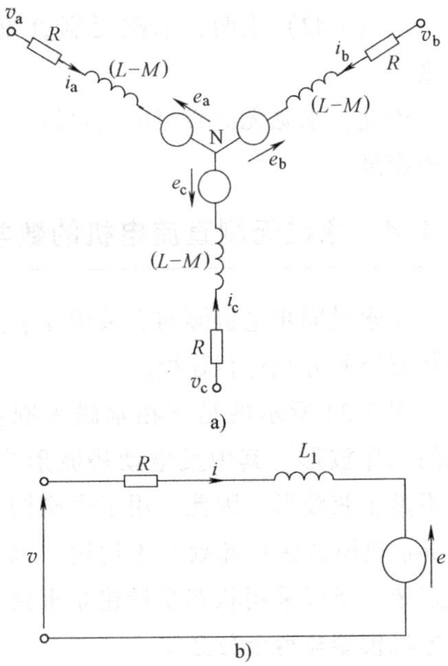

图 7-33　永磁无刷直流电机每相的简化等效电路

a）三相等效电路　b）每相的简化等效电路

7.5　永磁无刷直流电机的控制技术

7.5.1　逆变器与开关策略

尽管永磁同步电机和永磁无刷直流电机分别通入正弦电流和方波电流，但是相应的逆变器拓扑在本质上相同，即均为三相全桥逆变器。与永磁同步电机采用脉宽调制的开关策略不同，永磁无刷直流电机采用阶梯控制的开关策略。永磁无刷直流电机由与转子位置一致的开关信号驱动。为获得最大转矩，这些开关信号必须施加到三相电枢绕组的工作相中，以将定子磁链和转子磁链之间的夹角控制为近似 90°。现有两种永磁无刷直流电机的开关策略：①两相 120°导通策略；②三相 180°导通策略。

在两相120°导通策略中，在任意时刻，只有两相被导通且导通角为120°，而另一相不导通，如图7-34所示。相应的开关序列见表7-4。对于正常运行而言，相电流波形近似为矩形且易于实现转矩指令，如图7-35所示。

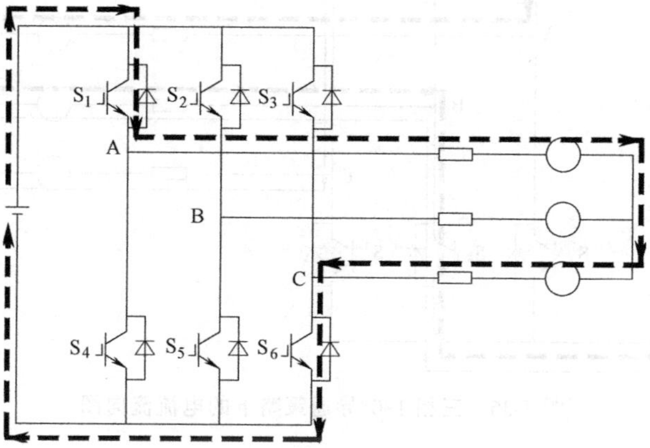

图7-34　两相120°导通策略下的电流流向图

表7-4　两相120°导通策略条件下的开关序列

区间/(°)	导通器件	A相,B相,C相
0~60	S_1,S_6	+,0,−
60~120	S_2,S_6	0,+,−
120~180	S_2,S_4	−,+,0
180~240	S_3,S_4	−,0,+
240~300	S_3,S_5	0,−,+
300~360	S_1,S_5	+,−,0

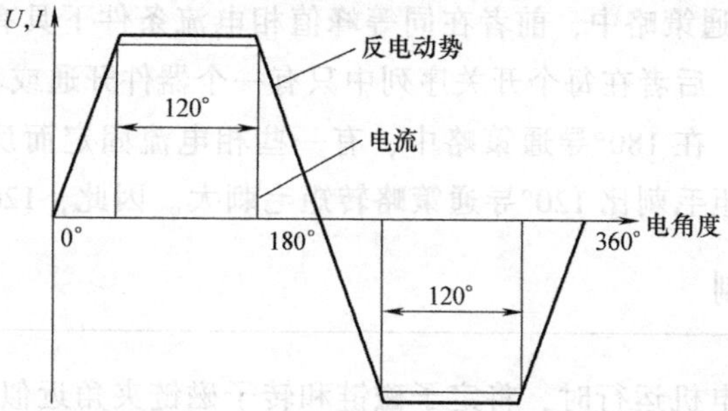

图7-35　两相120°导通策略下的相反电动势和电流波形

在三相180°导通策略中，在任意时刻，三相均被导通且导通角为180°，如图7-36所示。相应的开关序列见表7-5。对于正常运行而言，相电流波形近似为方波且易于实现转矩指令，如图7-37a所示。

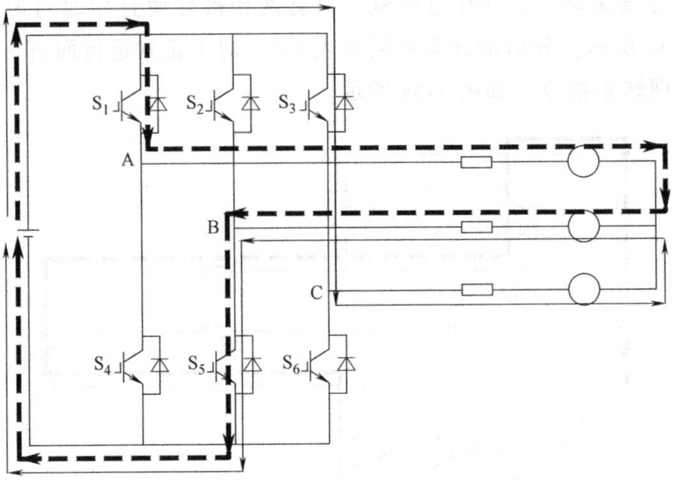

图 7-36　三相 180°导通策略下的电流流向图

表 7-5　三相 180°导通策略下的开关序列

区间/(°)	导通器件	A 相,B 相,C 相
0~60	S_1,S_5,S_3	+,−,+
60~120	S_1,S_5,S_6	+,−,−
120~180	S_1,S_2,S_6	+,+,−
180~240	S_4,S_2,S_6	−,+,−
240~300	S_4,S_2,S_3	−,+,+
300~360	S_4,S_5,S_3	−,−,+

原理上讲，BLDC 的电流和反电动势为方波或者梯形波，但实际磁场非线性导磁导致反电动势比较平滑，如图 7-37b 所示。外界直流电源并不进行限流斩波控制时一相电流波形如图 7-37c 所示，这样其转矩波形如图 7-37d 所示。可以看出在每个换向期间，电流波形会受到其他相电流影响而波动，其转矩也会在换向期间产生较大的波动。

在 120°和 180°导通策略中，前者在同等峰值相电流条件下具有最大转矩能力，即输出转矩和效率最大化；后者在每个开关序列中只有一个器件开通或者关断，可以将开关损耗和短路概率最小化。在 180°导通策略中，有一些相电流固定而反电动势不固定的开关区间，因而相应的转矩毛刺比 120°导通策略转矩毛刺大。因此，120°导通策略更具优势。

7.5.2　提前角控制

当永磁无刷直流电机运行时，将定子磁链和转子磁链夹角近似保持 90°，从而使其在恒转矩工作区域时很容易实现最大转矩电流比运行。该控制方法使得永磁无刷直流电机具有比 *d-q* 坐标变换的永磁同步电机更显著的优势。然而，如果不采用 *d-q* 坐标变换或者 FOC，那么永磁无刷直流电机恒功率运行的控制策略将会比永磁同步电机复杂得多。因此，本节将对电动汽车定速巡航时，永磁无刷直流电机恒功率运行采用的提前角控制进行阐述。与此同时，无位置传感器控制已经被大面积地应用于永磁无刷直流电机中，而本节

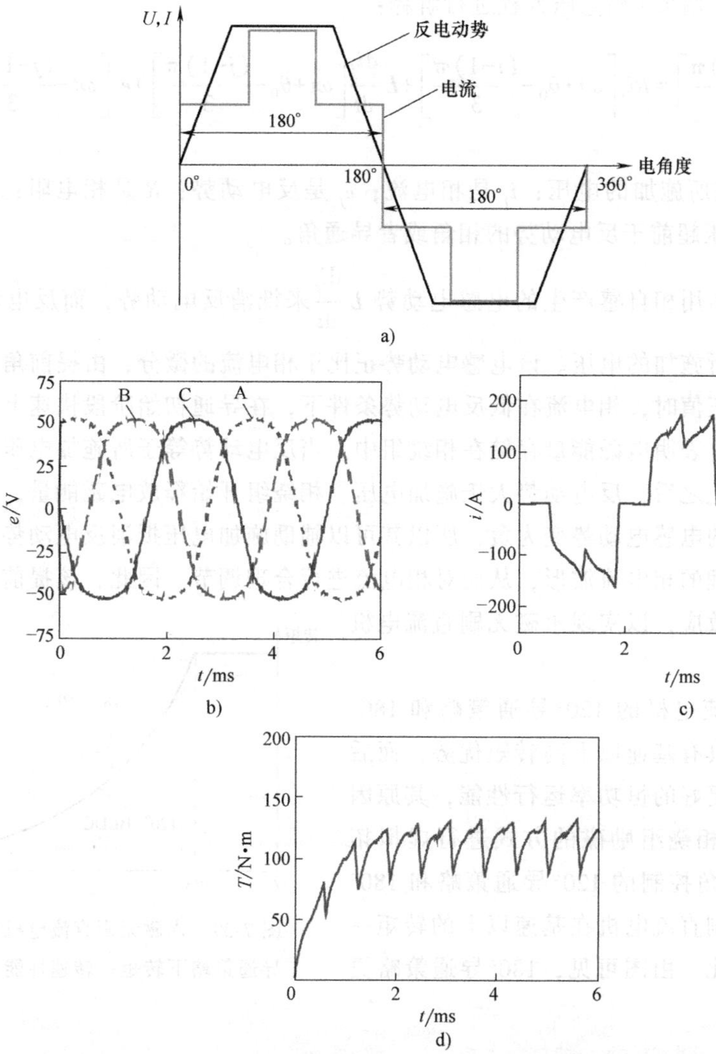

图 7-37　三相 180°导通策略下的相反电动势和电流波形

a）理论波形　b）三相反电动势波形　c）无限流时的电流波形　d）转矩输出波形

将对该控制方法在电动汽车中可能涉及的应用进行概述。

当永磁无刷直流电机的速度超过基速时，相电流难以满足需要，其原因在于所施加的电压与反电动势之间存在微小差别。在此速度下，相电流可能只是达到所需水平，然后在导通周期结束时关断。而通过有意识地提前控制相电流的导通角，称为提前角控制，相电流能够具有充足的上升时间，在高速运行时保持相电流与反电动势同相位。图 7-38 所示的是提前角控制的效果。由图可见，通过逐渐增加提前角，恒功率运行区域可被显著扩展。

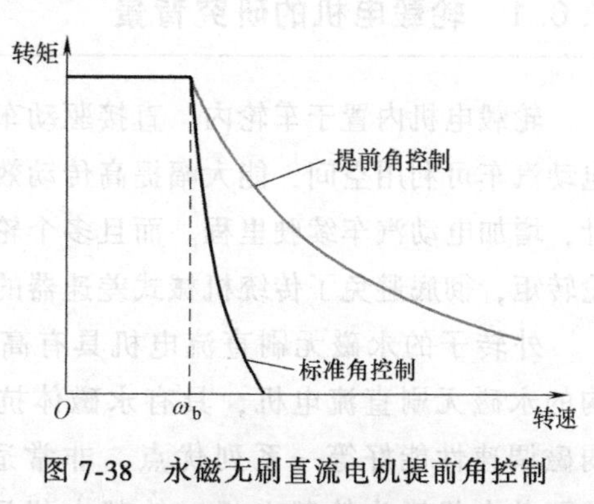

图 7-38　永磁无刷直流电机提前角控制的转矩-转速性能

提前角控制可以用第 j 相电压方程进行解释：

$$v_j\left[\omega t+\theta_0-\frac{(j-1)\pi}{3}\right]=Ri_j\left[\omega t+\theta_0-\frac{(j-1)\pi}{3}\right]+L\frac{\mathrm{d}i_j}{\mathrm{d}t}\left[\omega t+\theta_0-\frac{(j-1)\pi}{3}\right]+e_j\left[\omega t-\frac{(j-1)\pi}{3}\right] \tag{7-48}$$

式中，$j=1\sim3$；v_j 是所施加的电压；i_j 是相电流；e_j 是反电动势；R 是相电阻；L 是相自感；θ_0 是所施加电压超前于反电动势的相角或者导通角。

控制原理在于运用相自感产生的电感电动势 $L\frac{\mathrm{d}i_j}{\mathrm{d}t}$ 来抵消反电动势，而反电动势在高速时甚至可能大于所施加的电压。该电感电动势正比于相电流的微分，由提前角控制。当该角度为一合适的正值时，相电流在低反电动势条件下，在导通初始阶段快速上升，而电感电动势为正值，这表明电磁能量存储在相绕组中。当反电动势等于所施加电压时，相电流达到最大值。在此之后，反电动势大于施加电压。相绕组开始释放电磁能量，相电流逐渐下降。因为相应的电感电动势变为负，所以其可以辅助施加电压抵消反电动势。通过改变提前角，得到合理的相电流波形，从而对相电流进行合理调节。因此，该提前角控制可以产生等效的弱磁效应，以实现永磁无刷直流电机的恒功率运行。

在永磁无刷直流电机的 120°导通策略和 180°导通策略中，前者具有基速以上高转矩优势，而后者在基速以上具有更好的恒功率运行性能，其原因在于基速可以通过相绕组励磁的方式进行虚拟拓展。图 7-39 将提前角控制的 120°导通策略和 180°导通策略的永磁无刷直流电机在基速以上的转矩—转速性能进行了对比。由图可见，180°导通策略更适用于恒功率运行。

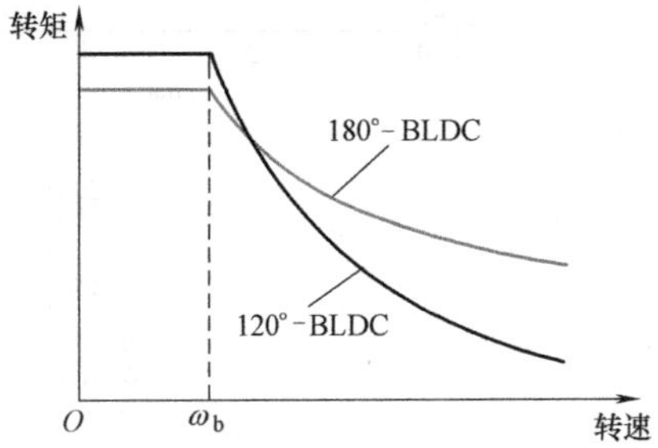

图 7-39 永磁无刷直流电机两种导通策略下转矩—转速性能对比

7.6 轮毂电机技术

7.6.1 轮毂电机的研究背景

轮毂电机内置于车轮内，直接驱动车轮旋转而无须复杂的传动系统，最大化地提升了电动汽车可利用空间，能大幅提高传动效率。简化的动力系统，有利于电动汽车轻量化设计，增加电动汽车续驶里程。而且多个轮毂电机协同驱动，线控动力系统可以灵活分配车轮转矩，彻底避免了传统机械式差速器的缺点，大幅提高车辆的操控性能。

外转子的永磁无刷直流电机具有高效率、高可靠性等特点，永磁体内嵌式转子结构的永磁无刷直流电机，具有永磁体抗退磁能力强、机械强度高、转矩输出能力强、弱磁调速性能好等一系列优点，非常适合作为轮毂电机。目前电动自行车和三轮车的驱动电机皆为轮毂电机。轮毂电机还在厂内运行的巡逻车、游览车、高尔夫球车方面有着广泛的应用。

7.6.2　轮毂电机的研究现状

Colt 电动汽车是由日本三菱公司推出的多台轮毂电机驱动的纯电动汽车。如图 7-40 所示，该电动汽车用轮毂电机的额定功率为 20kW，最大转矩约为 500N · m。Colt 电动汽车所用的轮毂电机拥有较高功率密度，较好地利用了轮毂内有限的空间，但是该轮毂电机尺寸较大，增大了簧下质量，使汽车行驶平顺性变差，另外复杂的结构也带来了加工和装配的难度。

图 7-40　Colt 电动汽车用轮毂电机

法国 TM4 公司设计制造的一体化轮毂电机如图 7-41 所示，永磁体转子是轮辋的一部分，将轮胎直接安装在永磁体外转子上，制动鼓与电机转子设计成一体，实现电机转子、轮辋以及制动器的集成，减轻轮毂电机系统对非弹簧质量的增加量。但该电机结构复杂、加工精度要求高、温升高、维护困难、电机轴向长度限制严格。

德国舍弗勒公司与美国福特汽车共同推出了 eWheelDrive 轮毂电机。如图 7-42 所示，该电机最大功率为 40kW，最大输出转矩为 700N · m。为保证电机运行效率，该电机还采用了轮毂电机液冷技术，这使 eWheelDrive 轮毂电机获得了较大的过载系数和较长使用寿命。但是由于液冷设计结构复杂，密封要求高，轮毂电机工作环境恶劣，需要较高的加工和装配精度，导致电机成本较高。而且单个电机总成的重量超过 50kg，过大的簧下质量降低了电动汽车的操纵稳定性和平顺性。

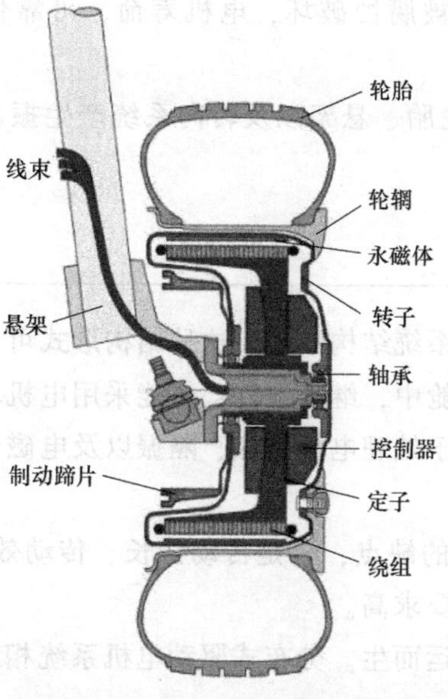

图 7-41　TM4 一体化轮毂电机

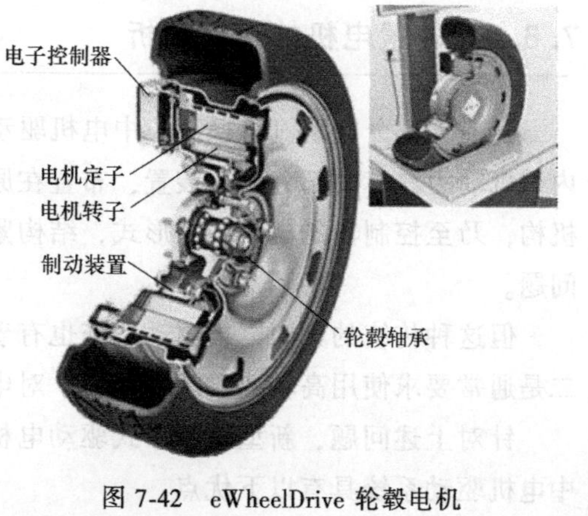

图 7-42　eWheelDrive 轮毂电机

国内广汽集团给传祺汽车开发的轮毂电机如图 7-43 所示，该电机由 8 个逻辑上的子电机组成，每个子电机都有一套独立的控制系统，8 个子电机共用同一个轮毂转子。该系

图 7-43　传祺汽车公司轮毂电机

统的优点在于即使某个子系统发生故障，电动汽车仍然可以正常行驶，具有很高的可靠性。但是每个子电机都需要一套复杂的控制系统，控制算法复杂，整体成本较高。该电动机仍存在结构复杂、可靠性差、维护难度大等问题。

由上可知，上述外转子轮毂电机皆由永磁无刷直流电机组成。

轮毂电机虽然具有突出的优点，但也带来了新的技术挑战，主要包括：

1）轮毂电机系统集驱动、制动、承载等多种功能于一体，优化设计难度大。

2）车轮内部空间有限，对电机功率密度性能要求高，设计难度大。

3）电机与车轮集成导致非簧载质量较大，恶化悬架隔振性能，影响不平路面行驶条件下的车辆操控性和安全性，轮毂电机将承受很大的路面冲击载荷，电机抗振要求苛刻。

4）在车辆大负荷低速爬长坡工况下，容易出现冷却不足导致的轮毂电机过热烧毁问题，电机的散热和强制冷却问题需要重视。

5）车轮部位容易积存水和污物等，导致电机被腐蚀破坏，电机寿命、可靠性会受影响。

6）轮毂电机运行转矩的波动可能会引起汽车轮胎、悬架以及转向系统产生振动和噪声，以及其他整车声振问题。

7.6.3　轮毂电机的特点分析

目前大部分电动汽车采用集中电机驱动的动力系统结构形式。这种结构形式可以沿用内燃机动力汽车的部分传动装置，布置在原发动机舱中，继承性好；还能采用电机和减速机构，乃至控制器的集成结构形式，结构紧凑，便于处理电机冷却、隔振以及电磁干扰等问题。

但这种传统的集中电机驱动系统也有着其显著的缺点，一是传动链长、传动效率低；二是通常要求使用高转速大功率电机，对电机性能要求高。

针对上述问题，新型的分布式驱动电机系统应运而生。分布式驱动电机系统相对于集中电机驱动系统具有以下优点：

1）以电子差速控制技术实现转弯时内外车轮以不同转速转动，而且精度更高。

2）取消机械差速装置有利于动力系统减轻质量，提高传动效率，降低传动噪声。

3）有利于整车总布置的优化和整车动力学性能的匹配优化。

4）多个冗余电机分布驱动，具有故障备份功能，可靠性高。

分布式电机驱动通常有轮毂电机和轮边电机两种方式。所谓轮边电机方式是指每个驱动车轮由一个电机驱动，但是电机不是集成在车轮内，而是通过传动装置（例如传动轴）连接到车轮。采用轮边电机方式的驱动电机属于簧载质量范围，悬架系统隔振性能好。但是，安装在车身上的电机对整车总布置的影响很大，尤其是在后轴驱动的情况下。由于车身和车轮之间存在很大的变形运动，对传动轴的万向传动也有一定的限制。

与轮边电机方式相比，轮毂电机方式具有明显的优点，主要包括：

1）可以完全省略传动装置，整体动力利用效率大大提高。

2）轮毂电机使整车总布置可以采用扁平化的底盘结构形式，车内空间和布置自由度得到极大的改善。

3）车身上几乎没有大功率的运动部件，整车振动、噪声和舒适性得到极大的改善。

4）轮毂电机方式便于实现四轮驱动形式，有利于极大地改善整车的动力性能。

5）轮毂电机作为执行元件，具有响应速度快和准确等优点，便于实现包括线控驱动、线控制动以及线控整车动力学控制在内的整车动力学集成控制，提高整车的主动安全性。

7.7 混合励磁电机技术

7.7.1 混合励磁电机的优点

永磁电机使用永磁钢产生磁场，无电励磁绕组，结构简单、运行可靠。但是永磁电机也存在磁场难以调节、作为发电机运行电压难以控制、作为电动机运行还需要复杂的弱磁扩速控制等问题。

混合励磁电机是一种永磁和电磁共同提供磁场的电机，采用具有“三高”磁特性即高剩磁感应强度、高矫顽力和高磁能积的稀土永磁材料励磁，使电机比功率增大；主要靠永磁提供磁场，励磁绕组电流小，励磁损耗少，电机的效率提高，并且具有良好的弱磁扩速和电压控制性能。

混合励磁电机正是为了解决电励磁式电机和永磁励磁式电机的上述问题，将永磁励磁和电励磁两种方式进行合理的有机结合，综合两者优势，克服各自存在缺陷的一种新型电机。混合励磁电机的设计指导思想是：在保持电机较高效率和功率密度的前提下，通过合理改变电机拓扑结构，由两种磁动势源共同产生电机主磁场；两种磁动势源中，永磁磁动势源为主磁动势源，电励磁磁动势主要用来增加或者削弱主磁路磁通，实现电机气隙磁场调节和控制，改善电机特性。

混合励磁电机技术一方面使电机功率体积比增大，励磁绕组的电流减小，励磁损耗减小，发电机的效率提高，并且具有良好的怠速性能；另一方面混合励磁电机既具有电励磁电机良好的磁场调整特性，又具有永磁电机的高功率密度、高效率、高可靠性的优点。因此国内外对这种电能消耗少、发电效率高、故障率低的永磁与电磁混合励磁电机的研究越来越多。

按照不同的标准，混合励磁电机有不同的分类方式，从永磁体所在电机的位置分为转子永磁型混合励磁电机和定子永磁型混合励磁电机，目前定子永磁型混合励磁电机主要是混合励磁双凸极电机和磁通切换电机；按电机内永磁磁动势和电励磁磁动势的相互关系来看，混合励磁电机可分为串联磁动势式混合励磁发电机和并联磁动势式混合励磁发电机两类。

7.7.2 混合励磁电机的研究现状

1. 永磁极与电励磁极串联磁动势结构的混合励磁电机

该电机是将永磁同步电机的一部分或全部永磁磁极用铁磁磁极代替。一半磁极采用电励磁的电机结构，如图 7-44 所示。沿电机转子圆周方向看，一部分是永磁磁极，另一部分是铁磁磁极，通过调节铁磁磁极下的气隙磁通密度来调节发电机的端电压。全部磁极都带有励磁绕组的混合励磁电机由永磁体和励磁绕组提供串联的磁动势，不需要占用额外的空间。

串联磁动势结构的混合励磁电机虽然结构简单、不存在轴向磁路，但是电励磁磁动势直接作用于永磁体，容易发生不可逆退磁，而且永磁体自身磁势降较大，也需要较大的励磁电流才能取得显著的励磁效果。

2. 永磁极与电励磁极间隔排列的混合励磁发电机

转子结构如图 7-45 所示。提供切向磁场的永磁钢粘贴在每对电励磁爪极之间，要求每对电励磁爪极之间的间隙要均匀，装配精度要求高，因此制造工艺复杂。另外，由于励磁绕组占据空间较大，永磁体提供励磁的面积比较小，永磁体不能发挥提供主要磁场的作用，只能协助提供磁场。

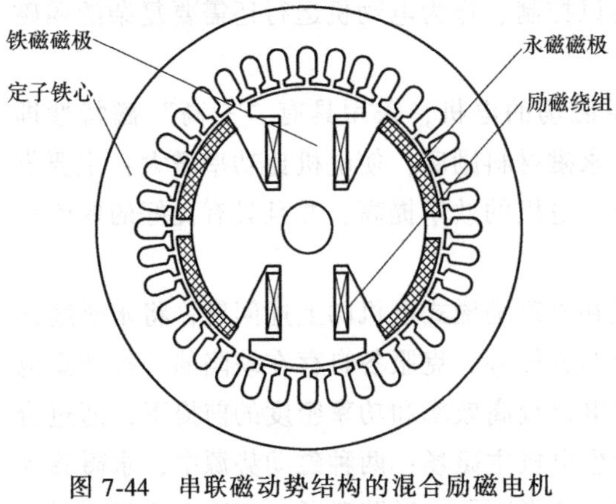

图 7-44　串联磁动势结构的混合励磁电机

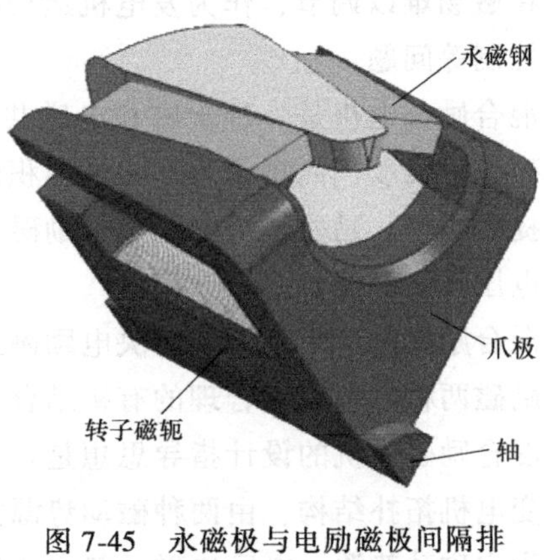

图 7-45　永磁极与电励磁极间隔排列的混合励磁发电机

3. 双凸极结构的混合励磁电机

该电机由凸极定子、凸极转子、调磁线圈和永磁钢构成，转子上没有绕组，永磁钢嵌于定子铁心内，相邻的两块永磁钢形成 N-N 极相对、S-S 极相对的“聚磁”结构，并且定子内嵌有电枢绕组和调磁线圈。结构如图 7-46 所示。但由于电机永磁部分与电励磁部分之间用气隙隔开一段距离以放置励磁绕组，电机中存在附加气隙，电机的功率密度低，漏磁大。

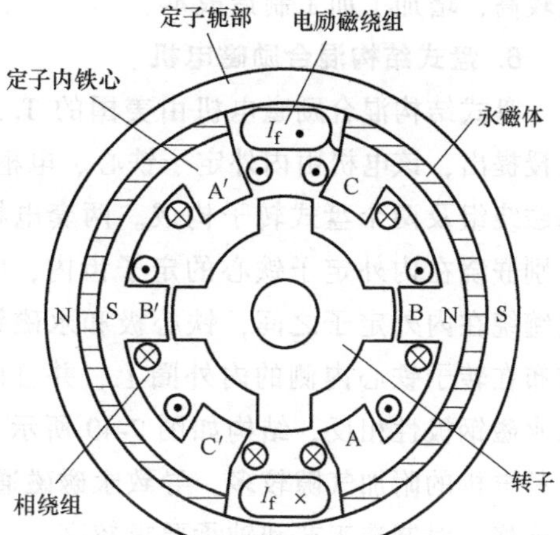

图 7-46 双凸极结构的混合励磁电机

4. 顺极结构混合励磁电机

顺极结构混合励磁电机由英国的学者 E. Spooner 和美国的 T. A. Lipo 教授先后提出。该电机由转子铁心、定子铁心、电励磁绕组、电枢绕组和永磁钢等组成。定子铁心分成两半，在定子铁心中间缠绕电励磁绕组。转子磁极也分成两部分，一部分是永磁钢 N 极与铁心极间隔排列，另一部分是永磁钢 S 极与铁心极间隔排列，永磁钢的数目和铁心极的数目相等。顺极结构混合励磁电机结构如图 7-47 所示。

顺极结构混合励磁电机采用永磁和电励磁耦合的形式调节磁场，通过调节电励磁绕组的电流以改变整个气隙磁场的大小，从而达到电压调节或弱磁扩速的目的。该电机由于转子铁心极的存在，使得无须励磁调节时电机的材料利用率不高，并且结构复杂，制造成本高，难以实现产业化。

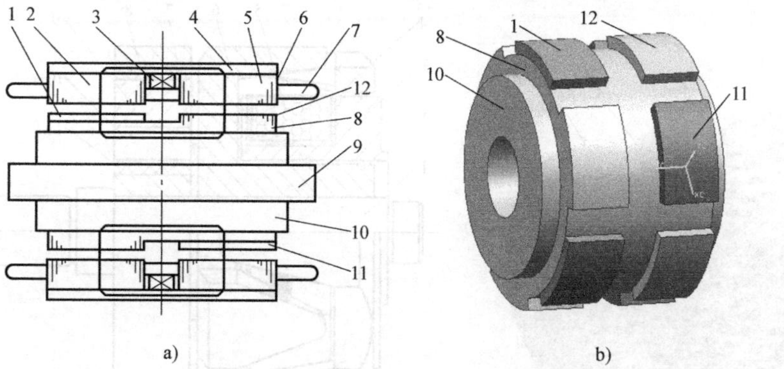

图 7-47 顺极结构混合励磁电机结构

a）混合励磁电机剖面图 b）混合励磁电机转子结构图

1—永磁钢 N 极 2—电励磁铁心 3—励磁绕组 4—磁轭 5—定子铁心 6—定子绕组 7—电枢绕组 8—转子铁心 9—转轴 10—整体转子 11—永磁钢 S 极 12—铁心极

5. 转子磁分路切向磁场混合励磁电机

该电机由永磁钢、电励磁部分、导磁支架等组成，电励磁部分的转子与永磁钢部分的转子安装于同一根导磁轴上，并联排列，通过调节励磁电流对其磁场进行调节。结构如图 7-48 所示，N 极导磁体和 S 极导磁体将永磁钢磁动势和电励磁绕组磁动势串联起来，嵌有电励磁绕组的环形导磁桥安装在两个导磁体之间，省去了电刷、集电环结构，可靠性较高，并且具有一定的弱磁性能。但此种电机利用导磁支架增大导磁面积，影响电机功率，而且转子内部部件的加工精度和装配精度要求都比较高，增加了加工制造成本。

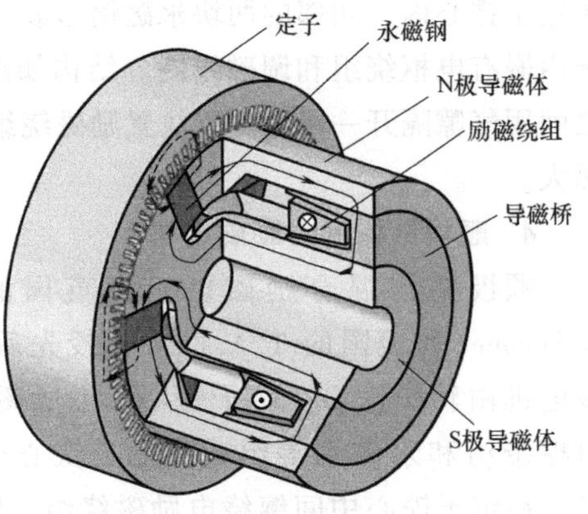

图 7-48　转子磁分路切向磁场混合励磁电机

6. 盘式结构混合励磁电机

盘式结构混合励磁电机由美国的 T. A. Lipo 教授提出，该电机由内外定子铁心、电枢绕组、励磁绕组及两个盘式转子构成。两套电枢绕组分别嵌绕在内外定子铁心的定子齿内，电枢绕组缠绕在内外定子之间，铁心极和永磁钢间隔均布在转子铁心内侧的内外圈上，并且内外圈的永磁钢极性相反，结构如图 7-49 所示。由于此种电机的附加气隙较多，导致永磁磁通和电励磁磁通的利用率低；而且电机轴向定位非常严格，对制造工艺和轴承要求较高。

7. 永磁与爪极电磁并列混合励磁电机

如图 7-50 所示为永磁与爪极电磁并列混合励磁电机转子，无刷爪极电磁转子与切向永磁转子同轴并联，产生的磁场在主气隙内矢量合成，既能体现切向永磁转子聚磁的优势，又能保证电励磁绕组的“增磁”和“弱磁”效用，磁路相互独立，避免了因磁场耦合造成的永磁钢不可逆退磁问题。

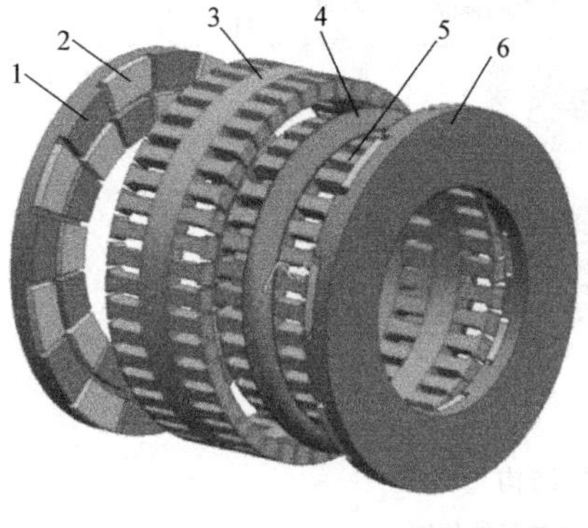

图 7-49　盘式结构混合励磁电机

1—铁心极　2—永磁钢　3—外定子铁心　4—励磁绕组　5—内定子铁心　6—转子背轭

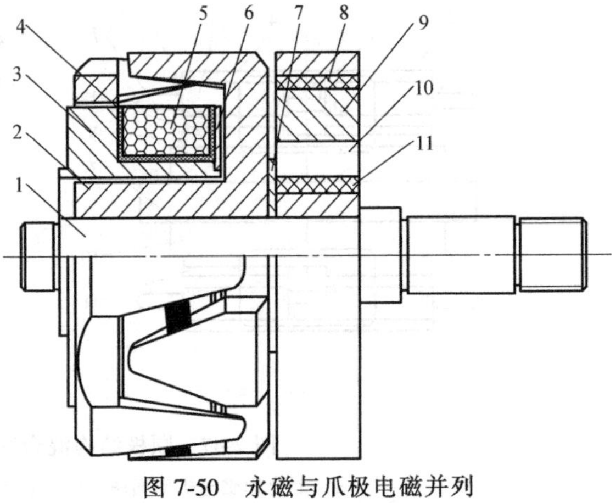

图 7-50　永磁与爪极电磁并列混合励磁电机转子

1—轴　2—S 极　3—励磁磁轭　4—N 极　5—励磁绕组　6—绝缘架　7—隔磁板　8—永磁体　9—导磁铁心　10—隔磁腔　11—隔磁环

综上所述，混合励磁电机由于采用了永磁钢和电励磁绕组共同励磁，混合励磁发电机既具有永磁发电机高效率、高功率密度、高可靠性的优点，又具有电励磁发电机良好的电磁调整特性，因此具有广阔的应用推广前景。

7.8 永磁同步磁阻电机技术

7.8.1 永磁同步磁阻电机的提出

汽车的产量每年都以千万计，这就要求汽车电机必须尽可能降低成本，并且使现有资源满足未来的可持续发展。使用稀土永磁材料的永磁同步电机是目前电动汽车驱动电机的主流，但是掠夺性开采导致我国中重类稀土仅能开采 15~20 年。据统计，2017 年我国稀土产量占全世界的 83%，但储量仅占 36%（图 7-51），电动汽车产量 79.4 万辆，永磁同步电机装机占 71%。加上汽车上的各种微特电机，每辆电动汽车需用稀土氧化物矿产约 5kg，现有的稀土产量和储量将逐渐无法满足未来电动汽车的增长需求（图 7-52）。因此，少稀土或无稀土永磁电机也受到了汽车行业研发人员的广泛关注。

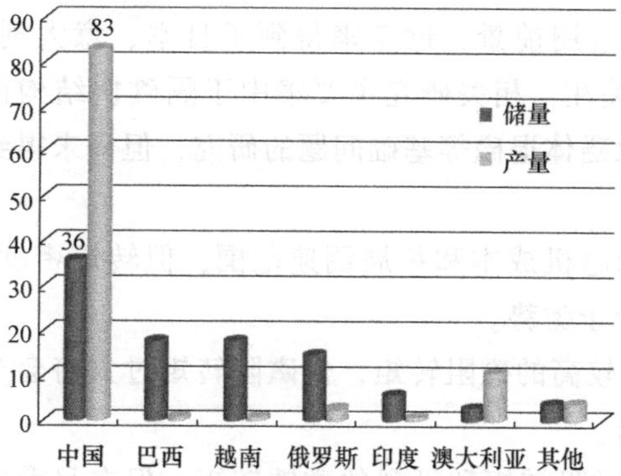

图 7-51 2017 年各国稀土产量和储量百分比

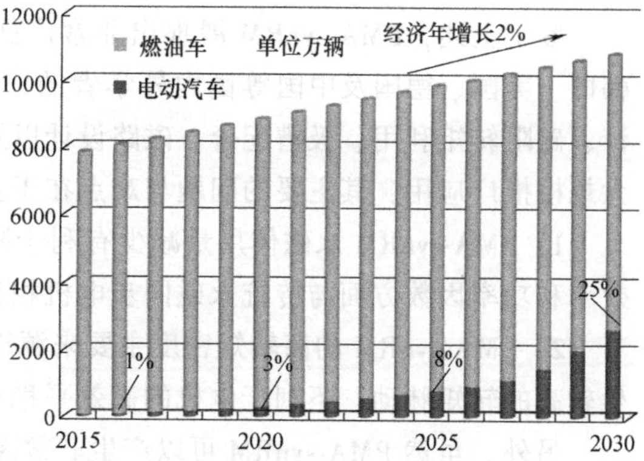

图 7-52 世界燃油与电动乘用车产量及预测

基于上述现状，国外学者提出了一种永磁辅助式同步磁阻电机（permanent magnet assisted synchronous reluctance motor，PMA-synRM），又称为永磁同步磁阻电机或永磁磁阻电机，该电机综合了永磁同步电机和同步磁阻电机的优点，结构如图 7-53c 所示，可以既像图 7-53a 所示的永磁同步电机一样输出电磁转矩，又可以像图 7-53b 所示的同步磁阻电机

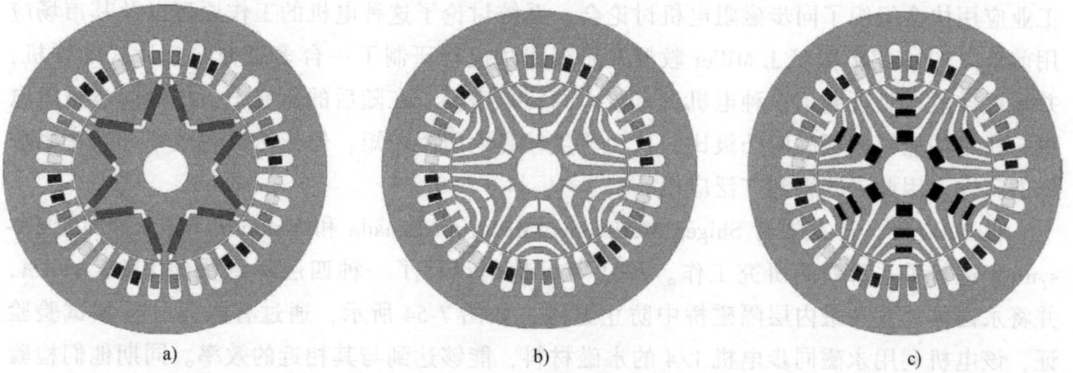

图 7-53 永磁同步磁阻电机拓扑

a）永磁同步电机 b）同步磁阻电机 c）永磁同步磁阻电机

一样输出磁阻转矩。

永磁同步磁阻电机是在磁阻电机的基础上发展起来的，但早期的磁阻电机转子结构较为简单，凸极比较低，电机的各项性能如转矩还不及感应电机，该类型电机未能引起研究者足够的兴趣。随着电机材料与制造工艺的进步以及电机控制方法的发展，同步磁阻电机得到了快速的发展，特别在交流调速驱动控制系统方面有了较大突破。永磁同步磁阻电机主要有以下特点：

1）交直轴电感相差很大，具有比较大的凸极比，一般在 3 以上，因此可以充分利用磁阻转矩，产生高转矩密度。

2）与相同转矩能力的永磁同步电机相比，所需要的永磁体用量少，亦可采用低成本的铁氧体永磁材料，减少电机制造成本。

3）与感应电机、开关磁阻电机及同步磁阻电机相比，具有较高的转矩密度、效率和功率因数，利于减小逆变器的容量。

4）电机永磁体只起到辅助作用，电枢磁场对主磁场调节能力强，调速性能优异。

鉴于上述，PMA-synRM 展现出非常广阔的应用前景，近年来得到了日本、意大利、韩国、美国、德国及中国等国内外学者的广泛关注，相关研究主要集中于隔磁桥结构设计、磁阻转矩利用、极槽配合、磁路设计以及永磁体退磁等基础问题的研究，但尚未得到大规模推广应用，其主要的问题与难点在于：

1）PMA-synRM 永磁体用量减少有利于降低电机成本和拓展调速范围，但转矩密度、效率和功率因数方面与传统永磁同步电机相比处于劣势。

2）PMA-synRM 的高转矩密度主要来源于其较高的磁阻转矩，但磁阻转矩过大将会产生较高的转矩脉动，不利于电机的高效平稳运行。

另外，虽然 PMA-synRM 可以产生非常高的磁阻转矩和可观的磁铁转矩，但在目前的研究设计中，PMA-synRM 的两种转矩成分并不能被完全利用而生成电磁转矩。

7.8.2 永磁同步磁阻电机的研究现状

美国威斯康星大学 Thomas A. Lipo 教授早在 1991 年提出同步磁阻电机在部分性能指标上可能超过异步电机的假设以后，引起了学术界更多学者的关注和研究。1992 年 IEEE 工业应用协会组织了同步磁阻电机讨论会，系统讨论了这种电机的工作原理以及其市场应用前景。1993 年英国 T. J. Miller 教授及研究团队成功研制了一台多层轴向叠片式的样机，并通过样机试验证明了该种电机具有较大的转矩密度。在随后的研究中，很多同步磁阻电机拓扑结构能得到很高的凸极比，从而产生较高的磁阻转矩，但依然存在效率和功率因数低的问题，因此未能得到广泛应用。

自 2000 年，日本学者 Shigeo Morimoto、Masayuki Sanada 和 Yukinori Inoue 等对 PMA-synRM 进行了一系列的研究工作。2001 年，他们设计了一种四层隔磁桥的 PMA-synRM，并将永磁体放置在最内层隔磁桥中防止退磁，如图 7-54 所示，通过有限元分析和试验验证，该电机利用永磁同步电机 1/4 的永磁材料，能够达到与其相近的效率。同期他们检验了 PMA-synRM 的弱磁调速性能，指出该种电机与同步磁阻电机相比不仅具有宽速调节范围，还显著提高了电机的效率和功率因数。由于稀土材料成本不断升高，2009 年开始，他们专注于研究铁氧体 PMA-synRM，对最优转子极数和结构对退磁的影响进行了详细讨论。2011 年，他们设计了一个 6 极 36 槽 PMA-synRM，通过增加第一层永磁体厚度并锥化隔磁桥边缘，使所设计电机与稀土内置式永磁同步电机相近，其转子结构如图 7-55 所示。

近期，他们在以前的研究基础上利用铁氧体永磁材料设计了一种 8 极 48 槽高功率密度 PMA-synRM，并通过设计分段隔磁桥的办法来增加机械强度，其性能基本可以满足替代丰田普锐斯 2003 稀土永磁内嵌式牵引电机，采用两段和多段隔磁桥结构的转子铁心如图 7-56 所示。

图 7-54 四层隔磁桥 PMA-synRM

图 7-55 隔磁桥边缘锥化 PMA-synRM

图 7-56 两段和多段隔磁桥 PMA-synRM

意大利 Alfredo Vagati 教授和 Nicola Bianchi 教授及其科研团队也对 PMA-synRM 进行了比较全面的研究。2004 年，Alfredo Vagati 教授利用集中参数建模方法设计了一台 12 极 72 槽的 PMA-synRM，具有较高的功率密度和调速范围，非常适合混合动力以及纯电动汽车等领域，样机如图 7-57 所示。

意大利的 Nicola Bianchi 教授早期研究同步磁阻电机，后期将其研究成果逐步运用到 PMA-synRM，通过转子隔磁桥的设计大大降低了 PMA-synRM 的转矩脉动，样机如图 7-58 所示。在后续的研究中通过永磁体的优化提高了该种电机的调速范围，并对转子饱和的影响进行了详细分析，近期他们将 PMA-synRM 用于牵引电机，并做了相关优化工作。

2004 年，意大利都灵理工大学设计了一台电动汽车驱动电机用的 12 极 72 槽永磁同步磁阻电机，电机最高转速为 6000r/min。2009 年，该大学对一台 6 极 72 槽 4 层磁障的永磁同步磁阻电机进行了设计，当电机转速为 1200r/min 时，电机功率达到最大值为 250kW，电机转速在 1000~1500r/min 范围内时，功率为恒定值 230kW。2011 年，该大学还研究了基于每层永磁体产生磁动势恒定条件下减少永磁体用量的方法，得出了在空气磁障中添加永磁体时应当尽量增大永磁体宽度的同时减小永磁体厚度以维持永磁体用量不变的结论。

图 7-57　12 极 72 槽 PMA-synRM 样机

图 7-58　低转矩脉动 PMA-synRM

美国威斯康星大学对轴向叠片结构的同步磁阻电机做了较多的研究工作，分析了隔磁层占比、转子层数、铁心饱和以及齿槽形状等对转矩性能的影响。该大学在 1995 年对一台永磁同步磁阻电机的极数、隔磁层占比、转子层数等参数对电机电磁性能的影响做了有限元计算。美国德州农工大学对永磁同步磁阻电机的磁障宽度、磁障厚度、隔磁层占比、肋部宽度等结构参数对电机电磁性能的影响进行了详细分析，得出了针对该电机的一些设计方法，根据这些方法设计了一台 1. 5kW 的 4 极 24 槽的永磁同步磁阻电机，定转子结构及样机如图 7-59 所示。

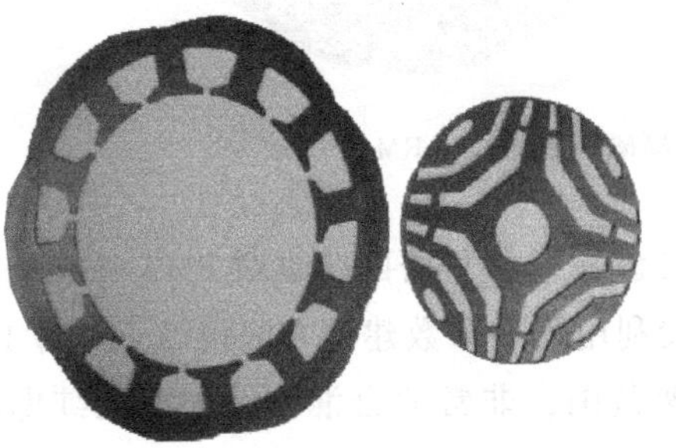

a）

b）

图 7-59　威斯康星大学永磁同步磁阻电机

a）定子冲片和转子冲片　b）样机

韩国成均馆大学在 2012 年研发了一台电动汽车用永磁同步磁阻电机，定子采用斜槽形式，虽输出转矩略有降低，但转矩波动和齿槽转矩值均大幅降低，同时还研究了铁氧体磁体的机械应力与抗退磁能力，然后分别对该电机与同等容量的内置式永磁同步电机进行有限元仿真分析，发现该电机输出转矩稍小于内置式永磁同步电机，但该电机转矩波动值略小，由于该电机产生磁阻转矩需要较大的励磁电流，所以电机铜耗略高。

此外，南非斯泰伦博斯大学的 S. E. Sibande 等人研究了永磁同步磁阻电机的转子优化设计，在空气磁障中填充黏结永磁体，这能够显著提升电机的转矩性能；英国谢菲尔德大学学者基于有限元方法，通过优化双驱动电机（永磁同步磁阻电机和永磁同步电机）轻型电动汽车的前后轴牵引功率分配比，以提高系统整体效率，结果表明，最优功率分配比总是在低转矩区给永磁电机分配更多的转矩，从而使系统在低转矩高速区的效率提高1%~3%；罗马尼亚加勒斯特理工大学学者研究了用于轻型混合动力汽车的永磁辅助型同步磁阻电动机/发电机的设计理念，并对该电机进行了有限元仿真分析；意大利帕多瓦大学 Bianchi N 等人对一台小型电动代步车用 1kW 永磁同步磁阻电机进行了研发设计。德国帕德伯恩大学对一台额定功率 30kW 的永磁同步磁阻电机进行了研发设计，然后对电机重要的参数如功率因数、输出转矩等进行了分析，最后研究了铁氧体磁体在不同工况下的抗退磁能力。

对于 PMA-synRM 全新结构的研究并不多见，日本学者 Keiji Kondo 提出了一种新型PMA-synRM，该电机定子由内、外和边缘部分组成，磁铁径向和切向混合配置，具有三种气隙结构，称为沟槽式气隙，通过有限元仿真与试验测试，证明该电机具有显著提高的效率。

我国对永磁同步磁阻电机的相关研究起步较晚。1997 年，清华大学的赵争鸣教授首次在国内分析了永磁同步磁阻电机的发展趋势与研究现状。2005 年，他相继对永磁同步磁阻电机的转矩特性和控制、结构与电磁参数关系、电机在电动作动器中的应用做了相关研究工作。2008 年，天津大学研发了一款 4 极永磁同步磁阻电机并对方案进行了多方面优化，分析和讨论了气隙长度、永磁材料的种类以及充磁方向的厚度等因素对电机输出性能的影响，此外，分别用路和场的方法计算了交、直轴电感等电磁参数和凸极比。

2014 年，珠海格力电器股份有限公司研发出一台铁氧体永磁同步磁阻电机，将该电机与同等规格的传统稀土永磁同步电机进行比较分析，发现该电机具有明显的性价比优势，然后将所设计电机顺利应用到该公司生产的变频压缩机中。2015 年，武昌理工学院彭冬玲等人采用集中参数模型研发了一种五相永磁同步磁阻电机，为了减小该电机的转矩波动值，对该电机进行了优化，然后试制了一台样机，并做了样机试验。2016 年，北京新能源汽车股份有限公司以丰田普锐斯 2010 电机为基础，使用与其相同的定子外圆和磁钢用量，通过优化转子上磁障大小、层数、排列组合方式设计出比基准电机电磁性能更好的永磁同步磁阻电机。

综上所述，国内外学者对 PMA-synRM 进行了较为系统的研究工作，并结合实际应用进行了样机研制与试验测试，推动了该种电机的实用化进程，但研究的内容比较集中，基本围绕在：①基于拓扑结构的基础问题研究，包括永磁用量的优化、隔磁桥结构的优化、极槽数配合等；②控制策略研究，包括最大电流比控制和弱磁控制方法；③应用基础问题研究，分析PMA-synRM 的转矩密度、效率和调速范围，验证其在电动汽车等领域的实用性。

思 考 题

1. 画出 BLDC 和 PMSM 反电动势和驱动控制电流波形图，并说明其转矩。

2. 利用 MATLAB 建立 PMSM 矢量控制模型，并进行仿真分析。

3. PMSM 转子结构有哪几种类型？各自有什么特点？

4. 查阅资料调研 BLDC 转矩脉动抑制方法。

5. 画出定子为 18 槽，转子分别为 12 极、16 极、20 极 BLDC 的绕组嵌线图和绕组矢量星形图。

6. 说明混合励磁电机在弱磁扩速和提高全转速范围内效率方面的优势。

7. 搜集并结合恒大国能新能源汽车集团、浙江亚太机电股份有限公司等公司的轮毂电机投资报道，讨论轮毂电机的主要优缺点及发展前景。

第8章

汽车磁阻类电机

磁阻类电机在汽车驱动系统和电源系统中有着良好的应用前景，且已在实际使用中得到验证。目前研究的磁阻类电机主要有开关磁阻电机（switched reluctance machine, SRM）、双凸极电机（doubly salient machine, DSM）和磁通切换电机（flux-switching machine, FSM）。虽然上述磁阻类电机定、转子铁心都为双凸极结构，但三种电机原理各不相同，所以名称、本体结构、控制方法和主要应用领域也不相同。

本章重点介绍两种磁阻类电机；开关磁阻电机和双凸极电机。首先给出开关磁阻电机的基本结构，分析其运行的工作原理；其次，围绕电机的控制策略作进一步分析，介绍开关磁阻电机的三种控制方式，分析不同功率变换器拓扑；最后，介绍开关磁阻电动系统的组成及特点。针对双凸极电机，首先给出双凸极电机的基本结构、磁路特性和数字模型；其次，分析双凸极电机的基本运行原理，并介绍多相双凸极电机；最后，对双凸极电机的控制技术作介绍说明。

8.1 磁阻类电机概述

8.1.1 磁阻类电机的提出

磁阻类电机的结构与工作原理与传统的交、直流电机有着很大的区别。它不依靠定、转子上绕组电流所产生磁场的相互作用，而是依靠定、转子内部“磁阻”的相互作用。

由开关磁阻电机构成的开关磁阻电机传动系统具有调速性能好、起动转矩大、效率高和功耗小的优点。在开关磁阻电机定子上加装励磁源可以得到双凸极电机。由双凸极电机配合功率变换器，可以构成无刷直流电动发电系统。这种电动发电系统具有结构简单、适合高速运行的优点。磁通切换电机相当于利用永磁体把双凸极电机的一个定子极分为两个定子极，以实现双极性的磁链变化。磁通切换电机具有正弦度较高的每相空载永磁磁链与空载感应电动势，特别适合于对电机转矩与转速波动要求较高的交流驱动系统。

开关磁阻电机作为20世纪70年代兴起的新型电机，与其他各种调速电机相比有较大结构优势。首先，开关磁阻电机的转子是简单的叠片结构，结构坚固且经济；其次，开关磁阻电机转子没有电励磁绕组或永磁体，转子结构对温度不敏感，电机的最高运行温度取决于绝缘系统，因此可在高速下运行，而且高温环境的运行能力良好；另外，开关磁阻电机定子集中绕组可以预先绕制好再嵌入定子槽，定子装配工艺简单，制造成本低，冷却方便。开关磁阻电机既可以作电动机，又可以作发电机，在不改变硬件拓扑结构的情况下可以自如地实现起动、发电、助力等状态的切换。例如，罗马尼亚理工大学和德国西门子公司的设计人员设计了一种飞轮式的 16/12 极开关磁阻电机，并进行了试验，电机结构如图 8-1 所示。

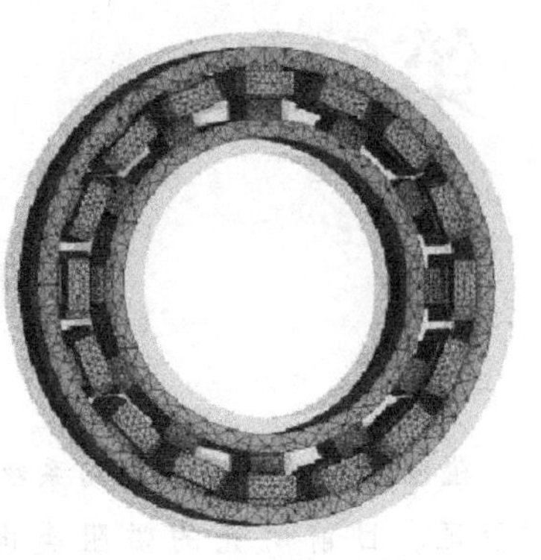

图 8-1　飞轮式开关磁阻电机模型

开关磁阻电机作为发电机运行时电压控制比较复杂，而且发电时是脉冲输出，对电源系统冲击较大，需要较复杂的滤波电路。

1992 年，美国 T. A. Lipo 教授提出了切向励磁的双凸极永磁电机，该电机将永磁体置于电机定子轭部，如图 8-2a 所示。

除了切向励磁式 DSPM 结构，Lipo 教授还提出了径向励磁式的 DSPM 电机，如图 8-2b 所示。

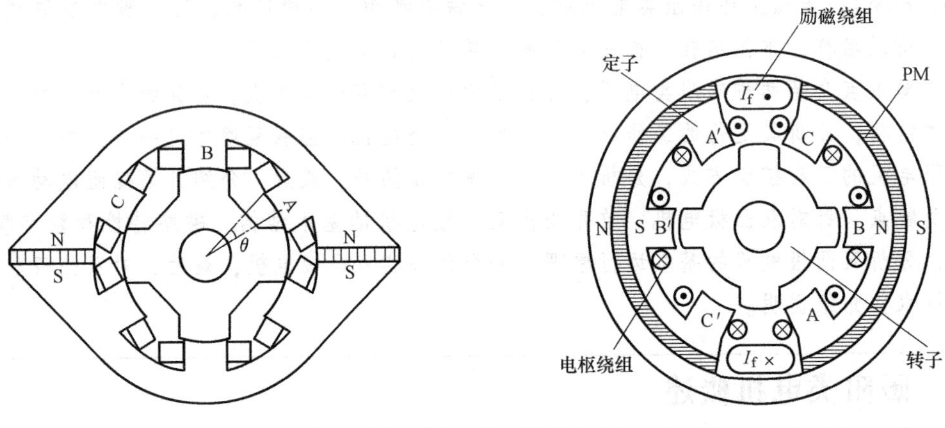

a)　b)

图 8-2　Lipo 提出的双凸极永磁电机

a) 切向励磁式　b) 径向励磁式

磁通切换电机的基本原理最早在 1955 年由美国的 Rauch 和 Johnson 提出并在 IEEE 的前身 AIEE 汇刊发表，其结构如图 8-3 所示。但是由于当时的永磁体材料性能、电力电子技术和控制技术较差，因此该电机并未引起足够的重视。

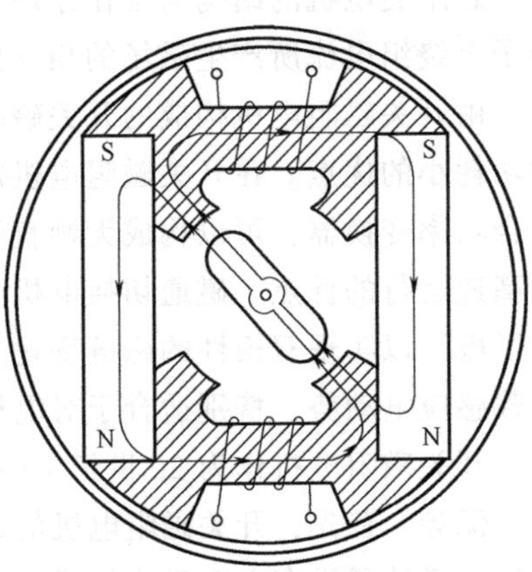

图 8-3　Rauch 和 Johnson 提出的磁通切换电机

1996 年，罗马尼亚教授 I. Boldea 等人提出了将两块反向排列的永磁体粘结于电机定子凸极表面的磁通反向永磁电机（flux-reversal permanent magnet，FR/MIN），如图 8-4 所示。

1997 年，法国学者 E. Hoang 提出了永磁体置于电机定子齿间的磁通切换永磁电机（flux- switching permanent-magnet machine，FSPM），如图 8-5 所示。磁通切换永磁电机可以看作是切向励磁的磁通反向电机，两者都具有双极性的磁链并且工作过程中实现磁通切换，因此两者工作原理是基本相同的，可以看作为一类，只是名称不一。

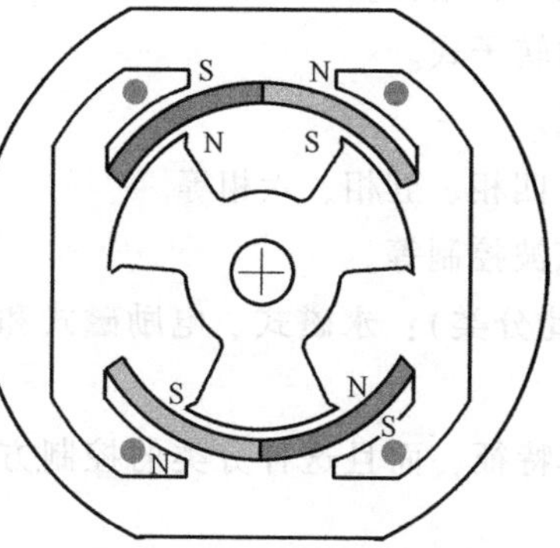

图 8-4 I. Boldea 提出的磁通反向永磁电机

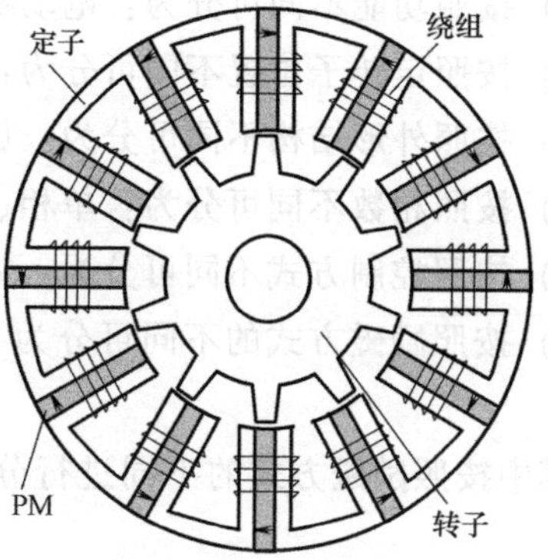

图 8-5 磁通切换永磁电机

开关磁阻电机、双凸极永磁电机和磁通切换永磁电机是三种基本的磁阻类电机。目前国内外研究的磁阻类电机几乎都是在这几种类型电机的基础上演变而来的。例如，南京航空航天大学戴卫力研究的 12/8 极双凸极永磁电机即是两个 6/4 极单元电机组成；东南大学程明教授带领的团队研发的五相 FSPM 容错电机即是由三相磁通切换永磁双凸极电机改进而来。

磁阻类电机结构提出后，有许多学者、专家对该电机特性和应用进行了研究。比较典型的有：东南大学程明教授、香港大学邹国棠教授的课题组致力于将磁阻类电机应用领域扩展至风力发电、电动车驱动、工业应用等场合；南京航空航天大学周波、张卓然、严仰光等教授对电励磁双凸极起动发电机的控制规律、电磁特性作了详细分析。另外还有浙江大学、上海大学、华中科技大学、华南理工大学、山东大学、江苏大学、西安交通大学等高校的研究团队也对磁阻类电机做出了卓有成效的研究。

表 8-1 给出了双凸极永磁电机、开关磁阻电机和磁通切换永磁电机在磁链、反电动势波形和控制模式等方面的对比。

表 8-1 双凸极永磁电机、开关磁阻电机和磁通切换永磁电机对比

类目	双凸极永磁电机	开关磁阻电机	磁通切换永磁电机
结构	励磁源不分割电枢绕组	定子无励磁源	励磁源和电枢绕组交替
磁链	单极性	单极性	双极性
能量转换	Ⅳ象限	四个象限	四个象限
永磁消耗	少	无	多
反电动势波形	梯形	电枢绕组励磁，特殊波形	正弦
定位转矩	小	大	中等
转矩密度	小	中等	大
控制模式	三拍或六拍 BLDC	三拍 BLDC	BLAC

8.1.2 磁阻类电机的分类

除了按照上述原理将磁阻类电机分为开关磁阻电机、双凸极永磁电机和磁通切换永磁

电机之外，业界还经常按照功能、结构、控制等不同进行如下分类：

1）按照功能不同可分为：电动机、发电机和电动发电机。

2）按照定转子位置不同可分为：外转子式和内转子式。

3）按照外形结构不同可分为：旋转式和直线式。

4）按照相数不同可分为：单相、双相、三相、四相、五相、六相等。

5）按照控制方式不同可分为：方波控制、正弦波控制等。

6）按照励磁方式的不同可分为（开关磁阻无此分类）：永磁式、电励磁式和混合励磁式。

其中按照励磁方式的不同进行分类最能显示其特征，而且这种分类的控制方式也不一样。

8.2 开关磁阻电机的基本结构与原理

8.2.1 开关磁阻电机的基本结构

开关磁阻电机是一种定子单边励磁，定、转子均为凸极结构的磁阻类电动机。该电动机定子绕组可由变频直流电源供电，因其必须在特定的开关模式下工作，故常称为“开关磁阻电机”。本节主要阐述其基本结构和工作原理，同时对开关磁阻电机的控制策略做简要说明。

开关磁阻电机的定、转子铁心均由硅钢片叠制而成。定子极上有集中式的绕组，转子极上没有绕组、永磁体、换向器和集电环等，且定、转子极数不相等。

1. 相数与极数的关系

开关磁阻电机的输出转矩为磁阻性质，为了保证电机能够连续旋转，当某一相的定子齿与转子齿的轴线对齐时，相邻的定、转子齿的轴线应错开 $1/m$ 个转子极距。为了避免单边磁拉力现象的发生，电机必须为对称结构，即定、转子极数为偶数。通常，开关磁阻电机的相数 m 与定、转子极数需满足如下约束关系：

$$\begin{cases} N_s = 2km \\ N_r = N_s \pm 2k \end{cases} \tag{8-1}$$

式中，N_s、N_r、m、k 分别对应定子极数、转子极数、相数、正整数。

一般为了降低开关频率、减少转矩脉动，定子齿极数应多于转子齿极数。表 8-2 是开关磁阻电机常用的相数与定、转子极数的组合。

开关磁阻电机可以设计成单相、两相、三相、四相或更多相数，不同相数下的定、转子极数有不同的组合搭配。相数增多，有利于减少输出转矩脉动，但多相下的电机结构复杂、主开关器件增多，控制系统和生产成本增加；相数减少，有利于降低成本，但使得转矩脉动加大，且两相以下的开关磁阻电机没有自起动能力。常见的是三相和四相开关磁阻电机。

表 8-2　SRM 常用的相数、极数组合

m	N_s	N_r
2	4	2
	8	4
3	6	2
	6	4
	6	8
	12	8
4	8	6
5	10	4

2. 单相开关磁阻电机

单相开关磁阻电机的功率电路只需要一个开关管和一个续流二极管。所需功率变换器的成本最低，定子绕组数和引线最少。因此，单相开关磁阻电机可以作为小功率电机，在家用电器和轻工业设备等领域具有应用前景。

但是，单相开关磁阻电机存在不能自起动的问题，需要有足够的系统转动惯量使电机克服转矩“死区”，使得电机的转动得以持续。图 8-6 是利用永磁材料辅助起动的单相开关磁阻电机。定子上有 4 个极，垂直方向的两个磁极上绕有线圈，串联成一相；在水平方向上分布一对永磁磁极。转子沿圆周方向分布着长度不等的两对磁极。当定子绕组断电后，在永磁体的作用下，转子逐渐停止在图中长极轴线与永磁极轴线重合的位置。当定子绕组通电时，转子受到扭曲磁力线的切向磁拉力作用，实现图 8-6 所示的位置开始的自起动。另外，单相开关磁阻电机还有其他的自起动形式，如在转子极间嵌入铝块或铜块，利用涡流反应转矩辅助起动等。

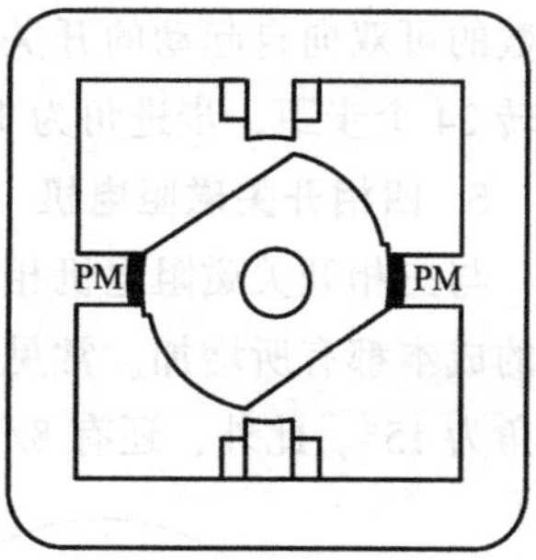

图 8-6　利用永磁体起动的单相开关磁阻电机

3. 两相开关磁阻电机

图 8-7 所示为常规两相开关磁阻电机的结构示意图。在定、转子磁极中心线对齐位置和定子极中心与转子槽中心位置对齐处不具备自起动能力，且存在较大的转矩“死区”。为了可靠地自起动，通常两相开关磁阻电机采用不对称转子结构或不对称定子结构。

图 8-8 所示为一种采用定子磁极偏移的两相开关磁阻电机。其中一相的磁极中心线偏离原来的对称线一定的角度，使得转矩分布不再对称，保证转子在任意位置都可以自起动。另外，可以把转子设计成凸轮结构或采用阶梯形气隙，可以使磁路不对称，避免了转矩“死区”，从而使电机可以自起动。

两相开关磁阻电机结构简单、控制器成本低，连接线少。槽的空间大，为减少绕组铜耗提供了方便。大的定子铁心截面使定子具有较高的机械强度，有利于降低电机的噪声。相对较低的换流频率，也降低了铁心的损耗。此外，不对称位置处的大气隙提高了电感的比值，有利于产生较大的转矩。因此，如果不要求同时具备正、反转向，可以优先选择具有自起动能力的两相开关磁阻电机。

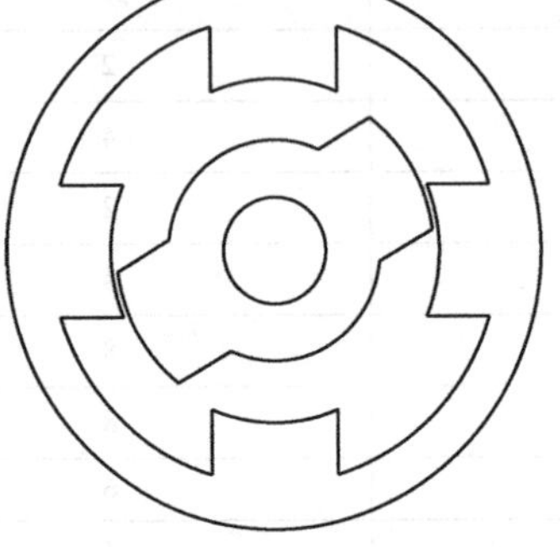

图 8-7　常规两相开关磁阻电机结构示意图

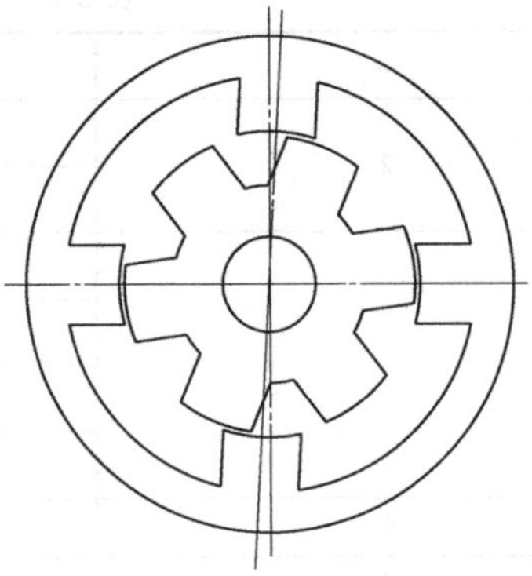

图 8-8　定子磁极偏移的两相开关磁阻电机

4. 三相开关磁阻电机

三相开关磁阻电机是一种常见的电机结构。三相及以上电机均具备正、反转自起动能力。三相定、转子极数比分别为6/2、6/4、12/8、12/10极等，最常见的结构是6/4极结构。图8-9是两组三相6/4极的结构组成的12/8极电机。三相6/4极是最少极数、最少相数的可双向自起动的开关磁阻电机；三相12/8极实际上为一种两个6/4极单元电机，每转24个步距，步进角为15°，可以减少转矩脉动。

5. 四相开关磁阻电机

与三相开关磁阻电机相比，四相电机的起动性能更好，转矩波动也小，但电机和控制器的成本都有所增加。常见的四相电机是8/6极结构（图8-10），每转有24个步距，步进角为15°。此外，还有8/10极结构，每转40个步距，步进角为9°。

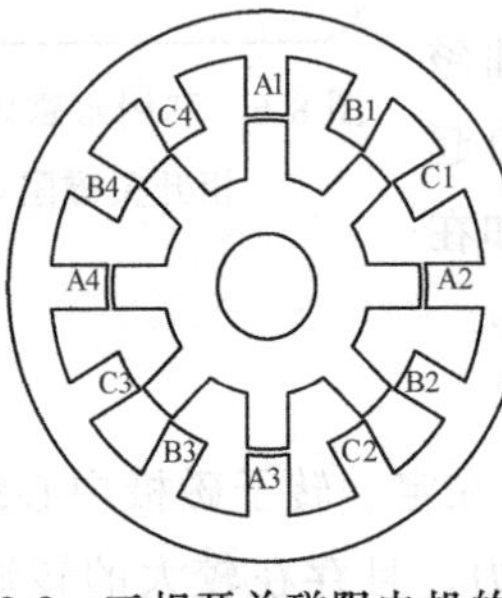

图 8-9　三相开关磁阻电机的结构

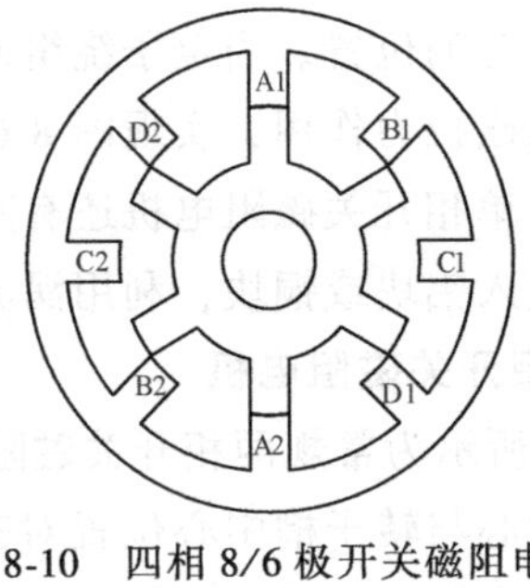

图 8-10　四相8/6极开关磁阻电机

6. 五相及以上开关磁阻电机

采用五相或更多相数的开关磁阻电机可以获得更为平顺的电磁转矩，大幅度降低转矩波动，还可以获得稳定的开环工作状态（无位置传感器）。但也具有明显的缺点，电机和控制器的成本和复杂程度较高。

8.2.2　开关磁阻电机的基本原理

开关磁阻电机的结构和工作原理与传统交直流电机有着本质的区别。它遵循“磁阻最小原理”，即磁通总是沿磁阻最小的路径闭合。当定子某相的电枢绕组通电时，所产生的磁场由于磁力线的扭曲而产生切向磁拉力，试图使相近的转子极旋转到其轴线与该定子极轴线对齐的位置，该位置即为磁阻最小的位置。因此开关磁阻电机的结构原则是要求转子旋转时磁路的磁阻要有尽可能大的变化。下面主要以三相 12/8 极电机为例说明开关磁阻电机的工作原理。

图 8-11 所示为三相 12/8 极开关磁阻电机工作原理图。定子极上套有集中式绕组，空间相对应的位置串联成一相绕组，在图中只画出了 A 相绕组。

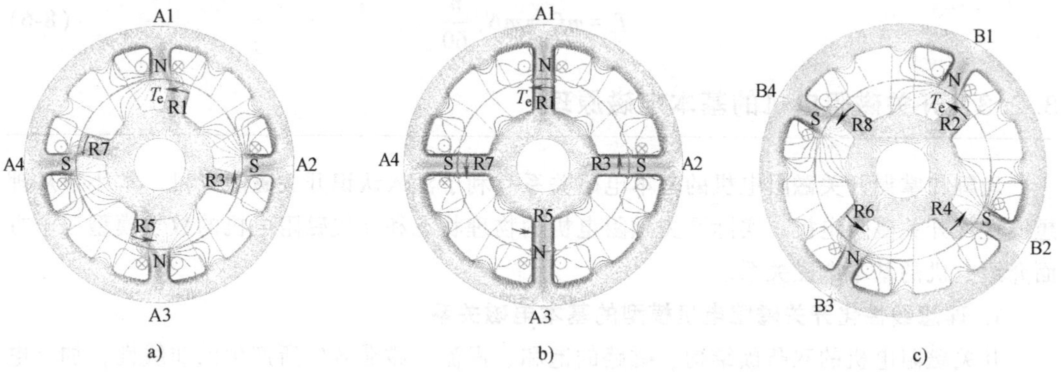

图 8-11　三相 12/8 极开关磁阻电机工作原理图

如图 8-11a 所示，A 相定子极通入励磁电流，在电机内部形成磁场。设 A1 齿为 N 极，根据磁路走势，A2～A4 齿分别为 S 极、N 极、S 极。根据“磁阻最小原理”，靠近 N 极和 S 极的 R1、R3、R5 和 R7 齿将受到一个逆时针方向的磁阻转矩 T_e 作用，使得定、转子处于对齐位置，即图 8-11b 所示。定、转子处于对齐位置时的磁阻转矩为 0。接着，A 相定子极关断，B 相定子极导通，于是定子的励磁磁动势和 N 极、S 极将转移到 B 相处，如图 8-11c 所示。此时转子凸极 R1、R3、R5 和 R7 齿上将受到逆时针方向的磁阻转矩 T_e，使得定、转子处于对齐位置。当转子凸极 R1、R3、R5 和 R7 齿到达对齐位置时，B 相定子极关断，C 相定子极导通……，以此类推。若三相定子绕组的电流按规定的顺序和时间间隔导通和关断，转子上将受到一个单方向的电磁转矩，使得转子连续旋转。

由此可见，要使电机正常运行，要有变频电源产生的一系列的脉冲电流依次供给各相绕组。各相绕组的导通与关断时间必须与转子的位置“同步”。所以，电机的轴上应安装位置传感器，通过控制系统来执行定子各相绕组的准确换相，以确保形成单向和平稳的电磁转矩。开关磁阻电机的转向与相绕组的电流方向无关，仅取决于相绕组的通电顺序，在多相电机的实际运动中，也经常出现两相或两相以上绕组同时导通的情况。

对于 m 相的开关磁阻电机，定子极数为 N_s、转子极数为 N_r，则转子极距为

$$\tau_r=\frac{2\pi}{N_r} \tag{8-2}$$

每相绕组通电、断电一次转子转过的角度定义为步距角，其值为

$$\alpha_p=\frac{\tau_r}{m}=\frac{2\pi}{mN_r} \tag{8-3}$$

转子旋转一周转过 360°（或 2π 弧度），每转步长为

$$N_p=\frac{2\pi}{\alpha_p}=mN_r \tag{8-4}$$

由于转子每旋转一周，定子 m 相绕组需要轮流通电 N_r 次，因此开关磁阻电机的转速 n（r/min）与每相绕组的通电频率 f_φ 之间的关系为

$$n=\frac{60f_\varphi}{N_r} \tag{8-5}$$

而功率变换器的开关频率为

$$f_e=mf_\varphi=mN_r\frac{n}{60} \tag{8-6}$$

8.2.3 开关磁阻电机的基本电磁原理

理解和掌握开关磁阻电机的基本电磁关系有利于深入认识开关磁阻电机。本小节从理想线性化开关磁阻电机、实际开关磁阻电机的物理状态和开关磁阻电机的数学模型三个方面介绍电机的基本电磁关系。

1. 理想线性化开关磁阻电机模型的基本电磁关系

开关磁阻电机的双凸极结构、磁路的饱和、涡流与磁滞效应所产生的非线性，加上电机在运行期间的开关性和可控性，使得电机的各个物理量随着转子位置发生周期性的变化。定子绕组的电流和磁通波形极不规则。

为了弄清开关磁阻电机内部的基本电磁关系和基本特性，我们从理想线性化的模型入手进行研究。作出假设如下：

1）不计磁路的饱和影响，定子绕组的电感 L 与绕组电流 i 无关。

2）极尖的磁通边缘效应忽略不计。

3）忽略所有的功率损耗。

4）功率管的开关动作是瞬时完成的。

5）转子旋转角速度 Ω 是常数。

对于双凸极结构的开关磁阻电机，转子磁极与定子通电相的磁极相对位置不同时，磁场的分布也不同，因而绕组电感也随着转子磁极与定子磁极之间的相对位置变化而变化。当转子旋转时，转子的位置角 θ 发生变化。电机绕组的电感在最大电感值 L_{max} 和最小电感值 L_{min} 这两个特定电感值之间周期性的变化。最大电感是指转子磁极与定子磁极轴线相重合时的电感值；最小电感是指转子磁极轴线与定子磁极轴间中心线相重合的电感值。电机变化频率与转子极对数成正比，电感变化周期为一个转子极距。在线性模型中，绕组相电感随着转子位置角 θ 周期性变化的规律可以用图 8-12 表示。

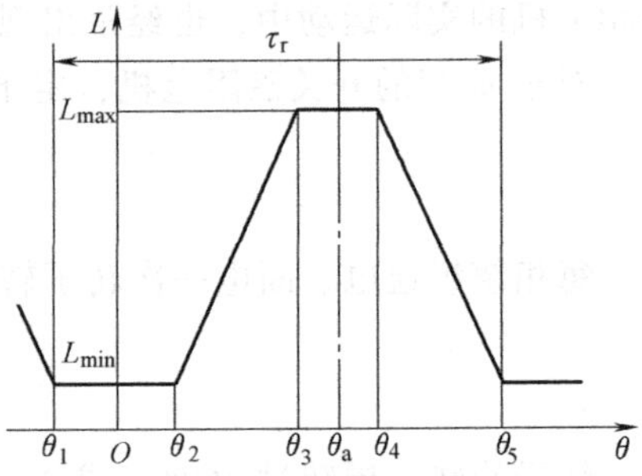

图 8-12 线性模型中电感与转子位置角的关系

在图 8-12 中，定义坐标原点 $\theta=0$ 是位置角的参考点，定义为转子凹槽中心与定子磁极轴线相重合的位置，此位置处相电感为最小值 L_{min}。θ_3 是定子、转子磁极全部重合的起点，即定子、转子前极边重合的位置。θ_4 是定子、转子后极边重合的位置；θ_1、θ_5 是转子后极边与定子前极边重合的位

置；θ_2 是转子前极边与定子后极边重合的位置。

在 θ_1 和 θ_2 区域内，定、转子磁极不相重叠，电感保持最小值 $L_{\min}$ 不变。对于开关磁阻电机的转子槽宽，一般情况下大于定子极弧，所以当定子凸极对着转子槽时，便有一段定子极与转子槽之间的磁阻恒为最大，不随转子位置角变化的最小电感常数区为 $\theta_1 \leqslant \theta < \theta_2$；转子转过 θ_2 后，相电感便开始线性地增加，直到 θ_3 为止，此时定、转子磁极全部重叠，相电感变为最大值 $L_{\max}$；基于电机的综合性能考虑，转子极弧通常大于定子极弧，因此在 $\theta_3 \leqslant \theta < \theta_4$ 区域内定子、转子磁极保持全部重叠，相应的定子、转子凸极间磁阻恒为最小值，相电感保持在最大值 $L_{\max}$；从 θ_4 相电感开始线性地下降，直到 θ_5 处降到 $L_{\min}$。如此循环往复。

根据上述分析，电感 $L(\theta)$ 与转子位置角 θ 的关系，可以用函数形式表示为

$$L(\theta)=\begin{cases} L_{\min} & \theta_1 \leqslant \theta < \theta_2 \\ L_{\min}+K(\theta-\theta_2) & \theta_2 \leqslant \theta < \theta_3 \\ L_{\max} & \theta_3 \leqslant \theta < \theta_4 \\ L_{\max}-K(\theta-\theta_4) & \theta_4 \leqslant \theta < \theta_5 \end{cases} \tag{8-7}$$

其中，$K=\dfrac{L_{\max}-L_{\min}}{\theta_3-\theta_2}=\dfrac{L_{\max}-L_{\min}}{\beta_s}$。

2. 绕组磁链

图 8-13 是开关磁阻电机的一相绕组的主电路图。

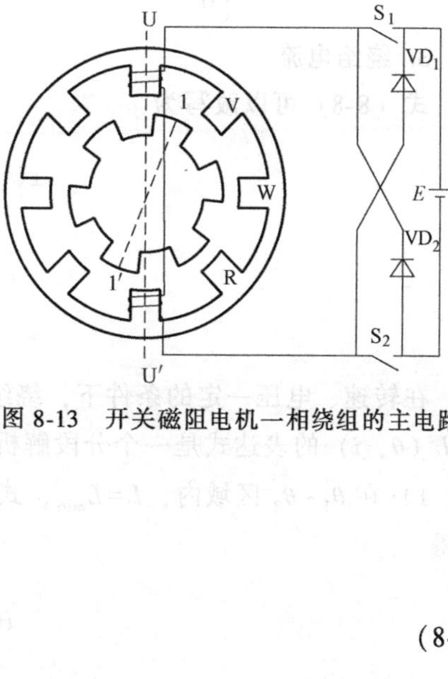

图 8-13　开关磁阻电机一相绕组的主电路

当电机由恒定直流电源 U_s 供电时，一相电路的电压方程为

$$\pm U_s = iR + \frac{d\psi}{dt}$$

式中，“+”对应于绕组与电源接通时，“-”对应于电源关断后绕组的续流期间。根据“忽略所有功率损耗的假设”，上式可以简化为

$$\pm U_s = \frac{d\psi}{dt} = \frac{d\psi}{d\theta}\frac{d\theta}{dt} = \Omega\frac{d\psi}{d\theta} \tag{8-8}$$

或

$$d\psi = \pm\frac{U_s}{\Omega}d\theta \tag{8-9}$$

式中，$\Omega = d\theta/dt$ 为转子的角速度。

开关 S_1 和 S_2 的合闸瞬间（$t=0$）为电路的初始状态，此时，$\psi_0=0$，$\theta_0=\theta_{on}$，θ_0 为 $t=0$ 时转子相应的转角，θ_{on} 为定子绕组接通电源瞬间定、转子齿极的相对位置角，称为触发角（又称开通角）。

将式（8-9）取“+”，积分并代入初始条件，得通电阶段的磁链表达式为

$$\psi = \int_{\theta_{on}}^{\theta}\frac{U_s}{\Omega}d\theta = \frac{U_s}{\Omega}(\theta-\theta_{on}) \tag{8-10}$$

当 $\theta_0=\theta_{off}$ 时关断电源，此时磁链达到最大，其值为

$$\psi=\psi_{max}=\frac{U_s}{\Omega}(\theta_{off}-\theta_{on})=\frac{U_s}{\Omega}\theta_c \tag{8-11}$$

式中，θ_{off} 为定子绕组断开电源瞬间定、转子磁极的相对位置角，称为关断角；θ_c 为相绕组通电的导通角，且 $\theta_c=\theta_{off}-\theta_{on}$。

式（8-11）为电源关断后绕组续流期间的磁链初始值，对式（8-9）取“-”，积分并代入初始条件，得到续流阶段的磁链解析式为

$$\psi=\frac{U_s}{\Omega}(2\theta_{off}-\theta_{on}-\theta) \tag{8-12}$$

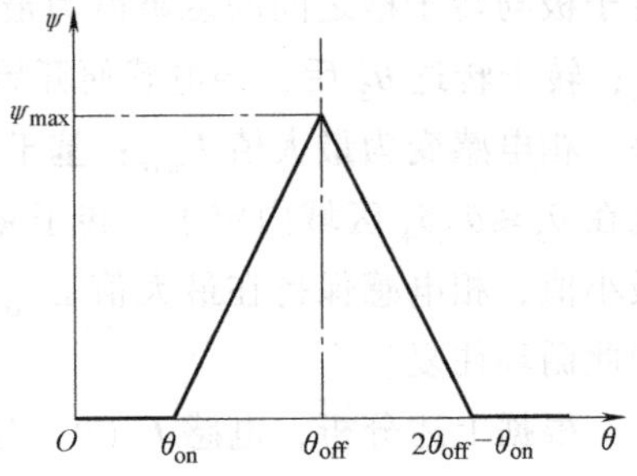

图 8-14　一相绕组的磁链

由式（8-10）~式（8-12）可以画出磁链随转子位置角变化的曲线，如图 8-14 所示。

表达式为

$$\psi=\begin{cases}\dfrac{U_s}{\Omega}(\theta-\theta_{on}) & \theta_{on}\leqslant\theta\leqslant\theta_{off}\\ \dfrac{U_s}{\Omega}(2\theta_{off}-\theta_{on}-\theta) & \theta_{off}\leqslant\theta\leqslant 2\theta_{off}-\theta_{on}\\ 0 & 0\leqslant\theta\leqslant\theta_{on}，且\ 2\theta_{off}-\theta_{on}\leqslant\theta\leqslant 2\pi/N_r\end{cases} \tag{8-13}$$

3. 绕组电流

式（8-8）可以改写为

$$\pm U_s=\frac{d\psi}{dt}=L\frac{di}{dt}+i\frac{dL}{d\theta}\Omega$$

或

$$\frac{\pm U_s}{\Omega}=L\frac{di}{d\theta}+i\frac{dL}{d\theta} \tag{8-14}$$

在转速、电压一定的条件下，绕组电流仅与转子位置角和初始条件有关。由于绕组电感 $L(\theta,\ i)$ 的表达式是一个分段解析式，因此需要分段给出初始条件并求解。

1）在 $\theta_1\sim\theta_2$ 区域内，$L=L_{min}$，式（8-14）前取“+”，将初始条件 $i(\theta_{on})=0$ 代入，解得

$$i(\theta)=\frac{U_s}{L_{min}}\frac{\theta-\theta_{on}}{\Omega} \tag{8-15}$$

则电流的变化率为

$$\frac{di(\theta)}{d\theta}=\frac{U_s}{\Omega L_{min}}=\text{const}>0 \tag{8-16}$$

所以，电流在最小电感区域内是直线上升的。这是因为该区域内电感恒为最小值 L_{min}，且无运动电动势，因此相电流在此区域内可以迅速建立。

2）在 $\theta_2\sim\theta_{off}$ 区域内，$L=L_{min}+K(\theta-\theta_2)$，直流电源 U_s 前取“+”，电压方程为

$$\min\frac{U_s}{\Omega}=L\frac{\mathrm{d}i}{\mathrm{d}\theta}+i\frac{\mathrm{d}L}{\mathrm{d}\theta}=[L_{\min}+K(\theta-\theta_2)]\frac{\mathrm{d}i}{\mathrm{d}\theta}+iK$$
$$=(L_{\min}-K\theta_2)\frac{\mathrm{d}i}{\mathrm{d}\theta}+K\theta\frac{\mathrm{d}i}{\mathrm{d}\theta}+iK \tag{8-17}$$
$$=(L_{\min}-K\theta_2)\frac{\mathrm{d}i}{\mathrm{d}\theta}+\frac{\mathrm{d}(K\theta i)}{\mathrm{d}\theta}$$

等式两端对 θ 积分，得

$$\frac{U_s}{\Omega}\theta+C=[L_{\min}+K(\theta-\theta_2)]i \tag{8-18}$$

将初始条件 $i(\theta_2)=U_s(\theta_2-\theta_{on})/(\Omega L_{\min})$ 代入式（8-18），可以确定积分常数 $C=U_s\theta_{on}/\Omega$，则

$$i(\theta)=\frac{U_s(\theta-\theta_{on})}{\Omega[L_{\min}+K(\theta-\theta_2)]} \tag{8-19}$$

对应电流的变化率为

$$\frac{\mathrm{d}i}{\mathrm{d}\theta}=\frac{U_s}{\Omega}\frac{L_{\min}+K(\theta_{on}-\theta_2)}{[L_{\min}+K(\theta-\theta_2)]^2} \tag{8-20}$$

可见，若 $\theta_{on}<\theta_2-L_{\min}/K$，$\mathrm{d}i/\mathrm{d}\theta<0$，电流将在电感上升区域内下降，这是因为 θ_{on} 比较小，电流在 θ_2 处有相当大的数值，使运动电动势引起的电压降超过电源电压；若 $\theta_{on}=\theta_2-L_{\min}/K$，$\mathrm{d}i/\mathrm{d}\theta=0$，电流将保持恒定，这时运动电动势恰好与电源电压平衡；$\theta_{on}>\theta_2-L_{\min}/K$，$\mathrm{d}i/\mathrm{d}\theta>0$，电流将继续上升，这是因为 θ_{on} 较大，电流在 θ_2 处数值较小，使运动电动势引起的电压降小于电源电压。因此不同的开关角可以形成不同的相电流波形。

3）在 $\theta_{off}\sim\theta_3$ 区域内，主开关关断，绕组进入续流阶段。此时，$L=L_{\min}+K(\theta-\theta_2)$，直流电源 U_s 前取“-”，类似于求解式（8-17）的过程，易得电流解析式为

$$i(\theta)=\frac{U_s(2\theta_{off}-\theta_{on}-\theta)}{\Omega[L_{\min}+K(\theta-\theta_2)]} \tag{8-21}$$

4）在 $\theta_3\sim\theta_4$ 区域内，$L=\theta_4$，直流电源 U_s 前取“-”，同理可得

$$i(\theta)=U_s\frac{2\theta_{off}-\theta_{on}-\theta}{\Omega L_{\min}} \tag{8-22}$$

5）在 $\theta_4\leqslant\theta\leqslant2\theta_{off}-\theta_{on}\leqslant\theta_5$ 区域内，$L=L_{\max}-K(\theta-\theta_4)$，直流电源 U_s 前取“-”，同理可得

$$i(\theta)=\frac{U_s(2\theta_{off}-\theta_{on}-\theta)}{\Omega[L_{\max}-K(\theta-\theta_4)]} \tag{8-23}$$

由式（8-16）、式（8-19）、式（8-21）、式（8-22）和式（8-23）构成一个完整的电流解析式，它是关于电源电压、电机转速、电机结构尺寸和转子位置角 θ 的函数。在电压和转速恒定的条件下，电流波形与开通角 θ_{on}、关断角 θ_{off}、最大电感 $L_{\max}$、最小电感 $L_{\min}$、定子极弧等有关。图 8-15 和图 8-16 分别画出了在电压和恒定转速时，不同开通角和关断角对应的电流波形。

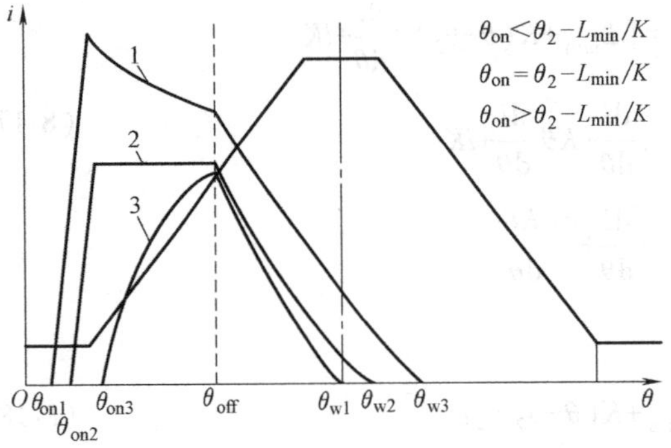

图 8-15　电压、转速恒定时，不同开通角的相电流波形

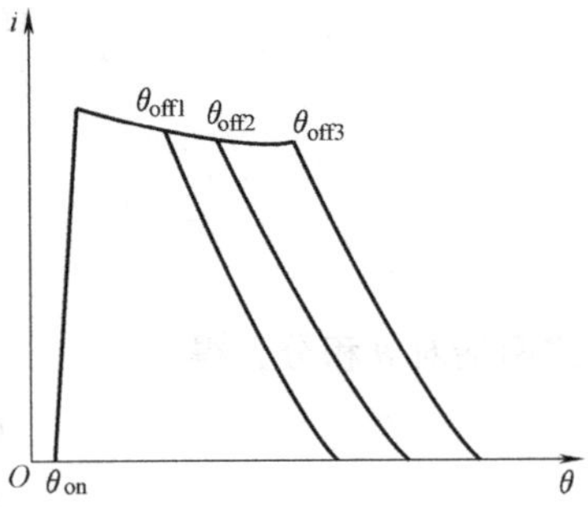

图 8-16　电压、转速恒定时，不同关断角的相电流波形

通过上述分析，可以得出如下结论：

1）主开关开通角 θ_{on} 对控制电流大小的作用十分明显。开通角 θ_{on} 减小、电流线性上升的时间增加，电流峰值和电流波形的宽度增大，可以提高电机的输出转矩和输出功率，对系统性能有着很大的影响；开通角 θ_{on} 过小会使电流过大，对增加电机功率作用不大，却使得效率降低、振动和噪声增大，电机运行的稳定性也会相应变差。

2）主开关关断角 θ_{off} 一般不影响电流峰值，但对相电流波形的宽度有影响。关断角增大，电流波形和宽度就会增大。通过调节关断角 θ_{off} 也可调整电流的大小和波形，但调整能力比较弱，所以调节关断角 θ_{off} 只能作为开关磁阻电机控制的辅助手段。

3）电流的大小和供电电压成正比，与电机转速成反比。在电机转速很低时，如起动时，可能形成很大的电流峰值，必须注意限流。有效的限流方式就是采用电流斩波控制。

4）在电机高速运转时，可以通过调节 θ_{on} 和 θ_{off} 来改变电流的最大值和有效值，以产生所需要的电磁转矩，这种方式为角度位置控制（APC）；在电机转速较低时，电流幅值很高，必须加以限制，以保证安全。通常采用固定 θ_{on} 和 θ_{off}，通过控制电流上限幅值和下限幅值来达到所需要的输出转矩，这种方式叫作电流斩波控制（CCC）。

4. 转矩与功率

在理想线性模型中，假设电机的磁路不饱和，此时，有

$$W_m = W'_m = \frac{1}{2}i\psi = \frac{1}{2}i^2 L(\theta) \tag{8-24}$$

从而电磁转矩为

$$T_e(i,\theta) = \frac{1}{2}i^2 \frac{\partial L}{\partial \theta} \tag{8-25}$$

将电感的分段解析式代入式（8-25），可得

$$T_e = \begin{cases} 0 & \theta_1 \leqslant \theta < \theta_2 \\ \frac{1}{2}Ki^2 & \theta_2 \leqslant \theta < \theta_3 \\ 0 & \theta_3 \leqslant \theta < \theta_4 \\ -\frac{1}{2}Ki^2 & \theta_4 \leqslant \theta < \theta_5 \end{cases} \tag{8-26}$$

式（8-26）虽然是在一系列假设条件下得出的，但对于了解开关磁阻电机的工作原理、定性分析电机的工作状态和转矩产生是十分有益的。可以得出以下结论：

1）开关磁阻电机的电磁转矩是由于转子转动时气隙磁导变化产生的，电感对位置角的变化率越大、转矩越大。选择开关磁阻电机的转子齿数少于定子齿数，有利于增大电感对位置角的变化率，因而有利于增大电机的出力。

2）电磁转矩的大小与电流的二次方成正比。考虑实际中电机磁路饱和的影响后，虽然转矩不再与电流的二次方成正比，但仍随电流的增大而增大。因此可以通过增大电流有效地增大电磁转矩。

3）在电感曲线的上升阶段，绕组电流产生正的转矩；在电感曲线的下降阶段，绕组电流产生反向转矩（制动转矩）。因此，可以通过改变绕组的通电时刻来改变电机的转矩方向，而改变电流的方向不会改变转矩的方向。

4）在电感的下降阶段（$\theta>\theta_4$），绕组电流将产生制动转矩。因此，主开关的关断不能太迟。但关断过早也会由于电流的有效值不够而导致转矩减小，且在最大电感期间，绕组也不产生转矩，因此取关断角 $\theta_{off}=(\theta_2+\theta_3)/2$，即电感上升区的中间位置是比较好的选择。

8.2.4 开关磁阻电机的物理状态

在实际开关磁阻电机中，由于磁路的饱和与边缘效应的影响，电感随着转子位置角的变化曲线与理想线性模型中的曲线有很大的区别，它不仅是转角的函数，还是电流的函数。如图 8-17 所示，图中选择理想线性模型中的 L_{max} 为电感基值，取额定电流为电流基值。实际中的电流、磁链和转矩的计算比理想线性模型复杂得多。

开关磁阻电机的电磁转矩是通过磁共能计算的，不同转子位置下的磁化曲线是开关磁阻电机转矩计算的基础。在理想线性模型中，由于忽略磁路的饱和与边缘效应，相电感不随电流变化，对于一定的转子位置角，磁化曲线 $\psi=Li$ 为一条直线，如图 8-18 所示。

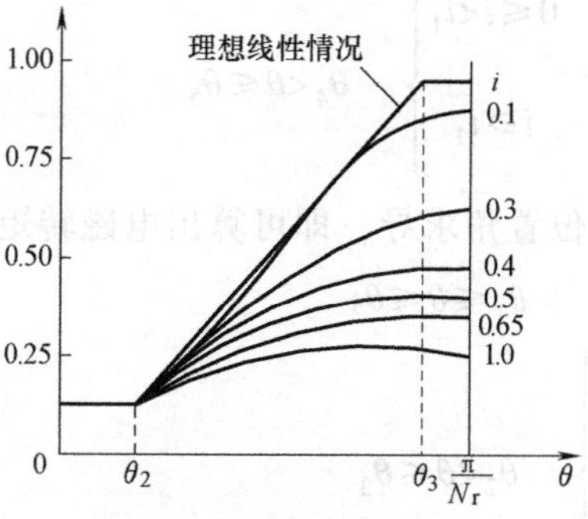

图 8-17 实际开关磁阻电机的 $L=f(i,\theta)$

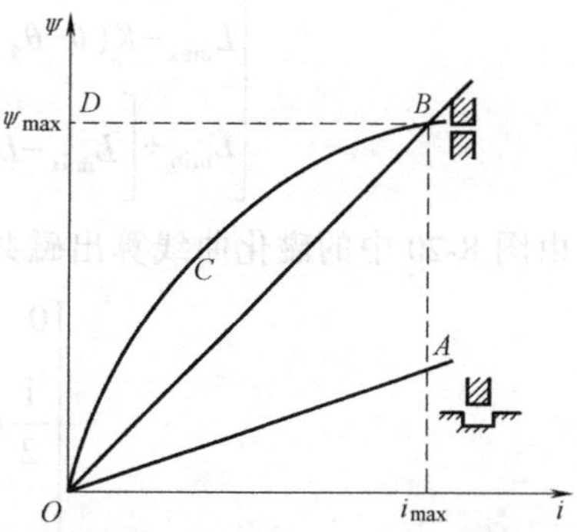

图 8-18 理想线性模型的变化曲线

在实际开关磁阻电机中，当定、转子凸极中心线重合时，气隙很小，磁路是饱和的，而且满足提高电机出力、减少功率变换器伏安容量等要求，磁路必须是饱和的。磁路饱和对电机的电流、磁链、转矩和功率都有明显影响，必须予以考虑。开关磁阻电机的实际磁化曲线如图 8-19 所示。

基于非线性模型的开关磁阻电机的分析十分复杂，必须借助数值方法（包括电磁场有限元分析、数字仿真等方法）实现。为了避免烦琐的计算，又考虑磁路的饱和效应，常借助准线性模型，将实际非线性磁化曲线作分段线性地近似处理，且忽略磁耦合的影响。

分段线性化的方法有多种。图 8-20 所示为开关磁阻电机分析中常见的一种非线性模型的磁化曲线，即用两段线性特性来近似一系列非线性磁化曲线。其中一段为磁化曲线的非饱和段，其斜率为电感的不饱和值；另一段为饱和段，可以视为与 $\theta=0$ 位置的磁化曲线平行，斜率为 $L_{\min}$。图中的 i_1 是根据对齐位置下磁化曲线决定的，一般在磁化曲线开始弯曲处。

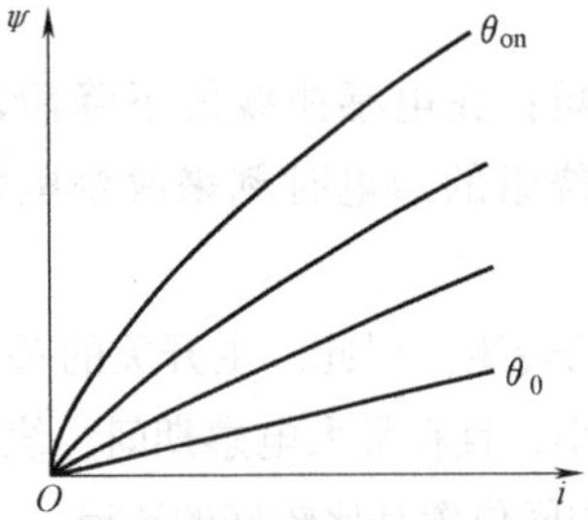

图 8-19　实际磁饱和磁化曲线特性

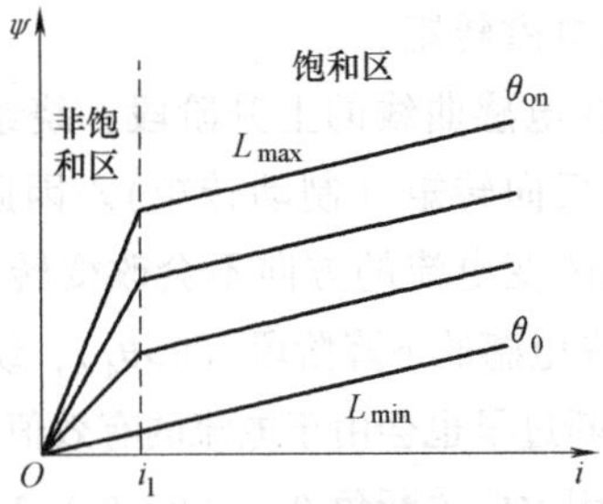

图 8-20　分段线性磁化曲线

基于图 8-20 的开关磁阻电机的准线性模型，可以写出绕组电感 $L(i,\theta)$ 的分段解析式，即

$$L(\theta,i)=\begin{cases}L_{\min} & \theta_1\leqslant\theta\leqslant\theta_2\\ \left.\begin{matrix}L_{\min}+K(\theta-\theta_2) & 0\leqslant i<i_1\\ L_{\min}+K(\theta-\theta_2)\dfrac{i_1}{i} & i\geqslant i_1\end{matrix}\right\} & \theta_2<\theta\leqslant\theta_3\\ \left.\begin{matrix}L_{\max} & 0\leqslant i<i_1\\ L_{\min}+(L_{\max}-L_{\min})\dfrac{i_1}{i} & i\geqslant i_1\end{matrix}\right\} & \theta_3<\theta\leqslant\theta_4\\ \left.\begin{matrix}L_{\max}-K(\theta-\theta_4) & 0\leqslant i<i_1\\ L_{\min}+\left[L_{\max}-L_{\min}-K(\theta-\theta_4)\dfrac{i_1}{i}\right] & i\geqslant i_1\end{matrix}\right\} & \theta_4<\theta\leqslant\theta_5\end{cases}\tag{8-27}$$

由图 8-20 中的磁化曲线算出磁共能，然后对转子位置角求导，即可算出电磁转矩：

$$T_e(\theta,i)=\begin{cases}0 & \theta_1\leqslant\theta\leqslant\theta_2\\ \left.\begin{matrix}\dfrac{1}{2}Ki^2 & 0\leqslant i<i_1\\ Ki_1\left(i-\dfrac{i_1}{2}\right) & i\geqslant i_1\end{matrix}\right\} & \theta_2<\theta\leqslant\theta_3\\ 0 & \theta_3<\theta\leqslant\theta_4\\ \left.\begin{matrix}-\dfrac{1}{2}Ki^2 & 0\leqslant i<i_1\\ Ki_1\left(i-\dfrac{i_1}{2}\right) & i\geqslant i_1\end{matrix}\right\} & \theta_4<\theta\leqslant\theta_5\end{cases}\tag{8-28}$$

由于开关磁阻电机的控制方式不同，相电流的波形也不同，统一的输出电磁转矩难以得到。在相电流为理想平顶波的情况下，开关磁阻电机的平均电磁转矩的解析式为

$$T_{av}=m\frac{N_r U_s^2}{2\pi\Omega^2}(\theta_p-\theta_2)\left(\frac{\theta_2-\theta_{on}}{L_{min}}-\frac{1}{2}\frac{\theta_p-\theta_2}{L_{max}-L_{min}}\right) \tag{8-29}$$

上述基于准线性模型的计算方法多用于分析计算功率变换器和制定控制策略中。从式（8-28）可以看出：当开关磁阻电机运行在电流很小的情况下时，磁路不饱和，电磁转矩与电流的二次方成正比；当运行在饱和情况下时，电磁转矩与电流的一次方成正比。这个结论可以作为制定控制策略的依据。

8.2.5 开关磁阻电机的数学模型

对于 m 相开关磁阻电机，如果忽略铁心损耗，并假设各相结构和参数对称，则可视为具有 m 对电端口（m 相）和一对机械端口的机电装置，如图 8-21 所示。

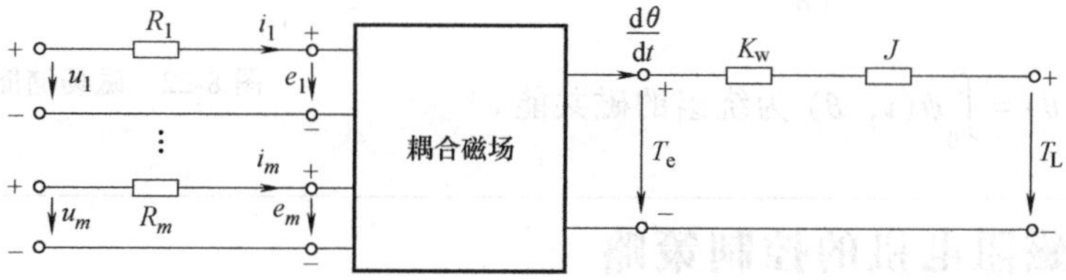

图 8-21 m 相开关磁阻电机的系统示意图

1. 电路方程

根据电路的基本定律，可以写出开关磁阻电机的第 k 相的电压平衡方程式，有

$$u_k=R_k i_k+\frac{d\psi_k}{dt} \tag{8-30}$$

式中，u_k、i_k、R_k 和 ψ_k 分别是第 k 相绕组的端电压、电流、电阻和磁链。

2. 磁链方程

各相绕组的磁链为该相电流与自感、其余各相电流与互感以及转子位置角的函数，但由于开关磁阻电机各相之间的互感相对自感相来说很小，为了便于分析，在开关磁阻电机的计算过程中忽略相间互感。因此，磁链方程为

$$\psi_k=L_k(\theta_k,i_k)i_k \tag{8-31}$$

应当注意，每相电感是相电流和转子位置角的函数，电感之所以与电流有关是因为开关磁阻电机非线性的缘故，而电感随转子位置角变化正是开关磁阻电机的特点，是产生转矩的先决条件。

将式（8-31）代入式（8-30）中得

$$\begin{aligned}u_k&=R_k i_k+\frac{\partial\psi_k}{\partial i_k}\frac{di_k}{dt}+\frac{\partial\psi_k}{\partial\theta}\frac{d\theta}{dt}\\&=R_k i_k+\left(L_k+i_k\frac{\partial L_k}{\partial i_k}\right)\frac{di_k}{dt}+\frac{\partial L_k}{\partial\theta}\frac{d\theta}{dt}\end{aligned} \tag{8-32}$$

式（8-32）表明，电源电压与电路中的三部分压降相平衡。其中，等式右端第一项为第 k 相回路中的电阻压降；第二项是由电流变化引起磁链变化而感应的电动势，称为运动电动势，它与开关磁阻电机中的能量转换有关。

3. 机械运动方程

根据力学原理，可以写出电机在电磁转矩、负载转矩作用下，转子的机械运动方程：

$$T_e = J\frac{d^2\theta}{dt^2}+K_\omega\frac{d\theta}{dt}+T_L \tag{8-33}$$

式中，J 为系统的转动惯量；K_ω 为摩擦系数；T_L 为负载转矩。

4. 转矩公式

开关磁阻电机的电磁转矩可以通过其磁场储能或磁共能（图 8-22）对转子位置角 θ 的偏导数求得，即

$$T_e(i,\theta)=\frac{\partial W'_m(i,\theta)}{\partial\theta}\bigg|_{i=\mathrm{const}} \tag{8-34}$$

式中，$W'_m(i,\theta)=\int_0^i\psi(i,\theta)$ 为绕组的磁共能。

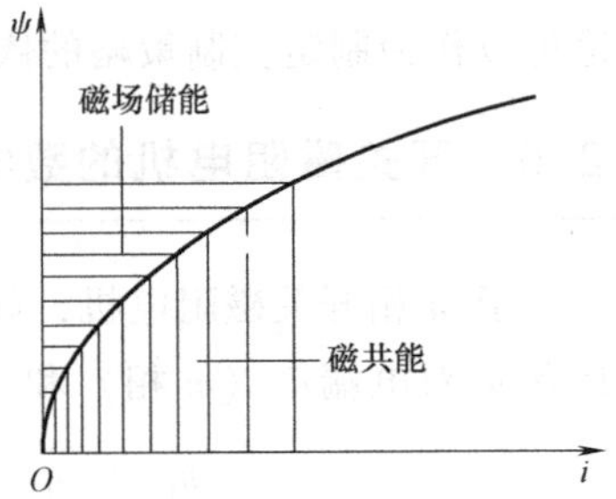

图 8-22　磁场储能与磁共能

8.3　开关磁阻电机的控制策略

8.3.1　开关磁阻电机传动系统

开关磁阻电机传动系统（switched reluctance drive，SRD）是一种新型机电一体化交流调速系统，主要由开关磁阻电机、功率变换器、控制器和检测器四部分组成，如图 8-23 所示。

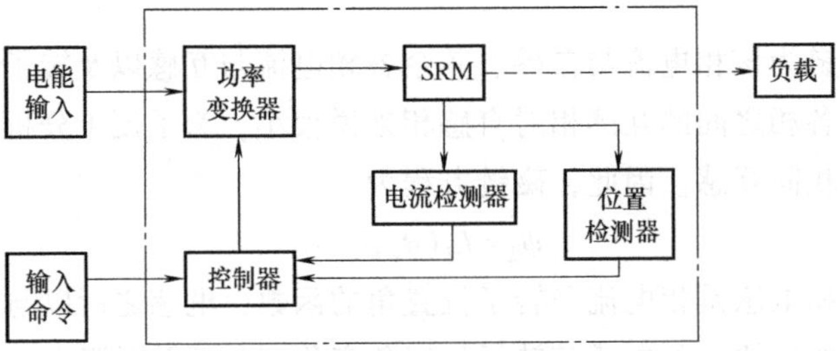

图 8-23　开关磁阻电机传动系统的基本构成

开关磁阻电机传动系统的主要优点如下：

1）电机结构简单、成本低，适于高速运行。开关磁阻电机的突出优点是转子上没有任何形式的绕组，而定子上只有简单的集中绕组。并且发热集中在定子上，转子的机械强度高，电机可以高速运转而不至变形，转子转动惯量小，易于实现加、减速。

2）功率电路简单可靠。因为电机转矩方向与绕组电流方向无关，即只需要单方向的

绕组电流，故功率电路可以做到每相一个功率开关，电路结构简单。另外，系统中的每个功率开关器件均直接与电机绕组串联，避免了直通短路的现象。因此，开关磁阻电动系统功率变化器的保护电路可以简化，既降低了成本，又具有较高的可靠性。

3）效率高、功耗少。开关磁阻电动系统在宽广的转速和功率范围内具有高输出和高效率。这是因为一方面电机转子不存在绕组铜耗，另一方面电机的可控参数多，灵活多变，易于在宽广的范围和不同负载下实现高效优化控制。

4）高起动转矩、低起动电流，适用于频繁起停和正反转运行。从电源侧吸收较少的电流，在电机侧得到较大的起动转矩。

5）可控参数多，调速性能好。控制开关磁阻电机的主要运行参数主要有四种：控制开通角 θ_{on}、控制关断角 θ_{off}、控制相电流的幅值和控制相绕组电压。可控参数多，意味着控制灵活方便，可以根据运行要求和电动机的实际情况采用不同的控制方法和参数值。使电机运行在最佳状态（如出力最大、效率最高等），还可以使电机实现不同的功能和特定的特性曲线。

当然，开关磁阻电机传动系统也存在着一些不足，主要有以下几点：

1）存在转矩脉动。开关磁阻电机转子上产生的转矩是由一系列脉冲转矩叠加而成的，且由于双凸极结构易受到磁路非线性饱和的影响，合成转矩不是一个恒定值，而是存在一定的谐波，使电机低速运行时转矩脉动较大。

2）振动和噪声比传统同步电机和感应电机大。

3）开关磁阻电机的出线头较多，且相数越多，主接线数越多，此外，还有位置传感器的出线。

8.3.2 开关磁阻电机的控制方式

开关磁阻电机的可控量有加在绕组两端的电压、相电流、开通角和关断角等参数。针对这些可控量的控制方式一般分为三种：角度位置控制方式（APC）、电流斩波控制方式（CCC）和电压斩波控制方式（CVC）。

1. 角度位置控制（APC）

角度位置控制是指在加在绕组上的电压一定的情况下，通过改变绕组上主开关的开通角 θ_{on} 和关断角 θ_{off}，来改变绕组的通电、断电时刻，调节相电流的波形，实现转速闭环控制。

开通角和关断角都可以进行调节，因此角度位置控制可以分为变开通角 θ_{on}、变关断角 θ_{off}、同时改变开通角 θ_{on} 和关断角 θ_{off} 三种方式。变开通角 θ_{on} 可以改变电流波形的宽度、峰值和有效值的大小，还可以改变电流波形和电感波形的相对位置，从而改变电机的转矩和转速。而关断角 θ_{off} 一般不影响电流的峰值，但可以改变电流波形的宽度及其与电感曲线的相对位置，进而可以改变电流的有效值。在开关磁阻电机控制中，一般采用固定关断角、改变开通角的控制方式。

根据开关磁阻电机的转矩特性可知：当电流波形主要位于电感的上升区域时，产生正的平均电磁转矩，电机运行在电动状态；当电流波形主要位于电感下降区域时，产生负的平均电磁转矩，电机工作在制动状态。而通过对开通角 θ_{on}、关断角 θ_{off} 的控制，可以使电流的波形处在绕组电感波形的不同位置。因此，可以用控制开通角 θ_{on}、关断角 θ_{off} 的方式来使电机运行在不同的状态。

显然，某一相的开通角 θ_{on} 和关断角 θ_{off} 决定该相电流在相邻相的互感电动势大小，因此某一相开通角和关断角的调节不仅影响该相电流的波形，而且也影响相邻两相的电流波形。对于特定的开通角与关断角，也许对某相电流而言较优，但对其他相电流并非最佳，因此要实现开关磁阻电机的 APC 控制方式真正的最优运行，必须对每一相开通角 θ_{on} 和关断角 θ_{off} 分别进行调节。

总结起来，角度位置控制具有以下特点：

1）转矩调节范围大。若定义电流存在区间 t 占电流周期 T 的比例 $D=t/T$，D 为电流占空比，则在角度控制下，电流占空比的变化范围几乎从 0~100%。

2）可以同时导通多相。同时导通相数越多，电机出力越大，转矩脉动越小。当电机负载变化时，可以自动增加或减少同时导通的相数，并调整控制角度。

3）电机运行的效率高。通过角度优化能使电机在不同负载下保持较高的效率。

4）不适用于低转速。在角度控制方式中，电流峰值主要由旋转电动势限制。当转速降低时，旋转电动势减小，可使电流峰值超过允许值，需要添加另外的限流措施，因此角度控制方式适用于较高的转速。

2. 电流斩波控制（CCC）

电机低速运行特别是在起动时，旋转电动势的压降很小，相电流上升很快，为了避免过大的电流脉冲对功率开关器件及电机造成的损坏，需要对电流峰值进行限定。因此，可以采用电流斩波控制，获得恒转矩的机械特性。电流斩波控制一般不会对开通角、关断角进行控制，它将直接选择在每相的特定导通位置对电流进行斩波控制。

电流斩波波形如图 8-24 所示。其控制方法是让相电流 i 与电流斩波限 i_{chop} 进行比较，当转子位置角 θ 处于电流导通区间，$\theta_{on}\leqslant\theta\leqslant\theta_{off}$ 时，若 $i<i_{chop}$，则主开关开通，相电流上升并逐渐达到斩波限；若 $i>i_{chop}$，则主开关关断，电流下降，如此反复，相电流将维持在斩波限附近，并伴有较小的波形。显然，当固定开通、关断角时，调节斩波限 i_{chop} 就相当于调节关断角，即电流开通区间的长度。但是它们之间也有不同之处，与 APC 方式下电流的不可控性相比，CCC 方式是直接对电流实施控制，通过适当误差带的设置，可以获得较为准确的控制效果。

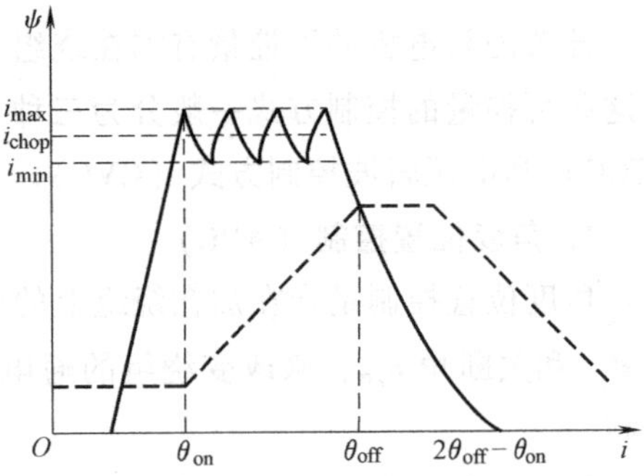

图 8-24　电流斩波波形图

总结起来，电流斩波控制具有以下特点：

1）适用于低速和制动运行的电机。在低速运行时，绕组中的旋转电动势小，电流增长快。在制动运行时，旋转电动势的方向与绕组端电压方向相同，电流比低速运行时增长更快。两种工况下，采用电流斩波控制方式正好能够限制电流峰值超过允许值，起到良好的保护和调节效果。

2）转矩平稳。电流斩波控制时，电流波形呈现较宽的平顶状，产生的转矩较为平稳，合成的转矩脉动明显比其他控制方式小。

3）适用于转矩调节系统。当斩波周期较小，并忽略相导通和相关断是电流建立和消失的过程（转速低时近似成立）时，绕组电流波形近似平顶方波。平顶方波的幅值对应电机转矩，转矩值基本不受其他因素的影响，可见电流斩波控制方式适用于转矩调节系统，如恒转矩控制系统。

4）用作调速系统时，抗负载扰动性的动态响应慢。提高调速系统在负载扰动下的快速响应，除了转速检测调节环节动态响应快外，系统自身的机械特性也十分重要。在电流斩波控制方式中，由于电流峰值被限，当电机转速在负载扰动的作用下发生突变时，电流无法自动适应，系统在负载扰动下的动态响应十分缓慢。

3. 电压斩波控制（CVC）

电压斩波控制是保持开通角、关断角不变的前提下，使功率开关器件工作在脉冲宽度调制（PWM）方式。脉冲周期 T 固定，通过调节 PWM 波的占空比，来调节加在绕组两端电压的平均值，进而改变绕组电流的大小，实现对于转速的调节。增大调制脉冲的频率，会使电流的波形比较平滑，电机出力加大，噪声减少，但对功率开关器件的工作频率的要求就会增大。

按照续流方式的不同，分为单管斩波和双管斩波方式。在单管斩波方式中，连接在每相绕组中的上、下桥臂的两个开关管只有一个处于斩波状态，另一个一直导通。而在双管斩波方式中，两个开关管同时导通和关断，对电压进行斩波控制，考虑系统效率等因素，实际应用中一般用单管斩波方式。

电压斩波控制是通过 PWM 方式调节绕组电压的平均值，间接调节和限制过大的绕组电流，既能用于高速运转，又能适用于低速运行。其他特点则与电流斩波控制方式相反，抗负载的动态响应快，缺点是低速运行时转矩脉动较大。

开关磁阻电机在最高电源电压和最大磁链、最大电流条件下，有一个临界转速 Ω_{sc}，是电机能得到最大转矩的最高速度。在这个转速以下开关磁阻电机呈恒转矩特性。在恒转矩区，由于电机转速较低，电机反电动势小，因此需要对相电流进行斩波限流，称为电流斩波控制（CCC）方式，也可以采用调节相绕组外加电压有效值的电压斩波控制（CVC）方式。

当开关磁阻电机在较高的转速运行时，对于线性理想情况，随着转子转速的增加，磁链和电流随之下降，转矩则随转速的二次方下降。在最高电源电压的作用下，最大导通角为 $\theta_{max}=\dfrac{\pi}{N_r}$，在最佳触发角条件下，在临界转速下呈恒功率特性。在恒功率区，通过调节开关管的开通角和关断角获得恒功率特性，是角度位置（APC）控制方式。

当开关磁阻电机在超过临界转速时，由于可控条件达到极限，开关磁阻电机呈串励特性和基于串励特性的软机械特性特点，为了防止“飞速”，除了电机应用到铁道机车牵引等串励有利的个别领域外，基本上开关磁阻电机的最高额定转速控制在 Ω_{sc} 这一点上，如图 8-25 所示。

转速 n_1 和 n_2 为各特性交接的临界转速，是开关磁阻电机运行和设计时需要考虑的重要参数。n_1 是开关磁阻电机开始运行于恒功率特性的临界转速，亦称为第一临界转速，对应功率为开关磁阻电机的额定功率，是能够得到额定功率的最高转速。恒功率特性的上限，可控条件都达到了极限，当转速再增加时，输出功率将下降，n_2 亦称为第二临界转速。

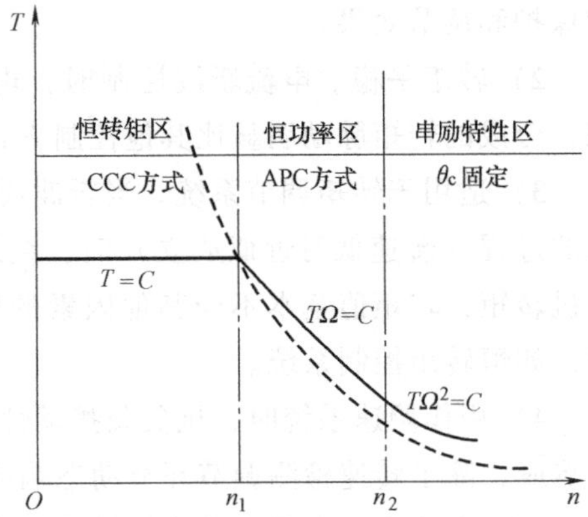

图 8-25　开关磁阻电机的运行特性图

采用不同的电源电压及开通、关断角的组合，两个临界点在速度轴上将对应不同的分布，并且在上述两个区域分别采用不同的控制方法，便能得到不同需求的机械特性，这也表明了开关磁阻电机具有优良的调速特性。

8.3.3　开关磁阻电机的功率变换器

功率变换器是开关磁阻电机和直流电源的接口，在控制器的控制下起到开关作用，使绕组与电源接通或关断；同时还为绕组的储能提供回馈路径。开关磁阻电动系统的性能和成本很大程度上取决于功率变换器，因此合理设计功率变换器是开关磁阻电机电动系统设计的关键。性能优良的功率变换器应同时具备如下条件：

1）具有较少的主开关器件。

2）可以将电源电压全部加在电动机的绕组上。

3）主开关器件的电压额定值与电动机接近。

4）具备迅速增加相绕组电流的能力。

5）可以通过主开关器件调制，有效地控制相电流。

6）能将绕组储能回馈电源。

下面简要介绍几种常见的功率变换器的主电路。

1. 双开关型主电路

图 8-26 是双开关型功率变换器的示意图。双开关型功率变换器每相有两个主开关和两个续流二极管。当两个主开关 VT_1 和 VT_2 同时导通时，直流电源向电机相绕组供电；当 VT_1 和 VT_2 同时关断时，相电流沿图中箭头方向经续流二极管 VD_1 和 VD_2 续流，将电机的磁场能量以电能的形式迅速回馈电源，实现强迫换相。

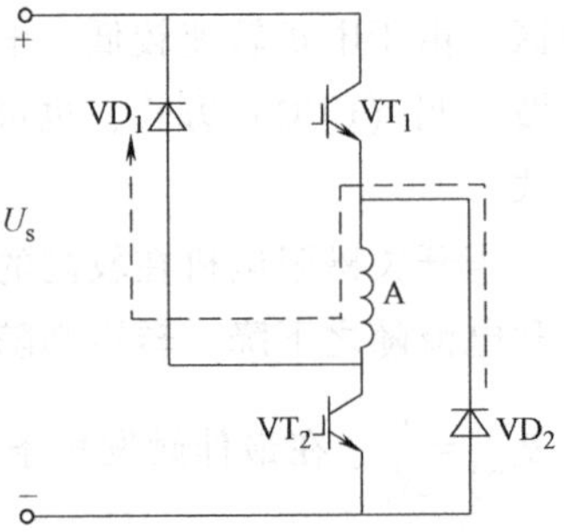

图 8-26　双开关型功率变换器

这种结构的优点一是开关器件电压容量要求比较低，特别适合于高压和大容量场合；二是各相绕组电流可以独立控制，且控制简单。缺点是开关器件数量较多。

双开关型功率变换器适用于任意相数的开关磁阻电机系统，三相开关磁阻电动系统最常用的主电路形式就是双开关型主电路（又叫三相不对称半桥型主电路），如图 8-27 所示。

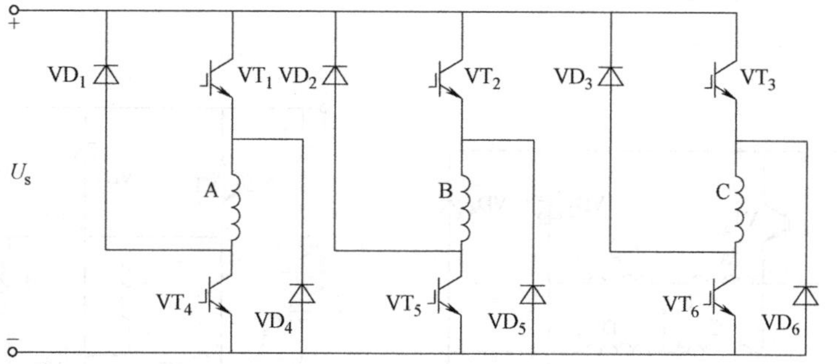

图 8-27 三相不对称半桥功率变换器

2. 电容分压型主电路

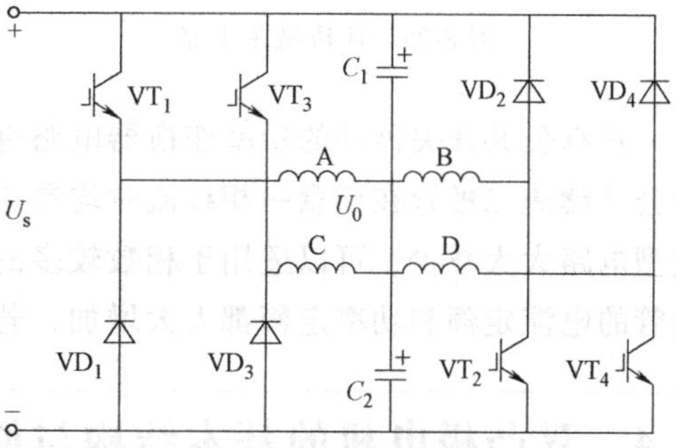

图 8-28 电容分压型主电路

电容分压型主电路也称为电容裂相型主电路或双电源型主电路，是四相开关磁阻电机常用的一种功率变换器电路，如图 8-28 所示。这种结构的功率变换器每相只需要一个功率开关器件和一个续流二极管，各相的主开关器件和续流二极管依次上下交替排布；直流电源被两个大电容 C_1 和 C_2 分压，得到中点电位 $U_0 \approx U_s/2$；四相绕组的一端共同接至电源的中点。

在这种电路中，开关磁阻电机采用单向通电的方式，当上桥臂的开关管 VT_1 导通时，A 相绕组从电容 C_1 吸收电能；当 VT_1 断开时，则 VD_1 导通，A 相绕组的剩余能量回馈给电容 C_2。而当下桥臂 VT_2 导通时，绕组 B 从 C_2 吸收电能；当 VT_2 断开时，B 相绕组的剩余能量经 VD_2 回馈给 C_1。因此，为了保证上下两个电容的工作电压对称，该电路仅适用于偶数相开关磁阻电机。

3. H 桥型主电路

如图 8-29 所示，H 桥型主电路比四相电容分压型功率变换器主电路少了两个串联的分压电容，换相的磁能以电能的形式一部分回馈电源，另一部分注入导通相绕组，引起中点电位的较大浮动。它要求每一瞬间上、下桥臂必须各有一相导通。该电路特有的优点是可以实现零电压续流，提高系统的控制性能。

H 桥型主电路主要适用于四相或四相的倍数相的开关磁阻电机，它也是四相开关磁阻电机广泛采用的一种功率变换器形式。实际上，四相电容分压型主电路采用两相导通方式时，其工作情况与 H 桥型主电路相同。

4. 公共开关型主电路

图 8-30 是公共开关型主电路图。除了每相各有一个主开关外，各相还有一个公共开关 VT。公共开关对供电相实施斩波控制，当 VT 和 VT_1 同时导通时，电源向 A 相绕组供电；当 VT_1 导通、VT 关断时，A 相电流经 VD_1 续流。当 VT 和 VT_1 都关断时，电源经过 VD 和 VD_1 反加于 A 相绕组两端，实现强迫续流换相；若 VT 导通、VT_1 关断时，相电流

经 VD 续流，因 A 相绕组两端不存在电源供电电压反极性的换相电压，不利于实现强迫换相。

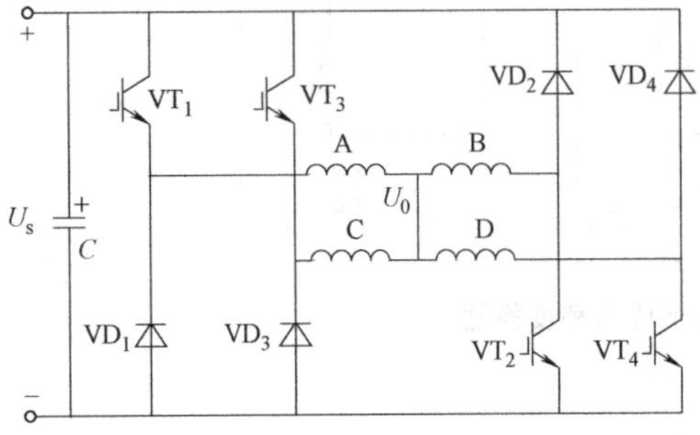

图 8-29　H 桥型主电路

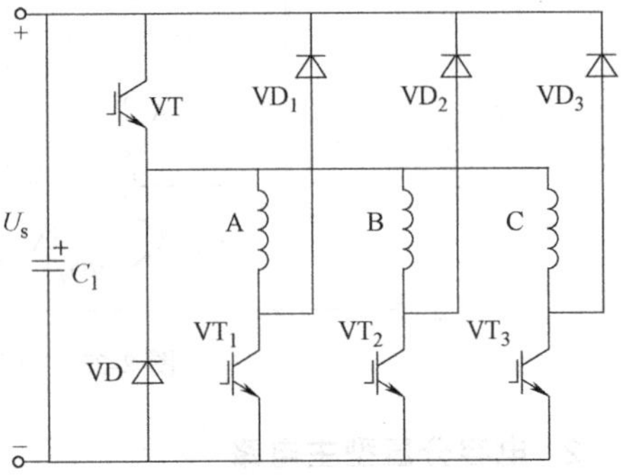

图 8-30　公共开关型主电路

具有公共开关器件的功率变换器电路有一个公共开关管在任意一相导通时均开通，一个公共续流二极管在任意一相续流时均参与。该电路所需的开关器件和二极管数量较双开关型电路大大减少，可以适用于相数较多的场合，其造价明显较低。但相数太多，公共开关管的电流定额和功率定额都大大增加，若其损坏，将导致各相同时失控。

8.4　双凸极电机的基本结构与原理

8.4.1　双凸极电机的基本结构

双凸极电机是在开关磁阻电机的基础上发展而来的一种新型电机，是电力电子技术、微处理器技术、集成电机技术发展的产物。与开关磁阻电机相比，双凸极电机在定子轭上增加了一套励磁绕组或永磁体，转子无绕组，其磁路、工作原理、控制方式等与开关磁阻电机存在本质的区别。

永磁双凸极电机无法调节电机气隙磁场，并且当电机内部发生故障时存在灭磁困难的问题，需要增加机械脱扣装置，永磁体的存在也限制了其在其他很多场合的应用，因此永磁双凸极电机不如电励磁双凸极电机应用得多，因此本节主要以电励磁双凸极电机为例进行介绍。即如无特殊说明，本书的双凸极电机指的是电励磁双凸极电机。

基本的三相双凸极电机结构主要有 6/4、12/8 极两种，其截面如图 8-31、图 8-32 所示，12/8 结构电机的磁路特性等效为两台 6/4 结构双凸极电机，因此本节以 6/4 结构电机为例，分析其磁路、结构特性。

双凸极电机定、转子结构均为凸极齿槽结构，由硅钢片叠压而成，定子齿上绕有集中电枢绕组，定子轭中嵌有励磁绕组，转子无绕组，空间相对的定子齿上的绕组串联构成一相。定子极弧为定子齿距的 1/2，转子齿宽大于等于定子齿宽，可使任意转子位置时，定转子重叠角度为定值，电机合成气隙磁导为常数，励磁绕组所匝链的磁链不随转子位置而变化，理论上不存在定位力矩。

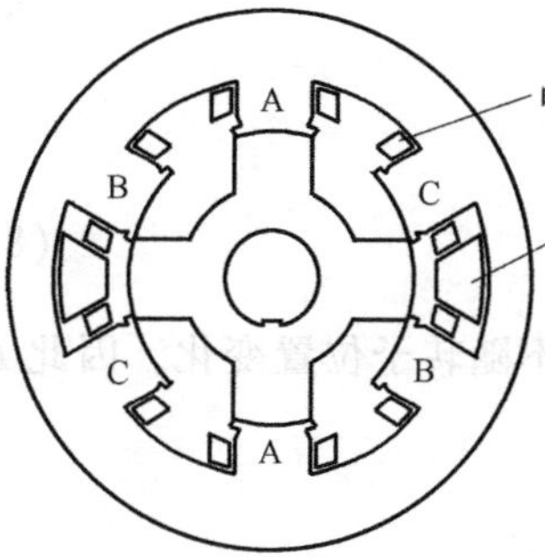

图 8-31 6/4 极双凸极电机截面图

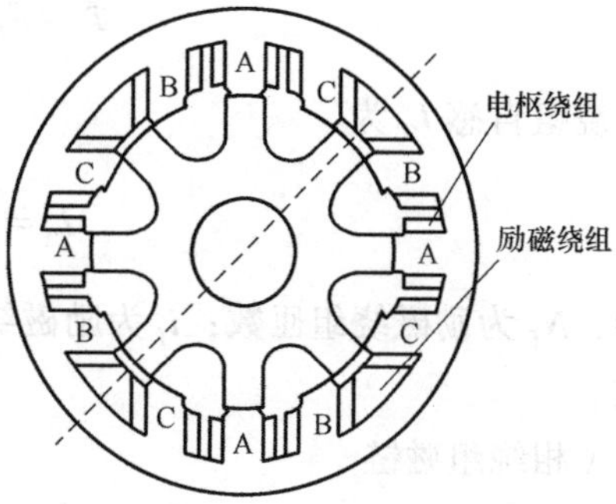

图 8-32 12/8 极双凸极电机截面图

8.4.2 双凸极电机的磁路特性

双凸极电机的凸极结构导致磁路分布比较复杂，磁路的饱和及边缘效应使得电机参数和各个物理量随着转子位置和绕组电流呈非线性变化，无法通过明确的式子来表示，只能采用一簇曲线来描述。为讨论方便，忽略电机的磁路饱和及边缘效应的影响，也就是近似认为空载时电机参数和各个物理量只和转子位置角有关，称这种简化的电机模型为线性模型。与其他电机一样，反映双凸极电机磁路特性的关键参数是磁链。采用线性模型分析双凸极电机磁路特性主要是研究其磁链和电感随转子位置的线性变化规律。

双凸极电机定子和转子的槽深较定、转子齿间气隙大得多，因此槽中的气隙磁导很小，可忽略。可将双凸极电机磁路等效图如图 8-33 所示，其中 G_f 和 F_f 分别为励磁磁导和虚拟磁动势，双凸极电机中理想情况 G_f 可近似认为无穷大；F_a、F_b 和 F_c 分别为 A、B、C 三相定子齿与转子齿之间的虚拟磁动势；G_a、G_b 和 G_c 分别为 A、B、C 三相定子齿与转子齿之间的气隙磁导。定、转子齿间气隙磁导与定、转子重叠角有关，而重叠角可表示为转子位置角的分段线性函数，如图 8-34 所示。其中 α_a、α_b 和 α_c 分别为各相定、转子重叠角。为方便讨论，定义合成气隙磁导 $G_u=G_a+G_b+G_c$，它与电机定、转子齿重叠角之和成正比。由于双凸极电机定、转子齿重叠角之和为定值，所以合成气隙磁导为一常数。由空载时双凸极电机等效磁路图可以解析出双凸极电机的磁链和线性电感的特性及其变化规律。

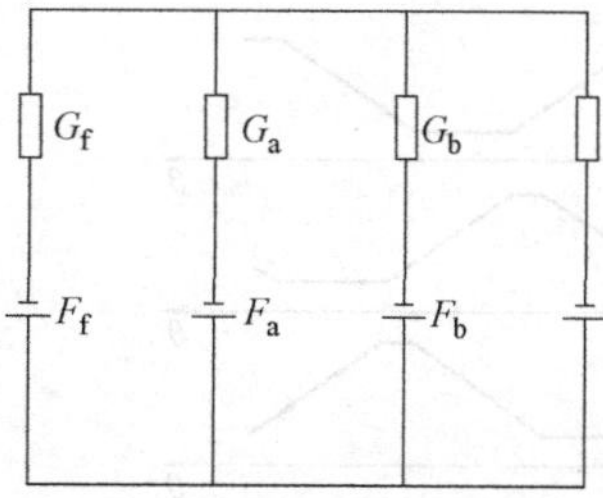

图 8-33 双凸极电机磁路等效图

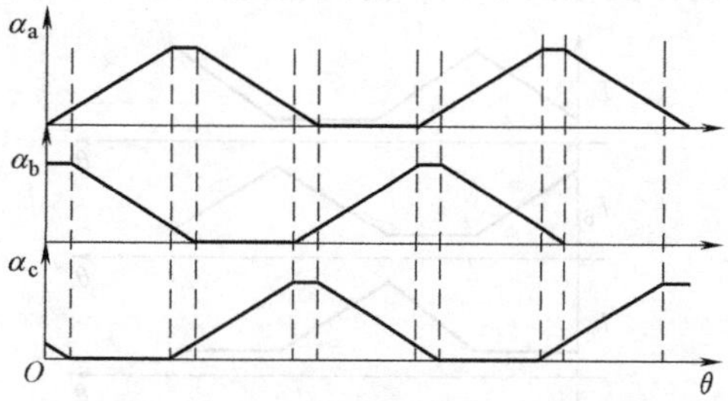

图 8-34 各相定、转子重叠角和转子位置角关系图

空载时虚拟磁动势 $F_a=F_b=F_c=0$，励磁绕组的磁通 Φ_f 为

$$\Phi_f = F_f(G_f /\!/ G_u) = F_f \frac{G_f G_u}{G_f + G_u} \tag{8-35}$$

励磁绕组自感 L_f 为

$$L_f = \frac{N_f \Phi_f}{i_f} = N_f^2 (G_f /\!/ G_u) \tag{8-36}$$

式中，N_f 为励磁绕组匝数；i_f 为励磁绕组电流；G_f、G_u 均不随转子位置变化，因此 L_f 为常数。

A 相绕组磁链

$$\psi_a = N_a \Phi_a = N_a \Phi_f \frac{G_a}{G_u} \tag{8-37}$$

A 相绕组自感 L_a 为

$$L_a = \frac{N_a \Phi_a}{i_a} = N_a^2 \frac{G_a(G_b + G_c + G_f)}{G_f + G_u} \approx N_a^2 G_a \tag{8-38}$$

式中，N_a 为 A 相绕组匝数；i_a 为 A 相绕组电流，G_a 与 A 相定、转子重叠角度呈正比，因此 L_a 与转子位置角呈分段线性关系。

A 相绕组与励磁绕组之间的互感 L_{af} 为

$$L_{af} = \frac{N_a \Phi_a}{i_f} = N_f N_a \frac{G_a G_f}{G_f + G_u} \approx N_a N_f G_a \tag{8-39}$$

L_{af} 与转子位置角也呈分段线性关系。

可见 L_{af} 与 L_a 的比值等于励磁绕组匝数与相绕组匝数的比，该比值为一常数，设为 k_n，即

$$k_n = \frac{L_{af}}{L_a} = \frac{N_f}{N_a} \tag{8-40}$$

相绕组间互感 L_{ab}（以 A、B 两相为例），相比较相绕组自感、相绕组与励磁绕组之间的互感要小得多，其计算公式为

$$L_{ab} = N^2 \frac{G_a G_b}{G_u + G_f} \tag{8-41}$$

由式（8-35）~式（8-41）可见，双凸极电机磁路电感特性与其磁导及绕组匝数相关，变化规律类似图 8-34，由此构建如图 8-35 所示的分段线性电感模型。当定、转子极弧相

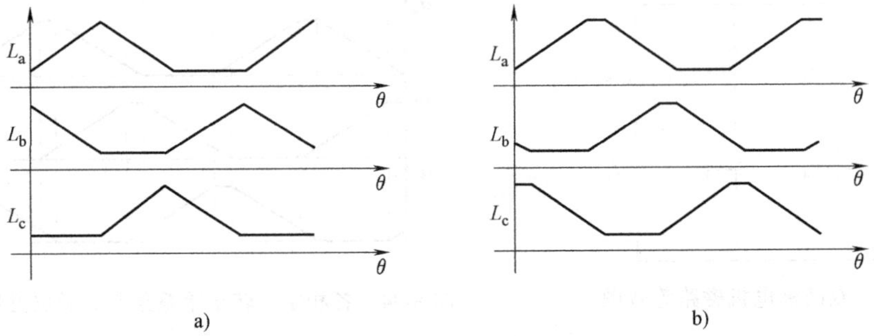

图 8-35 分段线性电感曲线

a）三角波形式 b）梯形波形式

同时，电感曲线呈周期状三角波形式，如图 8-35a 所示；当转子极弧大于定子极弧时，电感曲线呈周期状梯形波，如图 8-35b 所示；在定、转子极完全重叠时，其磁链、电感值为最大，而定、转子极、槽相对时，磁链、电感值最小。

8.4.3 双凸极电机的原理

电励磁双凸极电机励磁绕组中通过一定电流时，将在电机中产生一定的磁场分布，磁通经过定子轭部、定子齿部、气隙、转子齿部、转子轭部形成闭合回路。若按照一定的导通顺序给电机三相绕组通电，可使电机产生稳定的转矩，从而连续旋转。若外加机械力使电机转子按一定方向旋转，各相绕组匝链的磁链随着转子位置改变而变化，从而在电枢绕组中产生感应电动势，可向负载输出电能。因此双凸极电机既可电动运行也可用于发电工作。

1. 磁链变化原理

为准确描述双凸极电机的磁链变化，首先需要定义各物理量的参考方向。定子齿上绕有 P（P=A，B，C）相绕组，绕组方向如图 8-36 所示，定义转子逆时针旋转为转子齿滑入过程，定义图中 Φ_P 的方向为磁通正方向，根据右手螺旋定则，P 相绕组中将产生方向从 P_1 绕组流向 P_2 绕组的感应电流，P 相感应电动势 e_P 的负方向为从 P_1 指向 P_2。

双凸极电机 P 相电枢绕组所匝链的磁链和 P 相绕组感应电动势与转子位置角的关系曲线如图 8-37 所示。双凸极电机的转子旋转一圈，一相电枢绕组所匝链的磁链共变化 p 次，p 为极数。故一相电枢绕组感应电动势的频率为

$$f=\frac{Z_{\mathrm{r}}n}{60}=\frac{n}{1.875} \tag{8-42}$$

式中，Z_{r} 为电机的极对数；n 为发电机转速，单位为 r/min；f 为感应电动势频率，单位为 Hz。

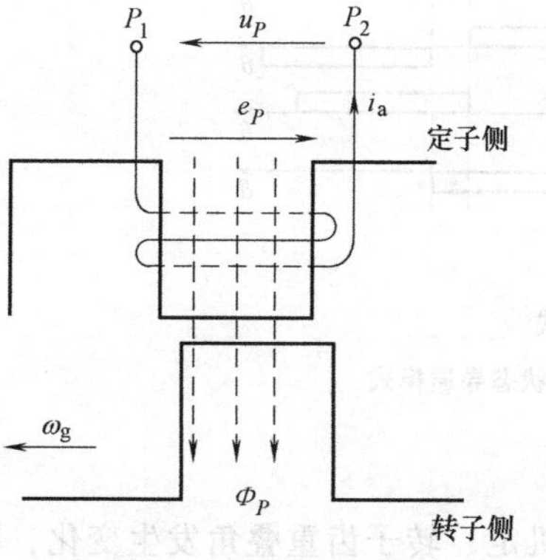

图 8-36 P 相磁通、感应电动势等正方向定义

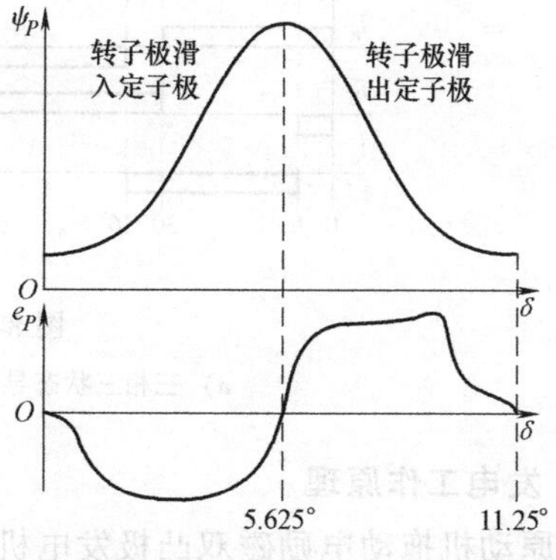

图 8-37 P 相磁链、感应电动势与转子位置角的关系

2. 电动工作原理

双凸极电机电动过程绕组通电模式遵循“电感上升区通正电，电感下降区通负电”的原则。起动控制主要有三种控制模式：单相控制模式、两相控制模式和类似开关磁阻电机的半周控制模式。单相控制是指在任一时刻只有一相绕组导通，在一相绕组的电感上升

区通正电，下降区通负电；两相导通控制是在任一时刻都有两相绕组通电，一相绕组电感上升区通正电，另一相绕组电感下降区通负电；半周控制是指只在电感的上升区通正电，下降区不通电。

三种控制模式中，半周控制模式最简单，但没有利用双凸极电机全周期出力的优点，体现不出双凸极电机单位体积出力大的优点；单相控制模式输出转矩最小，输出转矩脉动最大；两相控制模式具有单位体积出力大、输出转矩脉动小、电机利用率高的优点，为此本书以采用两相控制模式的双凸极电机电动过程为例给出工作原理，如图 8-38 所示。不同形状电感曲线采用不同的导通规律，如图 8-38a 所示，当电机绕组电感呈三角波状时，采用三相三状态导通模式，一个电感周期存在三种导电状态；而电感波形呈梯形状的电机采用三相六状态导通模式，一个电感周期存在六种导电状态，如图 8-38b 所示。

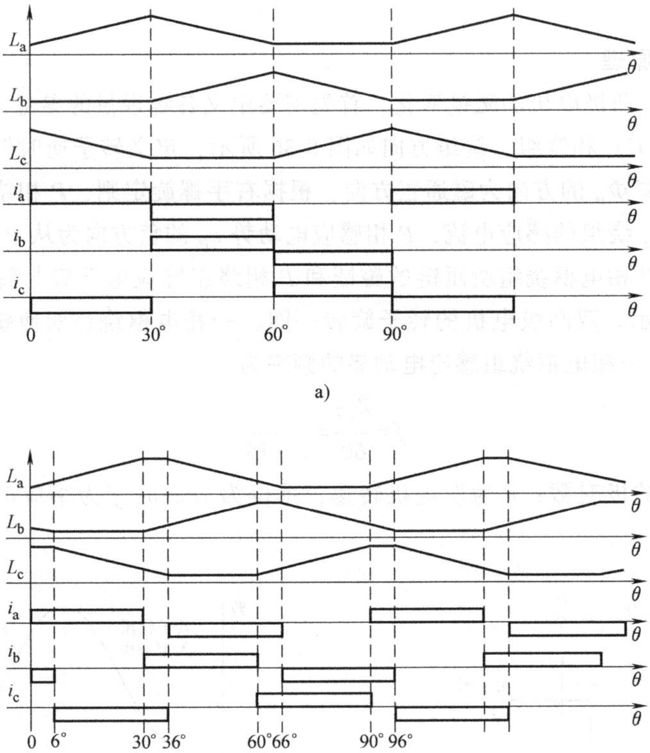

图 8-38 电动控制模式

a）三相三状态导通模式 b）三相六状态导通模式

3. 发电工作原理

当原动机拖动电励磁双凸极发电机旋转时，发电机定、转子齿重叠角发生变化，电枢绕组所匝链的磁链也就发生变化，从而在电枢绕组中产生感应电动势，发电机感应电动势波形非正弦，一般应用时后接整流电路，作为无刷直流发电机输出直流电。因发电时不需要位置传感器和可控功率变换器，将其应用于直驱风力发电场合有望降低成本，提高系统可靠性。

根据电枢绕组与整流单元的接法，双凸极电机共有三种发电方式，这里选用传统桥式整流电路，即在转子极滑入和滑出定子极时电机均发电，其原理图如图 8-39 所示。

8.4.4 多相双凸极电机的结构

本节首先分析多相双凸极电机的极数和极弧系数，确定不同相的双凸极电机的基本结构。然后，对单相、两相和各相电感对称的三相、四相、五相和六相结构的双凸极电机作简要说明。

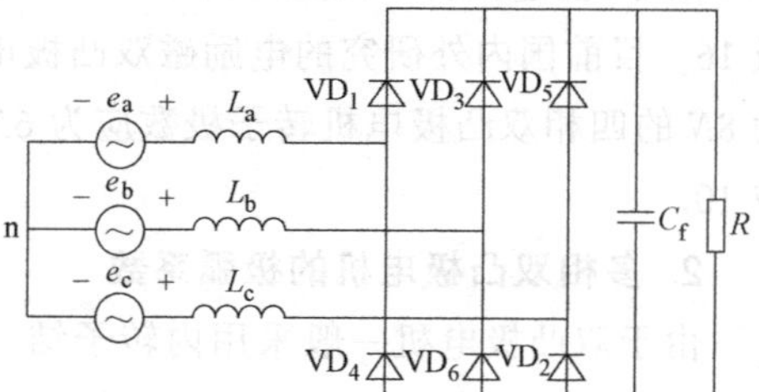

图 8-39 电励磁双凸极发电机发电原理图

1. 多相双凸极电机的极数

（1）定子极数约束 传统的 m 相电励磁双凸极电机的励磁绕组跨 m 个定子极绕制，电枢绕组为集中绕组，因此定子极数应符合：

$$p_s = 2im \tag{8-43}$$

式中，p_s 为定子极数；m 为相数；i 是一个正整数。由于电机一个完整的磁路需要有 N 极和 S 极，所以极数是相数的 $2i$ 倍。

例如，三相双凸极电机定子极数为 $6N$，即定子为 6 极、12 极、18 极、24 极……；传统的四相双凸极电机定子极数为 $8N$，即定子为 8 极、16 极、24 极……，N 为单元电机数。

由于 12 也可以被 4 整除，因此 12 个定子极的双凸极电机也可为分为四相。为了使定子极数公式具有更普遍的适用范围，因此式（8-43）的定子极数约束公式应改写为

$$p_s = im \tag{8-44}$$

式中，p_s 为偶数，表示定子极数；m 为相数；i 是一个正整数。

（2）转子极数约束 电励磁双凸极电机转子每转过一个极，定子绕组便会感应出一个周期的电动势。因此，双凸极电机的转子极数 p_r 直接决定一个周期机械角的大小，即

$$\beta_r = \frac{360°}{p_r} \tag{8-45}$$

同理，双凸极电机每个定子极距所对应的机械角可以计算为

$$\beta_s = \frac{360°}{p_s} \tag{8-46}$$

由于多相电机任意相邻两相之间的相位差应为 $360°\frac{1}{m}$ 电角度，因此，双凸极电机相邻两相应相差的机械角为

$$\beta_\delta = \frac{360°}{m}\frac{1}{p_r} \tag{8-47}$$

在一个转子极距内，两个定子极应相差 β_δ 机械角，即

$$\beta_r - \beta_s = \beta_\delta \tag{8-48}$$

联立式（8-45）~式（8-48）并求解，可以得到双凸极电机的定、转子极数应符合：

$$\frac{p_s}{p_r}=\frac{m}{m\pm1} \tag{8-49}$$

将 $m=3$ 代入式（8-49），可得三相电机定、转子极数之比应为3/2或3/4。若设 N 为单元电机数，表示双凸极电机定子各线圈的相位星形图重复呈现的次数，则定子极数为 $6N$ 的双凸极电机转子极数应为 $4N$ 或 $8N$。即定子极数为12的双凸极电机转子极数应为8或16。目前国内外研究的电励磁双凸极电机大部分采用 $6N/4N$ 极结构。同理，定子极数为 $8N$ 的四相双凸极电机转子极数应为 $6N$ 或 $10N$，即当定子极数为8时，转子极数应为6或10。

2. 多相双凸极电机的极弧系数

由于双凸极电机一般采用内转子结构，转子直径比定子小，因此双凸极电机转子极数通常小于定子极数，转子极宽通常等于或大于定子极宽。当图8-40中的一个转子极啮入B相定子极时，该定子极上的B相绕组自感上升。因此，定子极和转子极中宽度较窄的一个决定电感上升或者下降区的机械角。对于定子极相对较窄的电机来说，该相电感上升区所对应的电角度：

$$\theta=p_r\beta_{working}=\frac{360°\alpha_s}{p_s}p_r \tag{8-50}$$

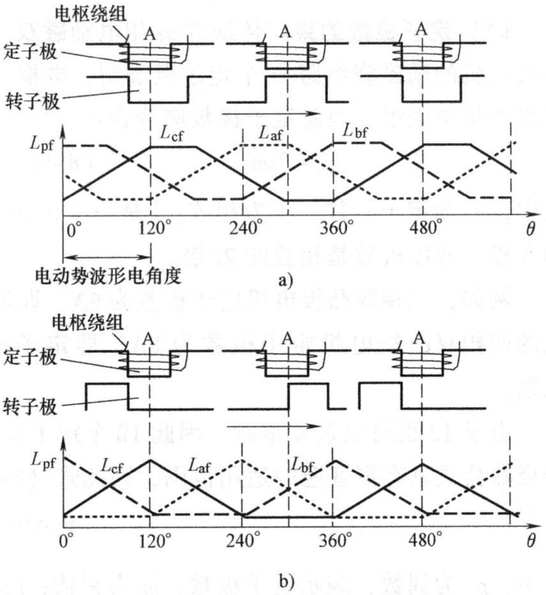

图8-40 三相双凸极电机不同转子极弧系数时的 L_{pf}

a）$\alpha_r=0.5$ b）$\alpha_r=0.333$

式中，α_s 为定子极弧系数，即定子极的宽度 l_t 与定子极距 l_p 之比，$\beta_{working}$ 是该相电感上升区所对应的机械角。定义 θ 为该相电动势波形的电角度，三相双凸极电机任意时刻应有两相参与工作，可以求得其相电动势波形的电角度为120°。

令 x 表示双凸极电机任意时刻相电感在变化的个数，即能够同时出力的相数，$x\leqslant m$，x 越大，能同时出力的相数越多，容错能力越强。对于三相双凸极电机来说，在180°电角度之内，相电动势波形的电角度为120°，即有2/3的时间该相电感在变化。同理，对于 m 相双凸极电机来说，在 x/m 的时间内一相绕组的电感在变化，因此多相双凸极电机的一相电动势波形电角度为

$$\theta=\frac{x}{m}\times180° \tag{8-51}$$

对于12/8极三相电励磁双凸极电机，为保证其励磁绕组反电动势为零，其励磁绕组链接的磁路总磁导应不变，即在任意时刻三相磁导应有一相在增加，一相在减小，另一相磁导保持不变。这样三相双凸极电机的单相电感上升区的机械角应该占转子极距的1/3，即

$$\beta_{\text{working}}=\frac{1}{3}\frac{360°}{p_{\text{r}}} \tag{8-52}$$

通过式（8-50）和式（8-52）可得，当 $p_{\text{s}}>p_{\text{r}}$、转子极的宽度等于或大于定子极时，定子极弧系数应满足

$$\alpha_{\text{s}}=0.5$$

在 $\alpha_{\text{s}}=0.5$ 的情况下，图 8-40 给出了转子极弧系数 $\alpha_{\text{r}}=0.5$ 和 $\alpha_{\text{r}}=0.333$ 时的三相电感曲线。当 $\alpha_{\text{r}}=0.5$ 时，转子极宽为定子极距的 1.5 倍，一个周期内的电感变化趋势可以平均分为六段，可对其采用标准的三相六拍进行电动控制；当 $\alpha_{\text{r}}=0.333$ 时，转子极宽等于定子极宽，发电功率大，一个周期内的电感变化趋势可以平均分为三段，可以对其采用标准的三相三拍进行电动控制。从图中可以看出，转子极弧系数影响电感曲线的波峰和波谷宽度。为了保证励磁绕组反电动势为零，需要任意时刻都只有两相电枢绕组电感在变化。因此，转子极弧系数 $\alpha_{\text{r}}=0.5$ 或 $\alpha_{\text{r}}=0.333$。

与三相双凸极电机类似，传统的四相双凸极电机电动势波形的电角度为 135°，可以推导出其极弧系数应为

$$\begin{cases}\text{四相 DSEM},\dfrac{p_{\text{s}}}{p_{\text{r}}}=\dfrac{4}{3}:\alpha_{\text{s}}=0.5;\alpha_{\text{r}}=0.375\\[2ex]\text{四相 DSEM},\dfrac{p_{\text{s}}}{p_{\text{r}}}=\dfrac{4}{5}:\alpha_{\text{s}}=0.333;\alpha_{\text{r}}=0.417\end{cases} \tag{8-53}$$

但是，该双凸极电机在任意时刻一相电枢绕组磁阻基本不变、三相电枢绕组的磁阻在变化。在磁阻变化的三相电枢绕组中，两相变化趋势相同而另一相以相反的趋势变化，如图 8-41a 所示。由于每个励磁绕组匝链了四相电枢绕组，当转子极在啮入两相定子极、脱离一相定子极时，励磁绕组的总磁链会增加；当转子极在脱离两相定子极的同时并仅啮入一相定子极时，励磁绕组的总磁链会减小。因此励磁绕组的总的磁阻会随转子旋转而变化，双凸极电机转动时励磁绕组会产生较大的电压波动和定位转矩，不适合作为电动发电机采用。

为了使励磁磁动势产生的定位转矩理论上为零，励磁绕组匝链磁路的磁阻、励磁绕组的自感应不受转子位置影响。也就是说，四相双凸极电机任意时刻四相电感应该为一相增加、一相减少或者两相增加、两相减少。当四相双凸极电机只有一相电感增加时，一相电感上升区的机械角应该占一个周期的 1/4，如图 8-41b 所示，此时每相电动势波形的电角度应为 90°。这种双凸极电机的任意时刻只有一相感应电动势为正，没有冗余备份的出力绕组，容错性能低。当同时有两相电感增加、两相电感减小时，四相双凸极电机电动势波形的电角度应为 180°，如图 8-41c 所示。此时，电机一相电感上升区的机械角应该占转子极距的一半，其极弧系数符合：

$$\begin{cases}\text{四相 DSEM},\dfrac{p_{\text{s}}}{p_{\text{r}}}=\dfrac{4}{3}:\alpha_{\text{s}}=0.667;\alpha_{\text{r}}=0.5\\[2ex]\text{四相 DSEM},\dfrac{p_{\text{s}}}{p_{\text{r}}}=\dfrac{4}{5}:\alpha_{\text{s}}=0.4;\alpha_{\text{r}}=0.5\end{cases} \tag{8-54}$$

与传统的四相双凸极电机不同，式（8-54）所规范的四相双凸极电机在任意时刻四相电感都在变化，且这四相电感的变化率相等，励磁绕组的总磁阻基本不变，解决了传统四相双凸极电机存在的励磁定位转矩问题。

同理，在任意时刻，五相双凸极电机的五相电感应有四相在变化，其中两相电感在增加而另外两相电感在减小，其各相电枢绕组的电动势波形的电角度为144°。六相双凸极电机的六相电感也有四相在变化，电动势波形的电角度应为120°。这样，可推导出三相、四相、五相和六相电机的极弧系数应该满足式（8-54）。

总之，在任意时刻，为了使更多相的绕组具备同时出力的能力，多相容错双凸极电机应该有尽可能多的偶数相的电感在变化，即在式（8-51）给出的双凸极电机电动势波形电角度中，x 应该取较大的偶数，以保证励磁绕组的自感基本不变。

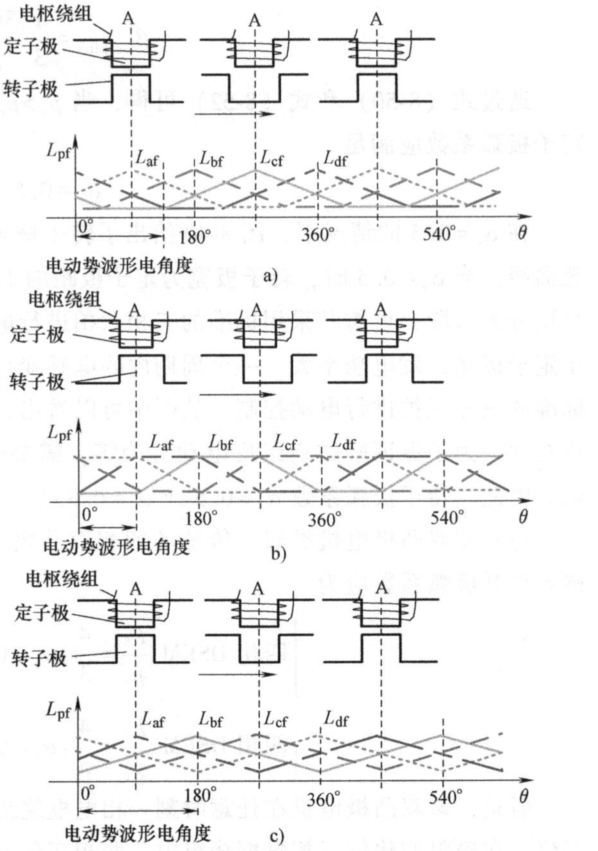

图 8-41　四相双凸极电机不同极弧系数时的 L_{pf}

a）$\alpha_s=0.5$；$\alpha_r=0.375$　b）$\alpha_s=0.333$；$\alpha_r=0.375$　c）$\alpha_s=0.667$；$\alpha_r=0.5$

$$\begin{cases}
\text{三相电机},\dfrac{p_s}{p_r}=\dfrac{3}{2}:\alpha_s=0.5;\alpha_r=0.333\text{ 或 }0.5\\
\text{三相电机},\dfrac{p_s}{p_r}=\dfrac{3}{4}:\alpha_s=0.25;\alpha_r=0.333\text{ 或 }0.5\\
\text{四相电机},\dfrac{p_s}{p_r}=\dfrac{4}{3}:\alpha_s=0.667;\alpha_r=0.5\\
\text{四相电机},\dfrac{p_s}{p_r}=\dfrac{4}{5}:\alpha_s=0.4;\alpha_r=0.5\\
\text{五相电机},\dfrac{p_s}{p_r}=\dfrac{5}{4}:\alpha_s=0.5;\alpha_r=0.4\text{ 或 }0.5\\
\text{五相电机},\dfrac{p_s}{p_r}=\dfrac{5}{6}:\alpha_s=0.333;\alpha_r=0.4\text{ 或 }0.5\\
\text{六相电机},\dfrac{p_s}{p_r}=\dfrac{6}{5}:\alpha_s=0.4;\alpha_r=0.333\text{ 或 }0.5\\
\text{六相电机},\dfrac{p_s}{p_r}=\dfrac{6}{7}:\alpha_s=0.571;\alpha_r=0.333\text{ 或 }0.5
\end{cases} \tag{8-55}$$

式（8-49）给出了多相双凸极电机单元电机极数的计算公式，及其定子极弧系数，这为多相双凸极电机的设计提供了理论基础。同理，本节给出的多相双凸极电机约束条件也适用于永磁双凸极电机和混合励磁双凸极电机。

3. 单相电励磁双凸极电机

定子四个极、转子六个极的单相双凸极电机是双凸极电机的最简单的结构，励磁绕组提供励磁场，称为4/6极结构电励磁单相双凸极电机。若将两台同样的4/6极结构双凸极电机组合，可得到8/12极结构单相双凸极电机。

图8-42a是单相4/6极结构双凸极电机的结构示意图。转子的极弧长度与槽口弧长相同，定子极弧长度与转子极弧相同。定子极上有集中式的电枢绕组，通常相对两定子极的电枢绕组串联连接。励磁元件置于电机定子左右两侧的槽中，左侧的励磁元件流入励磁电流，右侧的流出励磁电流。励磁电流建立空载电磁磁场。

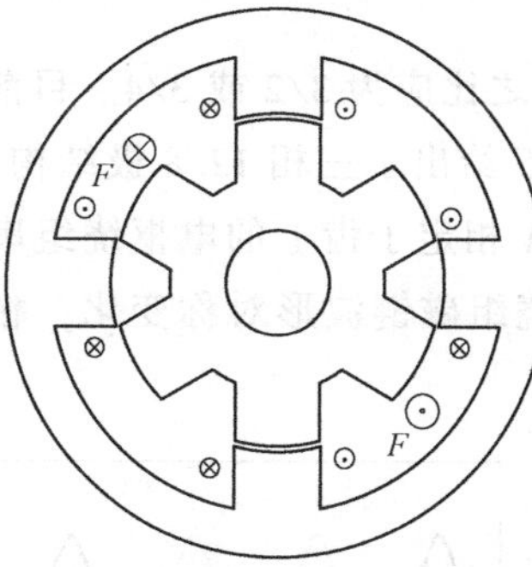

a)

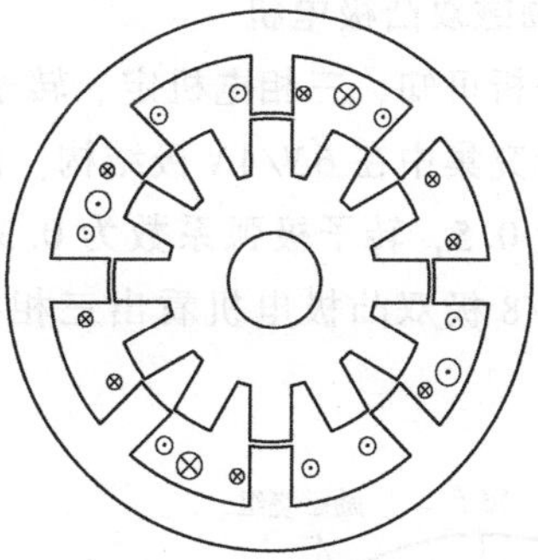

b)

图8-42　单相结构的双凸极电机

a）单相4/6极　b）单相8/12极

图8-42b所示为单相8/12极结构双凸极电机。定子上八个极均布，转子12个极均布。转子极弧宽度等于槽口弧长，定子极弧长与转子极弧长相同，故定子槽口弧长为极弧长的一倍。每个定子极上有一个电枢绕组元件，共八个电枢元件，两个励磁元件。8/12极结构电机实际上是两个同尺寸4/6极电机的组合。若两种电机的定转子极尺寸相同，每极电枢元件匝数、励磁安匝和电机转速相同，则电机气隙磁通的最小值和最大值相同，但因相绕组串联匝数和频率都增大一倍，故8/12极结构双凸极电机的相电动势是4/6极电机的四倍。

4. 两相电励磁双凸极电机

图8-43是一种两相结构双凸极电机的结构示意图。定子极弧系数为0.333，转子极宽等于定子极宽。电机定子圆周上均匀分布了8个定子极，每个定子极上装有电枢绕组元件，转子上有6个均匀分布的转子极。电机为对称结构，因而转子受到的电磁拉力平衡。

根据图8-44的两相8/6极结构双凸极电机的磁链曲线，相邻两相定子极间的电角度为270°。两相磁链的相位差为90°，相邻定子极电枢绕组元件属于不同相，相位差为270°；而相间定子极电枢绕组元件属于同一相，相位差为180°。同相绕组反向串联构成一相绕组。根据电枢绕组元件相位差的关系，改变其连接方式，两相结构双凸极电机也可以构成四相双凸极电机。

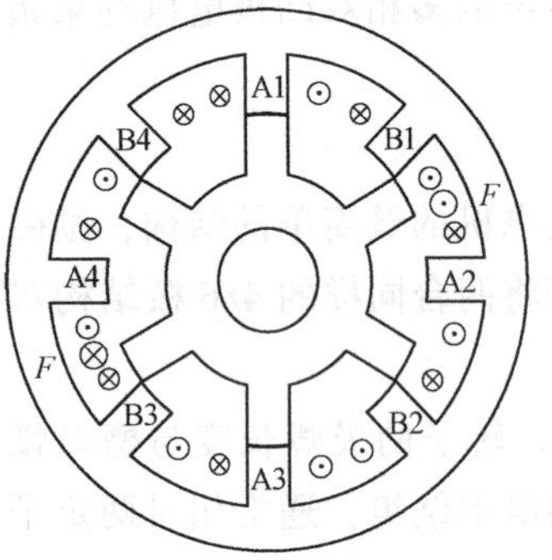

图 8-43　两相 8/6 极结构的双凸极电机

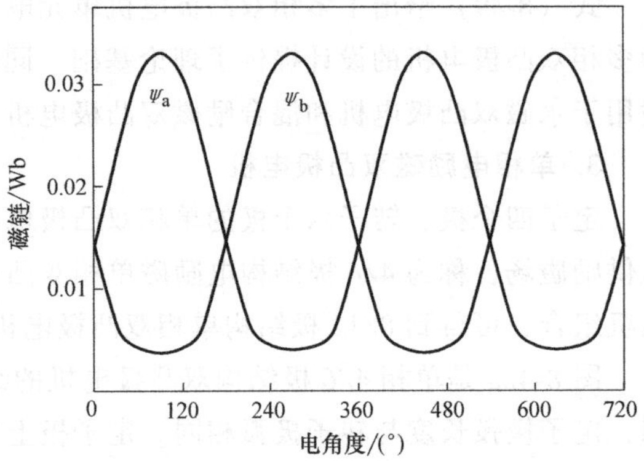

图 8-44　两相 8/6 极结构双凸极电机磁链

5. 三相电励磁双凸极电机

根据前文分析可知，三相电机定、转子极数之比应为 3/2 或 3/4。目前国内外对三相双凸极电机的研究集中在 $6N/4N$ 极结构。图 8-45 给出了三相 12/8 极结构的双凸极电机，定子极弧系数为 0.5，转子极弧系数为 0.333。A 相定子齿上的电枢绕组串联成一相。从图 8-46 三相 12/8 极双凸极电机看出三相电枢绕组磁链波形对称变化，相邻相的电位差为 120°。

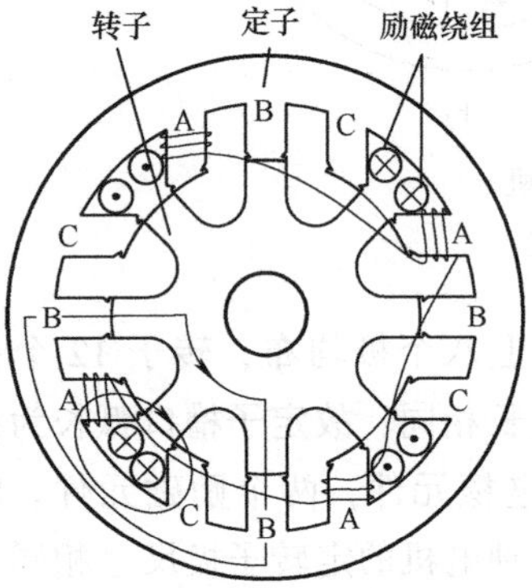

图 8-45　三相 12/8 极结构的双凸极电机

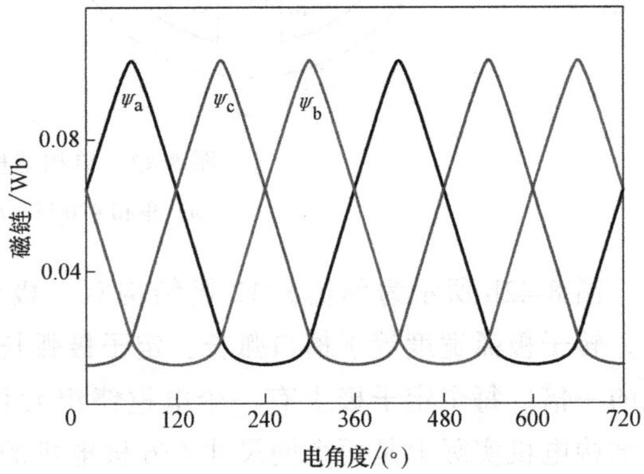

图 8-46　三相 12/8 极双凸极电机磁链

6. 四相电励磁双凸极电机

四相结构的双凸极电机定、转子极数满足 $4N/3N$，图 8-47a 给出了一种四相 12/9 极结构的双凸极电机。励磁绕组跨三个极绕制，在每相绕组的三个线圈中，两个线圈匝链的磁路磁阻较小，另一个线圈匝链的磁路磁阻较大。由于各相绕组皆由上述的三个线圈串联组成，各相绕组的各个线圈的电动势矢量可以叠加，如图 8-47b 所示，因此各相绕组总的电感大小一致，实现了电励磁双凸极电机四相电感的对称。

根据图 8-48 的仿真曲线，四相 12/9 极双凸极电机各相电感幅值相等，该种定、转子结构和绕组绕法可以实现四相电感互相对称。相邻两相的电位差为 90°，单相电动势电角度为 180°。在转子旋转时，任意时刻都有两相绕组的磁链在减小，另外两相绕组的磁链在增加，因此匝链四相电枢绕组的励磁绕组的总磁链基本不变。但是由于磁阻电机边缘效

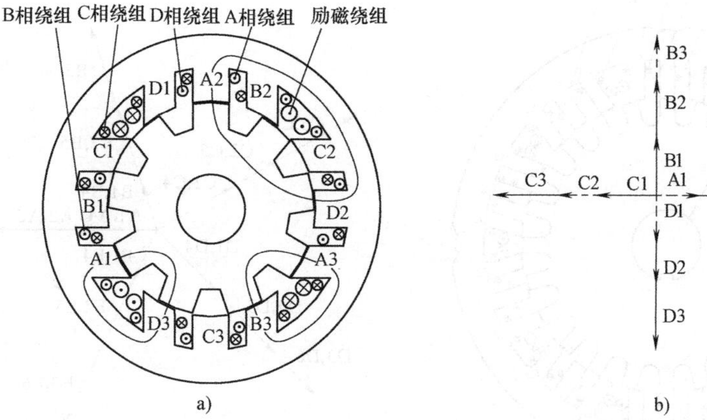

图 8-47　四相 12/9 极结构的双凸极电机

a）结构图　b）线圈电动势星形图

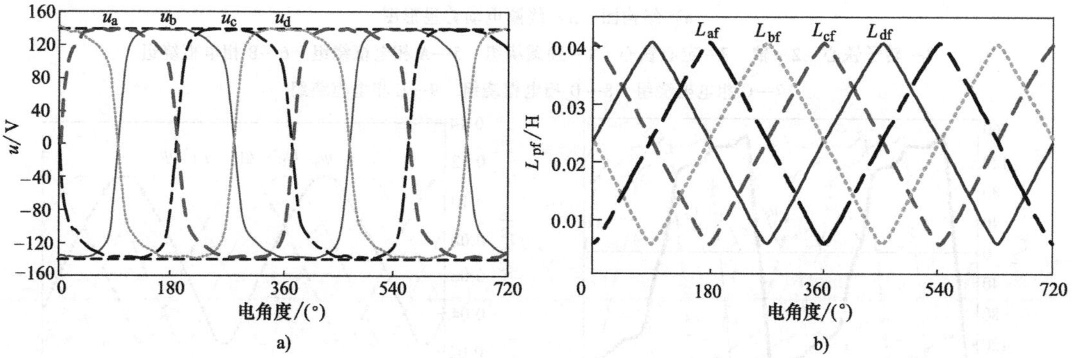

图 8-48　四相 12/9 极双凸极电机相电压与电感图

a）相电压图　b）电感图

应的影响，刚刚啮入转子极的一相磁链变化率比较大，刚刚开始脱离转子极的一相磁链变化率比较小。

7. 五相电励磁双凸极电机

对于五相结构的双凸极电机的定、转子极数可满足 $5N/4N$。图 8-49 给出了一种五相 30/24 极双凸极电机，励磁绕组跨三个定子极绕制。定子极弧系数为 0.5，转子极弧系数为 0.4。一个包含 N 极和 S 极的完整磁路要 6 个定子极，6 和相数 5 的最小公倍数为 30。

五相 30/24 极双凸极电机相邻励磁线圈的绕制方向相反，励磁线圈串联或并联后组成励磁绕组。定子极上绕制的电枢线圈采用集中式绕制方式，绕制方向与自身定子极上的励磁线圈一致，同相位的电枢线圈 A1、A2、A3、A4、A5 和 A6 串联后组成 A 相电枢绕组，同相位的电枢线圈 B1、B2、B3、B4、B5 和 B6 串联后组成 B 相电枢绕组，……

绕组配置方式的双凸极电机每个电枢线圈相对于励磁线圈的位置不同，每相皆含有 4 个电动势幅值较大的电枢线圈和 2 个电动势幅值较小的电枢线圈，各个电枢线圈串联后实现了各相总电动势幅值的相等，从而使各相电压幅值相等。

通过图 8-50 的波形可以看出，五相 30/24 极双凸极电机的各相磁链幅值相等，各相

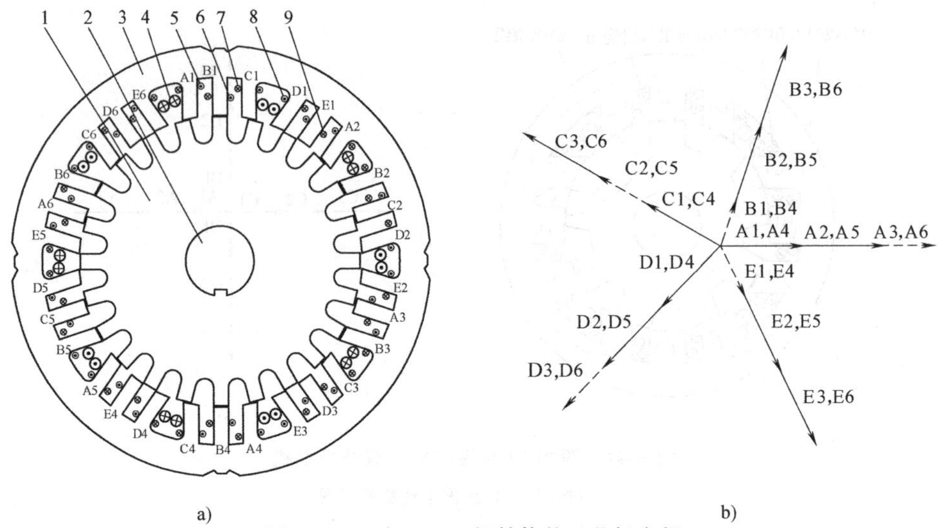

图 8-49　五相 30/24 极结构的双凸极电机

a）结构图　b）线圈电动势星形图

1—转子铁心　2—轴　3—定心铁心　4—励磁绕组　5—A 相电枢绕组　6—B 相电枢绕组

7—C 相电枢绕组　8—D 相电枢绕组　9—E 相电枢绕组

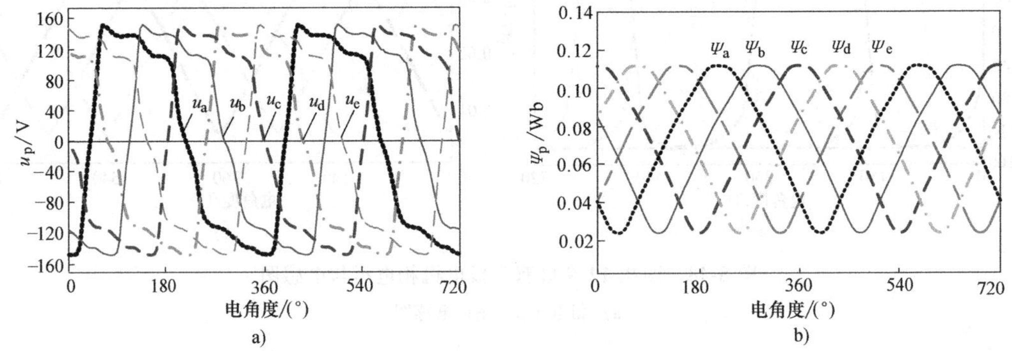

图 8-50　五相 30/24 极结构的双凸极电机的空载仿真

a）空载电动势　b）空载磁链

对称性较好。五相双凸极电机与三相双凸极电机不同，其相邻两相之间的相位差为 72°，任意时刻有两相绕组电动势同时为高或低，互为备份向负载供电；当其中一相出现开路故障或由短路熔断器引起的开路故障时，其余各相仍然具备一定的电压输出能力，因此具有较高的容错性能。

8. 六相电励磁双凸极电机

六相结构的双凸极电机定、转子比例应该满足 6*N*/5*N*。图 8-51 给出了一种六相电感完全对称变化的双凸极电机，定子极弧系数为 0.4，转子极弧系数为 0.5。励磁绕组跨一个定子极绕制。该电机每个定子极上都有一个励磁绕组和一个电枢绕组，励磁绕组由 12 个励磁线圈串联组成，两个相邻的励磁线圈的绕向相反，以形成隔极分布的 N 极和 S 极。电枢绕组可分为 A、B、C、D、E 和 G 六相，每相电枢绕组由位置相差 180°机械角的两个集中线圈串联组成。电枢绕组和励磁绕组都是集中式绕组且绕向相同。图 8-51b 给出了各个线圈的电动势矢量图。由于各相绕组的绕制是完全对称的，六相绕组的电动势矢量图在一个周期内均匀分布，因此相邻的两相绕组相差60°电角度。

图8-52是六相双凸极电机的空载仿真图，可以看出，相邻两相绕组之间的电角度相差60°，而且各相绕组的磁链和电动势幅值完全相等，该六相双凸极电机各相对称性较好。

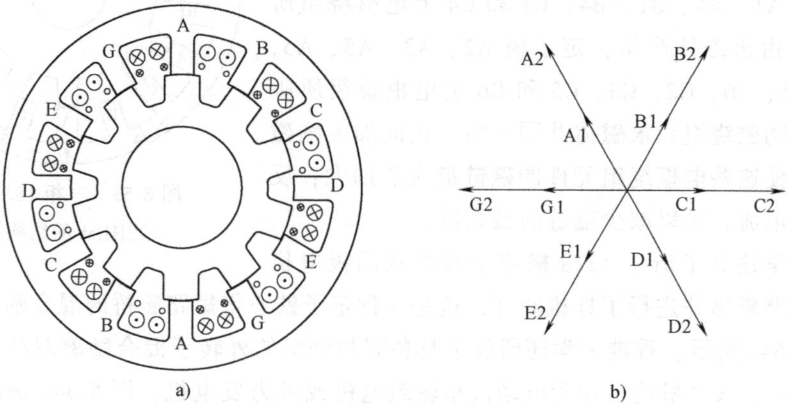

图8-51 六相12/10极双凸极电机

a）六相12/10极电机结构 b）线圈电动势星形图

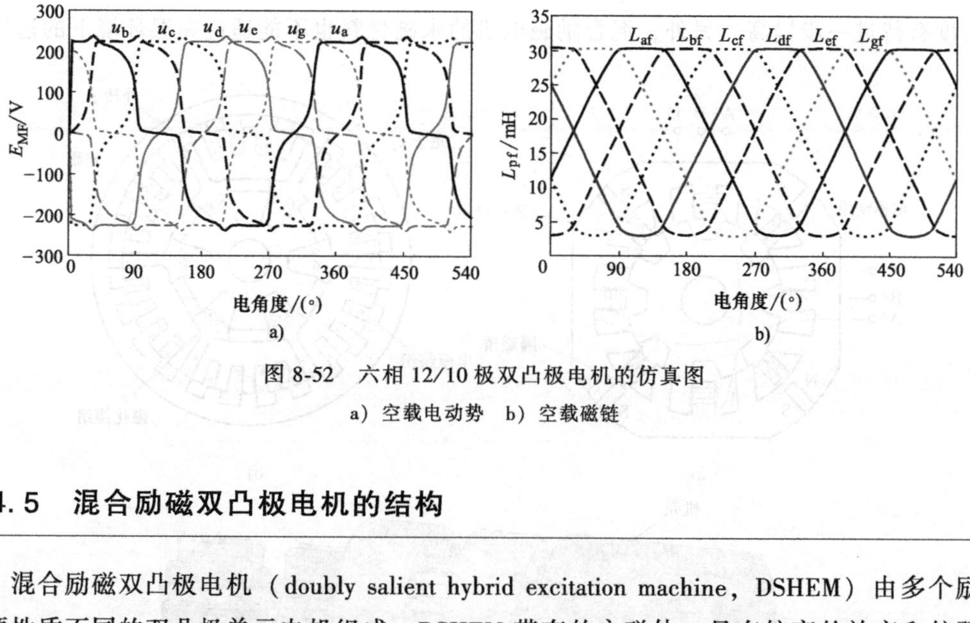

图8-52 六相12/10极双凸极电机的仿真图

a）空载电动势 b）空载磁链

8.4.5 混合励磁双凸极电机的结构

混合励磁双凸极电机（doubly salient hybrid excitation machine，DSHEM）由多个励磁磁源性质不同的双凸极单元电机组成。DSHEM带有的永磁体，具有较高的效率和较弱的电枢反应；同时，DSHEM还具有能调节励磁磁场的励磁线圈，电压调节特性好。即混合励磁电机在具备永磁电机高效率这一优点的同时，还兼备了电励磁电机励磁磁场容易控制的特点。当DSHEM工作在电动状态时，可以应用于伺服驱动、电动汽车等宽转速范围、高效率要求的领域，以发挥其调速范围宽的特点。当DSHEM工作在发电状态时，可在较宽的转速范围内调节输出电压，以给用电设备供电。

图8-53给出了三相18/12极DSHEM的结构图，电机的励磁磁源为4块条形永磁体和

1 套励磁绕组元件。图中的箭头表示永磁体和励磁绕组产生极性交错分布的空载磁场。为了使转子受到的径向电磁力平衡，4 块条形永磁体分为两组，对称地分布在定子轭部两侧。

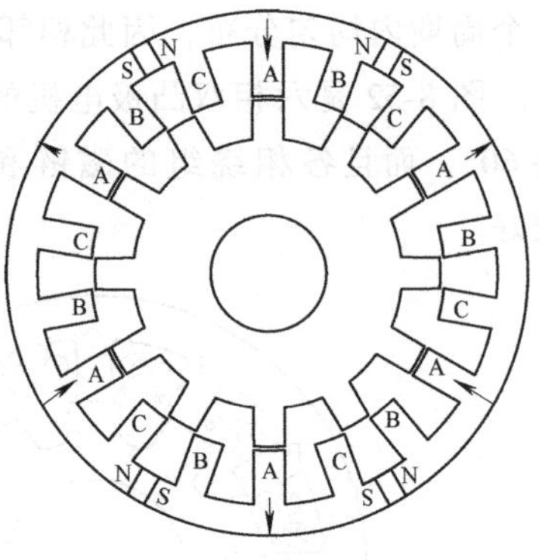

图 8-53　三相 18/12 极 DSHEM 的结构图

定子极 A1、A4、B1、B4、C1 和 C4 上电枢绕组所匝链的磁链由永磁体产生，定子极 A2、A3、A5、A6、B2、B3、B5、B6、C2、C3、C5 和 C6 上电枢绕组所匝链的磁链由励磁绕组和永磁体共同产生。正向加大励磁电流，可以使这些电枢绕组元件的磁链最大值加大；反向加大励磁电流，可以减少磁链的最大值。

东南大学建立了新型 12/8 极定子双馈双凸极电机的非线性磁路模型并进行了样机验证，这是一种定子铁心带短路磁桥的混合励磁双凸极电机，如图 8-54a 所示。香港大学还研发了具备五相绕组的外转子混合励磁双凸极电机，如图 8-54b 所示，该电机适合作为电动汽车轮毂电机或风力发电机。图 8-54c 是南京航空航天大学陈志辉提出的并列结构混合励磁双凸极电机。除了永磁和电磁完全解耦的并列结构的混合励磁电机，其他并列结构的混合励磁电机的电励磁磁路和永磁磁路都存在着一定的耦合，在没有励磁电流的情况下永磁磁路会通过电励磁磁路漏磁，因此混合励磁电机的功率密度有待进一步提高。另外，混合励磁电机的永磁材料也不能适应高温环境下的运行。

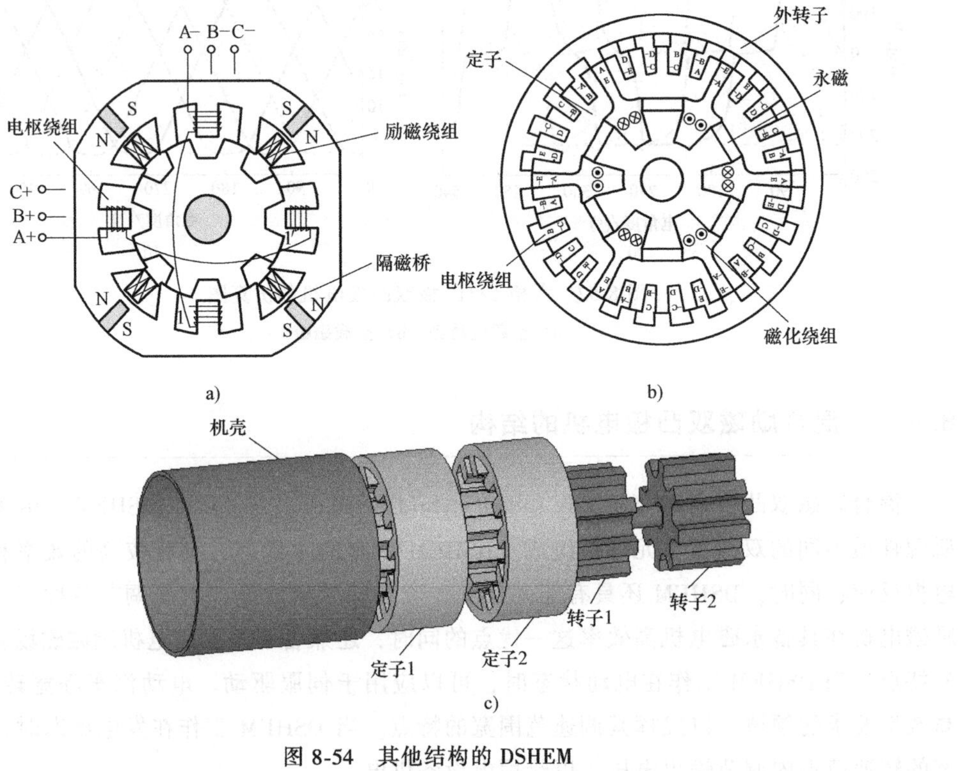

图 8-54　其他结构的 DSHEM

a）12/8 极结构的 DSHEM　b）外转子五相 DSHEM　c）并列结构的 DSHEM

8.4.6　电励磁双凸极电机的数学模型

双凸极电机以脉动磁场进行工作，气隙磁场空间分布不均匀，类似于开关磁阻电机，运行中遵循“磁阻最小原理”。但是工作原理与开关磁阻电机相比有较大的不同。虽然双凸极电机结构和磁路饱和效应的影响使电机参数及各物理量随着转子位置和电枢电流呈非线性变化，但是其工作原理仍符合电工理论的基本规律，据此可建立双凸极电机的数学模型。

电励磁双凸极电机数学模型包括磁链方程、电压方程、功率方程、转矩方程和运动方程。这些数学模型描述了双凸极电机各个物理量之间的关系，是研究其工作原理的依据。下面逐一介绍。

1. 磁链方程

$$\boldsymbol{\psi}=\boldsymbol{L}\cdot\boldsymbol{I} \tag{8-56}$$

式中，$\boldsymbol{\psi}=\begin{pmatrix}\boldsymbol{\psi}_{\mathrm{a}}\\ \boldsymbol{\psi}_{\mathrm{b}}\\ \boldsymbol{\psi}_{\mathrm{c}}\\ \boldsymbol{\psi}_{\mathrm{f}}\end{pmatrix}$，$\boldsymbol{\psi}_{\mathrm{a}}$、$\boldsymbol{\psi}_{\mathrm{b}}$、$\boldsymbol{\psi}_{\mathrm{c}}$、$\boldsymbol{\psi}_{\mathrm{f}}$分别为A、B、C三相绕组和励磁绕组所匝链的磁链；$\boldsymbol{L}=\begin{pmatrix}\boldsymbol{L}_{\mathrm{a}} & \boldsymbol{L}_{\mathrm{ab}} & \boldsymbol{L}_{\mathrm{ac}} & \boldsymbol{L}_{\mathrm{af}}\\ \boldsymbol{L}_{\mathrm{ba}} & \boldsymbol{L}_{\mathrm{b}} & \boldsymbol{L}_{\mathrm{bc}} & \boldsymbol{L}_{\mathrm{bf}}\\ \boldsymbol{L}_{\mathrm{ca}} & \boldsymbol{L}_{\mathrm{cb}} & \boldsymbol{L}_{\mathrm{c}} & \boldsymbol{L}_{\mathrm{cf}}\\ \boldsymbol{L}_{\mathrm{fa}} & \boldsymbol{L}_{\mathrm{fb}} & \boldsymbol{L}_{\mathrm{fc}} & \boldsymbol{L}_{\mathrm{f}}\end{pmatrix}$，$\boldsymbol{L}_{\mathrm{a}}$、$\boldsymbol{L}_{\mathrm{b}}$、$\boldsymbol{L}_{\mathrm{c}}$、$\boldsymbol{L}_{\mathrm{f}}$、$\boldsymbol{L}_{\mathrm{ab}}$、$\boldsymbol{L}_{\mathrm{ac}}$、$\boldsymbol{L}_{\mathrm{af}}$、$\boldsymbol{L}_{\mathrm{ba}}$、$\boldsymbol{L}_{\mathrm{bc}}$、$\boldsymbol{L}_{\mathrm{bf}}$、$\boldsymbol{L}_{\mathrm{ca}}$、$\boldsymbol{L}_{\mathrm{cb}}$、$\boldsymbol{L}_{\mathrm{cf}}$、$\boldsymbol{L}_{\mathrm{fa}}$、$\boldsymbol{L}_{\mathrm{fb}}$、$\boldsymbol{L}_{\mathrm{fc}}$分别为三相绕组、励磁绕组自感及相绕组与励磁绕组之间的互感；$\boldsymbol{I}=\begin{pmatrix}i_{\mathrm{a}}\\ i_{\mathrm{b}}\\ i_{\mathrm{c}}\\ i_{\mathrm{f}}\end{pmatrix}$，$i_{\mathrm{a}}$、$i_{\mathrm{b}}$、$i_{\mathrm{c}}$、$i_{\mathrm{f}}$分别为三相绕组和励磁绕组电流。

2. 电压方程

$$\boldsymbol{U}=\boldsymbol{R}\cdot\boldsymbol{I}+\boldsymbol{L}\frac{\mathrm{d}\boldsymbol{I}}{\mathrm{d}t}+\boldsymbol{I}\frac{\mathrm{d}\boldsymbol{L}}{\mathrm{d}t} \tag{8-57}$$

式中，$\boldsymbol{U}=\begin{pmatrix}u_{\mathrm{a}}\\ u_{\mathrm{b}}\\ u_{\mathrm{c}}\\ u_{\mathrm{f}}\end{pmatrix}$，$u_{\mathrm{a}}$、$u_{\mathrm{b}}$、$u_{\mathrm{c}}$、$u_{\mathrm{f}}$分别为A、B、C相和励磁绕组电动势，$\boldsymbol{R}=\begin{pmatrix}R_{\mathrm{a}} & 0 & 0 & 0\\ 0 & R_{\mathrm{b}} & 0 & 0\\ 0 & 0 & R_{\mathrm{c}} & 0\\ 0 & 0 & 0 & R_{\mathrm{f}}\end{pmatrix}$，$R_{\mathrm{a}}$、$R_{\mathrm{b}}$、$R_{\mathrm{c}}$、$R_{\mathrm{f}}$分别为A、B、C相和励磁绕组内阻。

3. 功率方程

$$\begin{aligned}P_{es} &= I^{T}U \\ &= I^{T}R\,I + I^{T}\frac{dL}{dt}I + I^{T}L\frac{dI}{dt} \\ &= I^{T}R\,I + \frac{1}{2}I^{T}\frac{dL}{dt}I + \frac{d}{dt}\left(\frac{1}{2}I^{T}L\,I\right)\end{aligned} \tag{8-58}$$

根据各项的物理意义，公式（8-58）可写成如下形式

$$P_{es} = P_{gu} + T_{e}\cdot\omega + \frac{dW_{m}}{dt} \tag{8-59}$$

式中，P_{es} 为电机从电源吸收的功率；$P_{gu}=I^{T}\cdot R\cdot I$ 为电机铜耗；T_{e} 为电机输出转矩；ω 是转子角速度；$W_{m}=\frac{1}{2}I^{T}\cdot L\cdot I$ 为磁场储能。

4. 转矩方程

$$T_{e} = \frac{1}{2}I^{T}\cdot\frac{dL}{dt}\cdot I \tag{8-60}$$

以 P 相（P 表示为 A、B、C）为例，P 相的输出转矩为

$$T_{P} = T_{Pr} + T_{Pf} = \frac{1}{2}i_{P}^{2}\frac{dL_{P}}{d\theta} + i_{P}i_{f}\frac{dL_{Pf}}{d\theta} \tag{8-61}$$

式中，T_{Pr} 为 P 相磁阻转矩，是随转子位置的不同，由相绕组自感变化而产生的；T_{Pf} 为 P 相励磁转矩，是随着转子位置的不同，电枢绕组与励磁绕组的互感变化而产生的。

5. 运动方程

$$T - T_{L} - B\omega = J\frac{d\omega}{dt} \tag{8-62}$$

式中，J 为系统的转动惯量；B 为系统的摩擦系数；T 为合成转矩；T_{L} 为负载转矩。

8.5 双凸极电机的控制技术

8.5.1 单相工作模式与双相工作模式

电励磁双凸极电机有单相绕组通电和两相绕组通电两种起动方式。单相工作模式存在转矩死区，为了增大起动转矩、消除起动死区，可以用双向工作模式。图 8-55 给出了双相工作模式，通电原则是：电感上升区通入正电流，电感下降区通入负电流。

图 8-55 中的各相通电状态对应于图 8-56 的三种双相工作模式下的开关管的导通情况。在图 8-56a 中，A 相绕组电感上升，通正电；B 相绕组电感恒定不变，不通电；C 相绕组电感下降，通负电。对应 VF_1 管和 VF_6 管导通，电流经 A 相流过 C 相。在图 8-56b 中，A 相绕组电感下降，通负电；B 相绕组电感上升，通正电；C 相绕组电感不变，不通电。对

应 VF_2 管和 VF_3 管导通，电流经 B 相流过 A 相。在图 8-56c 中，A 相绕组电感不变，不通电；B 绕绕组电感下降，通负电；C 相绕组电感上升，通正电。对应 VF_5 管和 VF_4 管导通，电流经 C 相流过 B 相，如此反复循环导通……

相比于单相工作模式，双相工作模式的平均转矩增大，电机的带负载能力明显增强；两相工作模式下的转矩脉动更小，如果负载转矩一定，两相工作模式所需要的电流幅值明显低于单相工作模式起动所需的电流幅值，因此两相工作模式是一种常见的工作模式。

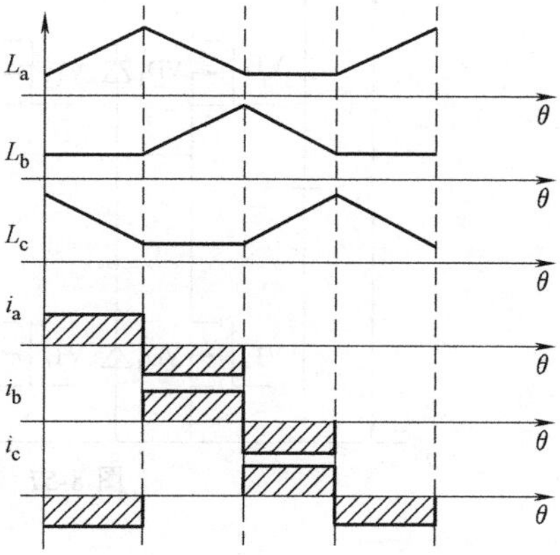

图 8-55　双相工作模式

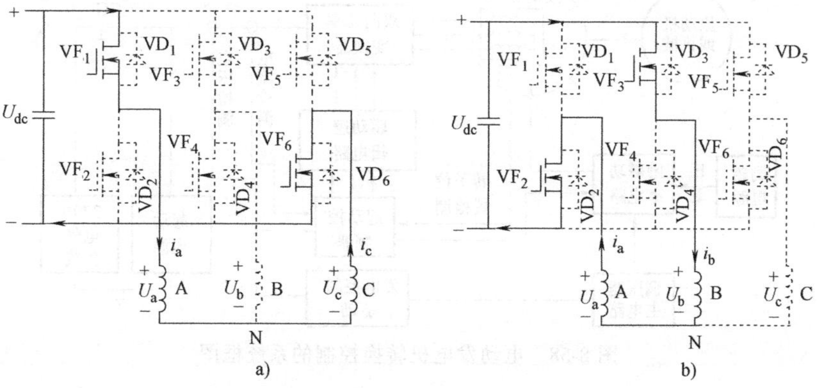

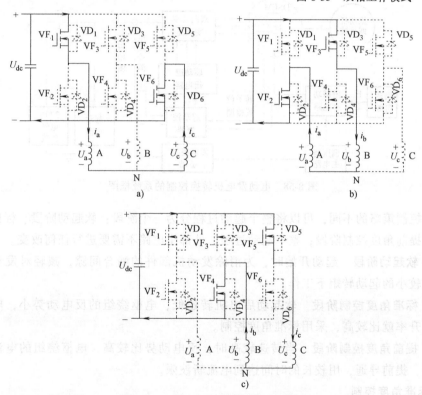

图 8-56　双相工作模式的导通情况

a) VF_1、VF_6 管导通　b) VF_2、VF_3 管导通　c) VF_5、VF_4 管导通

8.5.2　双凸极电机电动发电机转换控制

双凸极电机功率变换器如图 8-57 所示。

图 8-58 给出了双凸极电机电动发电机转换控制的系统框图。励磁控制开关 E、起动电源开关 S 闭合，起动电源通过功率变换器向电机绕组供电，励磁电源通过励磁开关接入励磁功率电路。

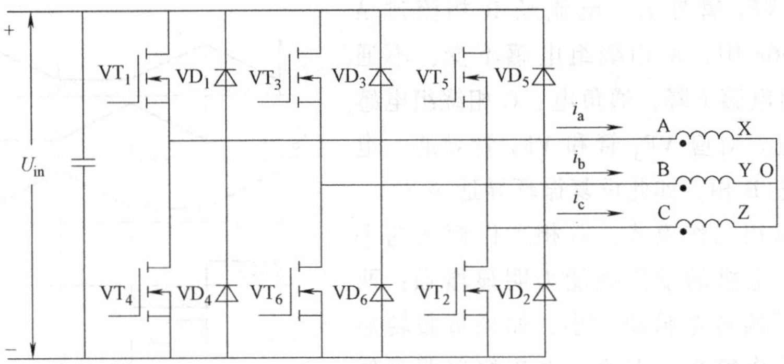

图 8-57　双凸极电机功率变换器

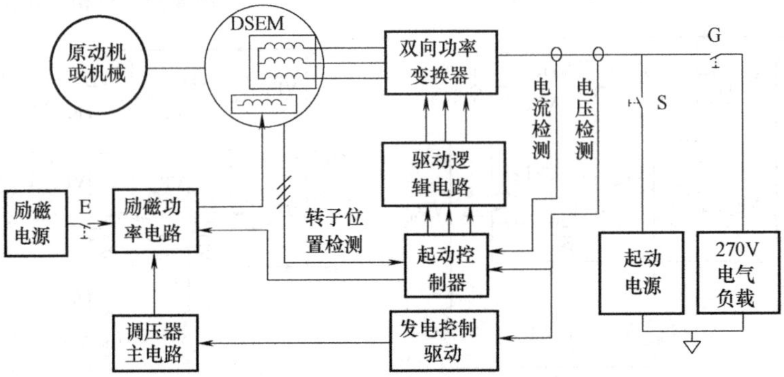

图 8-58　电动发电机转换控制的系统框图

根据控制策略的不同，可以将整个起动过程分为三个阶段：软起动阶段、标准角度控制阶段、提前角度控制阶段；整个起动过程，外部主电路不需要进行任何改变。

(1) 软起动阶段　起动开始时，为消除发动机部件的啮合间隙，减轻对发动机的冲击，先在较小的起动转矩下工作。

(2) 标准角度控制阶段　软起动后电机转速低，电枢绕组的反电动势小，电枢绕组的电流上升率就比较高，采用标准角度控制。

(3) 提前角度控制阶段　当转速较高时，反电动势比较高，电枢绕组的电流上升率就会下降，提前导通，用较长的时间达到电流斩波限。

1. 标准角度控制

由于双凸极电机的电动势波形近似方波变化，而非正弦波形，所以控制方式与无刷直流永磁电机不同，而与开关磁阻电机类似。标准角度控制（standard angle control mode，SACM）的通电原则：当电机转子处在某一位置时，相电动势为正的相绕组接电源正端，通以正向电流；相反电动势为负的相绕组接电源负端，通以负向电流，相反电动势处于前两相之间的相绕组不通电。标准角度控制下的各信号原理波形如图 8-59 所示，其中 PA、PB 和 PC 分别表示 A 相、B 相和 C 相的位置信号，e_a、e_b 和 e_c 分别表示 A 相、B 相和 C 相的反电动势，Dr_a、Dr_b 和 Dr_c 分别表示 A 相、B 相和 C 相的驱动信号。由于采用的变换器为桥式变换器，因此为了避免上下管之间的直通，同一桥臂的上下管应该加入死区。

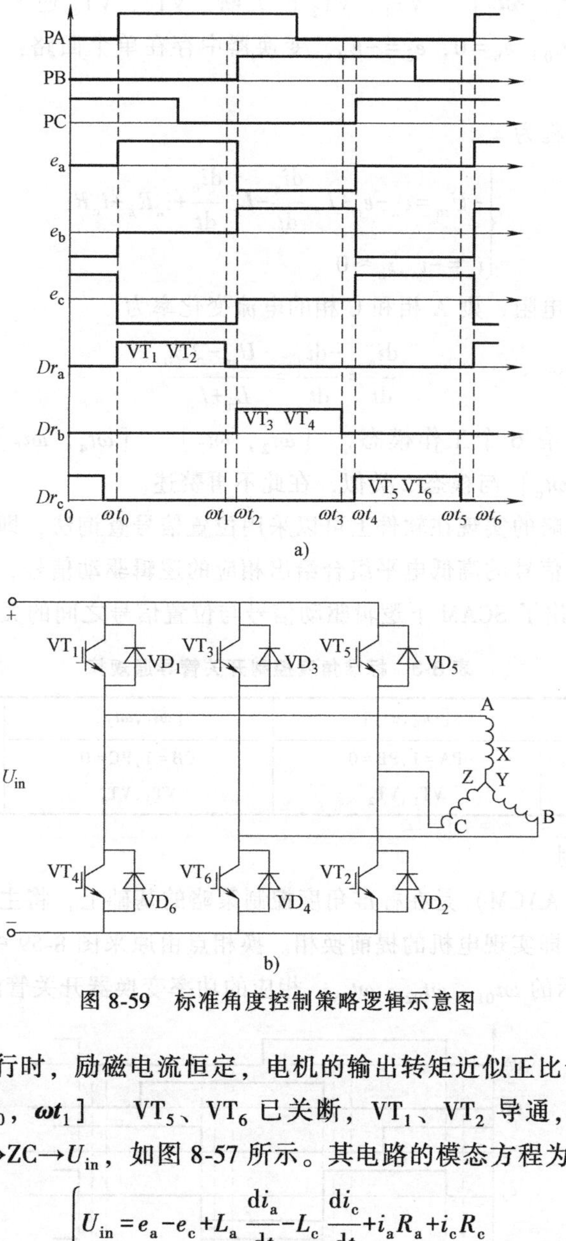

图 8-59　标准角度控制策略逻辑示意图

当双凸极电机电动运行时，励磁电流恒定，电机的输出转矩近似正比于电枢电流。

(1) 模态 1 [ωt_0, ωt_1]　VT_5、VT_6 已关断，VT_1、VT_2 导通，变换器中的电流回路为 $U_{in}\rightarrow VT_1\rightarrow AX\rightarrow ZC\rightarrow U_{in}$，如图 8-57 所示。其电路的模态方程为

$$\begin{cases} U_{in}=e_a-e_c+L_a\dfrac{di_a}{dt}-L_c\dfrac{di_c}{dt}+i_aR_a+i_cR_c \\ i_a=-i_c \\ i_b\approx 0 \end{cases} \tag{8-63}$$

双凸极电机为直槽结构，相电动势近似方波。若 $e_a=-e_c=E_0$，且考虑到 $i_a=-i_c=i$，忽略电机相绕组电阻，则 VT_1 和 VT_2 导通时，A 相、C 相电流增加，其电流变化率为

$$\frac{di_a}{dt}=-\frac{di_c}{dt}=\frac{U_{in}-2E_0}{L_a+L_c} \tag{8-64}$$

当 VT_1 管的电流达到电流限幅时，VT_1 管关断，此时存在续流回路：$VD_4\rightarrow AX\rightarrow ZC\rightarrow VT_2$。相电流变化率只需要式 (8-64) 中 $U_{in}=0$ 即可。

(2) 模态 2 [ωt_1，ωt_2] VT$_1$、VT$_2$ 已关断，VT$_3$、VT$_4$ 还未导通。此时，电流进行换相。依然有 $e_a=E_0$，$e_b=0$，$e_c=-E_0$，变换器中存在单个回路：$VD_4 \to AX \to ZC \to VD_5$ 续流支路。

其电路的模态方程为

$$\begin{cases}-U_{in}=e_a-e_c+L_a\dfrac{di_a}{dt}-L_c\dfrac{di_c}{dt}+i_aR_a+i_cR_c\\ i_a=-i_c, i_b\approx 0\end{cases} \tag{8-65}$$

忽略电机相绕组电阻，则 A 相和 C 相的电流变化率为

$$\frac{di_a}{dt}=\frac{-di_c}{dt}=\frac{-U_{in}-2E_0}{L_a+L_c} \tag{8-66}$$

整个工作周期共有 6 个工作模态，[ωt_2，ωt_3]、[ωt_4，ωt_5] 与模态 1 类似，而 [ωt_3，ωt_4]、[ωt_5，ωt_6] 与模态 2 类似，在此不再赘述。

标准角度控制策略的实现在软件上可以采用位置信号查询法，即查询转子三相位置的信号状态，根据位置信号的高低电平组合给出相应的逻辑驱动信号，来控制相应的功率开关管动作。表 8-3 给出了 SCAM 下逻辑驱动信号与位置信号之间的关系。

表 8-3 标准角度控制开关管导通规律

区间	[ωt_0, ωt_1]	[ωt_1, ωt_2]	[ωt_2, ωt_3]
位置真值表	PA=1, PB=0	PB=1, PC=0	PC=1, PA=0
导通开关管	VT$_1$、VT$_2$	VT$_3$、VT$_4$	VT$_5$、VT$_6$

2. 提前角度控制

提前角度控制（AACM）是在标准角度控制策略的基础上，将主电路的开关管提前一个角度开通和关断，即实现电机的提前换相。换相点由原来图 8-59 中的 ωt_0、ωt_2、ωt_4 分别提前至图 8-60 所示的 ωt_{01}、ωt_{02}、ωt_{03}，相应的功率变换器开关管的导通规律见表 8-4。

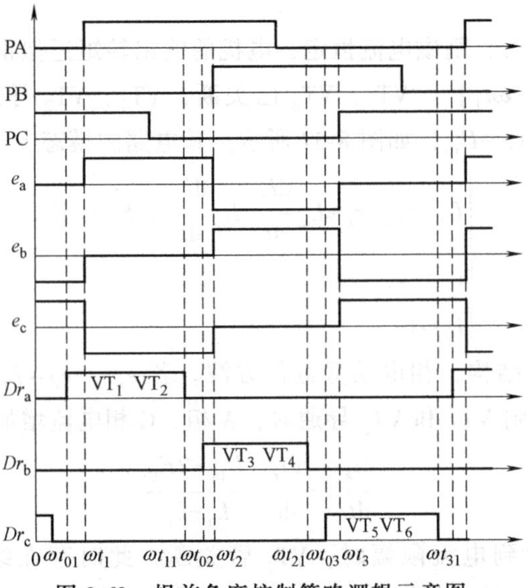

图 8-60 提前角度控制策略逻辑示意图

表 8-4 提前角度控制开关管导通规律

区间	导通开关管	导通相电动势极性
$[\omega t_{01},\omega t_1]$	VT_1、VT_2	$e_a=0, e_b<0, e_c>0$
$[\omega t_1,\omega t_{11}]$	VT_1、VT_2	$e_a>0, e_b=0, e_c<0$
$[\omega t_{11},\omega t_{02}]$	无	$e_a>0, e_b=0, e_c<0$
$[\omega t_{02},\omega t_2]$	VT_3、VT_4	$e_a>0, e_b=0, e_c<0$
$[\omega t_2,\omega t_{21}]$	VT_3、VT_4	$e_a<0, e_b>0, e_c=0$
$[\omega t_{21},\omega t_{03}]$	无	$e_a<0, e_b>0, e_c=0$
$[\omega t_{03},\omega t_3]$	VT_5、VT_6	$e_a<0, e_b>0, e_c=0$
$[\omega t_3,\omega t_{31}]$	VT_5、VT_6	$e_a=0, e_b<0, e_c>0$

在 AACM 下，一个工作周期有 9 个工作模态，与 SACM 相比，多了 3 个提前角度区的工作模态。

(1) 模态 1 $[\omega t_{01},\ \omega t_1]$ $e_a=0$，$e_b=-E_0$，$e_c=E_0$，VT_5、VT_6 已关断，开通 VT_1、VT_2，变换器中存在 2 个电流回路：U_{in}+→VT_1→AX→ZC→VT_2→U_{in}−和 VD_6→BY→ZC→VT_2→VD_6。其电路的模态方程为

$$\begin{cases}U_{in}=e_a-e_c+L_a\dfrac{di_a}{dt}-L_c\dfrac{di_c}{dt}+i_aR_a+i_cR_c\\0=e_b-e_c+L_b\dfrac{di_b}{dt}-L_c\dfrac{di_c}{dt}+i_bR_b+i_cR_c\\i_a=-i_b-i_c\end{cases}\tag{8-67}$$

忽略电阻压降时，A、B、C 三相电流变化率为

$$\begin{cases}\dfrac{di_a}{dt}=\dfrac{(L_a+L_c)U_{in}-(L_c-L_b)E_0}{L_aL_b+L_bL_c+L_aL_c}\\\dfrac{di_b}{dt}=\dfrac{2(L_a+L_c)E_0-L_cU_{in}}{L_aL_b+L_bL_c+L_aL_c}\\\dfrac{di_c}{dt}=-\dfrac{(2L_a+L_b)E_0+L_bU_{in}}{L_aL_b+L_bL_c+L_aL_c}\end{cases}\tag{8-68}$$

当 VT_1 管的电流达到电流限幅时，VT_1 管关断。此时存在两个回路：VD_4→AX→ZC→VT_2 续流支路和 VD_6→BY→ZC→VT_2→VD_6 发电支路。各相电流变化率使式（8-68）中的 $U_{in}=0$ 即可。

当电机运行在该区域时，由于 A 相的反电动势几乎为零。因此 A 相绕组不做功，A 相电感储存能量；而 B 相反电动势为负，B 相电流由负变正，部分时间内有 $e_bi_b<0$，吸收功率，储存能量；C 相反电动势为正，C 相电流由正变负，部分时间内有 $e_ci_c<0$，同 B 相绕组一样吸收功率，储存能量。由此可见，在提前导通区间，各相电流很快增长，电源能量转化为电感能量，并出现负的转矩。

(2) 模态 2 $[\omega t_1,\ \omega t_{11}]$ 此时，$e_a=E_0$，$e_b=0$，$e_c=-E_0$，依然存在模态 1 中的两个电流回路，其电路模态方程同式（8-67）相同。忽略电阻压降，A、B、C 三相的电流变化率为

$$\begin{cases}\dfrac{\mathrm{d}i_a}{\mathrm{d}t}=\dfrac{(L_a+L_c)U_{in}-(2L_b-L_c)E_0}{L_aL_b+L_bL_c+L_aL_c}\\ \dfrac{\mathrm{d}i_b}{\mathrm{d}t}=\dfrac{L_cU_{in}+(L_c+L_a)}{L_aL_b+L_bL_c+L_aL_c}\\ \dfrac{\mathrm{d}i_c}{\mathrm{d}t}=-\dfrac{L_bU_{in}-(L_a+2L_b)E_0}{L_aL_b+L_bL_c+L_aL_c}\end{cases} \tag{8-69}$$

当 VT_1 管的电流达到电流限幅时，VT_1 管关断。各相电流变化率使式（8-69）中的 $U_{in}=0$ 即可。当电机运行在该区域时，即进入标准角度有效电动势区域，在前一模态区间相绕组储存的能量一起向 C 相和 A 相绕组馈送。此时 $e_ai_a>0$，$e_ci_c>0$，A 相和 C 相绕组一起向外输出功率。

（3）模态 3［ωt_{11}，ωt_{02}］ 此区间为换相区间，VT_1、VT_2 管已关断，VT_3、VT_4 管还未导通。$e_a=E_0$，$e_b=0$，$e_c=-E_0$，变换器中存在单个回路：VD_4→AX→ZC→VD_5 续流支路。电路模态方程与式（8-65）相同，因此相电流变化率同式（8-66）。

AACM 的控制策略可采用换相沿触发与硬件角度细分相结合的方法实现。所谓换相控制，即由 PA、PB 决定的换相信号 PA、PB 由控制 A 相改为控制 B 相；PB、PC 决定的换相信号 PB、PC 由控制 B 相改为控制 C 相；PC、PA 位置信号决定的换相信号 PC、PA 由控制 C 相改为控制 A 相。换相控制后，各相的换相信号 Dr_a、Dr_b、Dr_c 相对各自标准电动势提前了 120°电角度，从而实现提前角度控制。

8.5.3 电励磁双凸极电动发电机系统的硬件设计

电励磁双凸极电动发电机系统的硬件框图如图 8-61 所示，主要包括电励磁双凸极起动/发电机拖动平台、功率电路、控制器和上位机，共四大部分。拖动平台中有两台电励磁双凸极电机互相作为电动机和发电机对拖；功率电路包括全桥功率变换器、励磁功率电路；控制器主要由主控单元、采样调理单元、隔离驱动单元以及串口通信单元等组成；上位机是通用计算机，安装有软件 LabVIEW8.2 和硬件 PCI-6251 板卡，通过串口和控制器进行数据通信，实时显示电励磁双凸极起动/发电机的运行状况。

1. 功率变换器及其隔离驱动电路设计

功率变换器包括全桥变换器和励磁功率不对称半桥变换器，全桥变换器为电机各相绕组供电，不对称半桥变换器主要负责调节励磁电流；隔离驱动电路和上述二者配套使用，实现强、弱电隔离。

以三菱公司的 2 单元封装智能功率模块（intelligent power module，IPM）为例搭建全桥变换器，2 单元封装 IPM 外观如图 8-62 所示。IPM 不仅把功率开关器件和驱动电路集成在一起，而且内部还集成有各种故障检测电路，并可将检测信号传送到上级电路，具有结构紧凑、安装方便、功耗低、使用简单、防电磁干扰等优点。

由于 IPM 内部集成驱动电路，其功率管的控制信号可由主控板经隔离电路直接输入，图 8-63 所示为 2 单元封装 IPM 上管的外围电路，其中光耦（全称为光电耦合器）PC817 用于保护信号的隔离输出，光耦 HCPL4504 用于功率管驱动信号的隔离，VP1、FPO、

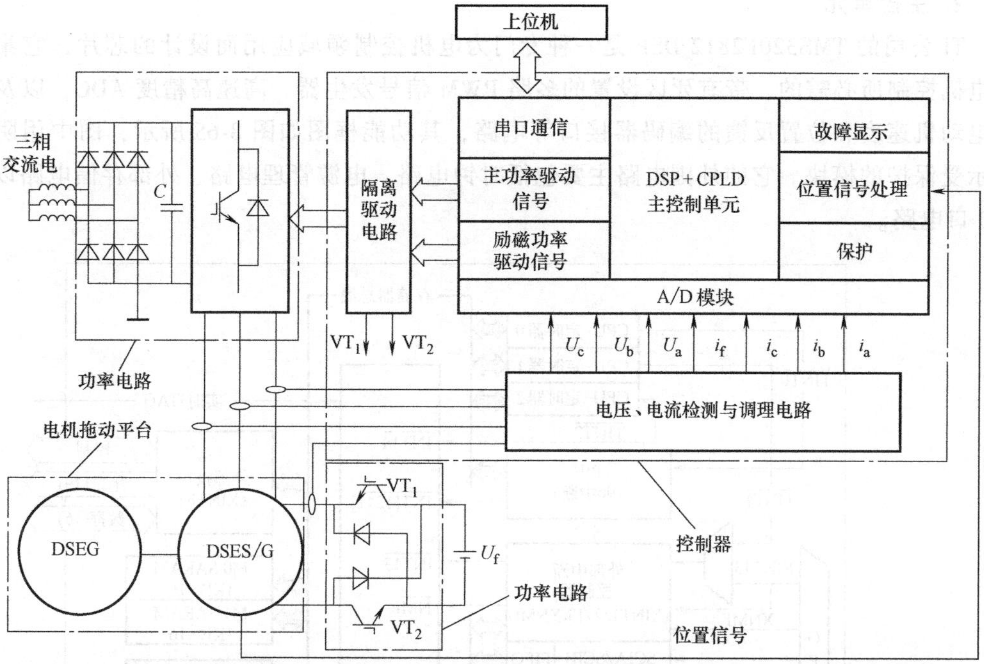

图 8-61　电励磁双凸极电动发电机系统的硬件框图

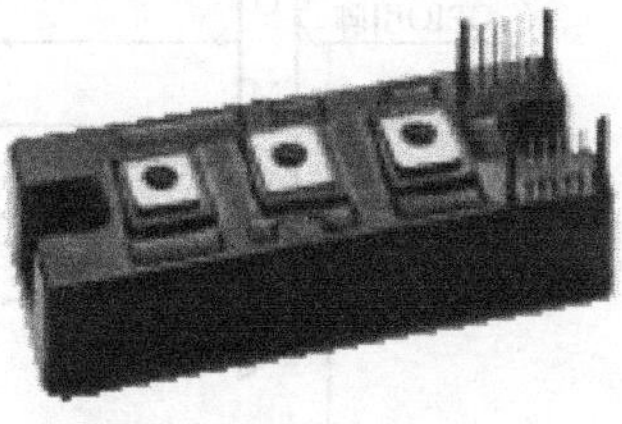

图 8-62　2 单元封装 IPM 外观

SPR、CP1、VPC 与图 8-63 所示的 2 单元封装 IPM 原理图中的符号对应，error 表示传送至上级电路的故障信号。

励磁功率不对称半桥变换器由 IGBT 和功率二极管构成，其中 IGBT 的隔离驱动电路采用 TLP250 芯片进行设计，如图 8-64 所示。

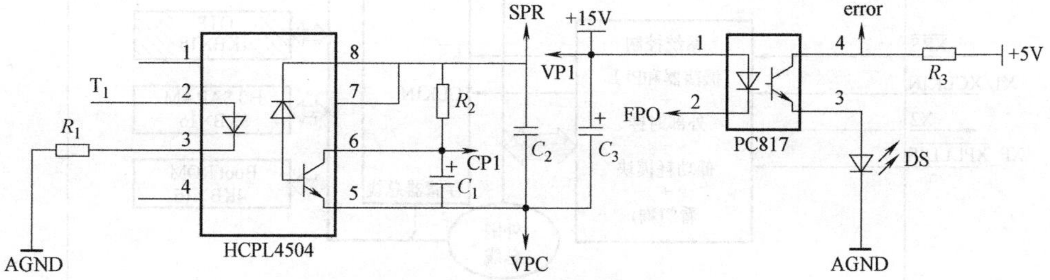

图 8-63　IPM 上管外围电路

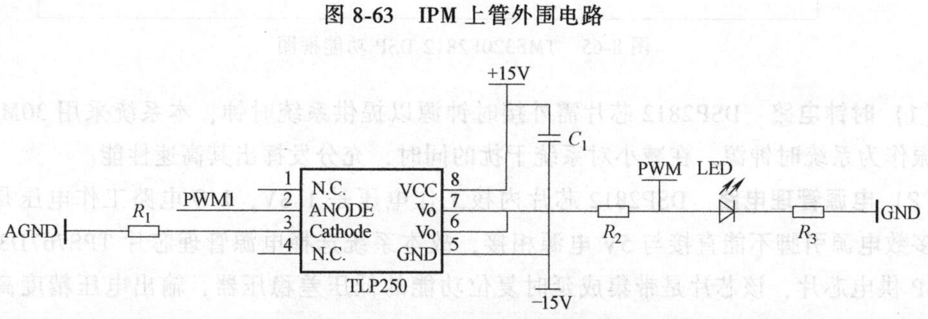

图 8-64　IGBT 隔离驱动电路

1、4—空置　2—正极　3—负极　5—地　6、7—电压输出　8—电源

2. 主控单元

TI 公司的 TMS320F2812 DSP 是一种专门为电机控制领域应用而设计的芯片，它集成了电机控制所必需的、带有死区设置的多路 PWM 信号发生器、高速高精度 ADC，以及用于电动机速度和位置反馈的编码器接口等电路，其功能框图如图 8-65 所示，图中用阴影表示受保护的模块。它的外围电路主要包括时钟电路、电源管理电路、外部存储电路以及 I/O 口电路。

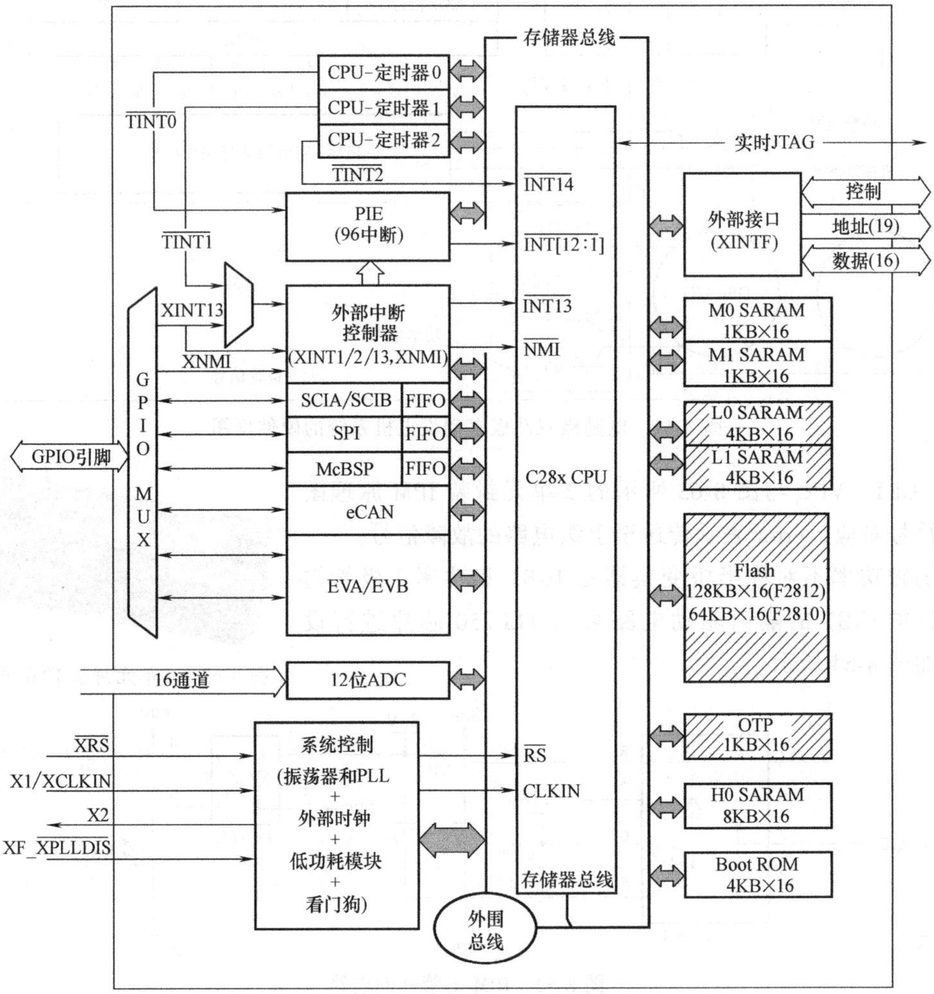

图 8-65 TMS320F2812 DSP 功能框图

(1) 时钟电路 DSP2812 芯片需外接时钟源以提供系统时钟，本系统采用 30MHz 无源晶振作为系统时钟源，在减小对系统干扰的同时，充分发挥出其高速性能。

(2) 电源管理电路 DSP2812 芯片内核工作电压是 1.8V，I/O 电路工作电压是 3V，绝大多数电源引脚不能直接与 5V 电源相接，故本系统选择电源管理芯片 TPS767D318 作为 DSP 供电芯片，该芯片是带集成延时复位功能的低压差稳压器，输出电压精度高，可以满足 DSP2812 芯片的要求。

(3) 外部存储电路 虽然 DSP2812 芯片具有 8KB 的 Flash 存储器、1KB 的 OTP 型只

读存储器、两块4KB的单口随机存储器（SARAM）、一块8KB的单口随机存储器、两块1KB的单口随机存储器，已完全适用于不太复杂的系统，但是程序一旦烧写到Flash中就无法设置断点，不方便调试。所以本系统采用芯片IS61LV2561作为外部存储电路，程序空间256KB，具有双向数据传输功能，数据线宽度16位，且与TTL电平兼容，可以方便实现与DSP的连接。

(4) I/O口电路 DSP的I/O口与外部5V电压不匹配，本系统将DSP的部分I/O口接至CPLD的I/O口，经过CPLD处理后输出；其余部分I/O口接至LVC16245，经其处理后输出，实现了与外部5V电源的匹配，提高了驱动能力。

本系统所用的CPLD是Lattice公司的ispMA4A5 192-96芯片，工作频率高达182MHz，共有192个宏单元，外部有96个普通I/O口和6个专用输入口。其内部延时时间长度固定，支持全局时钟，时序电路可以同步工作。该芯片I/O口兼容CMOS和TTL电平，并且可以工作在3.3V和5V两种电源系统中，无需额外的电平转换芯片。该CPLD还带有JTAG接口，可以利用PC由此对其编程烧写，大大简化了编程烧写工作，重复烧写次数可达1万多次。程序烧写后，抗干扰能力强，可靠性高。

3. 数/模转换外设

数/模转换（digital to analog conversion，DA）是把数字信号转换为信息基本相同的模拟信号的处理过程，在电励磁双凸极电动发电机系统的试验中，模拟电流环的电流给定和电机转速的检测，都需要通过TMS320F2812 DSP将计算所得的结果转化为模拟量输出，这就需要采用D/A转换芯片，本系统中采用MAXIM公司的MX7837芯片。它是MAXIM公司推出的一种12位并行输入、双通道输出的D/A转换器件。其引脚图和原理框图如图8-66所示。

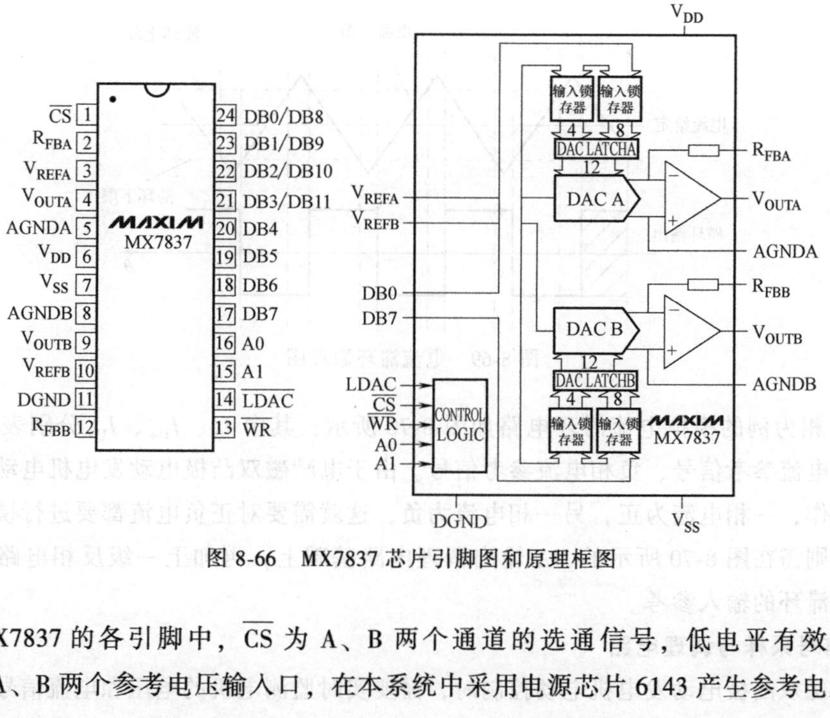

图 8-66 MX7837芯片引脚图和原理框图

在MX7837的各引脚中，$\overline{CS}$为A、B两个通道的选通信号，低电平有效；V_{REFA}、V_{REFB}为A、B两个参考电压输入口，在本系统中采用电源芯片6143产生参考电压，其原理如图 8-67 所示；V_{OUTA}、V_{OUTB} 为模拟电压的输出口；AGNDA、AGNDB 为模拟地；V_{DD} 为电源正电压；V_{SS} 为电源负电压；DGND 为数字地；DB0～DB11 为 12 位数字信号；$\overline{WR}$ 为写输入信号。V_{OUTA} 和 V_{OUTB} 的输出电压在 $-V_{REFA}$～0 之间，为了能将其用作模拟电流滞环的输入参考信号，需要将其调节到 0～3V 之间，需加上一级调理电路，如图 8-68 所示。

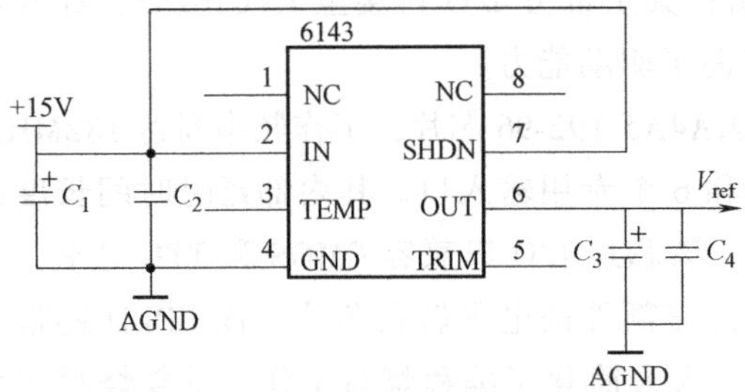

图 8-67　DA 参考电压产生电路原理图

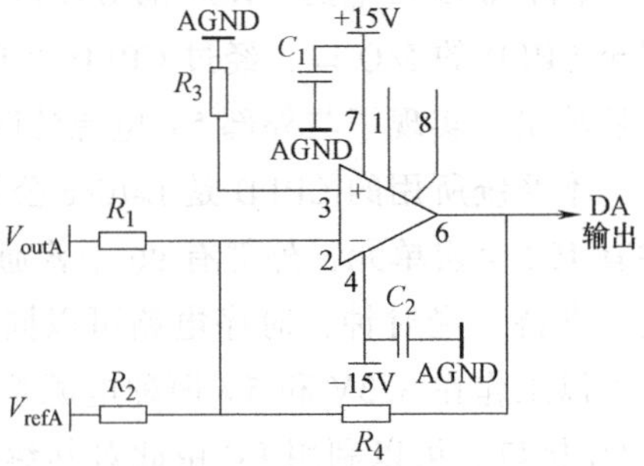

图 8-68　DA 输出调理电路

4. 模拟电流环斩波电路

电励磁双凸极电动发电机电动过程中，电流控制采用模拟电流滞环控制方式，将传感器和调理电路输出的反馈电流信号和 DA 输出的参考电流信号进行比较，将比较的结果输入 CPLD，经过其处理后即可得到功率管的 PWM 信号。电流闭环控制采用限定最大开关频率的滞环方式，当电流反馈值大于滞环上限时滞环输出电平为低，当电流反馈值小于滞环下限时滞环输出电平为高，当电流反馈值小于滞环上限且大于滞环下限时保持滞环信号不变化，如图 8-69 所示，其中阴影表示跟前面输出的电平一致。

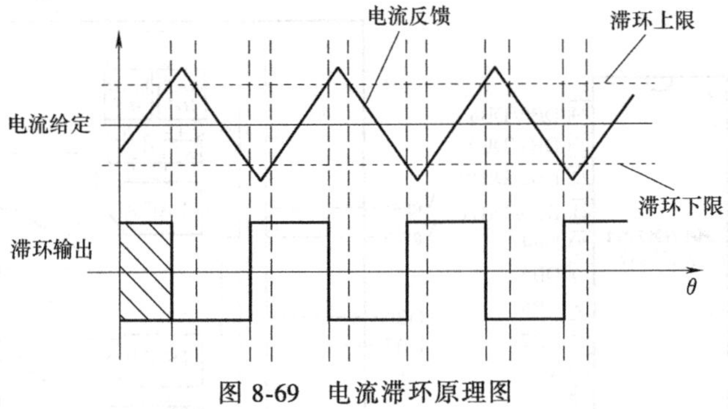

图 8-69　电流滞环原理图

以 A 相为例的模拟电流滞环电路如图 8-70 所示，其中 I_A、I_{U+}、I_{U-} 分别表示 A 相电流、正向电流参考信号、负相电流参考信号。由于电励磁双凸极电动发电机电动运行时两相同时工作，一相电流为正，另一相电流为负，这就需要对正负电流都要进行模拟电流滞环控制，则需在图 8-70 所示的 DA 输出调理电路基础上，再加上一级反相电路，作为负电流模拟滞环的输入参考。

5. 信号采样与调理电路

电励磁双凸极电动发电机电动控制时，需要实时监测电机的电压和电流信号，然后传

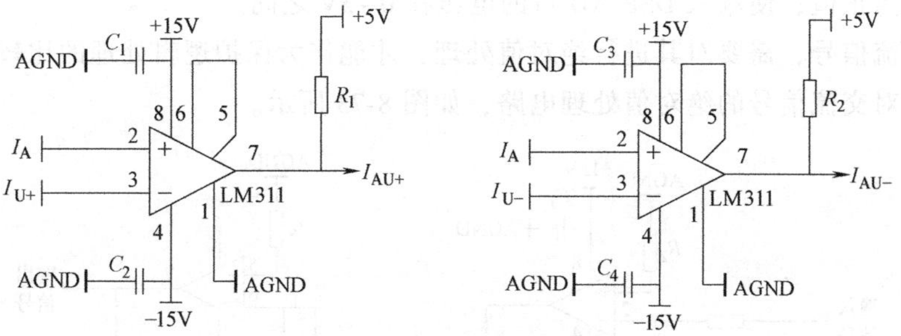

图 8-70 模拟电流滞环电路图

到主控板进行计算控制。而电机的电压和电流信号属于强电信号，主控板及其他控制板都是弱电信号，这就需要将二者隔离开来，以减小干扰。电压传感器和电流传感器分别采用南京茶花港联传感测控技术有限公司的 VSM025A 电压传感器和 CSM100LT 电流传感器，该产品集成了互感器、磁放大器、霍尔元件和电子线路，具有精度高、零漂小、响应速度快及抗干扰能力强等一系列优点，使用起来非常方便。图 8-71a、b 分别为电压传感器和电流传感器接口电路原理图。

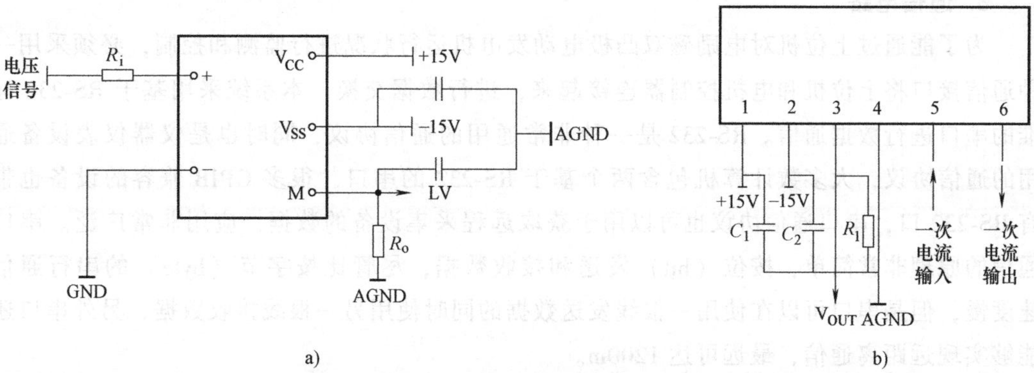

图 8-71 电压传感器和电流传感器使用原理图

a) 电压传感器 b) 电流传感器

来自电压传感器和电流传感器的信号不能直接被主控板所用，由于 TMS320F2812 DSP 的 AD 输入口所能接受的电压范围为 0~3V 的单极性电压信号，为此，必须将传感器输出的信号进行调理。如图 8-72 所示，以 A 相电流为例，传感器输出的信号经过一级电压跟随器和绝对值电路处理后得到-3~0V 之间的电压信号，然后再通过一级反相运算放

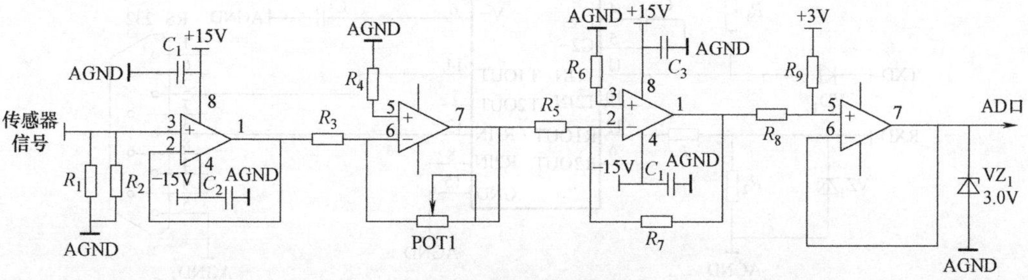

图 8-72 信号调理电路

大电路调整为正值，使输入 DSP AD 口的电压在 0~3V 之间。

对于交流信号，需要对其进行绝对值处理，才能作为保护逻辑处理的比较器输入，为此设计了针对交流信号的绝对值处理电路，如图 8-73 所示。

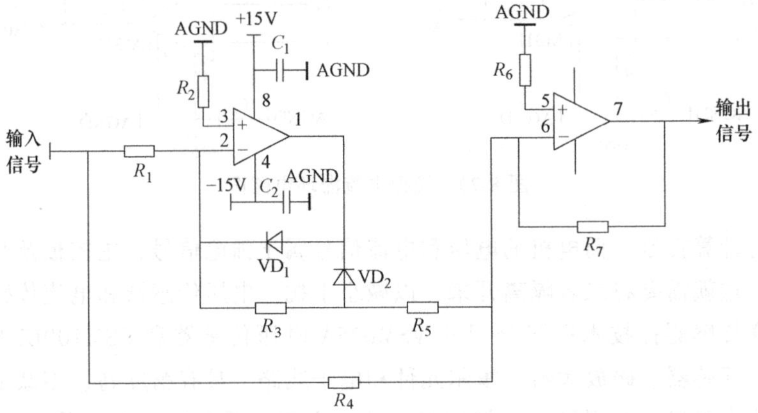

图 8-73　绝对值处理电路

6. 通信电路

为了能通过上位机对电励磁双凸极电动发电机运行状况进行监测和控制，必须采用一种通信接口将上位机和电机控制器连接起来，进行数据交换，本系统采用基于 RS-232 标准的串口进行数据通信。RS-232 是一种非常通用的通信协议，同时也是仪器仪表设备通用的通信协议，大多数计算机包含两个基于 RS-232 的串口，很多 GPIB 兼容的设备也带有 RS-232 口，串口通信协议也可以用于获取远程采集设备的数据，应用非常广泛。串口通信的原理非常简单，按位（bit）发送和接收数据，尽管比按字节（byte）的串行通信速度慢，但是串口可以在使用一根线发送数据的同时使用另一根线接收数据，另外串口还能够实现远距离通信，最远可达 1200m。

由于 TMS320F2812 DSP 和计算机的工作电平不一致，需要通过电压转换接口芯片将二者电平匹配起来，本系统采用美信公司专为台式计算机的 RS-232 标准串口设计的单电源电平转换芯片 MAX232，该芯片采用+5V 电源供电，其接口电路原理如图 8-74 所示。

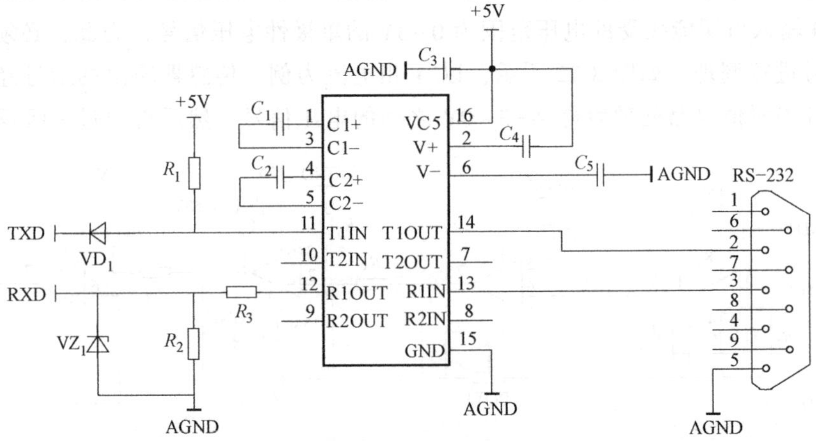

图 8-74　串口通信接口电路

7. 故障保护电路设计

电压、电流过大会损坏功率器件，甚至可能损坏电机、负载以及控制器，为此必须采用保护电路。保护电路主要用于保证功率变换器或电机发生故障时尽快摆脱危险工况，防止损坏功率变换器或电机。本系统主要针对母线过电压或过电流、三相过电流、励磁电流过电流采取保护。过电流、过电压保护电路如图 8-75 所示，利用可调电阻设定保护门限值，通过比较器 LM311 组成的比较电路完成与保护门限值的比较，比较值再经过 RCD 延时电路，以防止由于尖峰干扰而引起的误保护，延时时间可通过调节 *RC* 电路的参数进行设定。对于 IPM，其自带有 IGBT 故障保护和输出功能，只要出现欠电压、过电流、短路或过温中的任意一种故障情况，故障保护电路就立即工作，关断 IGBT，并将故障信号输出，其故障信号隔离输出电路如图 8-75 所示。

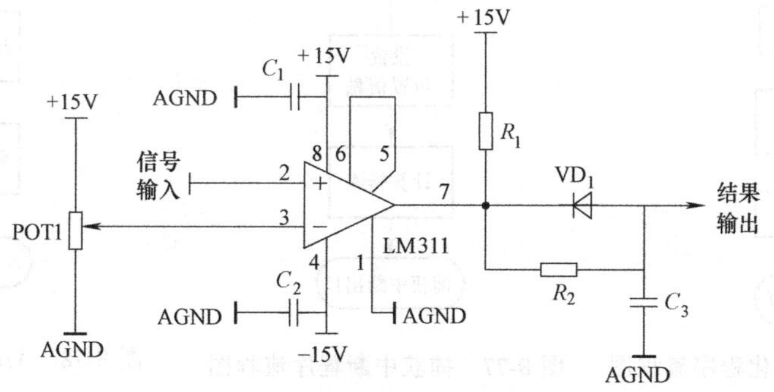

图 8-75 过电流、过电压保护电路

各种故障信号必须通过锁存器，然后再综合起来成为一个总的故障信号送到 TMS320F2812 DSP 的 PDPINTA 或 PDPINTB 口，由此关闭所有功率管驱动信号，从而保护系统。如不锁存保护信号，开关器件的驱动信号会再次作用，引起频繁的保护，易导致开关器件损坏。本系统锁存电路均由型号为 HEF4011B 的 RS 触发器构成，故障综合逻辑由器件 HEF4071B 构成。

8.5.4 系统控制器软件设计

控制器的软件设计主要包括 DSP 软件设计和 CPLD 软件设计，其中 DSP 软件的主要功能是实现整个电动过程的控制，其各个终端服务子程序可以实现电机位置检测、转速检测、AD 采样处理、电流闭环控制、转速外环 PI 调节、励磁电流调节、与上位机进行串口通信以及电动分阶段控制等功能；CPLD 程序主要实现电流闭环控制、位置信号处理和显示、故障信号的处理和显示以及 DA 的地址编译等功能。

1. DSP 软件设计

电动控制系统程序中，主程序初始化首先对 DSP 所有外设、程序所用的变量初始化，然后设置位置捕获、电流和电压的 AD 采样以及定时中断向量寄存器。所有初始化设置完成后，程序进入中断等待，当中断发生时跳转至相应的子程序，主程序初始化程序流程图如图 8-76 所示。

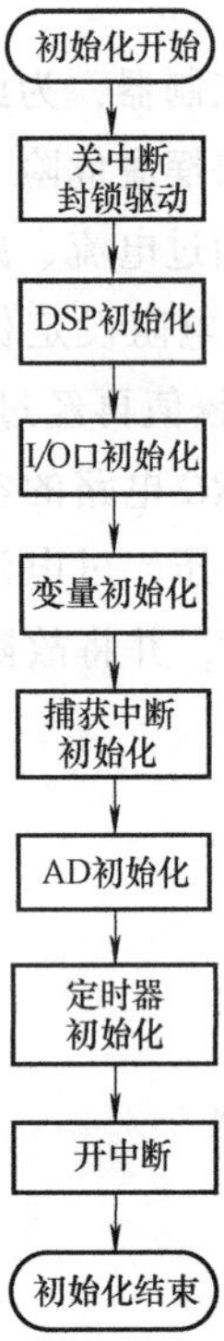

图 8-76　主程序初始化程序流程图

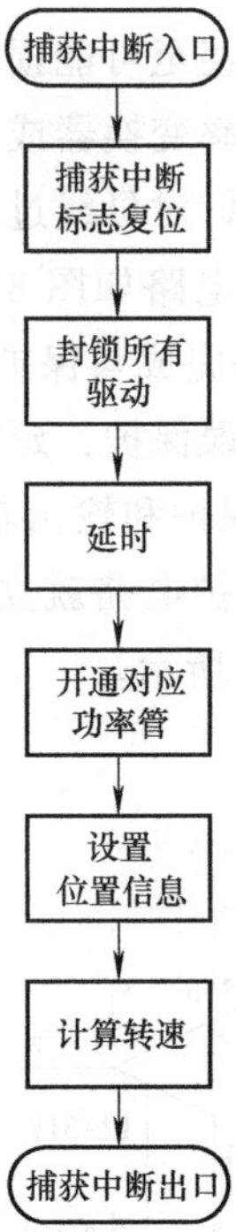

图 8-77　捕获中断程序流程图

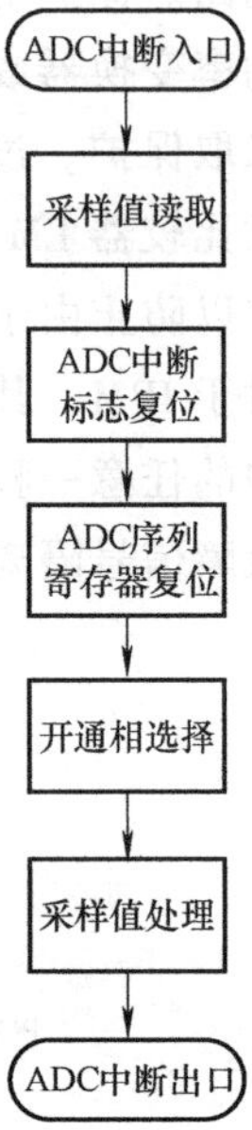

图 8-78　AD 中断子程序流程图

捕获中断通过捕获电机三相位置信号来计算电动过程中的转速，并添加数字滤波环节，消除转速波动的影响，当电机转速小于额定转速时采用恒转矩控制，当电机转速大于额定转速时采用恒功率弱磁控制。同时，还根据捕获的位置信息开通相应的功率管，并进行标记。其程序流程图如图 8-77 所示。

AD 中断子程序主要采样励磁电流和端电压的值，并进行相应的处理，程序流程图如图 8-78 所示。定时器周期中断子程序根据电机转速不同采取不同的控制方式，当电机转速低于 1500r/min 时，控制励磁电流恒定，采取恒转矩控制；当电机转速超过 1500r/min 时，根据三相端电压反馈进行恒功率弱磁控制，其程序流程图如图 8-79 所示。

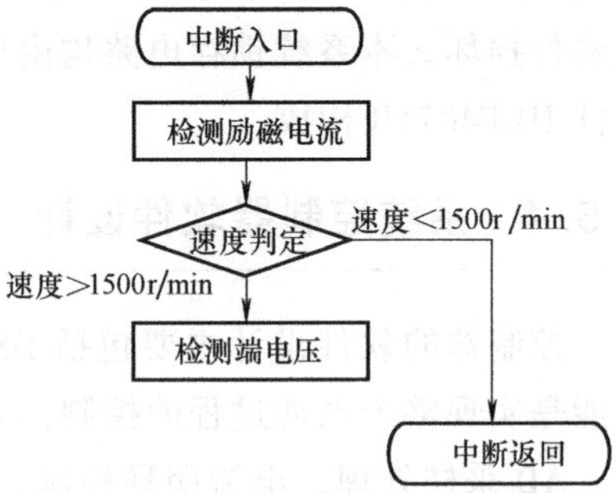

图 8-79　定时器周期中断子程序流程图

电动完成后，需要将电机的转速控制在给定值，这里采取转速外环和电流内环的双闭环控制结构，其原理如图 8-80 所示，通过将速度反馈值和速度给定值进行比较，由 PI 调节器计算出电流值作为电流环的给定，其 PI 调节器的程序流程图如图 8-81 所示。

2. CPLD 软件设计

本系统采用 Lattice 公司型号为 isp MA4A5 192-96 的 CPLD 来实现电流闭环控制、位置信号处理和显示、故障信号处理和显示以及 DA 输出的地址编译等功能。由于 CPLD 可以采用程序的形式来表达各种逻辑关系，修改方便，使用灵活，大大简化了硬件设计。

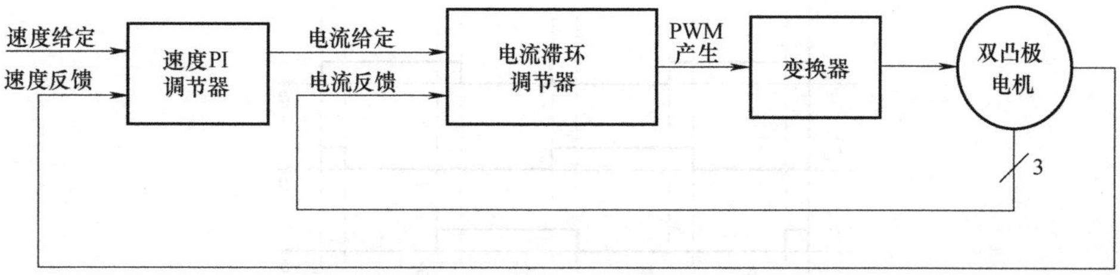

图 8-80 转速、电流双闭环控制的结构框图

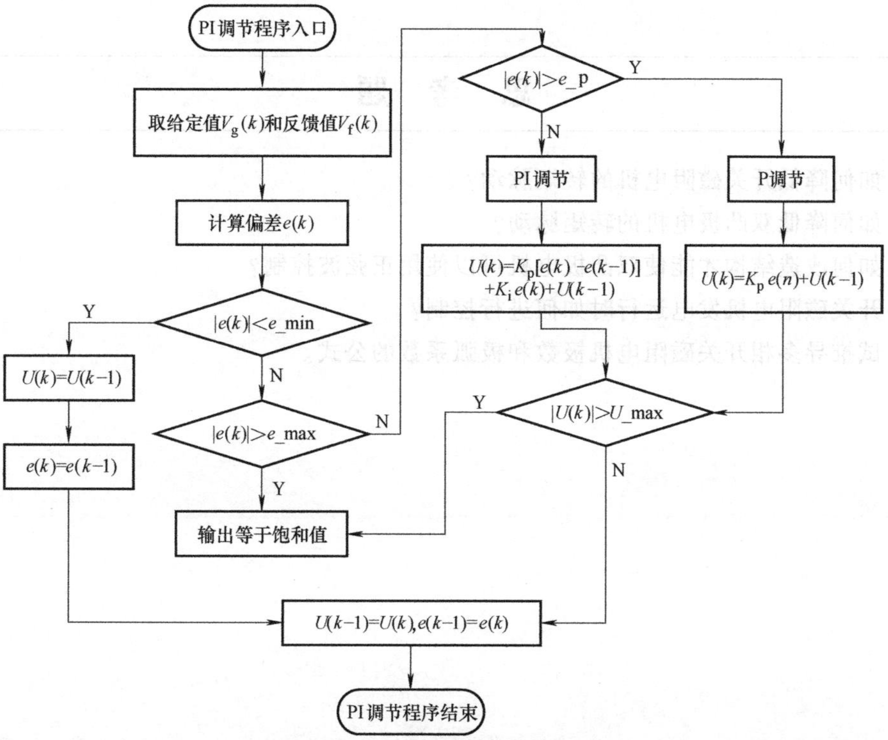

图 8-81 PI 调节器的程序流程图

采用 CPLD 实现电流闭环时，由于其无法像 DSP 那样直接进行死区设置，需要通过时钟延时和位置信号综合得到死区，以防止逆变器出现直通故障。位置信号的处理主要是对位置传感器输入的信号进行逻辑处理，其处理的原则如图 8-82 所示，获得的 A、B 或 C 相位置信息通过八段发光数码管显示出来，作为调试程序时的参考。CPLD 可根据输入逻辑，将不同的故障信息转化为相应的故障码显示在八段发光数码管上，通过观察故障码即可得知故障源所在。DA 转换中地址译码电路的输入、输出信号逻辑关系如式（8-70）所示：

$$\begin{cases}\overline{\mathrm{CSA}}=(\mathrm{A9})\,\mathrm{or}\,(\mathrm{A10})\\ \overline{\mathrm{CSB}}=(\mathrm{not})\,(\mathrm{A9})\,\mathrm{or}\,(\mathrm{A10})\end{cases}\tag{8-70}$$

其中，$\overline{\mathrm{CSA}}$、$\overline{\mathrm{CSB}}$ 为 DA 转换芯片 MX7837 的通道 A 和通道 B 的片选信号，A9 和 A10 为 DSP 地址线。

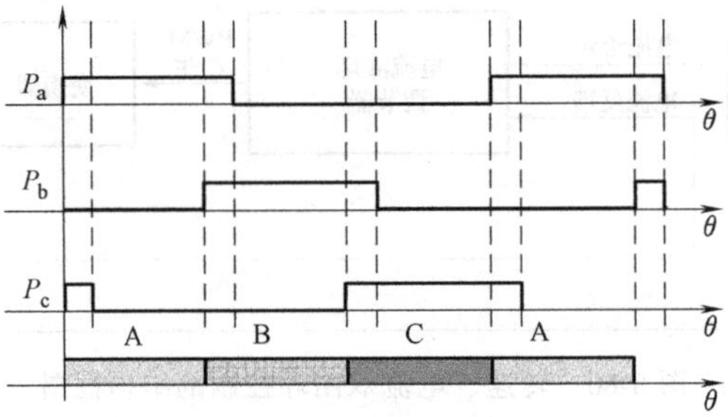

图 8-82　位置信号处理图

思　考　题

1. 如何降低开关磁阻电机的转矩脉动？
2. 如何降低双凸极电机的转矩脉动？
3. 如何改造结构才能使双凸极电机可以使用正弦波控制？
4. 开关磁阻电机发电运行时如何进行控制？
5. 试推导多相开关磁阻电机极数和极弧系数的公式。

第9章

汽车电机仿真

假设初步设计的电机参数已知后，就可以通过有限元软件来对所设计的电机进行建模与仿真。模型的建立与仿真是电机设计环节中至关重要的一步，可用来检验电机是否符合要求，并在此基础上提出进一步的优化设计方案。

9.1 模型的建立

9.1.1 模型的结构建立

本章中模型的建立与仿真是基于 ANSYS 中的电磁部分 Maxwell 完成的，该软件具有上手快、计算精准、计算速度快等优点。其中基于磁路解析法计算的 RMxprt 模块可以在人们输入参数之后自动生成模型，非常方便。Ansoft 的求解器分为稳态场求解器和瞬态场求解器。在稳态场求解器中可以得到电机的磁力线分布图、磁通密度分布云图和气隙磁密，在瞬态场求解器中可以得到电机的齿槽转矩、转矩和反电动势图等。两种求解器的功能不同，操作流程也不同。大体操作流程如图 9-1 所示。

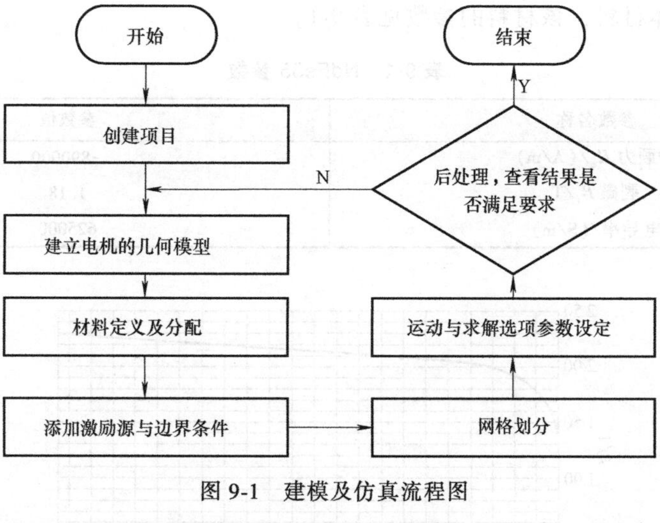

图 9-1 建模及仿真流程图

利用 RMxprt 模块建立模型需要知道模型的各个参数，部分参数也可以让 RMxprt 帮助自动设计。在电机类型中选择通用电机，在电机参数里面选择外部激励源为三相交流电，转子类型选择永磁体内置式，永磁体选择 V 形永磁体，输入电机初始方案的各项参数，生成的电机模型如图 9-2 所示。

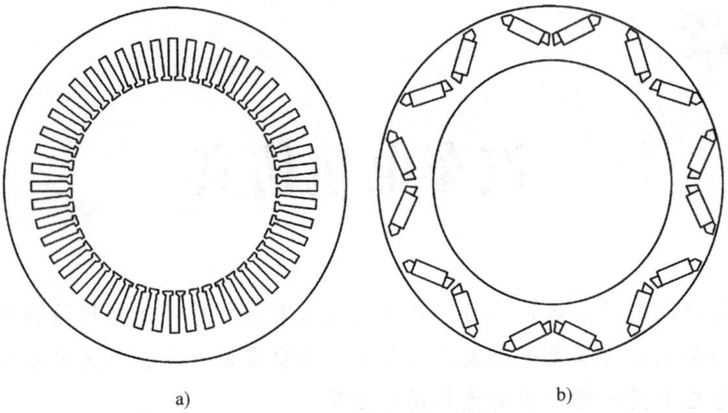

图 9-2　电机的定、转子模型图

a）定子结构模型图　b）转子结构模型图

图 9-2a 所示为定子结构模型图，该定子结构槽数为 48 槽，在槽形的选择上，为了同时利用梯形槽的低漏磁系数和半开口槽、开口槽适合扁线的特性，选择了梯形槽，并且把梯形槽的参数设置成大体为长方形形状，使其既能保证漏磁系数低还能保证电机有良好的散热能力。图 9-2b 所示为转子结构模型图，永磁体采用 V 形布置。

9.1.2　材料的定义及分配

电机的材料选择得是否恰当也会影响电机的性能，对电机进行材料分配主要包括对定、转子材料和永磁体材料进行分配。

永磁体材料选择牌号为 NdFe35 的钕铁硼，该材料的矫顽力和磁能积较高，是一种性价比较好的永磁体材料，该材料的参数见表 9-1。

表 9-1　NdFe35 参数

参数名称	参数值
矫顽力 H_c/(A/m)	-890000
剩磁 B_r/T	1.18
电导率/(S/m)	625000

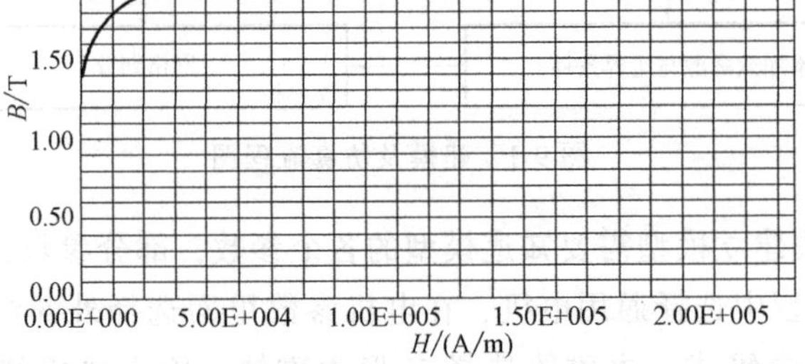

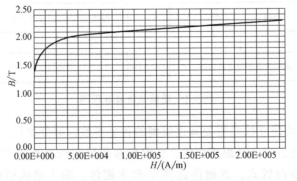

图 9-3　DW315-50 *B*-*H* 曲线

定、转子材料选择牌号为 DW315-50 的硅钢片，该材料的 *B-H* 曲线如图 9-3 所示。要使 PMSM 在工作时不浪费材料，则要使铁心材料尽可能工作在 *B-H* 曲线的线性区域内。

9.1.3 绕组分相情况

定子绕组的形式主要包括单层绕组和双层绕组。图 9-4a 所示为单层绕组形式，单层绕组形式在同一定子槽内的导线都是同一相，定子槽内没有相间绝缘层，具有定子槽利用率高、槽满率高、线圈比较集中、安装方便等优点。

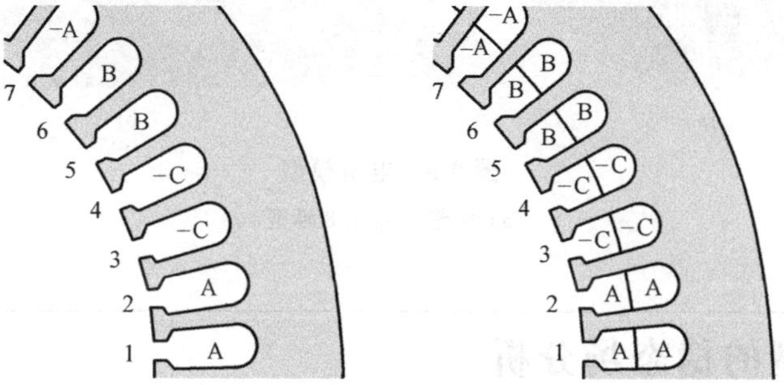

a) b)

图 9-4 PMSM 定子绕组形式

a）单层绕组形式 b）双层绕组形式

图 9-4b 所示为双层绕组形式，定子槽内有两组绕组，这两组绕组可以是同一相，也可以是不同相，不同相的两组绕组之间需要用相间绝缘层隔开，槽满率与单层绕组相比较低。

本次设计选择单层绕组形式，同一定子槽内的导线都是同一相，外部电流源为三相交流电流源，因此将 48 个定子槽分成 A、B、C 三相，并且 A、B、C 三相中都既有正向电流和反向电流。绕组的具体分相情况如图 9-5 所示。

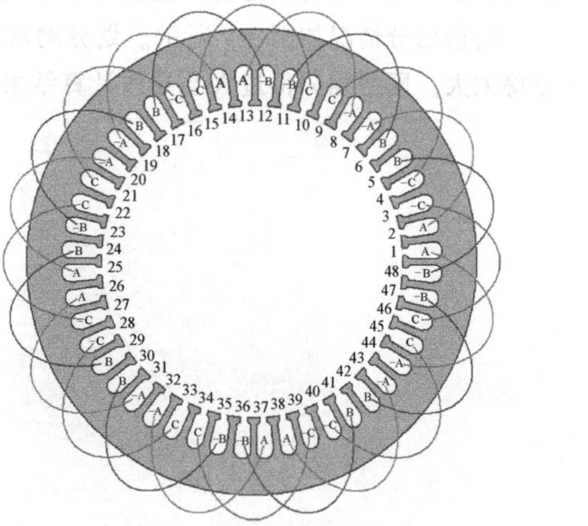

图 9-5 电机绕组分相图

9.1.4 电动汽车发卡绕组 PMSM 有限元模型

将以上在 RMxprt 模块中建立的电机模型进行检查，检查完毕若没有错误则在 RMxprt 模块中进行分析，将分析完毕后的模型导入到 Maxwell 中，在 Maxwell 中生成的模型如图 9-6a 所示。

图 9-6a 所示为生成的完整电机模型，图上永磁体具有不同的极性。图 9-6b 是电机的 1/8 模型，因为所设计的电机为完全对称结构，所以在分析磁力线分布、磁通密度、转矩等的时候可以用 1/8 模型进行分析，这样在网格划分密集时可以节省分析时间、仿真效率高。

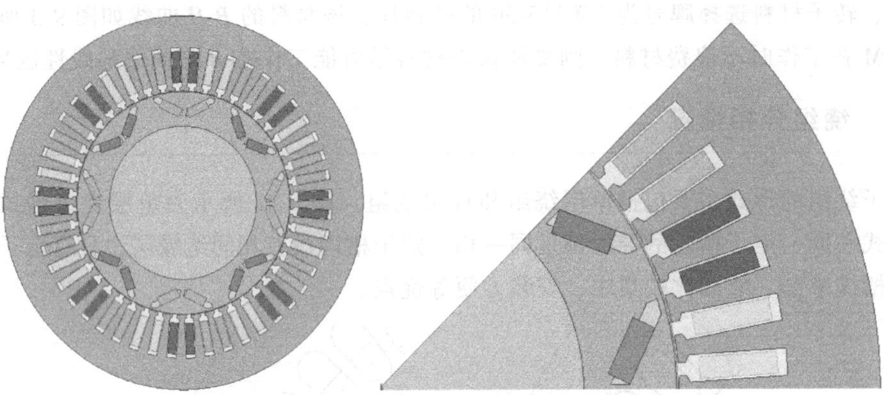

a)　　　　b)

图 9-6　电机模型

a）完整　b）1/8 模型

9.2　电机模型的稳态场分析

在稳态场的仿真中主要进行：磁力线分布的仿真、磁通密度分布云图的仿真和气隙磁密的仿真。在所有仿真之前的重要一步就是对所建立的模型进行网格划分。

网格划分情况如图 9-7 所示。划分网格时既不能把网格划分得太小，也不能把网格划分得太大。网格划分得过大会导致计算结果不精确，网格划分得过细会使计算时间变长，

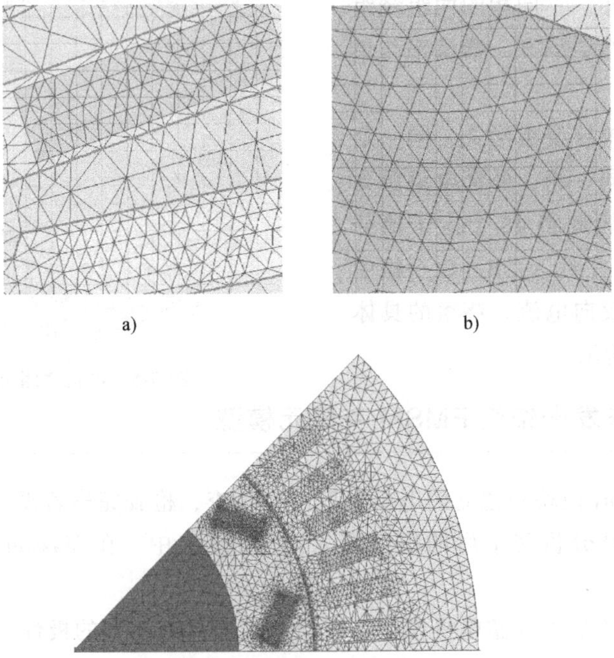

a)　　　　b)

c)

图 9-7　电机模型网格划分图

a）绕组的网格划分　b）永磁体部分的网格划分　c）1/8 模型整体网格划分

浪费仿真计算时间。在本次设计中进行网格划分时，将定子槽内绕组的网格进行了细化，还将永磁体和气隙部分的网格进行了精细的划分。整体部分的网格最大长度为 5. 442mm，定子槽内绕组的网格最大长度为 1. 775mm，永磁体的网格最大长度为 0. 81mm。

9. 2. 1 电机磁力线和磁通密度分布

如图 9-8 所示为电机的磁力线分布图，通过该图可以看出电机的磁力线分布较为均匀，在永磁体两端有少许漏磁现象。漏磁现象是指永磁体的磁力线没有经过定子绕组部分，直接回到该永磁体另一面的现象。最下部未闭合的漏磁现象是由于添加边界条件造成的。

图 9-9 为电机的磁通密度分布云图，从该图中可以看出，磁通密度最大值为 2. 25T，定子齿部磁通密度最大为 1. 4T，定子轭部磁通密度最大为 1. 25T。

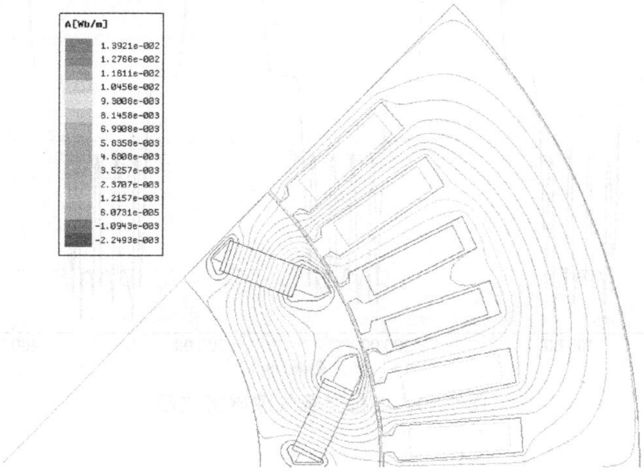

图 9-8 电机的磁力线分布图

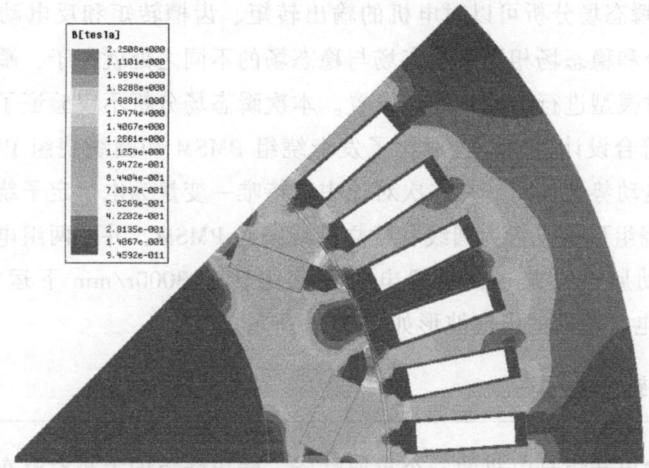

图 9-9 电机的磁通密度分布云图

9.2.2 电机气隙磁密

气隙磁密对电机来说非常重要，它决定着电机的输出转矩和感应电动势，影响气隙磁密的因素有很多，例如气隙宽度大小、转轴材料、磁钢厚度和极对数等。气隙宽度的大小会影响气隙磁密的大小，但不会影响其波形。图 9-10 所示为电机空载时的气隙磁密波形图，气隙磁密的单位为 T，从该图中可以看出电机的空载气隙磁密波形正常，气隙磁密数值最大值为 0.95T。

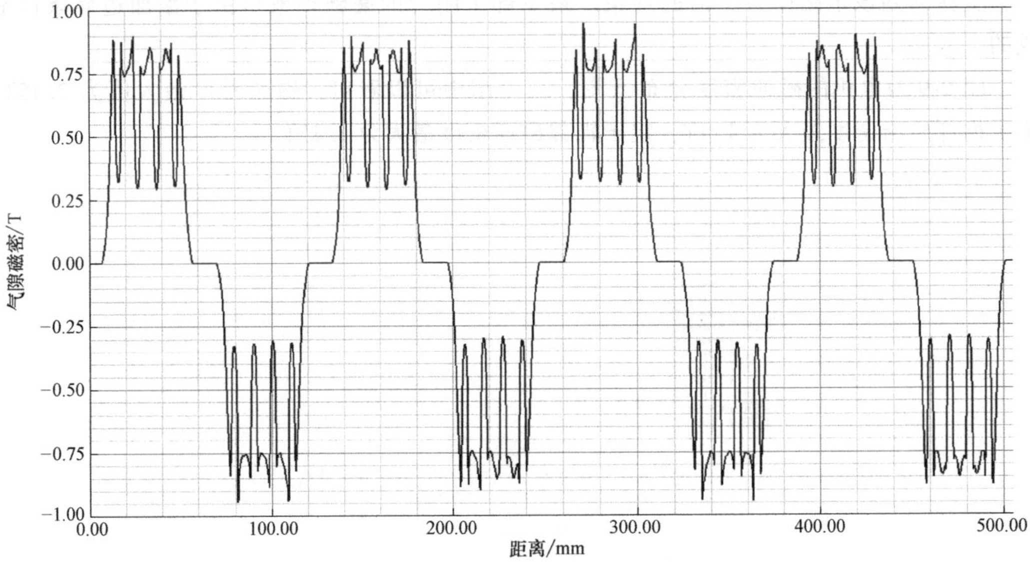

图 9-10 电机空载气隙磁密波形

9.3 电机模型的瞬态场分析

Maxwell 中的瞬态场分析可以对电机的输出转矩、齿槽转矩和反电动势进行分析，瞬态场中的网格划分和稳态场相同。瞬态场与稳态场的不同之处就在于，瞬态场中模型是运动的，因此需要对模型进行运动属性的设置。本次瞬态场分析不仅验证了本次设计的发卡绕组 PMSM 是否符合设计要求，还对比了发卡绕组 PMSM 和圆线绕组 PMSM 的转矩、反电动势波形和反电动势谐波图。在本次对比中保持唯一变量为电机定子绕组的形状，将发卡绕组 PMSM 的绕组形状设置为圆线状建立圆线绕组 PMSM，并对两组电机进行瞬态场的仿真分析。在运动属性设置中，设置电机在额定转速 3000r/min 下运行，输入峰值为 250A 的三相交流电，输入的电流波形如图 9-11 所示。

9.3.1 电机的输出转矩

汽车电机的输出转矩是电机的一个重要性能，输出转矩的大小对汽车的加速性能、爬坡度、带负载能力等有重要影响。在额定转速下发卡绕组 PMSM 所能输出的转矩大小如

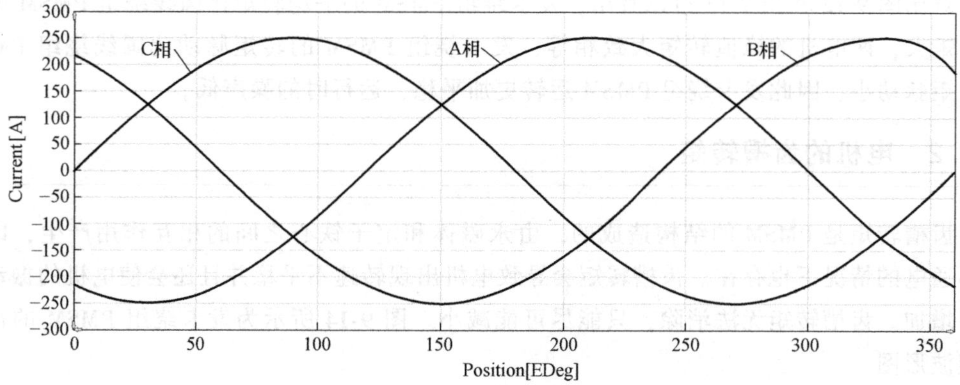

图 9-11 输入电流波形

图 9-12 所示。从图可以看出，发卡绕组 PMSM 在额定转速下的平均转矩为 180N · m，峰值转矩为 200N · m。

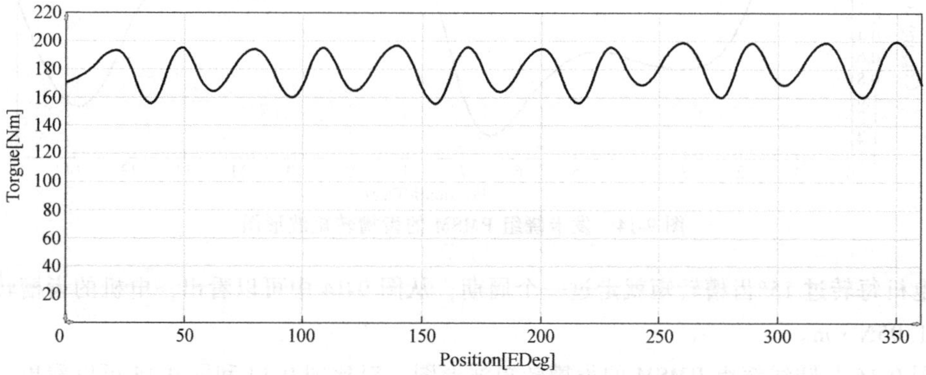

图 9-12 额定工况下发卡绕组 PMSM 输出转矩图

由转矩脉动计算公式可以计算出，该发卡绕组 PMSM 的转矩脉动为 11%，因此发卡绕组 PMSM 的转矩大小满足电动汽车的起动和加速要求。

在相同条件下圆线绕组 PMSM 所能输出的转矩如图 9-13 所示。从图可以看出，圆线绕组 PMSM 在额定转速下所能输出的平均转矩为 170N · m，转矩脉动为 17%。

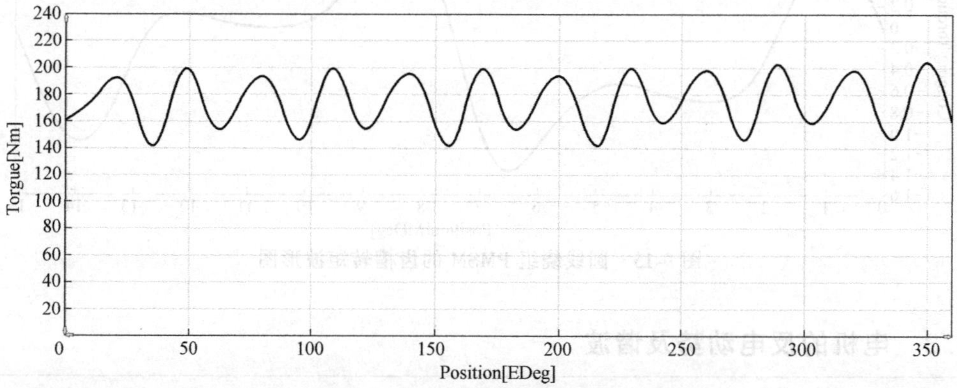

图 9-13 额定工况下圆线绕组 PMSM 输出转矩图

对比图 9-12 和图 9-13 可以看出，发卡绕组 PMSM 的平均转矩比圆线绕组 PMSM 的平均转矩大，两电机的峰值转矩大致相等，发卡绕组 PMSM 的转矩脉动比圆线绕组 PMSM 的转矩脉动小，因此发卡绕组 PMSM 运转更加平稳，运行时的噪声低。

9.3.2　电机的齿槽转矩

齿槽转矩是 PMSM 的结构造成的，由永磁体和定子铁心之间的相互作用产生，即使在不通电的情况下也存在。齿槽转矩会导致电机出现转速不平稳并且还会使电机的振动和噪声增加。齿槽转矩无法消除，只能尽可能减小。图 9-14 所示为发卡绕组 PMSM 的齿槽转矩波形图。

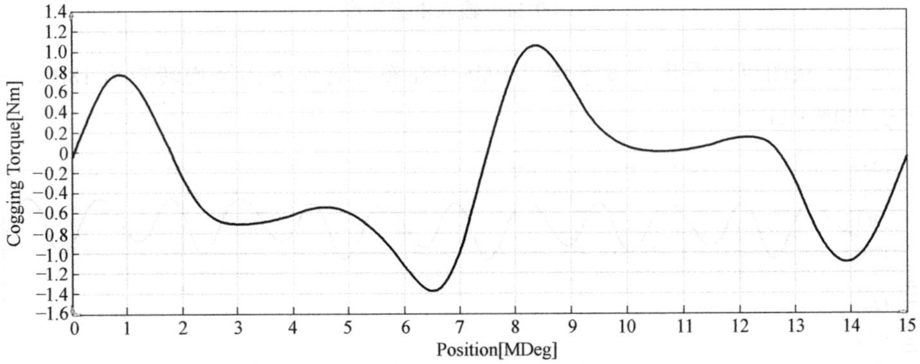

图 9-14　发卡绕组 PMSM 的齿槽转矩波形图

电机每转过 15°齿槽转矩就走过一个周期，从图 9-14 中可以看出，电机的齿槽转矩峰值为 1.05N · m。

图 9-15 是圆线绕组 PMSM 的齿槽转矩波形图。对比图 9-14 和图 9-15 可以看出，发卡绕组 PMSM 和圆线绕组 PMSM 的齿槽转矩波形大致相等，周期和大小也几乎相同。这说明绕组的形状对电机齿槽转矩的影响很小，几乎可以忽略。

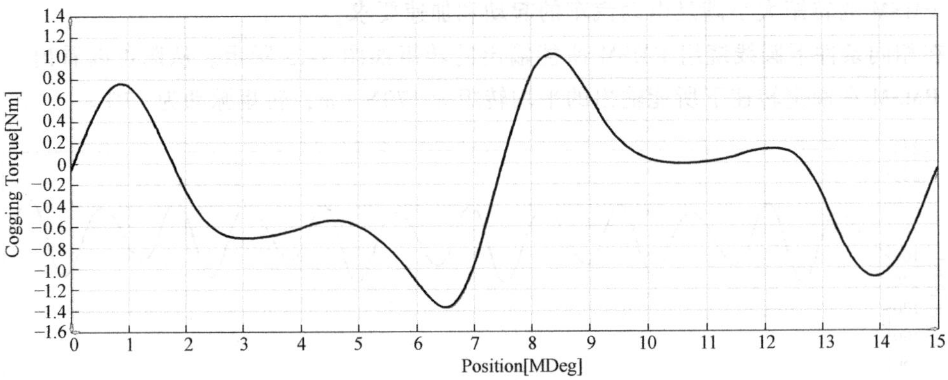

图 9-15　圆线绕组 PMSM 的齿槽转矩波形图

9.3.3　电机的反电动势及谐波

反电动势是 PMSM 的一个重要参数，反电动势是由于定子绕组反抗电流改变而产生的。

图 9-16 是电机的空载反电动势波形图，反电动势没有毛刺，图形较好。图 9-17 为电机的空载反电动势谐波图，从图中可以看出电机的基波高，高次谐波小，谐波图好，反电动势基波的值为 448V。

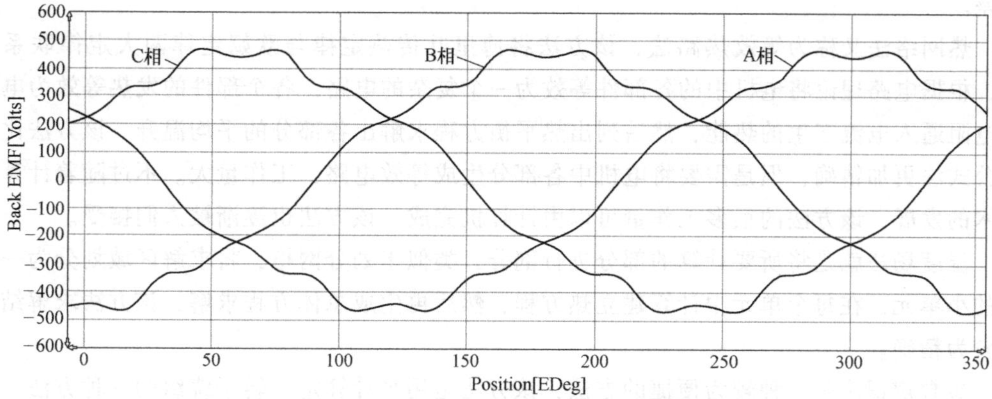

图 9-16 发卡绕组 PMSM 空载反电动势波形图

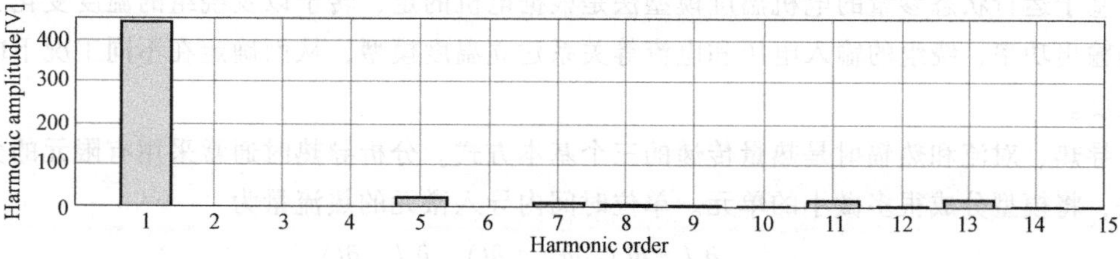

图 9-17 发卡绕组 PMSM 空载反电动势谐波图

需要说明的是，上述建模和仿真仅仅是初步进行的，尚没有进行参数的优化。

9.4 发卡绕组与圆线绕组 PMSM 的热场

9.4.1 电机热场分析方法

电机在运行中由于摩擦、电流等因素会产生损耗，部分损耗会转变为热，从而电机的温度会上升。目前很多 PMSM 的永磁体都采用稀土资源，例如钕铁硼等，这种材料在到达一定温度后会出现退磁现象。退磁现象就是当达到一定温度后随着温度的升高，材料的磁性不断下降的现象。退磁会导致永磁体的磁场强度减弱，会影响电机的整体性能。因此对于电机热场的分析非常重要。

电机的热场分析是电机设计中的重要一步，通过对电机进行热场分析能直观地看出电机各部分在一定工况下运行的温度，目前关于电机热场的研究方法有很多。可以考虑永磁涡流损耗对电机热场的影响，采用集总参数热网络法分析 PMSM 的热场，建立了热网络模型。然后，通过与有限元法和温度测试的分析结果进行比较，验证模型是否正确。也有的通过数值分析和试验研究，得到其热力性能，并对电磁场和热场进行了耦合分析。

主要的几个方法有简化公式法、热网络法、温度场法、参数辨识法、基于运行状态参量的电机温度模型法。

简化公式法是较为简单的一种方法，该方法就是根据牛顿散热公式来计算电机中各个发热部件的热负载，然后根据牛顿散热公式得到温升。该方法虽然计算简便但是准确度较差。

热网络法又称为等效热路法，该方法将傅里叶传热定律与欧姆定律两大定律联系起来，根据电路理论将电机中的各部件等效为一个复杂的电路，各个部件的发热等效为电路中电阻通入电流产生的热能，然后列出热平衡方程求解出各部分的平均温升。该方法比简化公式法更加精确，但是需要将电机中各部分生成等效电路，工作量大。不过随着计算机技术的发展，该方法的很多工作量可以由计算机完成，该方法也逐渐被人们接受。

温度场法就是将所要计算的部分进行剖分，类似于划分网格，将求解区域划分为一个个的小单元，在每个单元中计算建立热方程，然后再生成总体方程求解，该方法求解结果也较为精确。

参数辨识法是一种较为便捷的方法，该方法是用来计算定、转子绕组的一种方法，该方法的关键就是寻找定、转子绕组的电阻。

基于运行状态参量的电机温度模型法是根据电机的定、转子以及绕组的温度变化、电机的输出功率、绕组的输入电压和电流等关系建立温度模型，从而确定在不同工况下电机的温度。

导热、对流和热辐射是热量传递的三个基本方式。分析导热时通常采用有限元的分析方法，将模型分成很多微小的单元。单位时间内导入微元的热流量为

$$\mathrm{d}\Phi_{\lambda}=\frac{\partial}{\partial x}\left(\lambda\frac{\partial t}{\partial x}\right)+\frac{\partial}{\partial y}\left(\lambda\frac{\partial t}{\partial y}\right)+\frac{\partial}{\partial z}\left(\lambda\frac{\partial t}{\partial z}\right) \tag{9-1}$$

式中，$\mathrm{d}\Phi_{\lambda}$ 为微元热流量；x、y、z 为坐标轴的三个方向；t 为时间。

单位时间内，微元生成热为

$$\mathrm{d}\Phi_{\mathrm{V}}=\dot{\Phi}\,\mathrm{d}x\mathrm{d}y\mathrm{d}z \tag{9-2}$$

式中，$\mathrm{d}\Phi_{\mathrm{V}}$ 为微元生成热；$\dot{\Phi}$ 为内热源强度。

单位时间内，微元体增加的热力学能为

$$\mathrm{d}U=\rho c\frac{\partial t}{\partial \tau}\mathrm{d}x\mathrm{d}y\mathrm{d}z \tag{9-3}$$

式中，ρ 为物体的密度；c 为物体的比热容。

物体的导热微分方程为

$$\rho c\frac{\partial t}{\partial \tau}=\left[\frac{\partial}{\partial x}\left(\lambda\frac{\partial t}{\partial x}\right)+\frac{\partial}{\partial y}\left(\lambda\frac{\partial t}{\partial y}\right)+\frac{\partial}{\partial z}\left(\lambda\frac{\partial t}{\partial z}\right)\right]+\dot{\Phi} \tag{9-4}$$

式中，λ 为物体的导热率，当其为常数时式（9-4）可以简化为式（9-5）的形式。

$$\frac{\partial t}{\partial \tau}=a\nabla^2 t+\frac{\dot{\Phi}}{\rho c} \tag{9-5}$$

式中，a 为热扩散率，$a=\dfrac{\lambda}{\rho c}$；$\nabla^2$ 为拉普拉斯算子。在直角坐标系中

$$\nabla^2 t=\frac{\partial^2 t}{\partial x^2}+\frac{\partial^2 t}{\partial y^2}+\frac{\partial^2 t}{\partial z^2}$$

物质的导热系数对于电机的散热也具有重要影响，一般来说固体的导热系数要比气体好，所以说热量在空气的散热性比金属的散热性差。

9.4.2 电机热场模型的建立

将上面 Maxwell 中建立的模型导入到 Motor-cad 中，不改变模型的参数，可以建立如图 9-18 所示的热场模型图。

电动汽车发卡绕组 PMSM 的定子绕组为扁线，上文中提到本次设计的电机的定子绕组为单层布置，绕组的形状为扁线。绕组的分相设置与上文中提到的类似。图 9-18 所示为绕组的分相设置和绕组在定子槽内的形状。

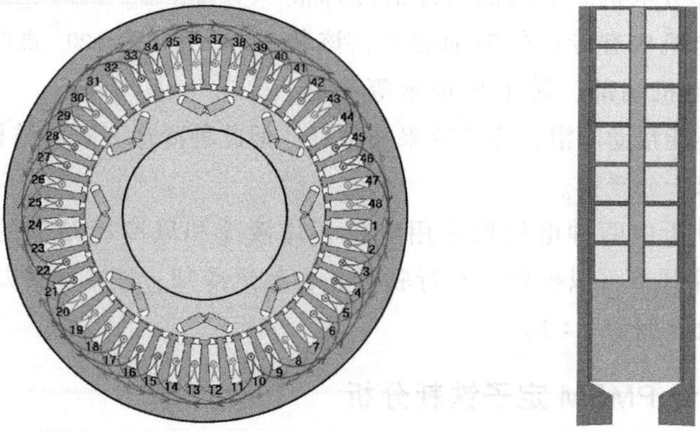

a) b)

图 9-18 发卡绕组 PMSM 绕组分相和绕组分布图

a）电机的分相情况 b）定子槽内的绕组分布

定子绕组的大小为高度和宽度都为 2.5mm 的正方形，共设置 7 行 2 列，每个定子槽内有 14 根绕组，槽满率为 0.56。

为了完成发卡绕组 PMSM 和圆线绕组 PMSM 的热场对比，需要建立一个圆线绕组 PMSM，为了方便对比，应该保证同一变量原则。我们将绕组的形状设置为变量，图 9-19 所示为圆线绕组 PMSM 定子槽内绕组的情况。

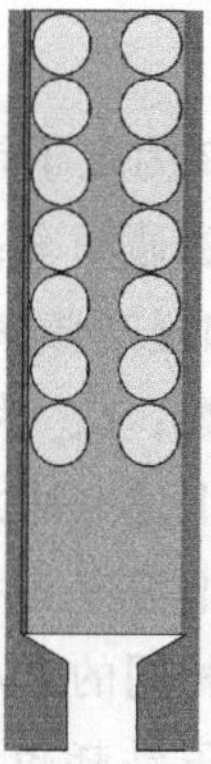

图 9-19 圆线绕组 PMSM 定子槽内绕组分布图

在圆线绕组 PMSM 中选用的绕组为直径 2.5mm 的圆线，也设置了 7 行 2 列，定子槽的槽满率为 0.4。

电机在工作时会产生大量的热量，小型电机的热量只靠空气的自然对流就可以释放，但是大部分电机产生的热量只靠空气的自然流通是无法满足散热的，积攒的热量越多电机的温度就会越高，温度过高会影响电机的整体性能。风速、水流速度、水道宽度都会对电机的散热产生影响。因此选择一种合适的冷却方式能让电机稳定工作在一个合适的温度下非常有必要。电机的冷却方式大致可以分为风冷和液冷。

风冷就是依靠空气对流来进行散热，其中又分为自然散热和强迫风冷，强迫风冷就是利用风扇等强行让空气流通产生对流从而使电机冷却，这种冷却方式效果较差。

液冷就是利用液体的流通来使电机进行冷却，其中液冷又分为电机壳体液冷和电机油内冷。电机壳体液冷是指，在电机的壳体里面布置上液冷用的水道，液体通过水道不断围绕壳体循环，因为液体的比热容较大可以吸收大部分热量，在液体从电机壳体流出的时候就带出来了电机的大部分热量，从而完成对电机的冷却，该冷却方式效果较好，适合大部分电机。电机油内冷的冷却液是齿轮箱的油，电机内有专门的喷油装置，该装置可以将油喷到电机端部、转子和轴承等位置，不仅能帮助冷却还能帮助润滑，冷却效果非常好，但此种冷却方式的结构非常复杂，对电机的密封性也要求十分严格。

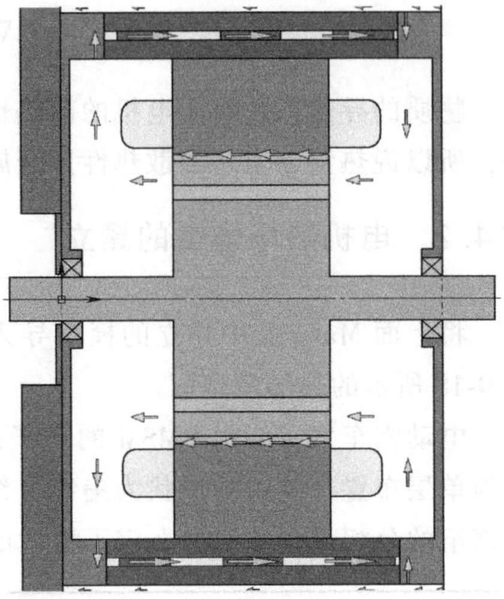

图 9-20　电机冷却图

在本次对比分析中两种电机均采用电机壳体液冷和风冷相结合的方式，冷却图如图 9-20 所示。其中风冷可以模拟汽车行驶时的自然风冷却，液冷的冷却液选择乙二醇和水的混合物，混合比例为 1∶1。

9.4.3　发卡绕组 PMSM 定子铁耗分析

铁耗是在变压器的铁心中产生的，由涡流损耗、磁滞损耗和其他损耗组成。按照交流电机设计理论，通常电机的定子铁耗可为

$$P_{Fe}=C_{Fe}k_0\left(\frac{B}{B_0}\right)^2\left(\frac{f}{f_0}\right)^{\alpha}G_{Fe} \tag{9-6}$$

式中，B 为定子铁心实际的磁通密度；f 为定子铁心实际的磁通频率；C_{Fe} 为校正系数；k_0 为在磁通密度为 B_0 和磁通频率为 f_0 下铁心的单位重量消耗；α 为折算系数；G_{Fe} 为铁心重量。

除上述方法之外，铁心损耗的计算方法还有椭圆法、谐波平衡分析法和改进公式法，对于极槽数和结构相同的 PMSM，它们的磁场是相同的，因此产生的定子铁耗也几乎相同，在这里就不对比发卡绕组 PMSM 和普通圆线绕组 PMSM 的定子铁耗了。

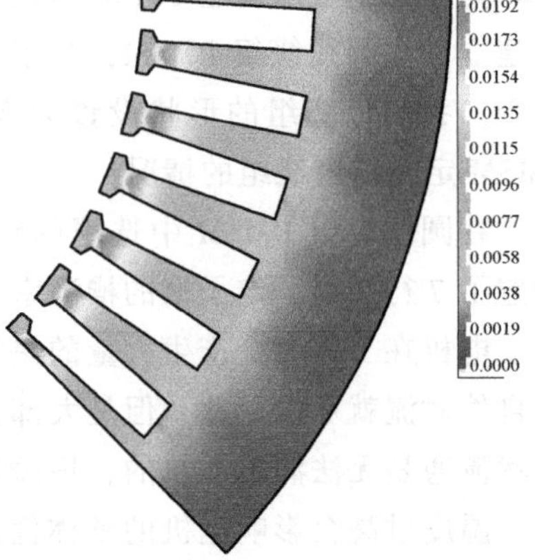

图 9-21　发卡绕组 PMSM 的定子铁耗

图 9-21 所示为发卡绕组 PMSM 的定子铁耗，从图中可以看出定子齿部的铁耗较高，轭部较低，在定子齿部最高铁耗为 0.19W/kg。

9.4.4 发卡绕组 PMSM 与圆线绕组 PMSM 热场对比

电机的热场研究对于电机来说十分重要，电机的温度场能反映电机在正常工作时的环境是否正常，因为 PMSM 的永磁材料大多为稀土资源，稀土资源在高温环境下会发生退磁现象，该现象的发生会严重影响电机的工作状态和性能。因此需要对电机进行热场分析，以便确定电机是否能正常工作。

本次热场分析采用电磁场和热场耦合的方式，先对电机进行电磁场分析，然后再将得到的数据导入到热场中一起分析，本次对比将从定子槽内绕组温度情况、电机横向剖视图温度情况和电机轴向剖视图温度情况三部分进行对比，通过对比电机各部分温度分布来判断散热效果。本次对比主要针对电机的稳态热场，稳态热场是指在电机运行过程中，运行状态良好且电机的温度达到稳定状态，不再随时间的变化而大幅改变的状态。为了保持变量唯一性，本次对比试验中两台电机的运行情况完全相同。

1. 电机定子绕组温度对比

图 9-22 所示为发卡绕组 PMSM 的定子绕组温度图，从图上可以看出，对于发卡绕组 PMSM 绕组的温度大致可以分为四部分：定子槽顶部第一排绕组定义为 A，定子槽顶部第二排绕组定义为 B，定子槽中部绕组定义为 C，定子槽底部绕组定义为 D。定子可以大致分为两部分：定子槽侧面定义为 E，定子槽顶部定义为 F。从图中可以直观地看出，A 部分温度为 74.5℃，B 部分温度为 75.5℃，C 部分温度为 76.5℃，D 部分温度为 75.5℃，E 部分温度为 73.0℃，F 部分温度为 72.0℃。

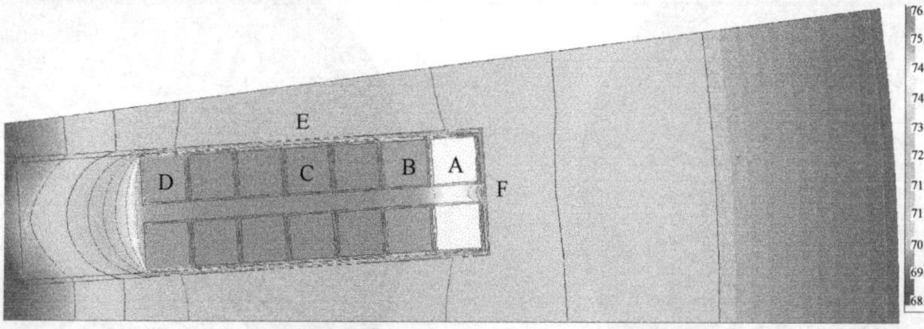

图 9-22 发卡绕组 PMSM 定子绕组温度

图 9-23 所示为圆线绕组 PMSM 的定子绕组温度图，利用与发卡绕组 PMSM 定子槽相同的位置分割方式，可以将圆线 PMSM 的定子槽分为同样的五部分。从图中可以直观地

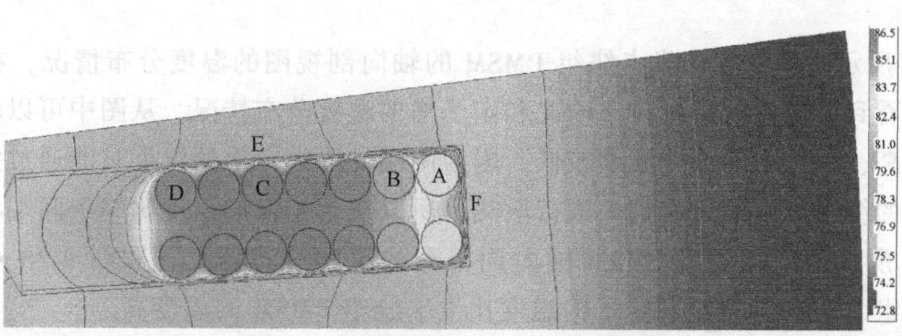

图 9-23 圆线绕组 PMSM 定子绕组温度

看出，A 部分温度为 82.0℃，B 部分温度为 84.0℃，C 部分温度为 86.5℃，D 部分温度为 85.5℃，E 部分温度为 81.0℃，F 部分温度为 76.0℃。

将图 9-22 所得到的数据与图 9-23 所得到的数据进行对比可以发现，发卡绕组 PMSM 定子绕组温度中各部分的温度都比圆线绕组 PMSM 中各部分的温度低，而且两台电机模拟的工况完全相同，两台电机的结构除了绕组的形状之外其他的也完全相同，这就说明了发卡绕组 PMSM 的绕组的散热效果要比圆线绕组 PMSM 的好。

通过以上数据可以看出，发卡绕组 PMSM 的 C 部分温度为 76.5℃，E 部分温度为 73.0℃，两个部分的温度只相差 3.5℃。圆线绕组 PMSM 的 C 部分温度为 86.5℃，E 部分温度为 81.0℃，两个部分的温度只相差 5.5℃。从数据可以看出，发卡绕组 PMSM 中 A、E 两部分的温度差相差较小，说明两部分之间的热交换进行得彻底；而圆线绕组 PMSM 中 A、E 两部分的温度差较大，说明两部分之间的热交换进行得不彻底。

2. 电机的横向、轴向剖视图温度对比

图 9-24 所示为电动汽车发卡绕组 PMSM 的横向剖视图的温度分布情况，从图上可以看出，在定子槽内的最低温度为 77.4℃，定子槽内的最高温度为 86.5℃，定子槽内的平均温度为 83.3℃，两定子槽中间的温度为 75.0℃，定子槽齿部温度为 68.8℃。

图 9-25 所示为电动汽车圆线绕组 PMSM 的横向剖视图的温度分布情况，从图上可以看出，在定子槽内的最低温度为 80.4℃，定子槽内的最高温度为 103.1℃，定子槽内的平均温度为 96.8℃，两定子槽中间的温度为 82.3℃，定子槽齿部温度为 75.2℃。

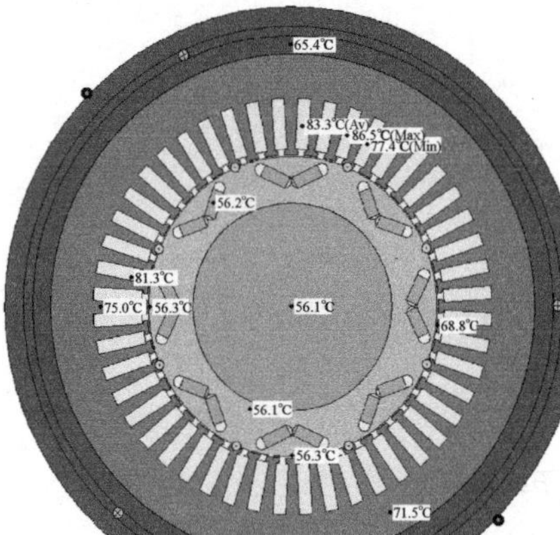

图 9-24　发卡绕组 PMSM 横向剖视温度图

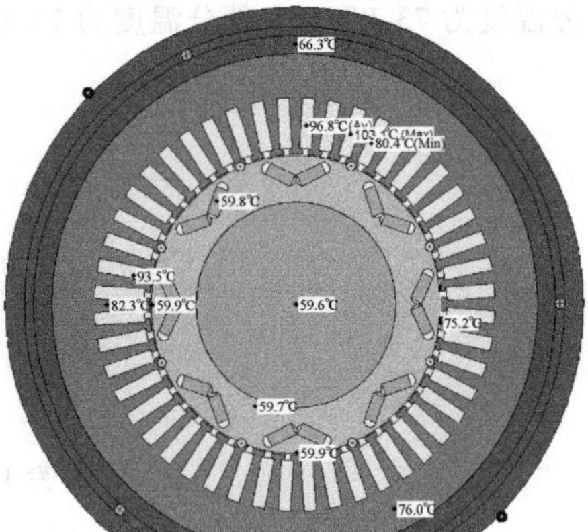

图 9-25　圆线绕组 PMSM 横向剖视温度图

图 9-26 所示为电动汽车发卡绕组 PMSM 的轴向剖视图的温度分布情况，在该图上可以很清楚地看到绕组内的温度分布情况和定子槽的温度分布情况，从图中可以看出绕组两端的温度较高，绕组中间部分温度较低。因为两端的绕组产生的温度只能通过空气进行散热，而中部的绕组可以通过硅钢片进行散热，所以绕组中部的温度比绕组两端温度低。

图 9-27 所示为圆线绕组 PMSM 轴向剖视图的温度分布情况，和图 9-26 对比可以看出，圆线绕组 PMSM 的绕组和定子槽温度比发卡绕组 PMSM 的温度高。

通过以上各图的对比，然后将所得到的温度整理成表格，见表 9-2。

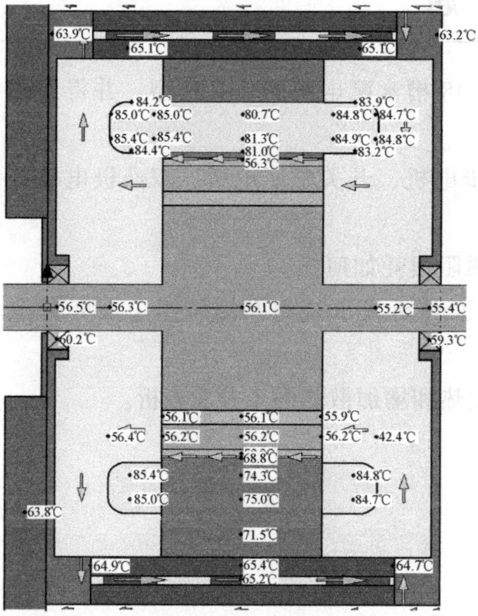

图 9-26　发卡绕组 PMSM 轴向剖视温度图

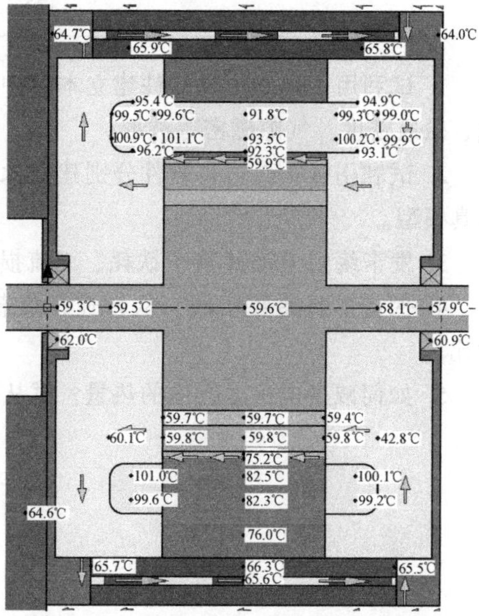

图 9-27　圆线绕组 PMSM 轴向剖视温度图

表 9-2　电机各部分温度情况

参数名称	发卡绕组 PMSM	圆线绕组 PMSM
定子绕组最高温度/℃	86.5	103.1
定子绕组最低温度/℃	77.4	80.4
定子绕组平均温度/℃	83.3	96.8
定子轭部温度/℃	75.0	82.3
定子齿部温度/℃	68.8	75.2
永磁体温度/℃	56.2	59.8
电机壳体温度/℃	65.4	66.3

从表 9-2 可以很清楚地看出，发卡绕组 PMSM 各部分的温度比圆线绕组 PMSM 各部分的温度低。因为两台电机所处的环境温度、运行情况等完全相同，这就说明了发卡绕组的散热性比圆线绕组的散热性好。发卡绕组与定子槽的接触面积较大，绕组上的温度可以直接通过硅钢片散热。而原先绕组与定子槽的接触面积很小，只有少部分热量可以直接通过硅钢片进行散热，大部分热量都要通过空气传导给硅钢片，然后再通过硅钢片使热量散发。因为要经过空气的传导，空气的导热性能比硅钢片的导热性能差，使得散热效果变差，所以发卡绕组的散热效果要优于圆线绕组的散热效果。因此可以得出发卡绕组 PMSM 比圆线绕组 PMSM 散热好的结论，进而验证了与传统电机相比发卡绕组 PMSM 散热好的优点。

思 考 题

1. 试利用 Ansoft 仿真软件建立本章中 16 极 48 槽永磁电机的仿真模型，并得出磁力线、磁通密度、气隙磁密等波形。

2. 试利用 Ansoft 仿真软件分别建立永磁同步电机、开关磁阻电机、双凸极电机等的仿真模型。

3. 发卡绕组 PMSM 转子铁耗、涡流损耗、磁阻损耗如何？

4. 保持主要参数相同，从转速、负载等方面分析发卡绕组和圆绕组 PMSM 的热场对比。

5. 如何减少电机运行中的热量？试从减少发热和增加散热两个方面分析。

参 考 文 献

[1] 郭中醒. 现代汽车电机技术［M］. 上海：上海科学技术出版社，2015.

[2] EMADI A，EHSANI M，MILLER J M. 车辆、航海、航空、航天运载工具电力系统［M］. 李旭光，刘长红，史伟伟，译. 北京：机械工业出版社，2011.

[3] 吴红星. 开关磁阻电机系统理论与控制技术［M］. 北京：机械工业出版社，2011.

[4] 戴卫力. 双凸极电机的结构设计与系统控制［M］. 北京：机械工业出版社，2012.

[5] 张舟云，贡俊. 新能源汽车电机技术与应用［M］. 上海：上海科学技术出版社，2013.

[6] 吕冬明，杨运来. 新能源汽车电机及控制系统检修［M］. 北京：机械工业出版社，2018.

[7] 王秀和. 电机学［M］. 3 版. 北京：机械工业出版社，2019.

[8] 汤蕴璆. 电机学［M］. 5 版. 北京：机械工业出版社，2014.

[9] 王兆安. 电力电子技术［M］. 5 版. 北京：机械工业出版社，2009.

[10] CHAU K T. 电动汽车电机及驱动：设计、分析和应用［M］. 樊英，王政，王伟，等译. 北京：机械工业出版社，2018.